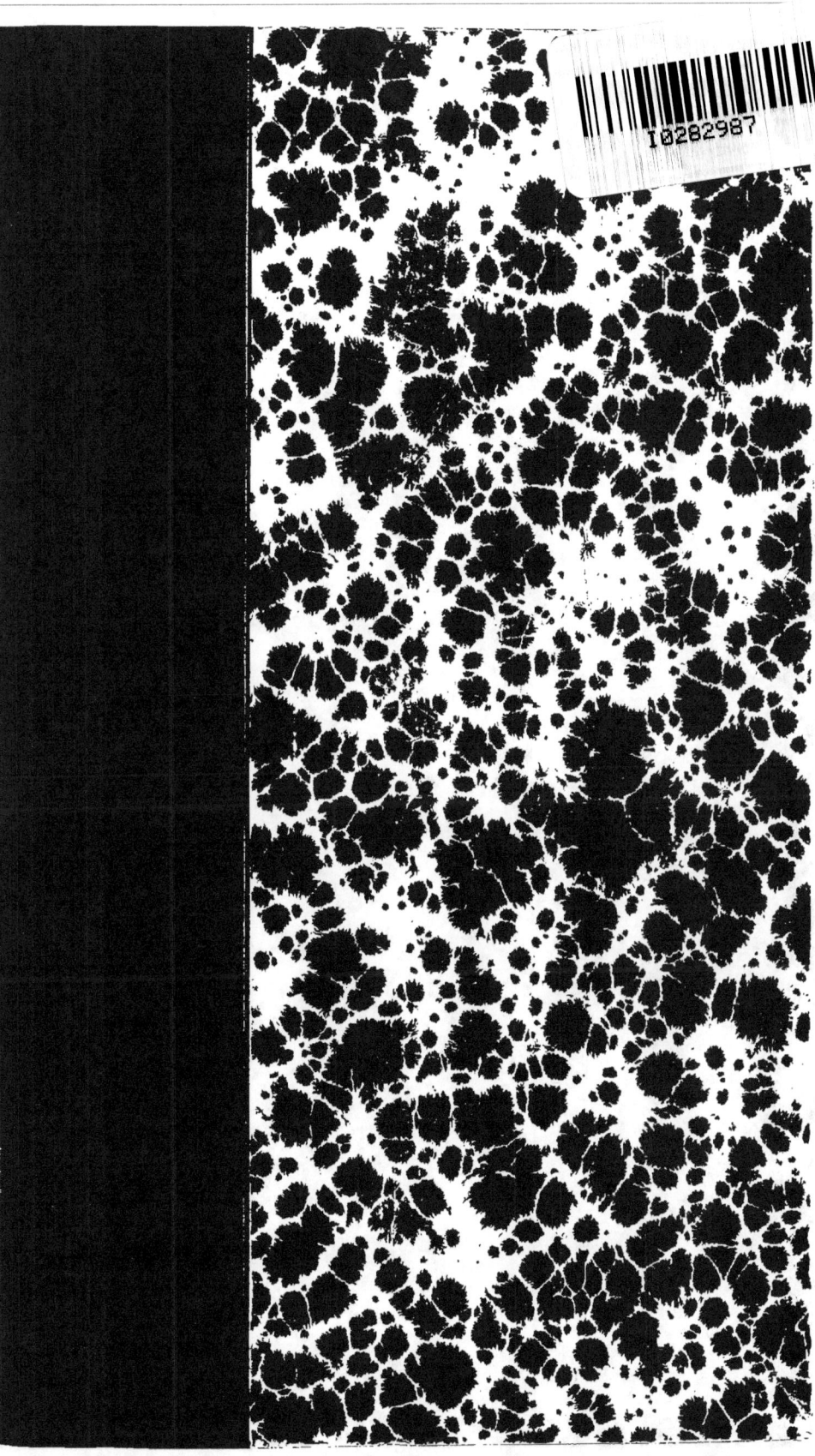

# HISTOIRE
## DE LA
# MARINE FRANÇAISE
### SOUS
## LE CONSULAT ET L'EMPIRE

FAISANT SUITE

A L'HISTOIRE DE LA MARINE FRANÇAISE
SOUS LA PREMIÈRE RÉPUBLIQUE

PAR

## E. CHEVALIER
CAPITAINE DE VAISSEAU

PARIS
LIBRAIRIE L. HACHETTE ET Cie
79, BOULEVARD SAINT-GERMAIN, 79

1886

# HISTOIRE
### DE LA
# MARINE FRANÇAISE
#### SOUS
## LE CONSULAT ET L'EMPIRE

## OUVRAGES DU MÊME AUTEUR

**L'Histoire de la Marine française** pendant la guerre de l'Indépendance américaine. — Paris, Hachette. Prix. . . **7 fr. 50**

**L'Histoire de la Marine française** sous la première République. — Paris, Hachette. Prix . . . . . . . . . . . **7 fr. 50**

**La Marine française et la Marine allemande** pendant la guerre de 1870-1871. — Paris, Plon. Prix . . . . . . . **3 fr. 50**

# HISTOIRE

DE LA

# MARINE FRANÇAISE

SOUS

# LE CONSULAT ET L'EMPIRE

FAISANT SUITE

A L'HISTOIRE DE LA MARINE FRANÇAISE
SOUS LA PREMIÈRE RÉPUBLIQUE

PAR

## E. CHEVALIER

CAPITAINE DE VAISSEAU

PARIS

LIBRAIRIE L. HACHETTE ET Cie

79, BOULEVARD SAINT-GERMAIN, 79

1886

Droits de propriété et de traduction réservés

# HISTOIRE

DE LA

# MARINE FRANÇAISE

SOUS LE CONSULAT ET L'EMPIRE

## LIVRE PREMIER

Nouvelle organisation du service des ports. — Reconstitution de l'état-major de la flotte. — Tentatives faites par le gouvernement consulaire pour ravitailler l'île de Malte et envoyer des renforts en Égypte. — Prise du vaisseau le *Généreux*. — Combat du *Guillaume-Tell*. — Capitulation de l'île de Malte. — Prise des frégates la *Désirée*, la *Médée*, la *Concorde* et la *Pallas*. — Les Anglais dans la baie de Quiberon, au Ferrol et devant Cadix. — La corvette la *Danaé* se rend aux Français. — Incendie de la *Queen-Charlotte*. — Naufrage des vaisseaux le *Repulse* et le *Malborough*. — Combat de la *Vengeance* et de la *Constellation*. — Combat de la corvette le *Berceau* et de la frégate le *Boston*. — Traité du 30 septembre 1800 qui met fin au différend existant entre la France et les États-Unis d'Amérique. — Les îles de Gorée et de Curaçao sont prises par les Anglais. — Violences commises par la marine britannique à l'égard des neutres. — Attaque de la frégate danoise la *Freya* par une division anglaise. — La *Freya* et le convoi placé sous son escorte sont capturés. — La Cour de Londres, loin d'accueillir les réclamations du Danemark, demande des réparations pour l'insulte faite à son pavillon. — Mission de lord Withworth à Copenhague. — Solution provisoire du différend existant entre l'Angleterre et le Danemark. — Affaire de la goëlette suédoise la *Hofnung*. — Navire prussien arrêté par un corsaire anglais. — Convention de neutralité armée de 1800. — Envoi d'une escadre anglaise devant Copenhague. — Combat du 2 avril. — Conclusion d'un armistice entre l'Angleterre et le Danemark. — Mort de Paul 1er. — Traité du 17 juin entre la Russie et l'Angleterre. — Accession de la Suède et du Danemark à ce traité.

I

Le Premier Consul regardait une marine de guerre fortement constituée comme un des éléments essentiels de la prospérité et de la grandeur de la France. Ses premiers soins furent consacrés à la réorganisation de cette branche importante de notre puissance militaire. Ayant vu la marine de près, sur les côtes d'Italie et pendant la campagne d'Égypte, il avait pénétré la plupart des causes qui l'avaient conduite à la situation malheureuse dans laquelle elle se trouvait. Convaincu que les officiers de marine n'avaient pas, dans les arsenaux, la place qui leur revenait, il voulut apporter de promptes réformes dans l'organisation du service des ports. Le 29 novembre 1799, le Premier Consul écrivit au ministre de la marine, l'ingénieur Forfait : Je vous prie de proposer à la section de la marine au Conseil d'État la question suivante : « Quelle est la meilleure organisation que l'on pourrait donner à l'administration des ports? » Le but que le conseil devait atteindre était ainsi indiqué : « Avoir le moins d'employés possible ; obtenir la plus grande économie dans les travaux en même temps que la plus grande rapidité dans l'exécution des ordres ; fixer le genre de travail, d'autorité qui convient aux employés civils ; accorder aux militaires la plénitude des fonctions qui est nécessaire et les déterminer de manière qu'ayant à leur disposition le mouvement et le classement des hommes qu'ils doivent faire battre, ils ne se mêlent que le moins possible des détails de la comptabilité. » La section de la marine au Conseil d'État répondit à la question qui lui était soumise en demandant la création, dans chaque port, d'un nouveau fonctionnaire auquel elle donna le nom de préfet maritime. Ce dernier correspondait seul avec le ministre. Son action s'exerçait sur les hommes et sur les choses. Il avait, sous ses ordres, cinq chefs de service. L'un d'eux, sous le titre de chef militaire, remplaçait l'ancien commandant des armes. Un ingénieur dirigeait les constructions navales. Les mouvements du port étaient confiés aux officiers de marine et le service de l'artillerie aux officiers de cette arme. Enfin un administrateur, appelé commissaire général, avait dans ses attributions la comptabilité des deniers et matières, les vivres et approvisionnements. En résumé, un fonctionnaire de la spécialité était placé à la tête de chaque détail du port, mais l'ensemble du service était dirigé par le préfet maritime. Ce nouveau fonctionnaire devenait le représentant du ministre. La section de la marine au Conseil d'État n'avait pas voulu limiter le choix du gouvernement en désignant le corps auquel devait appartenir le préfet maritime. Tout en montrant cette réserve, elle avait nettement formulé son opinion sur ce point; elle estimait que c'était parmi les officiers généraux, joignant aux qualités militaires des connaissances administratives, qu'il devait être pris.

Les propositions contenues dans le rapport de la section de la marine au Conseil d'État soulevèrent une très vive opposition. Les officiers de marine avaient perdu, au début de la Révolution, leurs attributions les plus légitimes. Ceux qui, depuis cette époque, occupaient des situations importantes dans les ports étaient animés du désir de les conserver. Le ministre adressa au Conseil d'État un long mémoire dans lequel il combattait avec vigueur les projets de ses adversaires. Non seulement il repoussait le nouveau fonctionnaire qu'on voulait créer, mais il n'admettait pas qu'il y eût, dans les arsenaux, plusieurs directions. Il n'en voulait qu'une, comprenant les constructions navales, les mouvements du port et l'artillerie. A la tête de ce service, il plaçait un directeur général des travaux; ce directeur général eût été un ingénieur. On aurait, d'ailleurs, difficilement compris que la direction la plus importante n'absorbât pas les autres. Le ministre s'efforça de montrer que l'unité de commandement dans les ports pouvait avoir, pour la sûreté de la république, les plus graves conséquences. Ces arguments, dont on s'était déjà servi, avaient perdu leur valeur. Depuis quelque temps déjà, les esprits non prévenus apercevaient clairement la faute que la Constituante avait commise en sacrifiant les institutions de la marine à la politique. Ce qui frappe dans les discussions qui eurent lieu à ce moment, c'est le désordre régnant dans les esprits relativement à l'organisation des différents services de la marine. On ne parvenait pas à se remettre de la commotion survenue, en 1791, lorsque l'ancienne organisation, fruit du temps et de l'expérience, avait disparu. La création des préfets maritimes, c'est-à-dire de fonctionnaires placés à la tête des ports et concentrant dans leurs mains tous les pouvoirs, fut décidée. Par un arrêté des Consuls, en date du 20 juillet 1800, le conseiller d'État Caffarelli, le contre-amiral Vence, le conseiller d'État Redon, le contre-amiral Martin, le contre-amiral Nielly, l'ordonnateur Bertin, furent nommés préfets maritimes à Brest, Toulon, Lorient, Rochefort, Anvers et au Havre.

Le gouvernement consulaire procéda à une nouvelle organisation de l'état-major de la flotte. Un arrêté du 14 août 1800 fixa au chiffre de treize cent cinquante-quatre le nombre des officiers de tous grades. Les nouveaux cadres comprenaient huit vice-amiraux, seize contre-amiraux, cent cinquante capitaines de vaisseau, cent quatre-vingts capitaines de frégate, quatre cents lieutenants de vaisseau et six cents enseignes de vaisseau. Le département de la marine désignait, chaque année, les officiers dont l'emploi lui semblait nécessaire, eu égard aux armements projetés. Ceux-là étaient en activité de service; les autres figuraient sur une liste dite de non-activité. Un officier, qui restait trois ans dans cette position, ne faisait plus partie du corps. Les cadres, prévus par l'arrêté du 14 août devaient être définitivement constitués la 23 septembre 1800. Les officiers non compris dans cette organisation étaient renvoyés du service. Il leur était accordé un traitement de réforme. La mesure prise par les Consuls n'avait pas lieu de surprendre. Toutes les fois, depuis le début de la Révolution, qu'il s'était produit un changement dans le personnel gouvernemental, on avait procédé de la même manière. L'insuffisance de l'état-major de la flotte apparaissait avec une telle évidence que chaque régime nouveau voulait en modifier la composition. Des officiers, notoirement connus comme incapables, disparurent, mais l'arrêté du 14 août ne remédia pas au mal. Pour atteindre ce résultat, il eût fallu créer des écoles destinées à assurer le recrutement de l'état-major de la flotte. Rien ne fut fait dans ce sens. Les premières nominations comprirent six vice-amiraux et quatorze contre-amiraux, savoir: les vice-amiraux Thévenard, Truguet, Villaret-

Joyeuse, Martin, Rosily, Bruix et les contre-amiraux Latouche-Tréville, Vence, Nielly, Leissègues, Blanquet Duchayla, Villeneuve, Lacrosse, Terrasson, Decrès, Courand, Ganteaume, Dordelin, Durand-Linois et Dumanoir-Lepelley.

Le gouvernement consulaire demandait à la marine de ravitailler l'île de Malte et de porter des renforts à l'armée d'Égypte. La situation de Malte, étroitement bloquée par les Anglais, appelait particulièrement l'attention. Les troupes françaises, enfermées dans l'enceinte de La Valette, étaient assiégées par la population à laquelle était venu se joindre un détachement de troupes anglaises. A la fin de l'année 1799, elles avaient à peine quelques mois de vivres. Si, dans un temps très court, la place n'était pas secourue, le général Vaubois, quelle que fût son énergie, se trouvait obligé de capituler. La marine britannique, exactement informée de notre pénurie, au point de vue des subsistances, redoublait de vigilance pour empêcher toute communication de la garnison avec la mer. L'escadre de blocus avait un rôle facile à remplir, puisque sa surveillance ne s'exerçait que sur un point. Des ports du midi de la France et de la côte d'Italie, des bâtiments furent envoyés à Malte. Le Premier Consul prescrivit au ministre de la marine d'envoyer en Égypte le brick le *Lodi* et la frégate l'*Égyptienne*. Toutes les semaines, un aviso devait appareiller pour cette destination. On pouvait, avec ces mesures, faire face aux difficultés du premier moment et surtout montrer à nos soldats que la France ne les oubliait pas ; mais il fallait employer d'autres moyens pour secourir d'une manière efficace les deux points menacés.

Au commencement du mois de janvier 1800, le contre-amiral Perrée reçut l'ordre de se rendre à Malte avec une division comprenant un vaisseau, le *Généreux*, de soixante-quatorze, trois corvettes et un transport. Le 26, cet officier général, profitant d'un moment où l'escadre de blocus s'était éloignée, prit la mer. Le *Généreux* ayant fait, à la hauteur des îles d'Hyères, des avaries de mâture, nos bâtiments rentrèrent à Toulon. Le contre-amiral Perrée appareilla de nouveau, le 6 février. Le 18, au point du jour, la division française était en vue de l'île Lampedouze, dans le sud de la Sicile, lorsque les vigies du *Généreux* signalèrent un navire dans lequel on ne tarda pas à reconnaître un vaisseau. Peu après, trois autres navires de même force et une frégate furent aperçus. Ces cinq bâtiments étaient le *Foudroyant* de quatre-vingts, portant le pavillon du contre-amiral Nelson, le *Northumberland*, l'*Audacious* et l'*Alexander*, de soixante-quatorze, et la frégate le *Success*. Le contre-amiral Perrée laissa chaque capitaine libre de sa manœuvre pour la sûreté de son bâtiment. A huit heures trente minutes, le transport la *Ville de Marseille* fut capturé. La frégate le *Success*, qui était à la tête des chasseurs, gagna le *Généreux*. Elle le canonna, aussitôt qu'elle fut à portée et lui fit des avaries qui retardèrent sa marche. Le *Généreux* amena la frégate anglaise par son travers et lui envoya deux volées « qui auraient dû, écrivit le commandant du vaisseau français, la couler, si nos pièces avaient été servies par des hommes plus instruits dans le canonnage et en même temps plus aguerris ». A huit heures et demie, le *Généreux* fut joint par le *Foudroyant* et le *Northumberland*; après un court engagement, il amena son pavillon. Le contre-amiral Perrée, gravement atteint pendant l'action, mourut le même jour, des suites de ses blessures. Dans la lettre qu'il adressa à lord Keith, commandant en chef les forces navales de la Grande-Bretagne dans la Méditerranée, pour lui rendre compte de la prise du *Généreux*, l'amiral Nelson parla avec éloges de la conduite du capitaine Peard du *Success*. Cette frégate précédait les vaisseaux de l'amiral Nelson. Afin de donner au *Foudroyant* et aux navires qui le suivaient le temps de joindre le *Généreux*, le capitaine Peard n'avait pas hésité à attaquer ce vaisseau. Cette conduite était évidemment louable. Quelque vingt ans auparavant, pendant la guerre de l'Indépendance Américaine, la frégate, qui eût imité la manœuvre du *Success*, aurait payé cher son audace. Sauf de très rares exceptions, il n'en était plus ainsi. Le *Success*, qui avait reçu plusieurs volées du *Généreux*, n'avait eu que neuf hommes atteints par le feu de ce vaisseau, un tué et huit blessés. On voit que les officiers anglais pouvaient oser beaucoup sans s'exposer à de grands risques. Dans la lettre citée plus haut, l'amiral Nelson, après avoir parlé du capitaine Peard, ajoutait que l'avantage obtenu, ce jour-là, était dû également à l'habileté du capitaine de l'*Alexander* et à l'activité et aux bonnes manœuvres des capitaines sir Edward Berry, du *Foudroyant*, et Martin, du *Northumberland*. Il semble que la capture d'un vaisseau de soixante-quatorze, mal armé et encombré de matériel, par trois vaisseaux de soixante-quatorze et un de quatre-vingts, sans compter la frégate, ne méritait pas tant d'éloges.

La possession de Malte ayant, pour la France, un grand intérêt, il était légitime que le département de la marine fît les plus grands efforts pour secourir les braves soldats qui, depuis près de deux ans, donnaient un aussi bel exemple de courage et de dévouement. Mais il y a lieu de se demander si nous employions les moyens les plus propres à atteindre ce résultat. Les bâtiments du contre-amiral Perrée se trouvaient dans de telles conditions qu'ils n'étaient en état ni de combattre, ni de se soustraire, par une marche rapide, à la poursuite de l'ennemi. Enfin, était-ce avec une division qu'il fallait tenter cette entreprise ? Si on jette un coup d'œil sur la carte de l'île, on voit combien il était facile, eu égard aux limites dans lesquelles nos troupes étaient renfermées, de surveiller l'entrée et la sortie du port. Le *Guillaume-Tell* ne devait pas tarder à en faire l'expérience. De petits navires, commandés par des capitaines connaissant les localités, avaient seuls quelque chance de passer. Un bâtiment de Marseille, la *Bellone*, portant deux cents barriques de vin et quatre à cinq mille pintes d'eau-de-vie, réussit à gagner le port La Valette à peu près au moment où la garnison apprenait la prise du *Généreux* et la dispersion de son convoi. Si les bâtiments naviguant isolément avaient seuls quelque chance de passer inaperçus à travers la croisière anglaise, d'autre part, on ne pouvait, avec un petit nombre de navires, arrivant à rare intervalle, satisfaire aux besoins pressants de la garnison. Un moyen se présentait pour ravitailler l'île de Malte. Il fallait qu'une escadre française, dérobant sa marche à l'ennemi, parût devant La Valette avec des forces supérieures. Obligeant l'escadre de blocus à s'éloigner, elle aurait jeté dans l'île tous les secours nécessaires. Malheureusement la supériorité de la marine anglaise et la vigilance avec laquelle elle observait nos mouvements rendaient toute tentative de ce genre difficile. A son arrivée au pouvoir, le Premier Consul s'était préoccupé de cette combinaison ; il n'avait pas trouvé les moyens qui en eussent permis l'exécution. La flotte franco-espagnole n'était considérable que par le nombre. Nous n'avions à Brest ni vivres ni matériel. Il fallait d'abord mettre notre escadre et celle de nos alliés en état de prendre le mer.

Au commencement du mois de janvier de l'année 1800, le vice-amiral Bruix était prêt à partir pour les côtes d'Égypte avec neuf vaisseaux. Il avait l'ordre d'appareiller aussitôt qu'il pourrait le faire sans être aperçu de l'ennemi. Avant que l'occasion de sortir se fût présentée, il avait dix-huit vaisseaux réunis sous son pavillon. Les forces ennemies qui bloquaient le port ne dépassaient pas vingt vaisseaux. Le Premier Consul eut la pensée de joindre l'escadre espagnole aux vaisseaux de l'amiral Bruix. La flotte combinée, composée de trente-cinq vaisseaux, ayant sur l'ennemi une supériorité marquée, aurait pris la mer. Chassant devant elle l'escadre de blocus, elle eût fait route sur Malte. Après le déparquement des hommes et du matériel destinés à cette île, les amiraux Bruix et Mazzaredo seraient rentrés à Toulon. Ils eussent été rejoints, dans ce port, par les divisions espagnoles de Cadix et du Ferrol. Toutes ces forces se seraient portées sur l'île de Minorque, qu'on eût tenté d'enlever aux Anglais. Des propositions dans ce sens furent adressées au commandant en chef de l'escadre espagnole, l'amiral Mazzaredo, qui présenta des objections et demanda que des modifications fussent apportées à ce plan de campagne. Le temps s'écoula avant qu'une décision eût été prise. Les Anglais, prévenus de notre projet ou le soupçonnant, envoyèrent quarante-cinq vaisseaux devant Brest. Le gouvernement renonça à cette combinaison ; les ports de la Méditerranée reçurent des ordres pour multiplier l'envoi de bâtiments isolés à Malte et en Égypte.

Peu après son arrivée à Malte, le contre-amiral Villeneuve quitta son vaisseau, le *Guillaume-Tell*, pour prendre le commandement de la marine. Le contre-amiral Decrès, dont le pavillon était arboré sur la frégate la *Diane*, fut appelé au commandement des forts de la place. Les équipages du *Guillaume-Tell*, de la *Diane* et de la *Justice* firent le service à terre concurremment avec la garnison. A ce moment, celle-ci atteignait à peine le chiffre de deux mille et quelques cents hommes, déduction faite des malades. En apprenant la prise du *Généreux* et la dispersion du convoi qui naviguait sous son escorte, le général Vaubois comprit combien il serait difficile de renouveler une semblable tentative. Voulant diminuer le nombre des bouches qu'il avait à nourrir, il se décida à renvoyer le *Guillaume-Tell* en France. Le contre-amiral Decrès mit son pavillon sur ce vaisseau ; il était chargé d'exposer au Premier Consul la véritable situation de nos troupes. Appareiller de La Valette avec un vaisseau, en présence de la croisière anglaise, était une entreprise pleine de difficultés. A ce moment, les forces ennemies, qui se tenaient devant le port, comprenaient les vaisseaux le *Foudroyant* de quatre-vingts, l'*Alexander* de soixante-quatorze, le *Lion* de soixante-quatre et la frégate la *Pénélope* de quarante-quatre. L'escadre de blocus, promptement instruite des préparatifs que faisait le *Guillaume-Tell* pour prendre la mer, exerça sur les mouvements de ce vaisseau une surveillance particulière. Le 30 juillet dans la soirée, le

*Foudroyant*, l'*Alexander* et le *Lion* mouillèrent devant La Valette. A onze heures du soir, une heure après le coucher de la lune, le *Guillaume-Tell* mit sous voiles avec une faible brise de sud. A peine ce vaisseau eut-il largué ses amarres que sa manœuvre fut connue de l'ennemi. Les batteries anglaises ouvrirent immédiatement sur lui un feu très vif. La brise, en dehors du port, soufflait du sud-est bon frais ; l'amiral Decrès fit serrer le vent tribord amures afin de laisser les vaisseaux de ligne sous le vent. Le *Guillaume-Tell* passa à petite distance de plusieurs bâtiments qui ne trahirent sa présence par aucun signal, le prenant probablement pour un des leurs. Déjà l'amiral concevait l'espérance de dérober la sortie de son vaisseau à l'escadre de blocus, lorsque, vers onze heures trois quarts, un navire sous voiles fut aperçu. C'était la frégate la *Pénélope*. Prenant la même bordée que le *Guillaume-Tell*, celle-ci le suivit en se couvrant de feux pour indiquer sa position. La *Pénélope,* qui avait, sur le *Guillaume-Tell*, un grand avantage de marche, joignit ce vaisseau à une heure du matin. Elle se plaça derrière lui et, lançant tour à tour sur un bord et sur l'autre, elle lui envoya des bordées d'enfilade. L'amiral Decrès était tenté de présenter le travers à cette frégate et de lui envoyer quelques volées, afin de la mettre hors d'état de le suivre. Mais déjà, malgré l'obscurité de la nuit, on apercevait, à l'horizon, les bâtiments de l'escadre de blocus qui arrivaient sous toutes voiles. Cette situation imposait à l'amiral l'obligation d'éviter tout retard. A cinq heures du matin, le *Guillaume-Tell*, dont le gréement était coupé, démâta de son grand mât de hune. Peu après, le *Lion* de soixante-quatre, dépassant la *Pénélope*, prit position par le travers de babord du *Guillaume-Tell*, à portée de fusil. Le feu fut très vif de part et d'autre. Après une heure de combat, le *Lion*, très maltraité, cessa de tirer. Sur l'ordre de l'amiral Decrès, le capitaine Saunier manœuvra pour aborder ce vaisseau. Il réussit à engager le bout dehors du *Guillaume-Tell* dans les haubans d'artimon du *Lion*; le bout dehors s'étant rompu, les deux vaisseaux se séparèrent. A ce moment se présenta un troisième adversaire, le *Foudroyant* de quatre-vingts. Un nouveau combat s'engagea. Pendant près d'une heure, les deux vaisseaux placés, très près l'un de l'autre, se canonnèrent avec une véritable furie. Le *Guillaume-Tell* perdit son mât d'artimon et son grand mât, le *Foudroyant* son mât d'artimon et son petit mât de hune. Le capitaine Saunier tenta d'aborder le *Foudroyant*. Il réussit à placer le *Guillaume-Tell* en travers sur le beaupré du vaisseau anglais, mais ce dernier, coiffant toutes ses voiles, se dégagea. Toutefois, dans cette position, le *Foudroyant* reçut plusieurs bordées qui le balayèrent de l'avant à l'arrière. Vers sept heures du matin, le *Lion*, qui s'était tenu éloigné du champ de bataille pour réparer ses avaries, prit de nouveau part au combat. Ce fut à ce moment que le brave capitaine Saunier fut obligé de quitter le pont. Le lieutenant Donadieu le remplaça. Le *Guillaume-Tell* était dans un état complet de délabrement. Un canon avait éclaté; les canons des gaillards et dix-neuf canons des batteries étaient démontés. Des débris de mâture, de voiles et de gréement engageaient une partie de la batterie de babord. Quels que fussent les désavantages de cette situation, le courage de l'équipage, loin de faiblir, allait croissant. Le *Guillaume-Tell*, qui combattait à tribord le *Foudroyant* et à bâbord le *Lion*, répondait, avec ses canons de l'arrière, au feu de la *Pénélope*. A huit heures et demie, le mât de misaine fut coupé. Il tomba ainsi que le petit mât de hune, masquant tout le côté de bâbord. Sans mâts, en travers à la lame, le vaisseau avait de tels mouvements qu'il fallait, à chaque roulis, fermer les sabords de la batterie basse. Le *Guillaume-Tell* ne gouvernait plus ; le *Lion*, le *Foudroyant* et la *Pénélope* le canonnaient sans qu'il pût riposter. Dans cette position, écrivit l'amiral, en rendant compte de son combat au ministre, « il ne fut que trop évident non seulement que le salut du vaisseau était impossible, mais encore que je ne pouvais plus faire de mal à l'ennemi. Je ne pus donc me dissimuler que les hommes que je perdrais par une plus longue résistance seraient gratuitement sacrifiés à une vaine obstination. Sur cette conviction et celle que la défense du *Guillaume-Tell* avait été assez soutenue pour n'avoir rien que d'honorable, je crus de mon devoir de céder à la fortune et, à neuf heures trente-cinq minutes environ, après le complet démâtement, le pavillon fut amené. » La *Pénélope*, qui s'était toujours tenue loin du *Guillaume-Tell*, fut seule en état de l'amariner. Elle le prit à la remorque et se dirigea sur Syracuse. Après vingt-quatre heures passées à réparer ses avaries, le *Lion* donna la remorque au *Foudroyant*. Sur les trois bâtiments anglais, il y avait dix-sept tués et cent cinq blessés. Ces pertes étaient ainsi réparties. Le *Foudroyant* avait huit tués et soixante-quatre blessés ; le *Lion* huit tués et trente-huit blessés ; la *Pénélope* un tué et trois blessés. Le nombre des hommes atteints par le feu de l'ennemi, s'élevait, sur le *Guillaume-Tell*, à soixante-quinze tués et cent trente-quatre blessés. Le lieutenant de vaisseau Michel Aussety et l'aspirant Alexandre Vidal étaient au nombre des premiers ; le capitaine Saunier, les enseignes Paulin, Lagrèze et l'aspirant Dounier figuraient parmi les seconds. L'amiral Decrès avait reçu trois blessures.

On chercherait difficilement, dans les annales de toutes les marines, un combat plus glorieux que celui du *Guillaume-Tell*. L'habileté des chefs, la vaillance des officiers et de l'équipage, cette énergie qui ne faiblit pas, malgré la supériorité de l'ennemi, appellent, d'une manière particulière, l'attention sur ce combat. Dans cette lutte acharnée, qui dura plusieurs heures, l'honneur fut pour le vaincu. « Je crois superflu, disait l'amiral au ministre, en terminant son rapport, de m'étendre sur la conduite de l'état-major et de l'équipage du *Guillaume-Tell*. Le seul fait de son combat et les trois tentatives d'abordage où, malgré la supériorité de l'ennemi, nous avons été voisins du succès, vous disent assez, citoyen ministre, quelle confiance m'inspiraient les talents du capitaine, le dévouement des officiers et la bravoure de tous ceux, de quels grades qu'ils fussent, que j'avais l'honneur de commander. » Le 26 octobre 1800, le ministre de la marine écrivit au contre-amiral Decrès : « Je me fais un plaisir, citoyen général, de vous annoncer qu'en considération de la glorieuse résistance du vaisseau le *Guillaume-Tell*, le Premier Consul, par un arrêté du 1er de ce mois, a nommé capitaine de frégate le citoyen Donadieu, premier lieutenant de ce vaisseau. Le citoyen Joseph Debergne, premier enseigne du même vaisseau, a été promu au grade de lieutenant de vaisseau et les enseignes non entretenus Figannières, Ganivet, Aune, Riche, Ennan, Lagrèze et Blanc ont été nommés enseignes de vaisseau. Le même arrêté me charge, en outre, de témoigner aux autres officiers de l'état-major et à l'équipage du *Guillaume-Tell* la satisfaction du gouvernement pour le zèle qu'ils ont mis à vous seconder et à soutenir la gloire du pavillon national. »

Des quatre navires qui avaient appareillé de la baie d'Aboukir, le 2 août 1798, le *Généreux* et le *Guillaume-Tell* étaient tombés au pouvoir des Anglais. Les deux autres, la *Diane* et la *Justice*, se trouvaient encore à Malte. Le général Vaubois, qui ne se faisait aucune illusion sur le sort réservé à ses troupes, voulut sauver ces deux frégates. Celles-ci sortirent du port La Valette dans la nuit du 24 août. Quoique le temps fût obscur, elles furent aperçues et chassées par la frégate le *Success* et les vaisseaux le *Généreux* et le *Northumberland*. La *Diane*, après un court engagement avec le *Success*, amena ses couleurs. Cette frégate n'avait que cent quatorze hommes d'équipage. La *Justice* parvint à se dérober à la poursuite de l'ennemi ; elle mouilla, le 1$^{er}$ septembre, sur la rade de Toulon. A la fin du mois d'août, il n'était entré, dans le port La Valette, depuis le commencement du blocus, que cinq bâtiments. Le général Vaubois, vaincu par la famine, capitula le 5 septembre. Deux vaisseaux de soixante-quatre, le *Dejo* et l'*Athénien*, et la frégate de trente-six la *Carthaginoise*, que le manque de personnel n'avait pas permis d'armer, tombèrent au pouvoir des Anglais.

Le vice-amiral Bruix, dont la santé était altérée, fut remplacé dans son commandement par le contre-amiral Latouche-Tréville. Les armements continuèrent à Brest. On se proposait, à Paris, d'avoir, sur cette rade, un grand nombre de bâtiments, afin d'obliger les Anglais à maintenir, devant ce port, des forces considérables. Dans le cas où une partie de l'escadre de blocus se serait retirée, la nôtre aurait pris la mer pour se porter dans la Méditerranée ou sur tout autre point, suivant les exigences du moment. Des recommandations très expresses, relatives à la tenue des navires, à l'instruction et à la discipline des équipages, furent adressées au contre-amiral Latouche-Tréville. Le Premier Consul écrivit au ministre pour l'informer qu'il ferait une visite à l'escadre, aussitôt que les circonstances le lui permettraient. Il ajouta : Ordonnez au général commandant l'escadre de Brest, ainsi qu'à tous les généraux et capitaines de vaisseau de rester constamment à leur bord, de coucher dans leurs bâtiments et d'exercer les équipages avec une nouvelle activité ; établissez, par un règlement, des prix pour les jeunes matelots qui montreront le plus d'activité et pour les canonniers qui se distingueront dans le tir. Il ne doit pas se passer une seule journée sans que l'on ait, sur chaque vaisseau, fait l'exercice du canon à boulet, en tirant alternativement sur des buts que l'on établirait sur la côte et sur des carcasses qui seraient placées dans la rade. » L'amiral Lacrosse, mis à la tête d'une division de sept vaisseaux et de cinq frégates, devait porter, à Saint-Domingue, quatre mille cinq cents hommes, les généraux Sahuguet et Quantin et le conseiller d'Etat l'Escallier. Dans les premiers jours d'avril, cette division mit à la voile avec une légère brise de nord-nord-ouest. A peine était-elle dehors que les vents, passant à l'ouest en faiblissant, l'obligèrent à rentrer. La belle saison arrivait. Quelques mois devant s'écouler avant que l'amiral Lacrosse pût trouver l'occasion de dérober sa sortie à l'escadre de blocus, les troupes passagères furent débarquées et l'expédition remise à un moment plus favorable.

Le port de Dunkerque avait reçu, à la fin de l'année 1799, l'ordre d'armer les frégates la *Carmagnole* de quarante-quatre, l'*Incorruptible*, la *Poursuivante* et la *Désirée*, de trente-six. Ces bâtiments devaient être envoyés à Flessingue pour y terminer leur armement. Le chef de division Castagnier avait le commandement de ces quatre frégates. Avant que celles-ci fussent en mesure d'appareiller, le port de Dunkerque était bloqué par les Anglais. Dans les premiers jours du mois de juillet 1800, la croisière ennemie comprenait deux frégates, une corvette, deux bricks, une bombarde, onze canonnières et plusieurs brûlots. Le 7, vers minuit, la corvette le *Dart* entra dans la rade; les deux bricks, quelques canonnières et quatre brûlots l'accompagnaient. Les vents soufflaient frais de l'ouest, et le courant de flot était dans toute sa force. Un brick de douze et deux canonnières avaient été adjoints à la division française. Celle-ci était rangée, en allant de l'ouest à l'est, dans l'ordre suivant : le brick, les deux canonnières, la *Poursuivante*, la *Carmagnole*, l'*Incorruptible* et la *Désirée*. La nuit était sombre; d'autre part, nous nous gardions mal. La corvette anglaise, qui venait de l'ouest, passa devant le brick, les deux canonnières, la *Poursuivante* et la *Carmagnole*. A bord de ces deux frégates, les hommes chargés de la surveillance extérieure hélèrent le *Dart* qu'ils prirent pour un bâtiment de guerre français venant au mouillage avec un convoi. L'*Incorruptible* fut le premier navire qui ouvrit le feu sur la corvette anglaise. Celle-ci répondit par une bordée de ses quinze caronades de trente-deux chargées à double projectile. Elle continua sa route, mouilla une ancre par l'arrière et aborda le dernier navire de la ligne, la *Désirée*. L'équipage du *Dart*, renforcé d'un détachement d'hommes d'élite, provenant des divers bâtiments ennemis, sauta à bord de la frégate française. La *Désirée*, qui n'avait pris aucune disposition de combat, fut enlevée en moins de quinze minutes. Les Anglais sortirent avec cette frégate et rejoignirent leur division. Nos bâtiments évitèrent les brûlots soit en coupant leurs câbles soit en mettant sous voiles. Ce coup de main hardi ne coûta aux Anglais qu'un homme tué et trois blessés. Le malheureux équipage de la *Désirée* subit de grandes pertes. De tous les officiers, un seul survécut à cette affaire; les autres, en y comprenant le capitaine, furent tués ou moururent de leurs blessures peu de jours après. Le chef de division Castagnier, malade depuis quelque temps, se trouvait à terre dans la nuit du 7 juillet.

La conduite des autorités maritimes du port de Dunkerque fut soumise à une enquête sévère. On adressa de Paris à l'ordonnateur et au commandant des armes un grand nombre de questions auxquelles ceux-ci reçurent l'ordre de répondre par écrit. Des arrêts provisoires leur furent infligés. Il s'agissait de savoir s'ils avaient fait l'un et l'autre, pour l'armement de ces quatre frégates, au double point de vue du matériel et du personnel, tout ce qui était en leur pouvoir. Le Premier Consul examina, lui-même, toutes les pièces relatives à cette affaire; il reconnut que l'ordonnateur et le commandant des armes n'avaient commis aucune faute. Le commandant de la division fut traduit devant un conseil de guerre. D'après l'accusation, le commandant Castagnier ne s'était pas conformé à ses instructions qui lui prescrivaient de se rendre à Flessingue avec les quatre frégates. Il n'avait rien fait pour garantir ces mêmes bâtiments contre les entreprises de l'ennemi, ou assurer leur résistance en cas d'attaque. Enfin, il n'était pas à son bord, lorsque la *Désirée* avait été capturée. Le commandant Castagnier fut acquitté. Le véritable coupable, c'était le département de la marine, commençant des armements dans tous les ports sans disposer des moyens nécessaires pour les terminer. Les choses ne se passaient pas autrement à Brest. Pendant qu'on armait de nouveaux vaisseaux dans le port, ceux qui étaient en rade avaient des équipages incomplets et des approvisionnements insuffisants.

La *Concorde* de quarante, la *Médée* et la *Franchise*, de trente-six, capitaines Landolphe, Coudein et Jurien, quittèrent la rade de l'île d'Aix, le 6 mai 1799. Ces trois frégates étaient sous les ordres du capitaine Landolphe, de la *Concorde*. Après avoir croisé sur les côtes occidentales d'Afrique, depuis l'embouchure du Sénégal jusqu'à l'équateur, le capitaine Landolphe s'empara de l'île du Prince où il passa un mois. Au moment de partir, il rendit l'île aux Portugais contre une rançon. La division française traversa l'Océan et jeta l'ancre devant Montevideo pour se ravitailler; elle reprit la mer le 10 juillet 1800. Après quelques jours passés en croisière, à la hauteur du cap Frio, les frégates firent voile vers le nord. Nous avions pris vingt-trois bâtiments anglais ou américains, sur la côte d'Afrique, et cinq portugais ou américains sous le cap Frio. D'après ses instructions, le capitaine Landolphe devait remonter la côte du Brésil, visiter la côte de Terre-Neuve et effectuer son retour en

France. Le 4 août, par 17 degrés de latitude sud, cinq bâtiments, à grande mâture, furent aperçus, au vent, à une distance d'environ trois lieues. Le commandant Landolphe se crut en présence de cinq vaisseaux de ligne. Au lieu de forcer immédiatement de voiles, il perdit du temps en manœuvres inutiles. Les Anglais se mirent à notre poursuite ; à trois heures ils s'étaient rapprochés. Le capitaine Landolphe signala qu'il laissait chaque capitaine libre de sa manœuvre pour la sûreté de son bâtiment. Voulant alléger sa frégate, il fit jeter, à la mer, toutes les embarcations, la drôme, les mâts de rechange et les canons des gaillards. A cinq heures du soir, un vaisseau, suivi, à quelque distance, de trois des bâtiments signalés le matin, arriva à portée de canon de la *Concorde*. Cette frégate vint en travers, envoya sa bordée au vaisseau anglais et amena son pavillon. Le bâtiment, auquel se rendait la *Concorde*, était le *Belliqueux* de soixante. La *Médée*, atteinte, vers sept heures et demie du soir, par deux bâtiments ennemis, amena son pavillon. La *Franchise*, qui marchait très bien, gagna les chasseurs ; cette frégate rentra dans nos ports. Le capitaine Landolphe n'avait pas, ainsi qu'il le croyait, rencontré une escadre anglaise. Parmi les bâtiments aperçus, dans la matinée du 4 juillet, figurait un seul navire de guerre, le *Belliqueux*. Les autres, appelés l'*Exeter*, le *Bombay-Castle*, le *Coutts* et le *Neptune*, appartenaient à la compagnie des Indes. La *Médée* s'était rendue à l'*Exeter* et au *Bombay-Castle*. L'erreur commise par le commandant de la division, qui avait pris des bâtiments de la compagnie des Indes pour des vaisseaux, la promptitude avec laquelle avait été fait le signal qui laissait chaque capitaine libre de sa manœuvre pour la sûreté de son bâtiment, avaient amené ces malheureux résultats. La *Pallas* de quarante, capitaine Epron, fut attaquée, dans la Manche, par une division anglaise. Complètement désemparée, coulant bas d'eau, cette frégate amena son pavillon; la *Pallas* avait quarante hommes tués ou grièvement blessés. Cette frégate s'était défendue avec une énergie qui honorait le capitaine Epron, ses officiers et son équipage. La marine française perdit, en outre, dans le cours de l'année, les corvettes la *Réolaise*, l'*Albanaise*, la *Vedette* et quelques bâtiments de rang inférieur.

Les Anglais s'efforçaient d'amener les royalistes à reprendre les armes. Le 2 juin 1800, une division, comprenant sept vaisseaux, cinq frégates, une corvette et cinq grands transports, mouilla dans la baie de Quiberon. Elle était commandée par le capitaine de vaisseau sir Edward Pellew. Les bâtiments anglais portaient environ cinq mille hommes, placés sous les ordres du général Maitland. Le commandant en chef de l'armée de Bretagne, le général Bernadotte, se trouvait à Vannes, où était établi son quartier général, lorsqu'il reçut la nouvelle de la présence d'une escadre ennemie sur la côte. Ses troupes, mises immédiatement en mouvement, se portèrent, à marches forcées, sur les points menacés. Les Anglais débarquèrent de faibles détachements. Après avoir détruit plusieurs batteries sans importance, capturé la corvette de dix-huit, l'*Insolente*, et quelques petits bâtiments, ils se retirèrent. Le général Maitland et sir Edward Pellew eurent, un moment, la pensée d'attaquer Belle-Ile, mais, apprenant qu'il y avait, sur ce point, des troupes nombreuses, ils renoncèrent à cette entreprise. Quelques jours après, sir Edward Pellew opéra sa jonction avec le contre-amiral Warren. Ce dernier croisait dans le golfe de Gascogne avec cinq vaisseaux, plusieurs frégates et des navires portant des troupes. Les deux divisions, placées sous le commandement de l'amiral Warren, se dirigèrent vers les côtes d'Espagne. Le but de l'expédition était de détruire les vaisseaux le *Real-Carlos* et le *San-Hermenegilde*, de cent douze, le *San-Fernando* de quatre-vingt-seize, l'*Argonauta* de quatre-vingts, le *San-Antonio* et le *San-Agostino*, de soixante-quatorze, qui se trouvaient au Ferrol. Les troupes anglaises furent débarquées dans une des baies voisines de ce port. Le commandant en chef des forces britanniques, le général Pultenay, après avoir fait une reconnaissance, jugea qu'il n'avait pas de forces suffisantes pour mener à bien cette entreprise. Les soldats anglais regagnèrent leurs bâtiments. Le contre-amiral Warren conduisit sa division à Gibraltar où il se rangea sous les ordres de lord Keith. Cet amiral prit la mer, le 2 octobre, avec vingt-deux vaisseaux de ligne, trente-sept frégates, et quatre-vingts bâtiments, portant dix-huit mille hommes, commandés par le général sir Ralph Abercromby. La flotte anglaise mouilla, le 4, dans la baie de Cadix. Le gouverneur, don Thomas de Morla, répondit par un refus à la sommation qui lui fut faite de livrer la ville et les vaisseaux mouillés dans le port. Une épidémie de typhus faisait de grands ravages dans la population de Cadix et des faubourgs. Lord Keith et sir Ralph Abercromby, craignant que leurs troupes ne fussent décimées par la maladie, retournèrent à Gibraltar. La Cour de Londres avait mis en œuvre de grands moyens et elle n'était arrivée à aucun des résultats qu'elle poursuivait. Ces trois expéditions furent considérées, en Angleterre, comme des échecs.

La *Danaé* de vingt canons, appartenant à l'escadre qui bloquait le port de Brest, tomba entre nos mains dans les circonstances suivantes. Cette corvette se trouvait, le 15 avril, en observation dans l'*Iroise* lorsque, vers neuf heures du soir, plusieurs hommes de l'équipage et quelques prisonniers français se précipitèrent sur le gaillard d'arrière. Les mutins saisirent l'officier de service et le jetèrent dans le faux-pont. Le capitaine de la corvette fut blessé en tentant de s'ouvrir un passage à travers les révoltés. Le 16, au point du jour, la *Danaé* jeta l'ancre dans la baie de Camaret. Le chef de la sédition était un matelot, du nom de Jackson, qui avait été secrétaire du fameux Parker, pendant que celui-ci commandait l'escadre de la Tamise en 1797. Jackson envoya un canot à bord de la corvette la *Colombe*, mouillée dans la baie, afin d'informer l'officier qui la commandait des événements de la nuit. Le lieutenant de la corvette française se rendit, avec quelques hommes, à bord de la *Danaé*, dont il prit possession. Dans le cours de l'année 1800, nos adversaires perdirent trois vaisseaux par accident. L'un d'eux, le trois-ponts, la *Queen-Charlotte*, brûla en mer; la *Queen-Charlotte* était le vaisseau de lord Keith, le commandant en chef des forces navales de la Grande-Bretagne dans la Méditerranée. Ce trois-ponts avait quitté Livourne, le 16 mars, pour se rendre à l'île de Capraia. Le lendemain matin, la *Queen-Charlotte*, qui avait fait peu de route pendant la nuit, était à quelques lieues du port, lorsque, de terre, on aperçut ce vaisseau en flammes. On ne put sauver que cent cinquante-six personnes; six cent soixante-treize périrent. L'amiral Keith était resté à

Livourne avec un aide de camp et quelques matelots. Le *Repulse* de soixante-quatre, fit naufrage sur la côte de Bretagne; l'équipage gagna la terre et fut fait prisonnier. Le 4 novembre, le *Marlborough* de soixante-quatorze, s'échoua sur des roches entre Groix et Belle-Ile. La mer était grosse; le vaisseau se creva très promptement. L'équipage fut recueilli par le *Captain* de soixante-quatorze, qui naviguait de conserve avec le *Marlborough*.

Les hostilités, entre la France et les États-Unis, n'étaient pas très actives. Néanmoins, les difficultés existant entre les deux puissances n'ayant pas été aplanies, l'état de guerre subsistait. Le 1ᵉʳ février de l'an 1800, la frégate américaine de quarante-huit, la *Constellation*, rencontra, à quelques lieues dans l'ouest de la Guadeloupe, la frégate de quarante, la *Vengeance*, capitaine Pitot. L'action commença à huit heures du soir; vers une heure du matin, les deux frégates se séparèrent. Le *Vengeance* était rasée de tous ses mâts; la *Constellation* avait perdu son grand mât. Cette dernière se rendit à la Jamaïque et la frégate française à Curaçao. Les pertes de la *Constellation* s'élevaient à quinze hommes tués et vingt-trois blessés; la *Vengeance* avait quatorze tués et quarante blessés. Cette frégate mit sous voiles, le 10 août, pour rentrer en France. Dans la nuit du 19, elle rencontra la frégate anglaise, la *Seine*; après trois engagements successifs, la *Vengeance*, n'ayant plus que son grand mât, coulant bas d'eau, sans munitions, amena son pavillon. Le lieutenant d'artillerie de marine Moreau était au nombre des morts; le lieutenant de vaisseau Ayreau, l'enseigne Marcou et six officiers de l'armée, passagers à bord de la *Vengeance*, avaient été blessés. Le rapport du capitaine Pitot n'indiquait pas les pertes subies par l'équipage.

Le 12 octobre, par 23 degrés de latitude nord et 53 degrés de longitude ouest, la corvette le *Berceau*, capitaine Senez, rencontra la frégate américaine le *Boston*, armée de trente-deux canons de douze et de douze caronades de trente-deux. La corvette française portait vingt-deux pièces de huit et deux caronades de douze. L'action s'engagea, de part et d'autre, avec une extrême vivacité. Le *Berceau* opposa à son adversaire une résistance énergique ; la frégate américaine, obligée de réparer ses avaries, cessa de combattre pendant quelques heures. L'engagement, après avoir été repris, fut encore une fois interrompu, mais la disproportion de forces était trop grande pour que l'issue de la lutte pût être douteuse. Le *Berceau* joint une troisième fois, le lendemain matin, amena son pavillon ; peu après, son mât de misaine et son grand mât tombèrent. Cette affaire, une des plus vigoureuses de cette époque, fit le plus grand honneur au lieutenant de vaisseau Senez, aux officiers et à l'équipage de cette corvette. Le *Boston* eut quinze hommes hors de combat ; sept furent tués ou moururent des suites de leurs blessures. Le *Berceau* perdit quatre hommes dont un officier, le lieutenant de vaisseau Fraboulet. Cette corvette eut, en outre, dix-sept blessés.

Le président des États-Unis avait envoyé des plénipotentiaires en France pour terminer le différend existant entre les deux républiques. Un traité, portant la date du 30 septembre, c'est-à-dire signé douze jours avant l'engagement du *Berceau* et de la frégate le *Boston*, avait mis fin aux difficultés qui subsistaient, depuis 1793, entre la

France et les Etats-Unis. On était convenu que les bâtiments de guerre, pris de part et d'autre, seraient rendus. L'exercice du droit de visite, la désignation des objets de contrebande de guerre et les conditions nécessaires pour établir la réalité des blocus, avaient été réglées par des stipulations précises.

Les îles de Gorée et de Curaçao, appartenant la première à la France et la seconde à la Hollande, furent prises par les Anglais.

## II

Les violences que l'Angleterre exerçait contre les neutres, depuis le commencement de la guerre, causaient une irritation, chaque jour plus grande, parmi les puissances maritimes secondaires. Le 25 juillet 1800, une frégate danoise, la *Freya*, capitaine Krabbe, escortant six navires de commerce, rencontra, dans la Manche, une division anglaise, composée de trois frégates, d'une corvette et d'un lougre. Le commandant de cette division, le capitaine de vaisseau Baker, fit connaître au capitaine Krabbe qu'il avait l'intention de visiter son convoi. Après avoir affirmé que les bâtiments, naviguant sous son escorte, n'étaient chargés d'aucun article de contrebande de guerre, le capitaine danois déclara qu'il s'opposerait par la force à l'exécution de cette mesure. Fidèle à sa parole, il tira, à boulet, sur une embarcation anglaise qui se dirigeait sur les navires danois. Les trois frégates ripostèrent et l'action s'engagea ; après avoir soutenu, pendant quelque temps, ce combat inégal, le capitaine Krabbe fit amener son pavillon. La *Freya* fut conduite sur la rade des Dunes avec les bâtiments qu'elle escortait. Elle avait eu deux hommes tués et cinq blessés ; les frégates anglaises la *Nemesis* et l'*Arrow* avaient chacune deux tués et quelques blessés. Plusieurs incidents de ce genre s'étaient déjà produits. En 1798, des navires de commerce suédois, escortés par une frégate de leur nation, avaient été enlevés par les Anglais. Au mois de décembre 1799, une frégate danoise, s'étant opposée, par la force, à la visite de son convoi, avait été conduite à Gibraltar avec les navires qu'elle escortait. Les difficultés, soulevées par cet événement, n'étaient pas aplanies lorsque survint l'affaire de la *Freya*. L'irritation fut très vive en Danemark ; cette puissance adressa au gouvernement britannique d'énergiques réclamations. Loin de les accueillir, la Cour de Londres se plaignit, avec hauteur, de la conduite du capitaine Krabbe. Celui-ci, en tirant sur une embarcation anglaise, avait commis, envers une nation amie, un acte d'hostilité que rien ne pouvait justifier. Une prompte satisfaction était demandée au Danemark, pour l'insulte faite au pavillon de la Grande-Bretagne.

M. Merry, ambassadeur de Sa Majesté Britannique à Copenhague, attendait avec confiance le désaveu de la conduite du capitaine Krabbe et les excuses auxquelles avait droit son gouvernement. La visite, en pleine mer, des bâtiments marchands et de leurs cargaisons, disait M. Merry dans une des nombreuses notes échangées, à propos de cette affaire, avec le comte de Bernstorf, est le droit incontestable de toute nation en guerre. Les navires de guerre et les corsaires des puissances belligérantes, répondait le comte de Bernstorf, ministre des affaires étrangères du Danemark, ont le droit de visiter les bâtiments neutres afin de s'assurer de leur nationalité et de la régularité de leurs expéditions. Lorsque les papiers sont trouvés en règle, aucune autre visite ne peut être faite. L'autorité du gouvernement, au nom duquel ces documents ont été dressés, donne à la puissance belligérante toute sûreté, en ce qui concerne la nature de la cargaison. La question posée en ces termes ne présentait pas de solution.

L'Angleterre espérait que le langage hautain de son ambassadeur intimiderait le Danemark ; elle put se convaincre que ce résultat ne serait pas atteint. Telle était la situation lorsqu'on apprit, à Londres, que l'empereur de Russie, Paul I$^{er}$, faisait d'actives démarches pour nouer, entre les puissances maritimes du Nord, une alliance ayant pour but de sauvegarder les droits des neutres. L'Angleterre voulut terminer le différend existant entre elle et le Danemark. Lord Withworth, ancien ambassadeur à Saint-Pétersbourg, fut envoyé en mission extraordinaire à Copenhague ; une escadre de dix vaisseaux l'accompagna. Le nouveau négociateur adressa au comte Bernstorf une note dans laquelle les exigences de l'Angleterre étaient clairement indiquées. « Nonobstant les expressions, disait lord Withworth, dont s'est servi le ministre de Sa Majesté Danoise, au sujet de la détention de la frégate la *Freya* et de son convoi, Sa Majesté ne peut pas même encore se persuader que ce soit véritablement d'après les ordres de Sa Majesté Danoise que la paix et la bonne harmonie ont été si subitement interrompues, ou qu'un officier danois ait pu agir conformément à ses instructions, en commençant

les hostilités contre ses États par l'attaque préméditée et non provoquée d'un vaisseau de guerre anglais portant le pavillon de Sa Majesté et naviguant dans les mers britanniques. » Il ajoutait un peu plus loin : « Le sang des braves matelots de Sa Majesté a été répandu, l'honneur de son pavillon insulté à la vue presque de ses propres côtes, et ces procédés sont soutenus en suscitant des doutes sur des droits incontestables, fondés sur les principes les plus évidents de la loi des nations, dont Sa Majesté ne peut jamais se départir et dont le maintien calme mais résolu est indispensablement nécessaire à l'existence des intérêts les plus chers de son empire. »
« Rien n'égale l'étonnement, répondit le comte de Bernstorf, avec lequel Sa Majesté vient de voir, par la note que le soussigné a eu l'honneur de recevoir de la part de lord Withworth, que le gouvernement britannique, pour lui refuser la satisfaction qui lui est évidemment due, en rétorque la demande contre elle, en lui imputant, sans scrupule, une agression dont le reproche est anéanti par le plus simple examen du fait. C'est en effet confondre les idées les plus claires, et intervertir le sens le plus naturel et le moins équivoque des choses et des mots que de vouloir faire envisager comme une agression, et une agression préméditée, une résistance légale et provoquée à une atteinte donnée gratuitement aux droits et à l'honneur d'un pavillon indépendant. Les démonstrations deviennent superflues quand le fait parle, et le Danemark ne craint pas d'en appeler, à cet égard, au jugement de toutes les puissances impartiales de l'Europe. S'il était possible de supposer une idée d'agression ou des intentions hostiles contre la Grande-Bretagne, Sa Majesté n'hésiterait pas à les désavouer

hautement; mais cette possibilité n'existe pas. Et le gouvernement anglais lui-même, s'il pèse les circonstances avec calme et sans prévention, ne saurait avoir aucun soupçon à cet égard. » Les choses n'avaient pas changé de face et chacun gardait ses positions. D'ailleurs, toute discussion était inutile ; l'Angleterre ne voulait pas être convaincue. Dans ses relations avec les neutres, elle n'admettait d'autre règle que leur soumission à sa volonté. Ne pouvant vaincre la résistance du Danemark, et pressé, d'autre part, par son gouvernement, de terminer cette affaire, lord Withworth céda, mais sans engager l'avenir. On convint que la frégate danoise et son convoi seraient réparés aux frais de l'Angleterre et relâchés. La question de principe fut réservée ; elle devait être débattue à Londres, ultérieurement. Jusque-là, le Danemark s'engageait à ne point donner d'escorte à ses flottes marchandes.

A la nouvelle de l'entrée dans le Sund de l'escadre qui accompagnait lord Withworth, Paul Ier avait donné l'ordre de mettre l'embargo sur les navires anglais qui se trouvaient dans les ports russes. Il avait, en outre, fait placer, sous le séquestre, les capitaux appartenant aux sujets britanniques « comme une sûreté du dommage que le commerce russe pourrait avoir à souffrir de la Grande-Bretagne, dont les desseins restaient inconnus ». L'empereur de Russie révoqua ces mesures lorsqu'il apprit le résultat de la mission de lord Withworth. Quoique la solution intervenue ne fût que provisoire, il crut que la Cour de Londres était prête à accorder la satisfaction réclamée par le Danemark. Néanmoins, le 28 août 1800, Paul Ier invita la Prusse, le Danemark et la Suède à renouveler la convention de la neutralité armée de 1780. Ces puissances ne semblaient pas décidées à s'engager dans une affaire aussi grave ; de nouvelles violences, commises par la marine anglaise, firent cesser leurs hésitations. Le 3 septembre 1800, la galiote suédoise, la *Hofnung*, faisait route sur Barcelone dont elle était peu éloignée. Le soleil se couchait lorsque la *Hofnung* fut abordée par huit canots appartenant à deux bâtiments de la marine britannique, le vaisseau le *Monarch* et la frégate le *Niger*, en croisière sur la côte. L'équipage suédois fut relégué dans l'intérieur de la galiote. Le capitaine du *Niger*, qui commandait l'expédition, continua à courir sur Barcelone en faisant remorquer la *Hofnung* par ses embarcations. Il put ainsi s'approcher de l'entrée du port sans être reconnu. Arrivés à petite distance des corvettes la *Paz* et la *Esmeralda*, les Anglais, abandonnant la galiote suédoise, se dirigèrent, en faisant force de rames, sur ces bâtiments ; sans donner le temps aux Espagnols de se reconnaître, ils s'emparèrent des deux corvettes et les remorquèrent au large. Cette expédition ne coûta à l'ennemi que trois hommes tués et cinq blessés. Sur les navires espagnols, les pertes s'élevèrent à trois tués et vingt et un blessés. La Cour de Madrid se hâta de porter à la connaissance de tous les cabinets européens les événements qui s'étaient passés à Barcelone. Elle adressa à Stockholm d'énergiques réclamations contre la conduite du capitaine de la *Hofnung*. La Suède n'eut pas de peine à prouver qu'il n'y avait, dans cette affaire, d'autre coupable que la marine britannique. Les Anglais s'étant emparés de la *Hofnung*, le pavillon suédois n'avait joué, le 3 septembre, devant Barcelone, qu'un rôle involontaire.

A la même époque, un navire prussien, chargé de bois, fut arrêté, dans le Texel, par un corsaire anglais et conduit à Cuxhaven. La cour de Berlin fit entendre des plaintes très vives. L'Angleterre, toujours dure et hautaine avec les nations dont elle n'avait rien à craindre, comme la Suède et le Danemark, se montra prête à faire à la Prusse toutes les concessions que cette puissance pouvait désirer. La cour de Berlin se trouva dans un grand embarras. Elle avait le désir de rester en bons termes avec l'Angleterre; d'autre part, elle craignait de mécontenter l'empereur de Russie. Ce dernier sentiment l'emporta; la Prusse fit occuper Cuxhaven. La Suède, le Danemark et la Prusse acceptèrent la proposition faite par Paul Ier de former contre l'Angleterre une coalition destinée à défendre les droits des marines secondaires. La convention, qui consacrait l'union de ces quatre puissances, fut conclue, par des actes séparés, le 16 décembre, entre la Russie, la Suède et le Danemark, et, le 18, entre la Russie et la Prusse. La convention de neutralité armée de 1800 rappelait celle de 1780 ; elle contenait, en outre, quelques dispositions nouvelles. Il avait été fait une énumération spéciale des objets dits de contrebande de guerre. En 1780, on s'en était rapporté, sur ce point, aux désignations un peu vagues existant dans les traités en vigueur à cette époque. Enfin, la nouvelle convention n'admettait pas que les navires de commerce, naviguant sous l'escorte d'un bâtiment de guerre, pussent être visités.

L'Angleterre, qui ne reculait devant aucune violence pour défendre ses intérêts, résolut de frapper le Danemark avant que les escadres de la Suède et de la Russie, retenues par les glaces, fussent en mesure de venir à son secours. L'amiral Parker, ayant Nelson comme lieutenant, appareilla, le 12 mars 1801, de la rade d'Yarmouth. La flotte, placée sous son commandement, comprenait vingt vaisseaux, quatre frégates, quelques avisos et une flottille de bombardes et de brûlots. Les Anglais mouillèrent, le 21, à l'entrée du Sund; le 30, ils mirent sous voiles pour forcer ce passage. Par suite d'une négligence difficilement explicable, la Suède n'avait pas élevé de batteries sur la partie de son littoral faisant face au Danemark. C'était à peine si, au-dessus d'Helsingford, il y avait quelques canons d'un faible calibre. L'escadre de l'amiral Parker, inclinant sa route vers la côte suédoise, passa hors de portée de canon de la forteresse de Kronembourg. Elle mouilla, le même jour, à quelques lieues au-dessus de la capitale du Danemark. La flotte britannique devait, pour arriver jusqu'à Copenhague, pénétrer dans la passe royale; les Danois avaient accumulé, dans la partie nord de cette passe, des moyens de défense extrêmement puissants. Les amiraux Parker et Nelson résolurent de la tourner, c'est-à-dire de l'attaquer en se dirigeant du sud vers le nord. Le 1er avril, lord Nelson, profitant d'une jolie brise de nord-nord-ouest, franchit la grande passe avec douze vaisseaux, quelques frégates, des bombardes, des brûlots et des canonnières. La grande passe, située à l'est de la passe royale, en est séparée par un banc, appelé le Middel-Grund. Nelson fit mouiller ses navires à la hauteur de l'île d'Amack.

Le 2, le vent étant devenu favorable, l'escadre anglaise remonta la passe royale du sud au nord. Elle prit position parallèlement à la ligne de défense des Danois. Celle-ci, composée de bâtiments de tout rang, de batteries flottantes et de canonnières, s'appuyait sur des ouvrages établis à terre. L'amiral Parker comptait, avec les huit vaisseaux qu'il avait conservés, faire une diversion en attaquant la partie nord de la passe royale. Le 2 avril, ayant contre lui le vent et la marée, il fut obligé de mouiller hors de portée de canon des batteries. Le détachement, placé sous les ordres de l'amiral Nelson, put donc seul combattre les Danois. L'action s'engagea vers dix heures du matin ; on se battit, de part et d'autre, avec un véritable acharnement. A deux heures de l'après-midi, le feu des Anglais acquit une supériorité marquée. Plusieurs bâtiments danois amenèrent leur pavillon. Des pourparlers s'étant établis entre lord Nelson et le prince royal qui présidait à la défense de Copenhague, une suspension d'armes fut décidée. Les Danois avaient subi de grandes pertes. Leurs bâtiments, presque tous d'un faible échantillon, s'étaient trouvés impuissants contre des vaisseaux de ligne. Néanmoins, le succès des Anglais était plus apparent que réel ; quelques-uns de leurs vaisseaux étaient échoués sur le Middel-Grund, d'autres avaient de graves avaries. L'escadre britannique ne pouvait conserver la position qu'elle occupait. Les vents soufflant du sud, elle était obligée, pour sortir de la passe royale, de ranger de près les batteries placées à l'entrée de cette passe, du côté du nord. Or, ces batteries, qui étaient puissamment armées, n'avaient pas souffert. La suspension d'armes, suivie d'une trêve de vingt-quatre heures, fut donc très favorable aux Anglais ; elle leur permit de déséchouer leurs navires et de rejoindre l'amiral Parker. Deux vaisseaux, dont l'un portait le pavillon de Nelson, s'échouèrent sous le canon des batteries danoises. On voit les difficultés que les

Anglais auraient eues pour sortir de cette passe, si le feu avait continué. Le 9 avril, l'amiral Parker signa avec le Danemark un armistice dont la durée fut fixée à quatorze semaines.

La mort de Paul 1ᵉʳ, survenue le 23 mars 1801, délivra l'Angleterre des craintes que la confédération des puissances du nord lui avait inspirées. Le nouvel empereur de Russie abandonna la politique qui avait fait la gloire de l'impératrice Catherine et que son père avait suivie. Il fit connaître à la Cour de Londres qu'il était disposé à renouer avec elle des relations amicales. L'embargo, mis sur les bâtiments anglais, fut levé. Le 17 juin 1801, Alexandre conclut, avec la Grande-Bretagne, un traité dans lequel les principes qui formaient la base de la nouvelle neutralité armée furent complètement méconnus. Un des articles de ce traité permettait aux Anglais de saisir la propriété ennemie sur les navires neutres ; enfin, le droit de visiter les bâtiments de commerce, naviguant sous escorte, ne leur était plus contesté. L'Angleterre avait bien voulu admettre que ce droit ne serait pas exercé par les corsaires. La Prusse ne déserta pas moins promptement que la Russie la cause de la neutralité armée. Le Danemark et la Suède étaient hors d'état de lutter contre l'Angleterre ; ces deux puissances accédèrent à la convention du 17 juin 1801 au mois de mars de l'année suivante.

# LIVRE II

Mesures prises pour secourir l'armée d'Egypte. — Bâtiments expédiés de nos ports et des ports de la côte d'Italie. — Le contre-amiral Ganteaume sort de Brest avec une division de sept vaisseaux pour se rendre en Egypte. — Combat de la frégate française la *Bravoure* et de la frégate anglaise la *Concorde*.— Prise du cutter le *Sprithly* et de la frégate le *Success*. — Entrée du contre-amiral Ganteaume à Toulon. — Cet officier général se dirige de nouveau sur Alexandrie. — La division française revient à Toulon. — Troisième sortie du contre-amiral Ganteaume. — La division française paraît devant l'île d'Elbe. — Renvoi des vaisseaux le *Formidable*, l'*Indomptable*, le *Desaix* et de la frégate la *Créole* à Toulon. — Le contre-amiral Ganteaume poursuit sa route vers l'Egypte avec quatre vaisseaux. — Il mouille sur la côte, à l'ouest d'Alexandrie, afin de débarquer les troupes passagères. — L'arrivée de l'ennemi l'oblige à appareiller. — Prise du vaisseau le *Swiftsure*.— Retour du contre-amiral Ganteaume à Toulon. — Combat de l'*Africaine* et de la *Phœbe*. — Prise de la corvette la *Sans-Pareille*. — Le contre-amiral Linois appareille de Toulon avec les vaisseaux le *Formidable* et l'*Indomptable*, de quatre-vingts, le *Desaix* de soixante-quatorze et la frégate la *Muiron* de trente-six. — Prise du brick le *Speedy*. — Combat d'Algésiras. — Prise du vaisseau anglais l'*Hannibal*. — Arrivée d'une division franco-espagnole à Algésiras. — L'escadre combinée fait route sur Cadix. — Appareillage de l'escadre anglaise. — Incendie des vaisseaux le *Real-Carlos* et le *San-Hermenegilde*. — Prise du vaisseau français le *Saint-Antoine*. — Combat du *Formidable*. — Le *Venerable* désemparé s'échoue. — Entrée du *Formidable* à Cadix. — Arrivée de l'escadre franco-espagnole dans ce port. — Récompenses accordées à l'escadre de l'amiral Linois. — La corvette le *Bull Dog* est reprise par les Anglais. — L'armée d'Egypte, ne recevant aucun secours, est contrainte de capituler. — Construction de bâtiments de flottille. — Leur réunion à Boulogne. — L'amiral Nelson devant ce port, les 3 et 15 août. — La paix est signée avec l'Angleterre.

## I

Le gouvernement consulaire, très préoccupé de la situation de l'armée d'Egypte, cherchait activement les moyens de la secourir. Au commencement de l'année

1801, les circonstances étaient pressantes. On savait que les troupes britanniques, placées sous les ordres du général Abercromby, fortes d'environ dix-huit mille hommes, étaient destinées à opérer en Egypte de concert avec les Turcs. Notre armée, affaiblie par les combats et les maladies, devait fatalement succomber. Une expédition fut préparée à Brest, dans le plus grand secret. Sept vaisseaux et deux frégates, commandés par le contre-amiral Ganteaume, reçurent l'ordre de prendre la mer pour une destination inconnue. L'Angleterre avait, devant le Texel, des forces suffisantes pour bloquer les vaisseaux de la Hollande. Une escadre observait l'armée franco-espagnole mouillée sur la rade de Brest. Depuis le désastre d'Aboukir, les Anglais étaient convaincus que nous ne pouvions rien entreprendre dans la Méditerranée. Néanmoins, comme ils se disposaient à opérer un débarquement en Egypte, une escadre de seize vaisseaux, à la tête de laquelle était placé l'amiral Keith, se trouvait dans cette mer. Quelques-uns de ces vaisseaux croisaient devant Alexandrie, sous les ordres du contre-amiral sir Robert Bickerton ; cinq se tenaient, avec l'amiral Warren, entre Cadix, Gibraltar et Minorque. Un grand nombre de frégates et de corvettes étaient échelonnées sur les routes de Toulon et des différents ports de la côte d'Italie à Alexandrie. Enfin, on savait que l'amiral Keith devait se rendre, avec la plus grande partie de son escadre, sur les côtes de l'Asie Mineure, où se réunissaient les navires portant les troupes destinées à l'expédition d'Egypte. Telle était la position des forces ennemies, lorsque le départ du contre-amiral Ganteaume fut décidé. Si cet amiral, parvenant à dérober sa marche à l'escadre de blocus, réussissait à entrer dans la Méditerranée, sans être aperçu par l'amiral Warren, il avait quelque chance de conduire en Egypte un renfort impatiemment attendu. En effet, notre escadre, laissant derrière elle les forces qui croisaient entre Cadix et Gibraltar, pouvait arriver sur les côtes d'Egypte avant le retour de l'amiral Keith. Dans cette hypothèse, elle n'aurait trouvé, devant Alexandrie, que des bâtiments légers ou un petit nombre de vaisseaux.

La division du contre-amiral Ganteaume comprenait les vaisseaux l'*Indivisible*, l'*Indomptable* et le *Formidable*, de quatre-vingts, le *Desaix*, le *Jean-Bart*, la *Constitution* et le *Dix-Août*, de soixante-quatorze, les frégates la *Créole* de quarante et la *Bravoure* de trente-six. Cinq mille soldats, des munitions et du matériel de guerre furent embarqués sur ces bâtiments. En conséquence, il y avait, sur chaque vaisseau, outre l'équipage, plus de sept cents soldats, des passagers civils et un chargement considérable. Afin de mieux tromper l'opinion sur la véritable destination de l'amiral Ganteaume, on admit, sur les navires de sa division, des employés destinés à Saint-Domingue avec leurs familles. Le 23 janvier 1801, l'amiral Ganteaume, profitant d'un coup de vent de nord-est qui avait jeté au large l'escadre du comte de Saint-Vincent, sortit de Brest. Le vent soufflait avec violence et la mer était grosse. Vingt-quatre heures après son départ, l'escadre était dispersée ; le vaisseau amiral l'*Indivisible* se trouva seul avec la *Créole*. Les premiers jours de cette traversée furent extrêmement pénibles. On se rend facilement compte de l'état de ces vaisseaux, encombrés de troupes et de matériel, quittant le port, pendant un coup de vent, pour échapper à la croisière anglaise, et obligés de prendre des dispositions de combat puisqu'ils étaient exposés à rencontrer l'ennemi le lendemain si ce n'est le jour même de leur appareillage. Tous les bâtiments firent de graves avaries. Deux vaisseaux démâtèrent de leur grand mât de hune ; d'autres eurent leurs voiles emportées. Le lougre le *Vautour* fut sur le point de couler. L'*Indivisible* se dirigeait vers le rendez-vous, fixé à cinquante lieues dans l'ouest du cap Finisterre, lorsqu'un bâtiment fut signalé. C'était la corvette l'*Incendiaire*, de vingt-huit bouches à feu; cette corvette fut prise et coulée.

Le 27, les vaisseaux l'*Indomptable*, le *Desaix*, la *Constitution*, le *Dix-Août*, le *Jean-Bart* et la frégate la *Bravoure* se trouvèrent réunis. Le même jour, au coucher du soleil, à vingt-cinq lieues environ dans l'ouest du cap Finisterre, deux voiles furent aperçues. La *Bravoure* reçut l'ordre de les reconnaître. Les navires en vue étaient un navire de commerce suédois et la frégate anglaise de quarante-quatre, la *Concorde*, capitaine Burton. La *Bravoure*, ayant fait à la *Concorde* des signaux auxquels celle-ci ne répondit pas, s'en approcha à portée de voix. Aussitôt que les deux navires se furent hélés et reconnus ennemis, l'action s'engagea. Après un combat très vif, qui dura environ une demi-heure, les deux frégates se séparèrent. La *Bravoure* fit route pour rejoindre sa division. Elle avait treize tués dont un officier, l'enseigne de vaisseau Kercron, et vingt-quatre blessés. Le capitaine Louis Dordelin était au nombre de ces derniers; il avait eu une partie de la main emportée par un biscaïen. D'après les rapports anglais, la *Concorde* aurait eu quatre tués et dix-neuf blessés. Il est difficile de décider auquel de ces deux bâtiments on doit, dans cette rencontre, attribuer l'avantage. Le capitaine Burton prétendit que son adversaire ne tirant plus, il avait lui-même cessé son feu, supposant que la frégate française était amenée. Peu après, il avait aperçu la *Bravoure* faisant de la toile. Le contre-amiral Ganteaume, rendant compte au ministre de cette affaire, dit, en s'appuyant sur le rapport du capitaine français, que « après une demi-heure de combat, à portée de pistolet, la *Concorde* étant parvenue à éviter l'abordage que le capitaine Dordelin avait tenté, s'était écartée et enfuie en forçant de voiles. Le capitaine Dordelin, déjà très éloigné de sa division, ne pouvait la poursuivre, et il manœuvra pour rallier son commandant. » Le capitaine Burton avait vu, au coucher du soleil, l'escadre dont faisait partie la frégate qu'il combattait. Une demi-heure après le commencement de l'action, son bâtiment étant très dégréé, il se demanda probablement s'il était prudent de prolonger cet engagement. Il se dit que si, le lendemain au jour, il n'était pas en état de faire de la toile, il pourrait être chassé et pris par les bâtiments avec lesquels naviguait la frégate française à laquelle il prêtait le travers en ce moment. On doit donc croire que, sous l'influence de ces diverses considérations, le capitaine Burton, ayant, devant lui, un adversaire résolu, trouva prudent de s'éloigner,

Le 30 janvier, le contre-amiral Ganteaume fut rallié par le *Formidable*; le lendemain, il eut la bonne fortune d'apercevoir tous les bâtiments de son escadre à l'exception du *Vautour*. Le 9 février, il franchit, en plein jour, le détroit de Gibraltar. Le lendemain, nos chasseurs prirent le côtre le *Sprithly* qui fut coulé. Parmi les navires mouillés sur la rade de Gibraltar, un seul, la frégate le *Success*, était en état d'appareiller. Cette frégate mit sous voiles pour observer nos mouvements. Son capitaine se proposait, dans le cas où il acquerrait la certitude que nous nous rendions en Égypte, de nous devancer afin de porter cette nouvelle à l'amiral Keith. Le 11, le *Success* fut aperçu et chassé par nos bâtiments ; la journée du 12 se passa sans que ce navire pût être atteint. Dans l'après-midi du 13, nos meilleurs marcheurs arrivèrent assez près de la frégate anglaise pour la canonner. Après les premières volées, celle-ci amena son pavillon. On eut, par le *Success* et le *Sprithly*, des nouvelles de l'ennemi. Le contre-amiral Ganteaume apprit que lord Keith ne devait pas tarder à paraître sur les côtes d'Egypte où se trouvait déjà le contre-amiral sir Robert Bickerton avec quelques vaisseaux. Il lui sembla difficile de ne pas se heurter à des forces plusieurs fois supérieures aux siennes. Etant passé, en plein jour, devant Gibraltar, sa présence dans la Méditerranée ne pouvait être ignorée de l'amiral Warren. Il supposa que cet officier général recevrait de prompts renforts et se mettrait à sa poursuite. D'autres considérations agirent sur son esprit. Les avaries de mâture et de gréement, faites pendant le coup de vent que l'escadre avait reçu, à son départ de Brest, avaient été imparfaitement réparées ; enfin l'état sanitaire de la division était mauvais. En conséquence, le contre-amiral Ganteaume estima que ses bâtiments, avec des mâtures en mauvais état, des équipages affaiblis, des batteries encombrées de matériel étaient impropres à prendre chasse, dans le cas ou il se trouverait en présence de forces supérieures, ou à combattre si les circonstances l'exigeaient. Il fit route pour Toulon ou il mouilla le 18 février.

L'amiral, en informant le ministre de son arrivée, peignait, dans les termes suivants, la situation de son escadre. « L'*Indivisible* avait perdu deux mâts de hune et n'en avait plus de rechange. Les élongis du grand mât étaient éclatés et on n'avait pu leur faire supporter le nouveau mât de hune. Le *Desaix* avait son mât de beaupré craqué. La *Constitution* et le *Jean-Bart* se trouvaient dans le cas de l'*Indivisible*, n'ayant l'un et l'autre, après leur démâtage, point de grand mât de hune de rechange. Le *Formidable* et l'*Indomptable* avaient eu, la nuit de l'appareillage, chacun une de leurs ancres enlevée de dessus le bord. Ils avaient été obligés de couper le câble, mais l'un et l'autre avaient eu leur bord enfoncé à la flottaison, ce qui n'avait pu se réparer solidement à la mer. Enfin, tous les vaisseaux sans exception étaient démunis de cordages à un point inquiétant, n'en ayant pas eu, au départ de Brest, une seule pièce de rechange, et les cordages qui étaient en place étaient tous mauvais et dans le cas de compromettre, à chaque instant, la marche et la sûreté des vaisseaux. Cette situation, disait l'amiral en terminant, augmentait mes sollicitudes. »

Le contre-amiral Ganteaume reçut l'ordre de repartir le plus promptement possible pour sa destination. Il mit sous voiles le 19 mars. Au moment d'appareiller, l'amiral écrivit au ministre : « Il nous a été impossible de compléter les équipages. Nous avons épuisé tous les moyens. Le préfet maritime nous a donné trois cents hommes de troupes d'artillerie de marine, et cependant nous partons avec soixante ou quatre-vingts hommes de moins sur chaque vaisseau, et ce sont malheureusement les matelots qui nous manquent. » Quelques jours après avoir pris la mer, le contre-amiral Ganteaume se décida encore une fois à relâcher. Deux vaisseaux s'étaient abordés ; l'un et l'autre avaient fait de graves avaries. Le 5 avril, l'*Indivisible*, le *Dix-Août*, la *Constitution*, le *Jean-Bart*, l'*Indomptable*, le *Formidable*, le *Desaix*, la *Créole* et la *Bravoure* mouillèrent sur la rade de Toulon.

L'amiral Warren avait été prévenu, le 8 février, au large de Cadix, où il croisait avec quelques vaisseaux, de l'entrée du contre-amiral Ganteaume dans la Méditerranée. Il se dirigea sur Minorque où il mouilla le 20 ; il reprit la mer le 24. Ayant rencontré un très gros temps, l'amiral Warren fut obligé de retourner à Mahon pour réparer ses bâtiments. Le 4 mars, cet officier général appareilla de Minorque pour la seconde fois ; il avait, avec lui, quatre vaisseaux et une frégate. Le 7, après avoir communiqué avec un de ses avisos qui lui portait des ordres de l'amirauté britannique, il se dirigea sur Naples. L'amiral Warren revenait vers nos côtes avec sept vaisseaux, dont deux de soixante-quatre, et la frégate le *Mercury*, lorsque, le 25 mars, au large de la Sardaigne, ses éclaireurs aperçurent, à très grande distance, l'escadre de l'amiral Ganteaume. Le lendemain 26, celle-ci n'était plus en vue.

Le contre-amiral Ganteaume reprit la mer, le 25 avril, avec l'ordre de se montrer sur les côtes de l'île d'Elbe avant de se rendre en Egypte. Se conformant à cette première partie de ses instructions, il canonna Porto-Ferrajo, favorisa l'occupation de cette place par nos troupes, puis il se disposa à faire route pour Alexandrie. Par suite des conditions dans lesquelles s'était accompli le début de la campagne, l'état sanitaire de l'escadre n'avait jamais été satisfaisant. Une épidémie se déclara parmi les équipages et les troupes passagères au moment où l'escadre allait effectuer son départ pour l'Egypte. L'amiral renvoya trois vaisseaux, le *Formidable*, l'*Indomptable* et le *Desaix*, et la frégate la *Créole* avec les malades de la division. Il prit, sur ces navires, les matelots et les soldats valides, et, avec quatre vaisseaux de soixante-quatorze, une frégate, une corvette et quelques transports, il se dirigea vers Alexandrie. Les chances heureuses qui nous eussent permis d'atteindre, sans rencontrer l'ennemi, un point favorable pour jeter les troupes à terre, n'existaient plus. La flotte anglaise, partie, le 23 février, de la baie de Macri, sur les côtes de l'Asie Mineure, avait mouillé, le 1er mars, dans la baie d'Aboukir. Lord Keith exerçait, sur la côte, une active surveillance. Le 5 juin, la division française chassa un bâtiment qu'elle ne put atteindre; c'était la frégate la *Pique*, qui se couvrit de voiles pour rallier lord Keith. Le 7, l'amiral français détacha la corvette l'*Héliopolis* afin d'avoir quelques renseignements sur la position de l'ennemi. Le 9, au point du jour, cette corvette arriva près d'Alexandrie. La croisière anglaise était à quelques lieues dans l'ouest de ce port. Prévenu, par la *Pique*, de la prochaine arrivée d'une division française, lord Keith s'était porté à sa rencontre. Cette circonstance sauva l'*Héliopolis* qui put entrer à Alexandrie avant que deux vaisseaux, détachés à sa poursuite, fussent parvenus à l'atteindre. Le contre-amiral Ganteaume, ne voyant pas revenir l'*Héliopolis*, supposa que ce bâtiment était tombé entre les mains de l'ennemi. Il prit le parti de mettre les troupes à terre dans l'ouest d'Alexandrie. Ses instructions lui prescrivaient d'en agir ainsi, s'il ne croyait pas prudent de se présenter devant ce port. La division française s'approcha de la terre et elle mouilla ; avant que les préparatifs nécessaires pour opérer le débarquement fussent terminés, l'escadre de lord Keith apparut. Les Français mirent sous voiles en coupant leurs câbles ; le lendemain, les Anglais étaient hors de vue.

Le contre-amiral Ganteaume reprit encore une fois la route de Toulon. Le 24, entre Candie et la côte d'Egypte, l'escadre française aperçut, au point du jour, un grand bâtiment qu'elle chassa. C'était le *Swiftsure* de soixante-quatorze qui se rendait à Malte pour renforcer l'escadre du contre-amiral Warren. Vers trois heures de l'après-midi, le vaisseau anglais fut rejoint par l'*Indivisible* et le *Dix-Août*. Après un combat d'une heure, le *Swiftsure* amena son pavillon ; à ce moment, la *Constitution* et le *Jean-Bart* arrivaient à portée de canon. Les pertes du *Swiftsure* étaient très légères ; elles ne s'élevaient qu'à deux tués et huit blessés. Il y eut deux tués et deux blessés à bord de l'*Indivisible* et six tués et vingt-trois blessés sur le *Dix-Août*. Le *Swiftsure* avait ses mâts, ses voiles et son gréement avariés ; néanmoins, six heures après sa capture, ce vaisseau fut en état de suivre l'escadre française. Le *Swiftsure* ne pouvait rien contre quatre vaisseaux, mais la vérité oblige de dire qu'il ne poussa pas très loin sa résistance. Nous devons ajouter que lord Keith lui avait enlevé une partie de son équipage ; son effectif, lorsqu'il fut pris, ne dépassait pas cinq cents hommes. Le contre-amiral Ganteaume mouilla le 22 juillet, sur la rade de Toulon. Deux vaisseaux, l'*Indivisible* et le *Dix-Août* avaient combattu le *Swiftsure*. Le gouvernement consulaire accorda à chacun de ces bâtiments, deux grenades, deux fusils et quatre haches d'abordage d'honneur.

Rien ne donnera une idée, à la fois plus juste et plus triste, de la situation de la marine, à cette époque, que le passage suivant d'une lettre que le contre-amiral Ganteaume écrivait au ministre, après avoir reçu l'ordre de mettre ses bâtiments en état de reprendre la mer. « J'appelle encore une fois votre attention sur l'état affreux dans lequel on laisse les matelots, arriérés de solde depuis quinze mois, nus ou couverts de haillons, mal nourris, découragés, affaissés enfin sous le poids de la misère la plus profonde et la plus humiliante. Il serait horrible de leur faire entreprendre, dans cet état, une campagne d'hiver longue et pénible sans doute. » L'amiral ne faisait pas un tableau moins triste de la situation des officiers. Ceux-ci, ne touchant ni solde ni traitement de table, vivaient dans des conditions qui les abaissaient à leurs propres yeux et leur enlevaient toute considération de la part des équipages.

## II

Pendant le cours de l'expédition infructueuse que nous venons de rapporter, plusieurs bâtiments étaient sortis de nos ports, se rendant à Alexandrie avec des troupes et des munitions. L'un de ces bâtiments, la frégate l'*Africaine* de quarante-quatre, capitaine Saunier, avait quitté Rochefort, le 14 février, en même temps que la *Régénérée*, mais le mauvais temps l'avait presque aussitôt séparé de sa conserve. Le 19, l'*Africaine*, qui avait déjà franchi le détroit de Gibraltar, fut aperçue et chassée par la frégate anglaise la *Phœbe*. Cette dernière avait, sur la frégate française, un grand avantage de marche. Elle ne tarda pas à la joindre et le combat s'engagea. Deux heures et demie après, l'*Africaine*, criblée de boulets, coulant bas d'eau, amena son pavillon. Elle avait cent vingt-sept tués et cent soixante-seize blessés. La défense de l'*Africaine* avait été héroïque. Le capitaine Saunier, ses officiers, le général Desfourneaux et la plupart des officiers de l'armée de terre avaient été atteints par le feu de l'ennemi. Le capitaine Saunier, blessé grièvement, mourut avant la fin du combat. L'*Africaine* avait un équipage réduit et quatre cents soldats passagers ; elle portait un matériel considérable et une grande quantité de munitions. La *Phœbe* et l'*Africaine* étaient deux bâtiments de même force. Tandis que les pertes de la frégate française s'élevaient, ainsi que nous l'avons dit, à cent vingt-sept morts et cent soixante-seize blessés, la *Phœbe* n'avait que deux tués et douze blessés. Le capitaine de l'*Africaine* avait, il est vrai, donné l'ordre de tirer à démâter. Regardant la lutte, avec une frégate de même rang, comme impossible, par suite des conditions dans lesquelles se trouvait son bâtiment, il espérait qu'un boulet heureux, atteignant la mâture de la *Phœbe* et retardant sa marche, lui permettrait de se soustraire à un combat inégal. Quoi qu'il en soit, en admettant que le capitaine Saunier, voulant éviter une rencontre dont il prévoyait l'issue, eût prescrit de tirer à démâter, les résultats obtenus indiquaient clairement que l'*Africaine* n'avait pas de canonniers. La mâture, le gréement, la voilure de la *Phœbe* avaient des avaries, mais pas un mât n'était tombé. Lorsque tous les détails de cette affaire furent connus, le Premier Consul chargea le ministre de la marine « d'appeler l'attention des officiers de tout grade sur l'inconvénient qu'il y avait de toujours vouloir tirer à démâter, et combien est vrai, dans toutes les circonstances, ce principe qu'il faut commencer par faire le plus de mal possible à son ennemi ».

Nous allons donner une nouvelle preuve de l'ignorance qui présidait à nos armements. La corvette la *Sans-Pareille*, de vingt canons, avait quitté Toulon pour se rendre à Alexandrie. Elle était chargée de boulets, ce qui n'en faisait ni un navire rapide ni un bon navire de mer. Le lendemain de sa sortie, cette corvette fut chassée par une frégate. Elle jeta une partie de ses boulets à la mer pour s'alléger; néanmoins, après une chasse de neuf heures, elle fut jointe par l'ennemi. La *Sans-Pareille* se trouva, pendant un moment, sur l'avant de la frégate anglaise et en position de lui envoyer une bordée d'enfilade. Le capitaine français ne put profiter de cette occasion, qui lui eût peut-être permis de dégréer son adversaire et de le mettre dans l'impossibilité de le poursuivre. La presque totalité de l'équipage avait le mal de mer. La *Sans-Pareille* amena son pavillon. Le capitaine de cette corvette, le lieutenant de vaisseau Renault, fit, devant le conseil de guerre appelé à le juger, la déclaration suivante : « J'ai omis, dans mon rapport et dans mon journal, de parler de la situation de mon équipage, mais il n'est pas mal à propos, je crois, de vous la représenter. Les trois quarts ont été malades du mal de mer depuis le départ du cap Sepet jusqu'à l'arrivée à Mahon. Joignez à cela la mauvaise volonté, et une terreur panique qui s'est emparée de mon équipage, à l'aspect de la frégate. Presque tous croyaient que c'était un vaisseau. Joignez encore à cela qu'ils étaient tous mouillés par la mer, depuis vingt-huit heures, sans avoir de hardes pour se changer, puisque je n'ai pu obtenir que dix rechanges pour tout l'équipage. »

## III

On craignait, à Paris, que les Anglais ne voulussent tenter quelque nouveau débarquement en Hollande. Des précautions maritimes et militaires furent prises pour faire face à cette éventualité. Le contre-amiral de Leissègues prit le commandement des forces navales réunies dans le premier arrondissement maritime. L'amiral de Winter fut placé à la tête de la flotte batave. L'escadre de Brest, dont l'importance croissait chaque jour, fut donnée au vice-amiral Villaret-Joyeuse. Les vaisseaux l'*Argonaute* et l'*Union* formèrent, à Lorient, une division commandée par le contre-amiral Bedout.

Un arrêté du 2 mars appela l'amiral Bruix au commandement d'une escadre en armement à Rochefort. Il était dit, dans cet arrêté, que les préfets maritimes, les officiers de terre et de mer des ports et des colonies où il aborderait seraient placés sous ses ordres. Le ministre prescrivit à l'amiral Bruix de se rendre à Cadix avec cinq vaisseaux, deux frégates et quinze cents soldats. Il devait, dans ce port, réunir, sous son pavillon, cinq vaisseaux espagnols et la division du contre-amiral Dumanoir-Lepelley. Ce dernier dirigeait l'armement de six vaisseaux, cédés par la cour de Madrid à la France. On espérait, à Paris, que l'amiral Bruix, à la tête de toutes ces forces, pourrait intercepter les convois destinés à l'armée d'Abercromby. L'escadre de Rochefort fut ralliée, le 10 mars, par l'*Argonaute* et l'*Union*.

Lorsque les vaisseaux, qui ramenaient les nombreux malades de la division du contre-amiral Ganteaume, étaient arrivés à Toulon, l'amiral Bruix n'avait pas pris la mer. Le contre-amiral Dumanoir-Lepelley avait fait les plus grands efforts pour mener à bonne fin la difficile mission dont il était chargé. Néanmoins, l'armement des six vaisseaux, donnés par l'Espagne à la France, avait fait peu de progrès. L'amiral Linois reçut l'ordre d'aller à Cadix avec l'*Indomptable* et le *Formidable*, de quatre-vingts, le *Desaix* de soixante-quatorze et la frégate la *Muiron* de quarante-deux. Un détachement, comprenant de l'infanterie et de l'artillerie, sous les ordres du général Devau, fut embarqué sur les bâtiments de sa division. Le contre-amiral Linois devait se joindre aux forces franco-espagnoles mouillées à Cadix. Parti, le 13 juin, pour sa nouvelle destination, il était, au commencement de juillet, à l'entrée du détroit. Le 3, le brick le *Speedy* fut capturé. Les Français apprirent que l'amiral Saumarez, arrivé, depuis quelques jours, d'Angleterre, croisait, devant Cadix, avec sept vaisseaux. Le contre-amiral Linois avait été observé par des frégates que nos meilleurs marcheurs n'avaient pu atteindre. Il supposa que ces bâtiments appartenaient à la division du contre-amiral Warren qui revenait vers le détroit, après avoir inutilement poursuivi l'amiral Ganteaume. Voyant devant lui des forces supérieures, craignant, s'il rétrogradait, de rencontrer l'amiral Warren, il prit le parti d'aller à Algésiras où il mouilla le 4 juillet. Prévenu par un officier, expédié de Gibraltar dans un canot, de la présence de la division française, l'amiral Saumarez fit route sur le détroit. Il avait, avec lui, six vaisseaux; le septième, le *Superb*, croisait un peu plus au nord, sur la côte d'Espagne, avec la frégate la *Tamise*. Un aviso porta à ces deux bâtiments l'ordre de rallier immédiatement leur amiral. Ce dernier comptait avoir facilement raison des trois vaisseaux de l'amiral Linois. Le 6 juillet, dans la matinée, l'escadre anglaise, composée des vaisseaux, le *Cæsar* de quatre-vingts, le *Pompée*, l'*Audacious*, le *Venerable*, l'*Hannibal* et le *Spencer*, de soixante-quatorze, parut à l'entrée de la baie. L'amiral Saumarez se dirigea sur la division française.

La baie d'Algésiras, située en face de Gibraltar, est ouverte du nord-est au sud-ouest. Nos bâtiments étaient embossés, présentant le travers de tribord au large. Ils étaient rangés du nord au sud dans l'ordre suivant : *Formidable, Indomptable, Desaix* et *Muiron*. Notre ligne s'appuyait, au nord, sur la batterie San-Yago, et, au sud, sur l'île Verte. La première de ces positions était armée de cinq canons de dix-huit, et la seconde de sept canons de vingt-quatre. Les Espagnols avaient donné à l'amiral Linois l'assurance que ces deux batteries étaient en mesure de le soutenir. Sept chaloupes canonnières complétaient nos moyens de défense. Toutefois, nos dispositions n'étaient pas complètement terminées, lorsque la division anglaise fut aperçue à la hauteur du cap Carnero. A huit heures du matin, le chef de file de l'escadre anglaise étant arrivé à portée de canon, l'action s'engagea. Peu après, le combat devint général. Les bâtiments ennemis, à mesure qu'ils s'approchaient de nos vaisseaux, trouvaient la brise faible et variable. Contrariés dans leurs manœuvres, ils mouillèrent sans ordre au large de notre ligne. Le *Pompée*, portant le pavillon de l'amiral Saumarez, jeta l'ancre, à portée de pistolet, par le bossoir de tribord du *Formidable*. Le *Venerable* et l'*Audacious* se placèrent par le travers l'un de l'*Indomptable* et l'autre du *Desaix*. Le *Cæsar* prit position entre le *Pompée* et le *Venerable*; enfin, l'*Hannibal* mouilla en dehors de ces deux derniers vaisseaux, relevant l'un par son bossoir et l'autre par sa hanche. Le *Spencer*, pris par le calme, laissa tomber son ancre, à une distance trop grande pour jouer un rôle actif dans le combat. A neuf heures, l'amiral Saumarez fit à l'*Hannibal* le signal d'appareiller. Il donna au capitaine de ce vaisseau l'ordre de prendre, dans le nord de la baie, un mouillage qui lui permît de battre le *Formidable* de l'avant à l'arrière.

Dès le début de l'action, l'amiral Linois acquit la certitude que les batteries de l'île Verte et de San-Yago, sur l'appui desquelles il comptait, ne protégeraient pas sa division; le tir des Espagnols était lent et mal dirigé. Des soldats d'infanterie et d'artillerie, sous le commandement du général Devau, furent immédiatement débarqués; ils armèrent ces deux batteries auxquelles l'amiral dut envoyer des munitions dont elles étaient complètement dépourvues. « Il y avait trente heures, écrivit, à ce sujet, l'amiral Linois, que j'étais mouillé à Algésiras quand j'ai été attaqué. L'on m'avait assuré que les batteries étaient parfaitement en état. J'avais vu une de ces batteries qui m'avait paru telle, mais cependant pas une bombe n'était chargée; on ne put, pendant l'action, lancer qu'une seule bombe vide. A l'une de ces batteries, il manquait de la poudre, à l'autre la poudre était mouillée. Des troupes de milice étaient seules chargées de ce service important pour nous, et si le général Devau ne s'était transporté, à terre, avec des Français, ces batteries ne nous auraient été peut-être d'aucun secours.» Se conformant aux ordres de l'amiral Saumarez, le capitaine de l'*Hannibal* avait mis sous voiles. Une légère brise du nord-est s'était levée. L'amiral Linois supposa que l'intention de l'ennemi était de le doubler par la tête et de le placer entre deux feux, ainsi que cela avait eu lieu à Aboukir. Nos vaisseaux étaient mouillés par douze brasses, et il y avait, entre notre ligne et la terre, une grande distance. Le signal « de couper les câbles et de s'échouer » fut hissé à bord du *Formidable*. Les bâtiments français manœuvrant les focs et les voiles d'étai, se mirent au plain, le cap dans la direction du sud, présentant le travers de bâbord au large. Les Anglais coupèrent leurs câbles et suivirent notre mouvement. De part et d'autre on se battait avec beaucoup de vigueur. Un boulet coupa la drisse de pavillon du *Pompée*; on crut, pendant un moment, que le bâtiment, sur lequel se trouvait le commandant en chef de l'escadre anglaise, avait amené ses couleurs. Cet espoir ne se réalisa pas ; un nouveau pavillon reparut à la corne d'artimon du *Pompée*. Les batteries de l'île Verte et de San-Yago faisaient, depuis que nous les occupions, un feu très vif dont les Anglais souffraient beaucoup. L'amiral Saumarez voulut s'emparer de la première de ces positions. Des embarcations, portant des soldats de marine et un détachement de matelots, se dirigèrent sur l'île Verte. Accueillies, à leur arrivée, par une fusillade très nourrie, elles rallièrent leurs bâtiments. L'*Hannibal*, porté vers la côte par les courants, s'était échoué. Les bâtiments anglais, mouillés sans ordre, ne se soutenaient pas les uns les autres. Leur feu faiblissait visiblement. Cette situation, en se prolongeant, pouvait amener la perte de l'escadre anglaise. L'amiral Saumarez se décida à la retraite ; à une heure et demie, profitant d'une légère brise de terre, il s'éloigna, suivi du *Cæsar*, du *Spencer*, du *Venerable* et de l'*Audacious*. L'ennemi nous abandonnait l'*Hannibal*. Ce vaisseau luttait avec une grande énergie contre le *Formidable* et la batterie de San-Yago, mais la partie n'était pas égale et, à deux heures, il amena son pavillon.

Les Anglais avaient attaqué la division du contre-amiral Linois avec plus de bravoure que d'habileté ; se souvenant d'Aboukir, ils s'étaient jetés sur nos navires sans calcul et sans réflexion. L'amiral Nelson, avec quatorze vaisseaux contre treize, avait détruit notre escadre. L'amiral Saumarez s'était probablement dit qu'il ne pouvait pas faire moins avec six vaisseaux contre trois. Il eut le tort de ne pas s'apercevoir que la situation n'était pas la même. Dans la baie d'Algésiras, les extrémités de notre ligne étaient protégées par des batteries, ce qui n'avait pas eu lieu à Aboukir. Enfin, le 1er août 1798, un vent très frais avait permis aux vaisseaux de l'amiral Nelson d'exécuter les ordres de leur chef. L'amiral Saumarez s'était trouvé, sous ce rapport, dans les circonstances les plus défavorables. La faiblesse et les variations de la brise avaient rendu difficiles toutes les manœuvres de ses bâtiments. Quoi qu'il en soit, l'escadre anglaise sortit de cette affaire très maltraitée ; elle comptait cent vingt et un tués, deux cent quarante blessés et treize hommes disparus. Ces pertes se trouvaient réparties ainsi qu'il suit : l'*Hannibal* avait soixante-quinze tués, soixante-deux blessés et sept disparus ; le *Pompée* quinze tués et soixante-neuf blessés ; le *Cæsar* neuf tués, vingt-cinq blessés et sept disparus ; le *Spencer* six tués et vingt-sept blessés ; le *Venerable* huit tués et vingt-cinq blessés ; l'*Audacious* huit tués et trente-deux blessés. La mâture, le gréement et les voiles du *Cæsar* et surtout du *Pompée* étaient hachés par les boulets. Le *Pompée*, abandonné à lui-même, ne serait pas parvenu à s'éloigner du champ de bataille. Il aurait partagé le sort de l'*Hannibal*, si de nombreuses embarcations, venues de Gibraltar, ne l'avaient pris à la remorque.

Nos équipages, vigoureusement commandés, s'étaient bien battus. Leur ardeur, loin de faiblir, avait été en augmentant à mesure que l'action se prolongeait. Il n'y avait pas eu à manœuvrer, puisque nos navires étaient échoués. La mer était calme et on combattait de près ce qui rendait le service de l'artillerie plus facile. Les conditions dans lesquelles nous nous étions trouvés, étaient donc favorables. La résolution, prise par l'amiral Linois de détacher le général Devau avec un détachement d'infanterie et d'artillerie pour armer les batteries de l'île Verte et de San-Yago, avait décidé du succès de la journée. Les pertes de l'escadre française étaient grandes ; elles s'élevaient, d'après le rapport du contre-amiral Linois, à cent quatre-vingt-treize tués et trois cents blessés. Les capitaines de vaisseau Laindet-Lalonde et Moncousu, commandant le premier le *Formidable* et le second l'*Indomptable*, étaient au nombre des morts. L'amiral désigna pour les remplacer les capitaines de frégate Troude et Touffet ; le capitaine de frégate Lucas prit le commandement de l'*Hannibal*.

Aussitôt que l'ennemi se fut éloigné du champ de bataille, le contre-amiral Linois prit ses dispositions pour repousser une nouvelle attaque. Les bâtiments furent remis à flot ; on forma une nouvelle ligne d'embossage, comprenant les trois vaisseaux français et l'*Hannibal*. Les batteries de terre, placées sous la direction du général Devau, furent occupées par nos soldats. Le contre-amiral Linois, restait, quoique victorieux, dans une position critique. Ses vaisseaux avaient des avaries, et il ne disposait, au mouillage d'Algésiras, d'aucun des moyens nécessaires pour les réparer. Les autorités espagnoles lui promettaient des ancres et des grelins, dont il avait un pressant besoin, mais on ne les lui donnait pas. Enfin, il était informé que les Anglais faisaient des préparatifs pour incendier sa division. Dans cette situation, il fallait, le plus promptement possible, gagner un port sûr. Nous avions, à Cadix, les six vaisseaux cédés par l'Espagne à la France, dont le contre-amiral Dumanoir-Lepelley dirigeait l'armement. Un de ces vaisseaux, le *Saint-Antoine* de soixante-quatorze, était en rade, où se trouvaient également six vaisseaux espagnols, récemment arrivés du Ferrol. L'amiral Linois avait mouillé, le 4 juillet, à Algésiras. L'escadre anglaise, entrée, le 5, dans le détroit, nous avait attaqués le 6 au matin. Si la division espagnole, mouillée à Cadix, avait éprouvé quelque hésitation à appareiller, en présence de la croisière anglaise, il était difficile d'admettre qu'elle n'eût pas mis sous voiles après le départ de l'amiral Saumarez. Elle aurait pris part, si elle nous avait rejoints, à un combat, livré dans les conditions les plus favorables, puisqu'il y avait, à Cadix, six vaisseaux, dont deux à trois ponts, et trois à Algésiras. Nous nous serions battus avec neuf vaisseaux contre six. Était-ce que l'amiral espagnol manquait d'initiative, ou n'avait-il pas confiance dans les bâtiments qu'il commandait? Quoi qu'il en soit, si les Espagnols avaient laissé passer l'occasion d'infliger un échec aux Anglais, ils ne pouvaient pas refuser de sortir de Cadix, alors que les vaisseaux de l'amiral Saumarez, hors d'état de tenir la mer, étaient réfugiés à Gibraltar. Cependant, ce fut seulement, le 9 juillet, que cinq vaisseaux espagnols, dont deux à trois ponts, et un vaisseau français appareillèrent, sous le commandement supérieur du lieutenant général Moreno. Cette division mouilla, le 10, sur la rade d'Algésiras. Il eût été facile, le lendemain du combat, de remorquer nos vaisseaux à Cadix. Le moment favorable était passé. Les Anglais, qui avaient mis le temps à profit avec une activité digne des plus grands éloges, étaient prêts à nous suivre. Il fallut mettre les vaisseaux de l'amiral Linois en état de naviguer seuls. Le 12, vers une heure de l'après-midi, les alliés quittèrent la rade d'Algésiras. Le lieutenant général Moreno et le contre-amiral Linois étaient sur la frégate la *Sabine*. Le règlement ordonnait, à cette époque, aux amiraux espagnols de passer sur une frégate lorsqu'ils se trouvaient en présence de l'ennemi. Le lieutenant général Moreno, n'ayant pas établi de signaux communs aux bâtiments des deux nations, était dans l'impossibilité de communiquer avec notre division. Il pria l'amiral français de le suivre à bord de la frégate sur laquelle il avait mis son pavillon. Le contre-amiral Linois éprouvait une très vive répugnance à quitter son vaisseau. Néanmoins, croyant qu'il était de son devoir de déférer à la demande très instante de l'amiral Moreno, il s'embarqua sur la *Sabine* avec les officiers de son état-major. L'escadre franco-espagnole était composée des bâtiments désignés ci-après : le *Real-Carlos* et le *San-Hermenegilde*, de cent douze, le *San-Fernando* de quatre-vingt-seize, l'*Argonauta* de quatre-vingts, le *San-Agostino* de soixante-quatorze, le *Formidable* et l'*Indomptable*, de quatre-vingts, le *Saint-Antoine*, le *Desaix* et l'*Hannibal*, de soixante-quatorze et les frégates la *Sabine* et la *Muiron*. L'*Hannibal* était remorqué par la frégate l'*Indienne*; ce vaisseau ne parvenant pas à doubler la pointe Carnero, le capitaine Lucas reçut l'ordre de retourner au mouillage d'Algésiras. Aussitôt que l'escadre franco-espagnole fut sous voiles, l'amiral Saumarez appareilla de la rade de Gibraltar avec cinq vaisseaux. La journée se passa sans incident ; la division franco-espagnole navigua à peu près réunie. Au coucher du soleil, l'amiral Moreno signala l'ordre de front, les frégates en avant ; à ce moment, les Anglais étaient au vent, à grande distance. Lorsque la nuit fut faite, le temps devint obscur et la brise fraîchit. Les bâtiments alliés, peu habitués à la navigation d'escadre, ne se maintinrent pas à leurs postes. Quatre vaisseaux, qui marchaient fort mal, restèrent en arrière. Ces bâtiments étaient les trois-ponts espagnols le *Real-Carlos* et le *San-Hermenegilde* et les vaisseaux français le *Saint-Antoine* et le *Formidable*. Ce dernier avait une mâture de fortune. La division anglaise se tenait bien ralliée ; elle nous observait, prête à profiter de nos fautes. Vers minuit, le *Superb*, détaché en avant par l'amiral Saumarez, aperçut un vaisseau auquel il envoya quelques volées. Cette attaque, survenant au milieu de la nuit et par un temps obscur, produisit, à bord du *Real-Carlos*, du *San-Hermeneyilde* et du *Saint-Antoine*, montés par des équipages inexpérimentés, une extrême confusion. Ces trois vaisseaux ripostèrent. Le capitaine du *Saint-Antoine*, ne parvenant pas à se rendre compte de ce qui se passait autour de lui, cessa de tirer. Les deux trois-ponts, se prenant pour ennemis, engagèrent, à petite distance, un combat très vif. Le feu se déclara à bord du *Real-Carlos*; peu après ce vaisseau sauta. Des débris, tombant sur le *San-Hermenegilde*, allumèrent, à bord de ce vaisseau, un violent incendie; le *San-Hermenegilde* eut le sort du *Real-Carlos*.

La plupart des écrivains qui ont relaté cet événement, ne sont pas tombés d'accord sur les causes de la catastrophe. Quelques-uns, attribuant la destruction du *Real-Carlos* et du *San-Hermenegilde* à la manœuvre du capitaine Keaths, commandant le vaisseau le *Superb*, disent que ce capitaine se plaça entre les deux trois-ponts espagnols. Après avoir fait feu des deux bords, il força de voiles et disparut. Les deux trois-ponts, lorsque le premier moment de confusion, résultant de cette attaque inopinée, fut passé, cherchèrent l'agresseur. Chacun d'eux crut le reconnaître dans le navire qu'il avait par son travers. Le commandant Troude écrivit à l'amiral Linois: « Dans le combat de cette nuit, deux des vaisseaux qui ont tiré sur moi ont brûlé et sauté en l'air, je les soupçonnais anglais... A mon entrée à Cadix, on m'a assuré qu'ils étaient espagnols. » Dans le rapport du contre-amiral Dumanoir-Lepelley au ministre de la marine, on lit: « Un garde-marine, sauvé du *Real-Carlos* avec quarante-cinq hommes, nous a appris que, vers minuit, l'escadre ayant essuyé la bordée des Anglais, le *Real-Carlos* et le *San-Hermenegilde* se sont pris pour ennemis. » La version anglaise est la suivante. Lorsque le capitaine du *Superb* reçut de l'amiral Saumarez l'ordre de se porter en avant, il aperçut, par bâbord, un vaisseau à trois ponts. Il diminua de toile et ouvrit le feu sur ce bâtiment, à la distance de trois à quatre cents mètres. A la troisième bordée, le commandant anglais, remarquant qu'un commencement d'incendie venait de se déclarer à bord du vaisseau ennemi, cessa de tirer. Peu après les deux vaisseaux espagnols se canonnèrent.

Le *Superb*, apercevant le *Saint-Antoine*, que sa mauvaise marche retenait à l'arrière, ouvrit le feu sur ce vaisseau. Une heure environ après le commencement de l'action, le *Saint-Antoine*, qui avait subi de grandes pertes, amena son pavillon. Le chef de division le Ray, capitaine du *Saint-Antoine*, était au nombre des blessés. Le *Pompée*, portant le pavillon de l'amiral Saumarez, le *Cæsar*, l'*Audacious*, le *Spencer* et le *Venerable* rallièrent le *Superb*. Laissant ce vaisseau auprès du *Saint-Antoine* avec la frégate portugaise la *Carlotta* et deux avisos, l'amiral anglais continua à courir dans la direction de l'ouest, à la recherche de l'escadre franco-espagnole. Celle-ci poursuivait sa route, sans paraître se préoccuper des événements de la nuit qu'elle ne connaissait pas, mais qui lui étaient révélés par la canonnade et l'explosion des deux trois-ponts. La *Sabine*, portant le lieutenant général Moreno et le contre-amiral Linois, précédait l'escadre. Lorsque les premiers coups de canon s'étaient fait entendre, cette frégate avait diminué de voiles. Les deux amiraux ne pouvaient aller au feu avec une frégate; d'autre part, les signaux qu'ils faisaient pour amener des bâtiments sur le lieu du combat restaient sans réponse. Les fanaux, hissés en tête des mâts de la *Sabine*, attirèrent l'attention des combattants. Cette frégate reçut des boulets qui tuèrent un homme et en blessèrent cinq. La *Sabine* fit de la toile et s'éloigna.

Le *Formidable* se trouvait, au commencement de la nuit, près du *Saint-Antoine*, du *Real-Carlos* et du *San-Hermenegilde*. Il eut deux hommes tués et trois blessés. Craignant de tirer sur des bâtiments amis ou de recevoir leur feu, le commandant Troude fit toute la toile que sa mâture de fortune lui permettait de porter, et il s'écarta des navires qu'il apercevait dans l'obscurité. Lorsque le jour se fit, la brise, qui avait soufflé grand frais pendant la nuit, tomba. A ce moment, deux bâtiments, le *Venerable* de soixante-quatorze et la frégate la *Tamise* étaient près du *Formidable*. On voyait, en arrière, à une distance assez grande, le *Pompée*, le *Cæsar*, le *Spencer* et l'*Audacious*. L'escadre combinée était en vue dans l'ouest de Cadix. Le *Venerable* se couvrit de voiles; quoique la brise fût faible, il atteignit rapidement le vaisseau français. A cinq heures du matin, le *Formidable* tira les premiers coups avec ses canons de retraite. Peu après, le *Venerable* étant arrivé par le travers de son adversaire, un combat très vif, à portée de pistolet, s'engagea entre les deux bâtiments. Vers sept heures, le *Venerable* rasé de tous ses mâts, coulant bas d'eau, cessa son feu; à huit heures, il s'échoua sur les roches de San-Pedro, à douze milles environ dans le sud de Cadix. Sa position semblait désespérée. L'amiral Saumarez fut sur le point de donner l'ordre de l'incendier; si l'escadre combinée avait montré l'intention de se rapprocher, il eût immédiatement pris cette mesure. Les alliés n'ayant fait aucun mouvement, les Anglais travaillèrent à remettre à flot le vaisseau échoué. Cette opération ayant été couronnée de succès, le *Venerable* fut pris à la remorque par la frégate la *Tamise*. Les pertes du vaisseau anglais s'élevaient à dix-huit tués et quatre-vingt-sept blessés. Le commandant Troude dit, dans son rapport, que son vaisseau avait vingt tués ou blessés grièvement, sans indiquer le nombre d'hommes atteints par le feu de l'ennemi. Le *Formidable* entra à Cadix, dans la matinée du 13 juillet, aux applaudissements d'une foule enthousiaste qui avait suivi de loin les diverses péripéties de cette brillante affaire. Il fut rejoint, quelques heures après, par l'escadre franco-espagnole.

Depuis la journée du 5 juillet, l'ennemi s'était affaibli et nos forces avaient augmenté. L'amiral Saumarez ne disposait que de cinq vaisseaux, un de quatre-vingts et quatre de soixante-quatorze, tandis que l'escadre franco-espagnole était composée de neuf vaisseaux dont deux à trois ponts. Cependant la traversée d'Algésiras à Cadix, faite en présence de l'ennemi, avait coûté aux alliés deux vaisseaux à trois ponts et un vaisseau de soixante-quatorze. Il semble tout d'abord difficile de comprendre qu'un pareil échec ait pu nous être infligé. Mais, après un examen attentif de la question, on cesse d'être surpris que l'escadre, venue de Cadix, pour accompagner les vaisseaux qui avaient combattu à Algésiras, se soit aussi mal acquittée de sa mission. Les nations, qui veulent faire de la marine sans marins, doivent s'attendre à de semblables résultats. On oubliait, à Paris et à Madrid, que le savoir professionnel est nécessaire pour aller à la mer. D'Algésiras à Cadix, l'escadre franco-espagnole pouvait avoir l'occasion de combattre, mais elle devait d'abord naviguer; elle ne sut pas remplir cette partie de sa mission. La brise ayant fraîchi et le temps étant devenu obscur, elle se dispersa. Le *Saint-Antoine*, qui avait combattu le *Superb*, faisait sa première sortie; ce vaisseau avait été armé à Cadix, sous la direction du contre-amiral Dumanoir. Quand on se rappelle la faiblesse du personnel à bord des navires qui quittaient nos ports, on se rend facilement compte de la valeur que pouvaient avoir les équipages des navires armés en Espagne. Le contre-amiral Dumanoir recevait de France un petit nombre d'officiers mariniers et de matelots, des soldats d'infanterie et des artilleurs. Il complétait les effectifs en engageant des matelots étrangers, espagnols, suédois, danois, attirés par l'appât d'une forte solde. Dans ces conditions, la lutte entre le *Saint-Antoine* et le *Superb*, vaisseau dont l'armement remontait à plusieurs années, n'était pas égale. L'avantage remporté par le vaisseau anglais ne lui avait coûté, on aura peine à le croire, qu'un officier et quatorze matelots ou soldats blessés. Pendant le combat du *Saint-Antoine* et du *Superb*, le gros de l'escadre continuait à courir à la route signalée, le 12, avant la nuit. Les vaisseaux français et espagnols auraient sans nul doute été très heureux de venir en aide au *Saint-Antoine*, mais on doit supposer qu'aucun d'eux ne voulut courir le risque de se trouver seul au milieu de l'escadre anglaise. En conséquence, chaque capitaine attendit le jour pour prendre une décision.

La marine espagnole, autrefois florissante, subissait les conséquences du désordre qui existait alors dans les finances de cette monarchie. Les arsenaux n'avaient plus d'approvisionnements; les bâtiments, auxquels on ne faisait plus de réparations, pourrissaient dans les ports.

Les équipages complètement négligés et rarement payés, étaient, depuis longtemps déjà, hors d'état de soutenir le vieil honneur du pavillon de Castille. Sur les vaisseaux de l'amiral Moreno, on retrouvait le personnel qui armait la flotte de Jose de Cordova, à la bataille du cap Saint-Vincent. Les deux faits suivants donnent une idée très nette de la situation des deux escadres au point de vue maritime et militaire. Lorsque l'amiral Saumarez détacha le *Superb* pour attaquer les vaisseaux de queue de l'escadre combinée, ce fut à la voix qu'il donna ses ordres au capitaine de ce bâtiment. Le *Superb* était le matelot d'arrière du *Pompée*. Pendant que les choses se passaient avec cette simplicité chez les Anglais, les amiraux Moreno et Linois, cherchant en vain leur escadre, se demandaient quels pouvaient être les bâtiments aperçus, de temps à autre, à travers l'obscurité de la nuit. Le *Formidable*, le *Desaix* et l'*Indomptable* faisaient partie de l'escadre de l'amiral Ganteaume, sortie de Brest le 23 janvier. Bien des changements avaient eu lieu, depuis cette époque, dans les équipages de ces bâtiments. Lors des deux relâches faites à Toulon, les 19 février et 5 avril, un grand nombre d'hommes, atteints par l'épidémie qui avait pris naissance peu après le départ de Brest, avaient été débarqués. Avant de se séparer de l'amiral Ganteaume, sur les côtes de l'île d'Elbe, le *Formidable*, l'*Indomptable* et le *Desaix* avaient donné une partie de leurs matelots pour remplacer les malades des bâtiments qui continuaient leur route vers l'Egypte. Lorsque l'amiral Linois reçut l'ordre de se rendre à Cadix, on fut obligé, pour compléter ses équipages, de prendre des hommes sur les bâtiments qui étaient en rade de Toulon. Le *Formidable*, l'*Indomptable* et le

*Desaix* avaient donc passé par des phases fort pénibles. Cependant, ces trois vaisseaux pouvaient être considérés parmi les plus heureux de notre marine. Quelques hommes avaient été formés par ces six mois de navigation.

L'amiral Linois s'exagérant peut-être la portée de la victoire d'Algésiras, écrivit au ministre : « On sera peut-être étonné du succès marquant que nous avons obtenu à Algésiras, et de ce que ma division a complètement battu l'ennemi bien supérieur en force. L'avantage que nous venons de remporter, citoyen ministre, est dû à la bravoure des marins et à la précision de leurs manœuvres. Depuis six mois, époque de notre départ de Brest, nous sommes presque toujours à la mer, chassés, ou chassant l'ennemi, par conséquent le boute-feu à la main. L'exercice continuel du canon et les simulacres d'abordage ont tellement accoutumé nos braves à toutes les circonstances d'un combat, que lorsqu'ils s'y trouvent, il leur semble être à l'exercice. Si l'on désorganise ces équipages, avec lesquels j'entreprendrais l'impossible, ils perdront cet esprit militaire qui les a fait vaincre, et il ne faudra plus attendre les mêmes succès ». Un sabre d'honneur fut décerné au contre-amiral Linois. Le gouvernement voulait, était-il dit dans un décret du 28 juillet 1801, récompenser un fait de guerre aussi honorable pour les armes de la République que pour l'officier général à qui le commandement était confié. Les capitaines de frégate Troude et Touffet furent promus au grade de capitaine de vaisseau. Quatre grenades d'honneur pour les canonniers, deux fusils pour les soldats passagers ou appartenant à la garnison, six haches d'abordage pour les matelots furent accordés par les

Consuls à chacun des bâtiments de l'escadre de l'amiral Linois.

Le capitaine de la corvette le *Bull Dog*, ne sachant pas que les Français étaient maîtres d'Ancone, mouilla, le 27 février, à une demi-portée de canon des forts. Aux premiers coups tirés par la terre, il fit amener son pavillon. Le 16 mai, le *Bull Dog*, alors commandé par le capitaine de frégate Girardias, était à Livourne. Des embarcations anglaises, pénétrant dans le port vers minuit, l'enlevèrent. Il faisait calme ; le *Bull Dog* s'éloignait lentement à la remorque des canots ennemis. Le capitaine Girardias, absent de son bord au moment de l'événement que nous venons de rapporter, se jeta dans une balancelle et se mit à la poursuite de son navire. Il fut rejoint par des embarcations portant des matelots et des soldats. Les Anglais mirent le feu au *Bull Dog* et l'abandonnèrent précipitamment. Le capitaine Girardias reprit possession de son bâtiment, fit éteindre l'incendie et rentra à Livourne. La même année, le *Bull Dog*, poursuivi par plusieurs navires anglais, manœuvra pour se rapprocher d'une batterie, sous la protection de laquelle le capitaine Girardias comptait se placer. Aussitôt qu'un des navires ennemis eût envoyé des boulets, une partie de l'équipage se jeta à la mer et nagea vers la côte. Les matelots restés à bord, après avoir tiré quelques coups de canon, se cachèrent dans la cale. Le capitaine du *Bull Dog* ainsi abandonné, fut obligé de se rendre. « La confusion et le désordre, écrivit le capitaine Girardias, étaient au comble parmi l'équipage. Je donnai l'ordre aux officiers de sabrer ceux qui n'obéiraient pas ou qui quitteraient leurs postes. Plusieurs matelots se jetèrent à la mer, par les sabords, et d'autres se précipitèrent dans la cale malgré les sentinelles ». Des étrangers, recrutés dans les ports italiens, formaient la majorité de l'équipage. Nous perdions constamment de vue les conditions que doivent remplir les bâtiments de guerre pour jouer, en cas de rencontre avec l'ennemi, un rôle honorable. On se rappelle la corvette la *Sans-Pareille*, forcée d'amener son pavillon, sans avoir pu le défendre, parce que l'équipage, atteint du mal de mer, était incapable de rendre aucun service. Le 3 août, la *Carrère* de quarante se dirigeait vers l'île d'Elbe avec un convoi lorsqu'elle fut aperçue par les frégates anglaises la *Pomone*, le *Phœnix* et la *Perle*. La frégate française, promptement entourée, amena ses couleurs ; le convoi qu'elle escortait put entrer à Longone. La *Carrère* formait, avec les frégates le *Succès* et la *Bravoure*, une division chargée d'appuyer les opérations des troupes françaises qui faisaient le siège de Porto-Ferrajo. La *Bravoure* et le *Succès* partis, le 31 août, pour Livourne où ils devaient prendre des munitions, furent chassés, le 1$^{er}$ septembre, par des forces supérieures. Serrant la terre de trop près, les deux frégates s'échouèrent et tombèrent entre les mains de l'ennemi ; une seule, le *Succès*, put être relevée.

L'escadre de Rochefort ne quitta pas l'île d'Aix ; l'amiral Bruix, tombé malade, fut remplacé, dans son commandement, le 11 juin 1801, par le contre-amiral Decrès. L'amiral Villaret-Joyeuse resta sur la rade de Brest avec son escadre.

## IV

Les Consuls avaient pris, le 3 mars 1801, un arrêté relatif à la création d'une flottille de bateaux plats, comprenant trente-six canonnières et deux cent seize bateaux canonniers. De grandes embarcations, appelées péniches, et des bombardes étaient adjointes à la flottille. Les canonnières portaient trois canons de vingt-quatre, et les bateaux canonniers un canon de vingt-quatre ou de dix-huit et un canon de huit. L'équipage des canonnières était de vingt officiers-mariniers ou marins et de quarante-cinq soldats; sur les bateaux canonniers, il y avait neuf matelots et dix-huit soldats. Les péniches étaient de grandes embarcations, ayant les unes un peu plus de vingt-deux mètres, et les autres environ dix-sept mètres. Les premières bordaient dix-huit avirons et les secondes quatorze. Elles étaient armées de quatre pierriers. Un certain nombre de bateaux, appartenant aux catégories désignées dans l'arrêté des Consuls, existaient dans nos ports. On commença immédiatement, dans des chantiers établis de Flessingue à Lorient, la construction des bateaux de différentes formes nécessaires pour compléter la flottille. C'était à Boulogne que celle-ci devait se réunir. Les trente-six chaloupes canonnières et les deux cent seize bateaux canonniers formaient douze divisions. Chacune de ces divisions, partagée elle-même en trois sections, comprenait trois canonnières et dix-huit bateaux canonniers.

Les divisions étaient commandées par des capitaines de frégate, les canonnières par des enseignes, les bateaux canonniers et les péniches par des officiers mariniers. La concentration, à Boulogne, des divers bâtiments de la flottille était une opération d'une exécution difficile. Les Anglais avaient en croisière, sur nos côtes, outre des vaisseaux et des frégates, des navires, ayant un petit tirant d'eau, qui pouvaient s'approcher de terre sans courir le danger de s'échouer. Peu de canonnières ou bateaux canonniers arrivaient à Boulogne sans combat. Le gouvernement appela le contre-amiral Latouche-Tréville au commandement en chef de la flottille de Boulogne. Un camp fut établi près du port où se trouvaient déjà réunis un certain nombre de canonnières, bâtiments canonniers, péniches et bombardes.

L'opinion publique, en Angleterre, restée jusque-là indifférente à la création de la flottille, s'exagéra l'importance de ces préparatifs. Une grande agitation régnait dans les esprits; il semblait qu'une armée française, ayant à sa tête le général Bonaparte, fût à la veille de mettre le pied sur le sol de la Grande-Bretagne. Le gouvernement n'éprouvait pas les mêmes alarmes; néanmoins, se laissant entraîner par le mouvement général, il fit appel aux volontaires, réunit des troupes et fortifia le littoral. Connaissant la confiance que le nom de Nelson inspirait à la nation, le ministère donna à cet amiral le commandement en chef des forces destinées à la défense des côtes depuis Orfordness jusqu'à Beachy-Head. Le 30 juillet, lord Nelson s'embarqua à bord de la frégate la *Medusa* qui était à l'ancre sur la rade des Dunes. Le 3 août, il arriva, devant Boulogne, avec trente navires de tout rang, au nombre desquels se trouvaient plusieurs bombardes. Nos bâtiments étaient mouillés en dehors des jetées, formant une ligne très serrée, dont les extrémités étaient protégées par des batteries établies à terre; ils étaient embossés, présentant le travers au large. Le 4 août, à cinq heures du matin, les bombardes anglaises ouvrirent le feu sur la flottille. L'amiral Nelson mit sous voiles avec tous ses bâtiments pour prendre part à l'action; contrarié par les courants, il fut obligé de mouiller à trois mille six cents mètres de notre avant-garde. Dans cette situation, les navires ennemis échangèrent avec les nôtres une canonnade qui ne pouvait amener aucun résultat. Les bombardes se retirèrent à neuf heures du soir. Pas un homme, sur la flottille, ne fut atteint par le feu de l'ennemi; trois bateaux, coulés pendant l'action, reprirent leurs postes quelques jours après. Chez nos adversaires, un officier et deux matelots reçurent des blessures légères. Nelson retourna sur la rade des Dunes. Cette affaire constituait un échec pour les Anglais; ceux-ci s'étaient proposé, en attaquant nos bâtiments, de les contraindre à rentrer dans le port. Ce premier succès obtenu, ils espéraient qu'un second bombardement, dirigé sur un espace resserré, aurait pour conséquence la destruction de la flottille. De ces deux prévisions, aucune ne s'était réalisée.

L'opinion publique, de l'autre côté du détroit, se montra mécontente des résultats de la journée du 3 août. Le gouvernement, voulant calmer les esprits, résolut de diriger une nouvelle attaque contre la flottille. Le 15 août, les Anglais revinrent devant Boulogne; toute idée de bombardement était provisoirement abandonnée. L'amiral Nelson, qui avait amené un grand nombre d'embarcations, les partagea en quatre divisions dont il confia le commandement aux capitaines de vaisseau Somerville, Parker, Coatgrave et Jones. La première devait combattre notre aile droite, la deuxième et la troisième le centre, et la quatrième l'aile gauche. Les embarcations anglaises, montées par un personnel d'élite, pris parmi les matelots et les soldats de marine, avaient l'ordre d'enlever les bâtiments de la flottille à l'abordage. Des canots, désignés à l'avance, dans chaque groupe, étaient chargés d'entraîner au large les bâtiments attaqués. Les embarcations anglaises étaient munies des matières nécessaires pour incendier les canonnières ou bateaux canonniers qu'elles ne pourraient pas emmener. Depuis la journée du 3 août, il était entré, à Boulogne, un certain nombre de bâtiments appartenant à la flottille. L'amiral Latouche-Tréville avait pu compléter les dispositions prises pour la défense de la rade; à chacune des extrémités de la ligne d'embossage, telle qu'elle existait, le 3 août, il avait formé une nouvelle ligne perpendiculaire à la première. Dans cette situation la flottille faisait, de toute part, face aux assaillants; une division légère, placée en avant de notre ligne, surveillait l'ennemi. Le 15, dans la soirée, les embarcations anglaises vinrent se ranger près de la *Medusa*, sur laquelle lord Nelson avait son pavillon. A onze heures et demie, le signal, donnant l'ordre du départ, parut à bord de la frégate amirale. La première division, que commandait le capitaine de vaisseau Somerville, en arrivant près de terre, fut entraînée par le courant dans l'est de Boulogne; elle n'atteignit la flottille que fort tard dans la nuit. Le capitaine Somerville attaqua résolument les bâtiments près desquels il se trouva. Peu après, le jour s'étant levé, il s'éloigna; sa division comptait dix-huit hommes tués et cinquante-cinq blessés. La seconde division fut plus heureuse que la première; elle arriva, à minuit et demi, près de la ligne d'embossage. Le capitaine Parker fit de ses embarcations deux détachements. Avec le premier, il se dirigea sur la canonnière l'*Etna*, portant le guidon de commandement du capitaine de vaisseau Pévrieu; le second, sous les ordres du premier lieutenant de la *Medusa*, gouverna sur la canonnière le *Volcan*. Les Anglais déployèrent une bravoure remarquable; mais, repoussés avec des pertes sérieuses, ils se retirèrent pour éviter une destruction complète. Le détachement, qui avait attaqué le *Volcan*, s'était emparé d'une péniche. La deuxième division avait vingt et un hommes tués et quarante-deux blessés. Quatre bombardes, sous le commandement du capitaine de vaisseau John Conn, chargées d'appuyer le capitaine Parker, le suivirent dans sa retraite. La troisième division, aux ordres du capitaine Coatgrave, eut cinq hommes tués et vingt-neuf blessés. Enfin, la quatrième division, entraînée par les courants, ne put atteindre la flottille; au point du jour, elle rallia son escadre sans avoir combattu. Le total des pertes éprouvées par les Anglais fut de quarante-quatre tués et de cent vingt-six blessés; le capitaine Parker, qui était au nombre de ces derniers, mourut des suites de ses blessures. Quatre embarcations restèrent entre nos mains; huit avaient été coulées pendant l'action. Sur la flottille, il y eut huit tués et quarante et un blessés; un officier, huit matelots et huit soldats furent faits prisonniers sur la péniche capturée par l'ennemi. Les Anglais s'étaient trompés sur la valeur militaire de la flottille; l'attaque, dirigée, dans la nuit du 15 août, contre les divers bâtiments mouillés devant Boulogne, n'avait aucune chance de succès. L'amiral Nelson, montrant plus d'audace que d'habileté, avait inutilement sacrifié la vie des hommes qu'il commandait. Ce fut ainsi que l'opinion publique, en Angleterre, jugea cette entreprise. Le gouvernement consulaire accorda quatre grenades d'honneur, six fusils et douze haches au personnel de la flottille qui avait pris part aux engagements des 3 et 15 août.

L'armée d'Egypte, attaquée par des forces supérieures, mal dirigée par le successeur du général Kleber, se vit contrainte de capituler. Le 27 juin, le général Belliard, qui occupait le Caire, signa, avec le général Mutchinson, une convention en vertu de laquelle les troupes placées sous son commandement devaient évacuer l'Egypte. Les Anglais prirent l'engagement de transporter nos soldats en France. Le général Menou, enfermé dans Alexandrie, se défendit avec beaucoup de vigueur, mais le manque de vivres ne lui permit pas de prolonger sa résistance. Il traita, le 5 septembre, avec l'ennemi aux mêmes conditions que le général Belliard. Les bâtiments, qui se trouvaient dans le port d'Alexandrie, restèrent aux mains des Anglo-Turcs. Les Anglais donnèrent à leurs alliés le vaisseau vénitien le *Causse*, la corvette l'*Héliopolis* et quelques petits bâtiments; ils gardèrent les frégates l'*Egyptienne*, la *Régénérée* et la *Justice*.

Depuis quelque temps déjà, lord Hawkesbury, secrétaire d'Etat pour les affaires étrangères de Sa Majesté britannique, et M. Otto, commissaire chargé de l'échange des prisonniers français en Angleterre, avaient, par ordre de leurs gouvernements, entamé des négociations pour la conclusion de la paix. Le 1$^{er}$ octobre 1801, ces deux plénipotentiaires signèrent les articles préliminaires du traité qui devait mettre fin à la guerre existant, depuis 1793, entre la République française et la Grande-Bretagne. Les ratifications furent échangées le 10 octobre. Les deux gouvernements expédièrent immédiatement des navires sur tous les points du globe pour arrêter les hostilités. Dans le but de prévenir toute contestation, au sujet des prises qui pourraient être faites, en mer, après la signature des préliminaires, il avait été convenu que les navires, capturés dans la Manche et dans les mers du nord, douze jours après l'échange des ratifications, seraient restitués de part et d'autre. Ce terme avait été porté à un mois pour les parages s'étendant de la Manche et des mers du Nord aux îles Canaries en y comprenant la Méditerranée. Il était de deux mois depuis les îles Canaries jusqu'à l'équateur, et de cinq mois dans toutes les autres parties du monde, sans aucune exception ni distinction plus particulière de temps et de lieux. En exécution des préliminaires, des négociations s'ouvrirent à Amiens, pour la conclusion de la paix générale. La République française était représentée à ces conférences par Joseph Bonaparte, la Grande-Bretagne par le marquis de Cornwallis, l'Espagne par don Joseph Nicolas d'Azara et la Hollande par son ambassadeur à Paris, Roger Shimmelpenninck.

Le traité de paix définitif entre la République française, le roi d'Espagne et des Indes et la République Batave, d'une part, et le roi du royaume uni de la Grande-Bretagne et d'Irlande, d'autre part, fut signé, le 27 mars 1802. L'échange des ratifications eut lieu quelques jours après. L'Angleterre restitua à la France et à ses alliés toutes les colonies dont elle s'était emparée pendant le cours de la guerre. Toutefois, elle conserva l'île espagnole de la Trinité et les établissements que la République Batave possédait dans l'île de Ceylan. Le Cap de Bonne-Espérance resta, en toute souveraineté, à la Hollande, mais il fut convenu que les bâtiments, portant le pavillon des parties contractantes, entreraient librement dans ce port, où il leur serait permis de prendre les approvisionnements dont ils pourraient avoir besoin. La Hollande s'engageait à n'exiger d'eux d'autres droits que ceux qui étaient payés par ses propres bâtiments. La Guyane française s'accrut d'une portion de territoire enlevée à la Guyane portugaise. Telles furent, au point de vue colonial, les conditions de la paix d'Amiens. On convint, en outre, que les territoires, possessions et droits de la Sublime-Porte seraient maintenus dans leur intégrité, tels qu'ils étaient avant la guerre. On ignorait, lors de la signature des préliminaires, que l'armée d'Egypte rentrait en France à la suite d'une capitulation. La République des Sept-Iles fut reconnue. On rendit à l'ordre de Saint-Jean de Jérusalem les îles de Malte et de Gose, dont l'indépendance fut placée sous la garantie de la France, de la Grande-Bretagne, de l'Autriche, de l'Espagne, de la Russie et de la Prusse. La neutralité de l'île de Malte avec ses dépendances fut proclamée. La France s'engageait à retirer ses troupes du royaume de Naples et de l'Etat romain. D'autre part, l'Angleterre devait évacuer Porto-Ferrajo ainsi que les ports et les îles qu'elle occupait dans la Méditerranée ou dans l'Adriatique. Les arrangements qui avaient été pris par les cours de Madrid et de Lisbonne, lors de la conclusion du traité de Badajoz, pour la rectification de leurs frontières, furent maintenus.

# LIVRE III

Expédition de Saint-Domingue. — Rapides progrès faits par nos troupes. — Arrestation de Toussaint-Louverture. — Les fatigues et les maladies détruisent notre armée. — L'île de la Guadeloupe rentre dans le devoir. — Rupture de la paix d'Amiens. — Bâtiments pris par les Anglais. — Combat de la *Poursuivante* et de l'*Hercule*. — Nous perdons Tabago, Sainte-Lucie et les îles Saint-Pierre et Miquelon. — Pondichéry reste entre les mains des Anglais. — Le général Rochambeau, qui a remplacé le général Leclerc dans le commandement de l'armée de Saint-Domingue, est obligé de capituler. — Projet de descente en Angleterre. — Construction de bateaux spécialement affectés à l'exécution de cette entreprise. — Travaux faits dans les ports appelés à recevoir des bâtiments de la flottille. — Sommes offertes au gouvernement pour la construction de bâtiments de tout rang ou l'achat de matières navales. — Mesures prises par l'Angleterre pour repousser l'invasion. — Engagements des divisions Saint-Houen et Pévrieu. — Dispositions prises pour assurer le prompt embarquement des troupes. — Pertes éprouvées par la croisière anglaise. — Combats livrés par les divisions de la flottille ralliant Boulogne. — Combinaison imaginée par l'empereur pour amener une escadre française dans la Manche. — Désastre causé par un coup de vent sur la rade de Boulogne. — Les Anglais bombardent le Havre. — Inauguration de l'arsenal d'Anvers et de la digue de Cherbourg. — Nouveaux engagements de bâtiments de la flottille avec la croisière anglaise. Latouche-Tréville à Toulon, son activité, son énergie, sa mort. — L'amiral Villeneuve est appelé à le remplacer. — Rôle que doivent jouer les escadres de Toulon, de Rochefort et de Brest. — Les Anglais tentent d'incendier les bâtiments de la flottille mouillés devant Boulogne. — Attaque du fort Rouge devant Calais.

## I

Aussitôt après la signature des préliminaires de paix, qui avait eu lieu, à Londres, le 10 octobre 1801, ainsi qu'on l'a vu plus haut, le gouvernement s'occupa des affaires coloniales. Le Premier Consul porta d'abord son attention sur Saint-Domingue. Cette île, qui avait été, pendant longtemps, un des éléments de la prospérité de la France, s'était soustraite, depuis la Révolution, à notre autorité. La métropole était représentée par un agent, mais celui-ci n'avait qu'un pouvoir purement nominal. Le général noir Toussaint-Louverture était le véritable maître de la colonie. Son armée, qui ne comptait pas moins de vingt mille hommes, était bien organisée ; elle avait en abondance des armes, des vivres et des munitions. Des forces considérables étaient nécessaires pour ramener l'île à l'obéissance. Des troupes et des bâtiments furent réunis dans nos ports, à Flessingue et à Cadix. Le corps expéditionnaire comprenait trente-cinq mille hommes, composés des meilleurs soldats des armées du Rhin et d'Italie. Il avait, à sa tête, les généraux de division Rochambeau, Dugua, Debelle, Hardy, Boudet ; le général Leclerc, beau-frère du Premier Consul, commandait en chef les forces de terre et de mer. Le vice-amiral Villaret-Joyeuse reçut le commandement de la flotte ; cet amiral partit de Brest, le 14 décembre 1801, avec dix vaisseaux français, cinq vaisseaux espagnols et neuf frégates. Le général Leclerc était à bord de l'*Océan* que montait l'amiral Villaret-Joyeuse. L'escadre de Brest, ralliée, sous Belle-Isle, par une division venant de Lorient, fit route pour la baie de Samana, rendez-vous assigné aux bâtiments de l'expédition. Elle y mouilla le 29 janvier 1802. L'amiral Villaret fut rejoint, peu après, par l'amiral Latouche-Tréville qui avait quitté Rochefort avec six vaisseaux. Deux mille hommes, sous le commandement du général Kerverseau, furent envoyés à Santo-Domingo, capitale de la partie espagnole. Le contre-amiral Latouche-Tréville partit pour Port-au-Prince avec la division Boudet. Le contre-amiral Magon devait s'emparer du Fort-Dauphin.

L'amiral Villaret, ayant, à bord de ses vaisseaux, la plus grande partie des troupes, se dirigea sur le Cap Français; il se présenta, le 3 février, devant cette ville. Les dispositions prises par les Noirs indiquaient la détermination de nous résister. Les balises avaient été enlevées; les forts étaient occupés et armés. Une frégate fut détachée en avant pour communiquer avec la terre. Le général Christophe déclara qu'il ne pouvait, en l'absence de Toussaint-Louverture, permettre à nos vaisseaux d'entrer dans la rade; il attendait, disait-il, les ordres du généralissime auquel il avait expédié un courrier. Le général Christophe ajouta que toute tentative faite pour forcer les passes serait suivie de l'incendie du Cap et du massacre de la population blanche. Les troupes furent débarquées, le lendemain; le 5, elles marchèrent sur la ville pendant que l'escadre canonnait les forts. Le 6, l'amiral Villaret pénétra dans la rade; les Noirs s'étaient éloignés, mais avant de quitter la ville ils l'avaient livrée aux flammes. Des blancs, les uns étaient tombés sous les coups des Noirs, les autres avaient été contraints de suivre les troupes de Christophe. Les mêmes faits se produisirent partout où se présentèrent nos soldats; les Noirs s'enfuirent laissant derrière eux le carnage et l'incendie. Les divisions des amiraux Ganteaume, Linois, Hartzinch, parties de Toulon, de Cadix et de Flessingue, arrivèrent au Cap Français. Avant la fin du mois de février, nous étions maîtres de la plus grande partie de l'île. Toussaint-Louverture s'était retiré dans les mornes avec quelques soldats. Le général Leclerc, profitant de la saison qui était favorable, poussa avec vigueur les opérations militaires. Les derniers points occupés par les Noirs, dans l'intérieur de l'île, tombèrent entre nos mains. Abandonné de la plupart des siens, Toussaint-Louverture fit sa soumission.

Au moment où il était permis de croire que la colonie touchait au terme de ses maux, le général Leclerc apprit qu'un nouveau soulèvement se préparait. Les combats et surtout les fatigues de la campagne avaient considérablement réduit le corps expéditionnaire. Toussaint-Louverture, qui suivait, avec attention, l'affaiblissement graduel de notre armée, n'attendait qu'une occasion favorable pour reprendre les armes. Des lettres, dévoilant ses projets, ayant été saisies, il fut arrêté et envoyé en France (1). Bientôt nos troupes eurent à combattre un ennemi plus dangereux que les Noirs ; la fièvre jaune se déclara et elle fit dans nos rangs les plus grands ravages. Le général Leclerc, atteint par le fléau, mourut le 1$^{er}$ novembre 1802; le général Rochambeau lui succéda. La situation devint très critique. On comptait sept mille cinq cents malades dans les hôpitaux; vingt-cinq mille hommes avaient succombé. Il ne restait que deux mille deux cents hommes en état de porter les armes. L'insurrection dont nous étions menacés éclata ; ses progrès furent rapides. Au mois d'octobre 1802, le Cap Français, où nous nous étions réfugiés, fut étroitement bloqué par les Noirs. De nouvelles troupes arrivèrent dans la colonie ; le général Rochambeau, déployant la plus grande énergie, reconquit une partie du terrain perdu. La Guadeloupe, suivant l'exemple de Saint-Domingue, s'était révoltée. Deux vaisseaux et quatre frégates, sous le

---

1. On sait qu'il fut enfermé au fort de Joux où il mourut peu après son arrivée en France.

commandement de l'amiral Bouvet, mouillèrent, au mois de mai 1802, sur la rade de la Basse Terre. Cette division portait quatre mille hommes. Le général Richepanse, placé à la tête de cette expédition, fit rentrer l'île de la Guadeloupe dans le devoir.

Au commencement de l'année 1803, on ne supposait pas que le traité d'Amiens aurait une longue durée. Le parti de la guerre, en Angleterre, reprenait, chaque jour, de l'influence. Il était soutenu par le haut commerce qui ne trouvait pas, dans la paix, les avantages sur lesquels il comptait. L'Angleterre occupait toujours Malte. Le ministère Addington, faible, irrésolu, n'osait pas faire droit à nos réclamations en évacuant cette île. Quoique le peuple anglais se montrât contraire à la reprise des hostilités, il était facile de prévoir que cette situation conduirait les deux peuples à une nouvelle guerre. Le vice-amiral Villaret-Joyeuse fut rappelé le 20 avril 1803. Il fit route pour nos ports, laissant le contre-amiral Latouche-Tréville sur les côtes de Saint-Domingue avec quatre vaisseaux et neuf frégates. Cet amiral, tombé malade peu après le départ de Villaret, revint en France. Le commandement de la station passa aux mains du capitaine de vaisseau Barré de la *Surveillante*. La Cour de Madrid nous avait donné la Louisiane en échange du royaume d'Etrurie. Les troupes, qui devaient occuper cette nouvelle possession, étaient prêtes à partir sur une escadre réunie dans le port d'Helvoëtsluis. L'ordre fut donné de les débarquer. La Louisiane, qui avait une extrême étendue, était difficile à garder dans une guerre avec la Grande-Bretagne. Le Premier Consul prit le parti de la céder aux Etats-Unis. Son gouvernement entama avec les représentants de cette puissance des négociations qui furent promptement terminées. L'Amérique acquit la Louisiane au prix de quatre-vingts millions. Sur cette somme, vingt millions étaient destinés à indemniser le commerce américain des pertes que nos corsaires lui avaient fait éprouver. Des troupes furent envoyées à la Guadeloupe, à la Martinique et à Cayenne. On prescrivit aux bâtiments rentrant en France de débarquer, dans ces colonies, des armes, des munitions et une partie de leur artillerie.

L'ambassadeur d'Angleterre quitta Paris, le 13 mai 1803; au même moment, le général Andreossy, notre représentant à Londres, prenait la route de Douvres. Quoique la guerre ne fût pas déclarée, le cabinet de Saint-James mit l'embargo sur les navires français et hollandais qui se trouvaient dans les ports de la Grande-Bretagne. A titre de représailles, contre une mesure aussi contraire au droit des gens, le Premier Consul fit arrêter les Anglais qui étaient sur le territoire de la République. Une escadre, placée sous les ordres de lord Cornwallis, s'établit devant Brest, détachant de nombreux croiseurs sur nos côtes de l'Océan. Le 18 mai, la frégate la *Doris* de quarante-quatre chassa, près d'Ouessant, le lougre l'*Affronteur* de quatorze, commandé par le lieutenant de vaisseau Duthoya. Arrivée à portée de canon, la frégate tira à boulet sur le lougre qui riposta immédiatement. La *Doris* joignit l'*Affronteur* bord à bord; le lougre désemparé, ayant son capitaine et onze hommes tués et quatorze blessés, amena son pavillon. La déclaration de guerre de l'Angleterre à la France était du 16 mai; elle fut insérée, le 17, dans la *Gazette de Londres* et communiquée, le 18, aux Chambres. Les dépêches, adressées aux officiers commandant les forces navales de la Grande-Bretagne sur toutes les mers pour leur annoncer la rupture de la paix d'Amiens, portaient la date du 16. Ainsi, l'ordre de commencer les hostilités avait été expédié avant même que le peuple anglais sût qu'il était en guerre avec nous. Plusieurs bâtiments partis des Antilles tombèrent, en approchant de nos côtes, entre les mains de l'ennemi. Tel fut le sort des frégates la *Franchise* et l'*Embuscade*, des corvettes la *Colombe* et la *Bacchante*, et des bricks l'*Impatient* et le *Dard*. Ces bâtiments n'avaient pas eu connaissance de la déclaration de guerre; ils rentraient après avoir laissé une partie de leur artillerie à Saint-Domingue, à la Guadeloupe et à la Martinique.

Les Anglais avaient, dans la mer des Antilles, des forces considérables; prévenus, le 16 juin, de la reprise des hostilités, ils se portèrent sur tous les points que nous occupions. Le vaisseau le *Duquesne*, la frégate la *Créole*, la corvette la *Mignonne*, les bricks le *Lodi*, l'*Aiguille* et le *Vigilant* furent capturés. Le 28 juin, au point du jour, trois vaisseaux chassèrent la *Poursuivante* de quarante-quatre, commandée par le chef de division Willaumez. La frégate française, venant des Cayes, faisait route sur le Cap Français de Saint-Domingue. Le vaisseau l'*Hercule*, de quatre-vingts, prit la tête des navires ennemis; à huit heures du matin, il engagea le combat avec la *Poursuivante*. La brise, qui était très faible, rendait toute manœuvre difficile; néanmoins, le commandant Willaumez réussit à passer à poupe de l'*Hercule*. Le vaisseau reçut, dans cette position, une bordée qui lui fit de graves avaries. Le capitaine anglais, craignant de s'échouer, fit route vers le large; la frégate française, désemparée, entra au môle Saint-Nicolas. Le général Lapoype, qui commandait sur ce point, accompagné d'un grand nombre d'officiers, vint à bord de la *Poursuivante* pour complimenter le commandant, l'état-major et l'équipage. Des salves d'artillerie furent tirées par les forts en l'honneur de la frégate. Celle-ci avait dix tués et quinze blessés; l'aspirant Violette était au nombre des premiers et le lieutenant de vaisseau Esmangard figurait parmi les seconds. L'*Hercule* comptait quarante hommes hors de combat; son capitaine avait été tué. Les Anglais s'emparèrent de Sainte-Lucie, le 22 juin, et de Tabago, le 1ᵉʳ juillet; le 20 août, ils occupèrent les îles Saint-Pierre et Miquelon.

Au mois de mars 1803, une division, composée du vaisseau le *Marengo*, des frégates la *Belle-Poule*, l'*Atalante* et la *Sémillante* et de deux transports, sous les ordres du contre-amiral Durand-Linois, avait fait route pour Pondichery. Le général Decaen, nommé au commandement en chef des établissements français situés à l'est du cap de Bonne-Espérance, était à bord du *Marengo*. Le contre-amiral Linois, arrivé, le 14 juillet 1803, devant Pondichery, prévint les autorités anglaises qu'il avait reçu la mission d'occuper la ville. Celles-ci répondirent qu'elles n'avaient reçu, à cet égard, aucune instruction de leur gouvernement. Le même jour, trois vaisseaux, deux de soixante-quatorze et un de soixante, sous le commandement de l'amiral Rainier, mouillèrent sur la rade. Le lendemain, 12 juillet, le brick, le *Bélier*, rallia la division française; il apportait à l'amiral Linois l'ordre de se rendre sans délai à l'Ile de France avec tous ses bâtiments. L'amiral mit à la voile pendant la nuit.

La situation des troupes françaises, à Saint-Domingue,

un moment améliorée, devint de nouveau très critique. Le climat dévora les renforts envoyés au général Rochambeau; la rupture de la paix d'Amiens précipita les événements. Les Anglais appuyèrent les opérations des insurgés et leur marine empêcha toute communication, par mer, entre les différents points de l'île que nous occupions. Le général Rochambeau, obligé de rétrograder, se réfugia au Cap Français; bientôt il put se convaincre qu'il n'y serait pas longtemps en sûreté. L'évacuation fut résolue. Malheureusement, les Anglais, au courant de notre position bloquaient étroitement le Cap. Des négociations furent entamées avec le commodore Loring qui dirigeait la croisière anglaise; nous offrions de quitter la ville, à la condition d'être libres de retourner en France sur les bâtiments qui étaient en rade. Le commodore repoussa cette proposition. Il fallut céder à la mauvaise fortune et se rendre aux Anglais pour ne pas tomber entre les mains des Noirs. La marine perdit les frégates la *Clorinde*, la *Vertu*, la *Surveillante*, la corvette la *Sagesse*, les bricks le *Vautour*, le *Papillon*, l'*Alerte*, le *Cerf*, quelques transports et des navires de commerce. Ces événements se passaient à la fin du mois de novembre 1803.

Les Anglais tentèrent, sans succès, de s'emparer de la partie espagnole de l'île de Saint-Domingue. Le général Ferrand put se maintenir dans le pays avec l'aide des habitants.

## II

La marine française, après les désastres qu'elle avait subis, étant impuissante à exercer, sur mer, une action sérieuse, nous ne pouvions atteindre l'Angleterre qu'en portant la guerre sur son sol. Le projet de descente, tour à tour poursuivi et abandonné par le Directoire, le Premier Consul résolut de le mettre à exécution. Il voulut être en mesure de franchir le détroit avec cent cinquante mille hommes, dix mille chevaux et quatre cents bouches à feu. La création d'une flottille, spécialement destinée au transport de l'armée expéditionnaire, fut décidée. Le département de la marine, après un examen attentif de la question, proposa la construction de bateaux plats de différentes dimensions. Le tirant d'eau des plus grands ne dépassait pas deux mètres cinquante. Tous pouvaient s'échouer sans faire d'avaries. Ces deux conditions étaient nécessaires aussi bien pour aborder les rivages ennemis que pour entrer dans nos ports. Les nouveaux bateaux allaient à la voile et à la rame ; ils portaient du gros canon, ce qui leur permettait de se défendre contre les grands bâtiments. Aussitôt que les projets présentés par la marine eurent reçu l'approbation du Premier Consul, les travaux commencèrent. Des chantiers furent établis non seulement dans les ports mais sur les bords de la Seine, de la Loire, de la Garonne, de la Gironde, de la Somme, de l'Oise, de la Meuse et de l'Escaut. La flottille devait comprendre, en dehors des bâtiments de transport, des prames, des chaloupes canonnières, des bateaux canonniers, des péniches et des caïques.

Les prames avaient trente-cinq mètres de long et huit mètres trente centimètres de large; leur tirant d'eau était de deux mètres cinquante. Mâtées et voilées comme des corvettes, elles avaient soixante-douze hommes d'équipage. Les prames pouvaient embarquer soixante chevaux avec leurs cavaliers ou deux cents hommes d'infanterie; leur armement comportait douze canons de vingt-quatre. Les chaloupes canonnières avaient vingt-quatre mètres, soixante-douze centimètres de long, cinq mètres cinquante de large et un tirant d'eau d'un mètre quatre-vingt quinze. Leur armement consistait en deux pièces de vingt-quatre, à l'avant, une pièce de vingt-quatre, à l'arrière, et deux caronades de trente-six. Elles étaient gréées en bricks; leur équipage était de vingt-quatre hommes. Les chaloupes de deuxième classe, appelées également bateaux canonniers, avaient un canon de vingt-quatre, à l'avant, et une pièce de huit de campagne, à l'arrière. Elles prenaient un caisson d'artillerie, sur leur pont, et deux chevaux dans une écurie établie au centre du bâtiment. Des apparaux, toujours en place, permettaient d'embarquer ou de débarquer rapidement les chevaux, le caisson et la pièce de huit. Ces bateaux, qui étaient mâtés en lougre avaient dix-neuf mètres quarante-quatre centimètres de long, un mètre cinquante-six de large et un mètre trente de tirant d'eau. Ils étaient montés par dix matelots. Les prames étaient commandées par des lieutenants de vaisseau, les chaloupes canonnières par des enseignes et les bateaux canonniers par des aspirants ou des chefs de timonerie. Les péniches, longues de dix-neuf mètres quarante-quatre centimètres, larges de trois mètres, avec un tirant d'eau d'un mètre trente et un centimètres, étaient voilées en lougre. Elles étaient commandées par un maître, ayant sous ses ordres quelques matelots. Les péniches avaient, à l'avant, un obusier de seize centimètres ou une pièce de quatre, et, à l'arrière, un obusier de douze centimètres. Quelques caïques, grandes chaloupes, portant un canon de vingt-quatre, à l'arrière, furent construites. Elles étaient voilées en lougre et montées par six hommes. Une commission fut nommée pour rechercher, dans les ports de commerce, les bateaux pouvant être utilement employés dans cette grande entreprise. Ceux qu'elle jugea propres à ce service, furent achetés par l'État. Cette seconde flottille, destinée au transport et principalement au transport du matériel, se composait de caboteurs ou bateaux de pêche ayant un faible tirant d'eau.

Boulogne devint le point de concentration de la plus grande partie des bâtiments de l'expédition. En face de ce port, de l'autre côté du détroit, à une distance de douze lieues, se trouvent les terres basses situées entre les falaises de Douvres et la pointe d'Hastings. Cette partie du littoral présente des conditions favorables à un débarquement. L'aile droite de l'armée d'invasion devait se réunir à Wimereux et à Ambleteuse, et l'aile gauche à Etaples. Wimereux est à une lieue au nord de Boulogne, à l'embouchure du ruisseau de Wimille. Au nord de Wimereux, à une distance d'une lieue, se trouve Ambleteuse; Etaples est à cinq lieues au sud-ouest de Boulogne, à l'embouchure de la Canche. Il y avait beaucoup à faire pour approprier ces ports, et surtout celui de Boulogne, à leur nouvelle destination. Les travaux, entrepris immédiatement, furent poussés avec activité. Comme on savait que la marine anglaise s'efforcerait de détruire les points choisis pour abriter la flottille, la construction des forts et des batteries nécessaires pour repousser l'attaque de l'ennemi fut commencée. On mit nos côtes ainsi que les îles du littoral en état de défense. Le vice-amiral Truguet, ayant sous ses ordres les contre-amiraux Dordelin et Missiessy, fut placé à la tête des forces que nous avions à Brest; le contre-amiral Villeneuve commanda l'escadre de Rochefort et le vice-amiral Ganteaume celle de Toulon. Le commandement de la flottille fut donné au vice-amiral Bruix.

La France, qui faisait la guerre depuis 1793, désirait ardemment jouir des bienfaits de la paix. Elle avait vu avec le plus grand regret la rupture du traité d'Amiens; mais la mauvaise foi du ministère anglais, refusant de rendre Malte, après en avoir pris l'engagement formel, avait causé dans notre pays une extrême irritation et rendu populaire la nouvelle lutte, dans laquelle nous étions engagés. Aussi le projet de descente en Angleterre fut-il favorablement accueilli par l'opinion. Le département du Loiret eut le premier la pensée de venir en aide à l'Etat; il envoya à Paris trois cent mille francs destinés à la construction et à l'armement d'une frégate de trente canons. Les départements, les villes, les communes, voire même de simples corporations suivirent cet exemple. Le département de la Côte-d'Or offrit cent pièces de gros calibre à la condition qu'elles seraient fondues au Creusot. Lot-et-Garonne vota des fonds que le gouvernement devait employer en achetant des toiles à voile dans le département. Paris donna un vaisseau de cent vingt canons, Lyon un vaisseau de cent, Bordeaux un vaisseau de quatre-vingts, Marseille un vaisseau de soixante-quatorze. Des villes moins importantes donnèrent les unes des frégates ou des corvettes, d'autres des bateaux plats. Le Sénat fit don d'un vaisseau de cent vingt canons. Les receveurs généraux, de grandes maisons de commerce, versèrent au trésor des sommes représentant le prix de chaloupes canonnières ou de bateaux canonniers. La République italienne, entraînée dans le même élan, s'engagea à payer la dépense afférente à la construction de deux frégates et de douze chaloupes canonnières.

### III

Le gouvernement anglais, en signant le traité d'Amiens, avait cédé à la pression de l'opinion publique, mais il n'avait considéré la paix que comme une trêve pendant laquelle il s'était préparé à la guerre. Au début des hostilités, nos adversaires avaient soixante vaisseaux de ligne à la mer ou prêts à appareiller. Lorsque les projets de descente, formés par le gouvernement consulaire, furent connus, l'amirauté prit des dispositions pour faire face à ce nouveau danger. Une escadre, comprenant des vaisseaux de soixante-quatorze et de soixante, des frégates, des corvettes et un grand nombre de petits bâtiments, fut réunie aux Dunes, sous le commandement de lord Keith. Cet amiral devait combattre, par tous les moyens en son pouvoir, les bâtiments que la France préparait pour débarquer une armée en Angleterre ; il avait la garde du littoral compris entre la Tamise et l'île de Wight. Le contre-amiral Louis fut détaché devant Boulogne ; les capitaines de vaisseaux Sydney Smith et Dudley Olivier bloquèrent le premier Ostende et Flessingue et le second le Havre. Les divisions anglaises, se reliant entre elles, exerçaient, sur nos mouvements, une surveillance continuelle. Des avisos, croisant dans le Pas-de-Calais et échangeant des signaux avec la rade des Dunes, tenaient lord Keith exactement informé de ce qui se passait sur nos côtes. Ces mesures, adoptées dès le début de la guerre, avaient donné à l'opinion publique une satisfaction suffisante. Les Anglais étaient peu disposés à croire que leur pays pût être envahi. Ils se souvenaient que la grande expédition d'Irlande, à la tête de laquelle était placé le général Hoche, en 1796, avait échoué. L'escadre, dispersée par les gros temps de l'hiver, était revenue en France. Des tentatives d'une moindre importance avaient eu lieu ; toutes s'étaient terminées à notre désavantage. Le Directoire avait eu la pensée d'opérer une descente en Angleterre ; il avait abandonné ce projet, alors que les préparatifs étaient déjà très avancés, reculant devant les difficultés que présentait son exécution. De cet ensemble de circonstances, il était résulté, chez nos adversaires, la conviction qu'une expédition, quelle qu'elle fût, serait détruite avant d'avoir atteint les rivages de la Grande-Bretagne. Cette confiance dans l'inviolabilité de son territoire, le peuple anglais était sur le point de la perdre.

La construction de la flottille marchait avec rapidité. Dans nos ports, on voyait des bateaux de toutes dimensions, prêts à se rendre aux points indiqués pour leur concentration. Déjà, des chaloupes canonnières, des bateaux canonniers, des péniches avaient pris la mer. Ces bâtiments, malgré les croisières anglaises, étaient arrivés à leur destination; non seulement ils avaient bien navigué, mais ils s'étaient servis avec succès de leur artillerie. Enfin, on n'ignorait pas, de l'autre côté du détroit, qu'une nombreuse armée, campée sur nos côtes, était destinée à embarquer sur la flottille. L'inquiétude s'empara des esprits; les remparts de bois, qui jusque-là avaient fait la force et l'orgueil de l'Angleterre, ne semblèrent plus suffisants. On voulut une armée, résultat difficile à atteindre dans un pays où la conscription n'existait pas. Néanmoins, le péril paraissait si grand que le ministère proposa d'appeler sous les drapeaux tous les hommes de dix-sept à cinquante-cinq ans. Cette autorisation lui fut accordée, au mois d'août 1803, malgré la répugnance que le parlement éprouvait à prendre une pareille mesure. Les abords de Londres furent fortifiés; on échelonna des troupes sur le littoral, depuis l'île de Wight jusqu'à l'embouchure de la Tamise. Entre ces deux points, l'autorité militaire fit élever des batteries partout où les lieux semblaient présenter des facilités pour un débarquement. Des feux, allumés sur les hauteurs, devaient porter au loin la nouvelle de l'arrivée des Français. On disposa des chariots en grand nombre afin que les troupes pussent se déplacer rapidement. Les armements maritimes furent poussés avec une nouvelle activité; le parlement britannique vota les fonds nécessaires pour l'entretien de cent mille matelots ou soldats de marine. Le peuple anglais voulait se persuader que l'escadre des Dunes parviendrait à détruire les navires sur lesquels devait s'embarquer l'armée française. Les forces, placées sous le commandement de l'amiral Keith, poursuivaient ce but avec plus d'ardeur que de succès. Dans le courant du mois de septembre 1803, la marine britannique bombarda Granville, Dieppe et Fécamp, ports dans lesquels se trouvaient des bâtiments de la flottille soit à flot soit en construction. Ces diverses opérations ne nous causèrent aucun dommage.

L'agrandissement d'Ambleteuse, de Wimereux, d'Étaples et de Boulogne marcha avec rapidité; peu de temps après le commencement des travaux, ces ports eurent une profondeur d'eau suffisante pour recevoir les bateaux de toutes dimensions. Des quais rendirent prompt et facile l'embarquement du personnel et du matériel. Les travaux de défense ne furent pas menés avec moins d'activité; Étaples, Ambleteuse, Wimereux offrirent une entière sécurité. Boulogne, point de réunion d'un nombre considérable de bâtiments, appelait, d'une manière particulière, l'attention de l'ennemi. De grandes difficultés furent vaincues pour mettre la ville et le port hors de toute atteinte. On construisit deux forts au large de la côte, l'un sur la pointe de la Crèche et l'autre sur la pointe de l'Heurt. Un troisième, le fort en Bois, placé entre les deux premiers, fut élevé sur des pilotis, enfoncés dans le sable à la laisse de basse-mer. Au début de cette entreprise, les Anglais couvraient nos travailleurs de boulets. Pour tenir l'ennemi à distance, on installa, aussi loin que la mer en se retirant le permit, des plates-formes sur lesquelles on plaça des pièces de trente-six et des mortiers de douze pouces. L'artillerie établit des batteries sur tous les points de la côte présentant des conditions favorables. Cinq cents pièces de gros calibre et des mortiers défendirent les approches de Boulogne du côté de la mer. Un certain nombre de pièces de vingt-quatre et de trente-six, montées sur affûts marins, pouvaient tirer sous l'angle de quarante-cinq degrés. Dans ces conditions, l'ennemi était tenu à distance et toute tentative de bombardement devait échouer.

Le 27 septembre 1803, le capitaine de vaisseau de Saint-Houen sortit de Dunkerque avec trente chaloupes canonnières ou bateaux canonniers, pour se rendre à Boulogne. Supposant, d'après la manœuvre de l'ennemi, que celui-ci concentrait au cap Grinez des forces considérables, il entra à Calais. Le lendemain, les Anglais se présentèrent devant ce port; après avoir lancé un grand nombre de bombes qui ne nous firent aucun mal, ils se retirèrent. Le 28, le commandant de Saint-Houen mit à la voile; arrivé de l'autre côté du cap Grinez, il se trouva en présence d'une vingtaine de bâtiments anglais, frégates, corvettes et bricks. Le combat s'engagea. Après une vigoureuse canonnade, qui dura plusieurs heures, nos adversaires prirent le large. Dans l'après-midi, le capitaine de vaisseau de Saint-Houen mouilla, sur la rade de Boulogne, en compagnie du contre-amiral Magon, venu à sa rencontre avec une division de la flottille. Le capitaine de vaisseau Pévrieu avait appareillé de Dunkerque avec vingt-cinq bâtiments. Empêché, par le calme, de rallier, conformément aux instructions de l'amiral Bruix, les navires sortis de Calais, le 28, il passa le cap Grinez le 29. Sa division, attaquée, comme l'avait été la veille, celle du commandant de Saint-Houen, continua sa route, maintenant, par un feu très vif, l'ennemi à distance. Le contre-amiral Magon, ralliant le commandant Pévrieu, s'avança vers les Anglais. Après un engagement, qui dura environ deux heures, l'ennemi s'éloigna; l'amiral revint à Boulogne. Un bateau canonnier, atteint à la flottaison par un boulet et coulant bas d'eau, se jeta à la côte; il fut renfloué et ramené au port. Dans les différentes affaires que nous venons de rapporter, officiers, matelots et soldats s'étaient vaillamment comportés. Les soldats avaient manœuvré les avirons, sous le feu de l'ennemi, avec calme et dextérité. Tous étaient pleins de confiance dans les bateaux qu'ils montaient. Sous le cap Grinez, nous avions eu, devant nous, des frégates et des corvettes. La profondeur de l'eau, dans la position habilement choisie par les Anglais, avait permis aux grands navires de s'approcher de terre et par conséquent de combattre de près. Le 5 novembre 1803, la croisière anglaise, forte de douze bâtiments, vaisseaux, frégates, corvettes et bricks fit une démonstration contre les navires de la flottille, chaloupes canonnières et bateaux canonniers, qui formaient une ligne d'embossage en dehors des jetées. Nous avions, en rade, une centaine de bâtiments. Après une canonnade, soutenue vigoureusement de part et d'autre, l'ennemi se retira. Le Premier Consul assistait à cette affaire. Il faisait à Boulogne, de fréquentes apparitions, donnant, par sa présence, une vive impulsion à tous les travaux. Il s'assurait, avec une attention minutieuse, que ses ordres étaient exécutés. Enfin, en compagnie des chefs de service de terre et de mer, le Premier Consul décidait les questions de détail que soulevaient, chaque jour, les préparatifs d'une aussi grande expédition.

A Calais, le 27 septembre, pendant le bombardement

de cette ville, les 28 et 29, lors de l'attaque, sous le cap Grinez, des divisions Saint-Houen et Pévrieu, l'artillerie de l'armée avait prêté à la marine le plus utile concours. Les batteries, destinées à la défense de la flottille, suivaient, le long du rivage, les mouvements de nos bâtiments. Si ceux-ci étaient attaqués, elles prenaient position sur le bord de la mer et ouvraient le feu sur les Anglais. Leur tir était d'autant plus efficace qu'elles avaient non seulement des pièces de campagne pour tirer sur les embarcations, mais aussi des pièces de vingt-quatre légères et des obusiers de six pouces, installés, pour ce service spécial, sur affûts roulants. Des colonnes de cavalerie faisaient, sur le littoral, un service continuel de surveillance. Si des bateaux de la flottille, serrés de trop près par des forces supérieures, ou ayant, à la suite d'un combat, fait de graves avaries, s'échouaient, artilleurs et cavaliers les défendaient contre les embarcations anglaises.

Le succès des divisions Saint-Houen et Pévrieu donna un nouvel élan à la concentration de la flottille. Une mesure très heureuse avait été prise pour diminuer les difficultés de cette opération; le littoral, depuis Brest jusqu'au Texel, avait été divisé en un certain nombre de circonscriptions. Chacune d'elles était commandée par un officier supérieur de la marine; celui-ci dirigeait les mouvements des bâtiments de la flottille en marche dans la circonscription placée sous ses ordres. On avait ainsi des officiers, connaissant bien les parages dans lesquels ils étaient appelés à naviguer, et pouvant faire ce que d'autres, même plus hardis, n'auraient pas osé entreprendre.

## IV

Les chaloupes canonnières représentaient la force principale de la flottille. Armées avec des canons de gros calibre, marchant assez bien à la voile et à l'aviron, elles étaient appelées à jouer le premier rôle dans une rencontre avec l'ennemi, pendant la traversée d'Angleterre. Les bateaux canonniers, moins forts, mais pouvant néanmoins se défendre même contre de grands navires, auraient, dans cette hypothèse, figuré en seconde ligne. Les péniches, mobiles, rapides, devaient se porter sur les flancs de l'ennemi pour le canonner ou l'aborder. Elles étaient également chargées de remorquer, hors du feu, les navires momentanément réduits à l'impuissance. Dans tous les convois dirigés sur Boulogne, il y avait un certain nombre de chaloupes canonnières et de bateaux canonniers placés dans les mêmes conditions que si la flottille avait fait route pour les côtes d'Angleterre. Le personnel, le matériel, voire même les chevaux, étaient à bord de ces bâtiments.

Les chaloupes canonnières et les bateaux canonniers portaient une compagnie d'infanterie. Les régiments avaient, à cette époque, trois bataillons, deux de guerre et un de dépôt. Chaque bataillon était composé de neuf compagnies. En conséquence, neuf chaloupes canonnières ou bateaux canonniers prenaient un bataillon et dix-huit un régiment. Pour la marine, ces neuf chaloupes canonnières ou bateaux canonniers formaient

une section, et dix-huit une division. La section, pour les péniches qui ne prenaient qu'une demi-compagnie, comprenait dix-huit bateaux de cette espèce, et la division trente-six. Ainsi, une chaloupe canonnière ou un bateau canonnier, portant une compagnie, une section portant un bataillon, et une division un régiment, deux divisions de la flottille embarquaient une brigade, et quatre une division. On ajoutait une ou plusieurs divisions de péniches, lorsque la division de l'armée comportait, outre les quatre régiments de ligne, un régiment d'infanterie légère. Quatre divisions de la flottille, c'est-à-dire les bâtiments nécessaires pour porter une division de l'armée, formaient une escadrille. On affectait au transport d'un corps d'armée, deux, trois ou quatre escadrilles, suivant que celui-ci était composé de deux, de trois ou de quatre divisions. Les escadrilles étaient commandées par des contre-amiraux ou des capitaines de vaisseau. Ce système, qui était en rapport avec notre organisation militaire, rendait facile l'importante opération de l'embarquement. Des bâtiments furent désignés pour le transport de l'artillerie, de la cavalerie et des bagages.

En attendant le départ de la flottille pour les côtes d'Angleterre, on maintenait, sur les prames, les chaloupes canonnières et les bateaux canonniers, le quart des soldats que ces mêmes bâtiments devaient transporter. Après un séjour d'un mois, ce personnel était remplacé par un nouveau détachement, comprenant le même nombre d'hommes. Les soldats ne montaient pas dans la mâture, mais ils concouraient à toutes les manœuvres, faisaient des exercices et surtout des exercices d'artillerie et apprenaient à manier les avirons. Familiarisés avec le service des bâtiments, habitués à la mer, ils ne devaient éprouver aucune surprise le jour où la flottille, appareillant, se trouverait en présence des navires ennemis. Un bataillon de matelots, fort de sept cent trente-sept hommes, fut adjoint à la garde consulaire. L'état-major comprenait un capitaine de vaisseau commandant, cinq capitaines de frégate ou lieutenant de vaisseau, capitaines de compagnie, et vingt-cinq lieutenants de vaisseau ou enseignes commandants d'escouades. Le nombre des matelots était de six cent vingt-cinq. Quoique ce chiffre ne fût pas considérable, la formation de ce bataillon soulevait de justes critiques. Pourquoi enlever des matelots à la marine, alors que, par suite de l'épuisement de l'inscription maritime, nous étions obligés, chaque jour, d'augmenter le nombre d'hommes, étrangers au métier de la mer, entrant dans la composition des équipages?

Les bâtiments qui se trouvaient dans le port de Boulogne étaient divisés en deux fractions, appelées l'une l'aile droite et l'autre l'aile gauche du centre de la flottille. L'aile droite occupait le côté droit du port, en regardant la mer, et l'autre aile le côté opposé. Le corps du général Soult était partagé en deux camps, établis l'un à droite et l'autre à gauche de la Liane. Les troupes, placées dans le premier, devaient s'embarquer sur les bâtiments de l'aile droite, et celles qui étaient établies dans le second sur les navires de l'aile gauche. Les compagnies, bataillons, régiments, brigades, divisions du général Soult connaissaient les navires qui leur étaient affectés. Des deux côtés du port, en partant du quai, neuf chaloupes canonnières ou bateaux canonniers, c'est-à-dire le nombre de bâtiments nécessaire pour embarquer un bataillon, étaient disposés sur un seul rang. Lorsque la tête des troupes, entrant dans le port, arrivait à la hauteur des navires les plus rapprochés de la mer, la première compagnie de chaque bataillon, passant par-dessus tous les bateaux, arrivait au neuvième, la seconde compagnie au huitième, la troisième au septième. Les autres compagnies procédant de la même manière, la première se trouvait sur la chaloupe canonnière ou le bateau canonnier qui était près du quai. Les chevaux, enlevés par des apparaux spécialement installés pour cet objet, passaient successivement d'un bateau sur un autre, et parvenaient promptement à leur destination. Des dispositions semblables étaient prises dans tous les ports où devaient s'embarquer les troupes de l'armée d'Angleterre. Lorsque le temps le permettait, des divisions de la flottille formaient, en rade de Boulogne, une ou plusieurs lignes d'embossage. Tous les bâtiments prenant part à ce service, il en résultait des mouvements continuels que les marins et les soldats exécutaient avec rapidité. Quelquefois, les divisions de la flottille étaient dans les mêmes conditions de chargement que si elles avaient mis sous voiles pour traverser le détroit. Arrivées en rade, elles balayaient la plage à coups de canon et mettaient à terre troupes, chevaux, canons et matériel ; ces exercices, fréquemment répétés, donnaient au personnel une très grande solidité. Officiers, marins et soldats, loin de redouter les difficultés de l'expédition, attendaient avec impatience le moment où elle serait entreprise.

Les Anglais faisaient, dans la Manche et dans la mer du Nord, un service difficile. Ils ne pouvaient surveiller nos ports et empêcher la réunion des bâtiments de la flottille, qu'en se tenant près de terre. Le mauvais temps, la brume, mettaient continuellement leurs navires en danger. Le 26 mars, la corvette la *Déterminée* coula après avoir touché sur une roche près de l'île Jersey. Dans la nuit du 5 juin, la frégate la *Seine* se perdit sur un banc de sable près du Texel. Les équipages de la *Déterminée* et de la *Seine* furent recueillis par la croisière anglaise. La *Minerve* de quarante-huit s'échoua, le 2 juillet, près de la digue de Cherbourg. Les canonnières la *Chiffonne* et la *Terrible*, mouillées dans ce port, sortirent immédiatement; prenant position sur l'avant de la frégate ennemie, elles la canonnèrent vigoureusement. Le fort de l'île Pelée joignit son feu à celui de la *Chiffonne* et de la *Terrible*. A cinq heures et demie du matin, la *Minerve* amena son pavillon. Cette frégate, remise à flot le même jour, prit, dans la marine française, le nom de la *Canonnière*. Le 10 décembre, la frégate le *Shannon*, se jeta à la côte sous les batteries du cap la Hogue. L'équipage tomba entre nos mains ; quant à la frégate, elle fut incendiée par des embarcations anglaises. Le 30 du même mois, le brick le *Grappler* s'échoua sur l'île Chausey. Quelques bateaux de pêche, portant des matelots et des soldats, sous la conduite du capitaine de frégate Epron, sortirent de Granville et se dirigèrent sur le brick. Après un court engagement, le navire anglais amena son pavillon. Le *Grappler*, qui s'était démoli sur les roches, fut livré aux flammes.

La flottille batave, qui devait se rendre à Ostende, Dunkerque et Calais, était encore dans l'Escaut au commencement de l'année 1804. Les Anglais, trouvant, sur ce point, des eaux profondes, se tenaient près de terre et gênaient les mouvements des Hollandais. Le 11 mars, le contre-amiral Verhuell, qui exerçait le commandement en chef de la flottille batave, appareilla avec une division, sans être aperçu par la croisière anglaise. Le 12, au point du jour, quelques bâtiments ennemis s'étant approchés, l'action s'engagea. Le feu des pièces de vingt-quatre et des obusiers, dont étaient armés les bateaux hollandais, obligea nos adversaires à prendre le large. Le contre-amiral Verhuell entra à Ostende après avoir livré un nouveau combat. Le 16 mai, profitant d'un vent favorable, il sortit de Flessingue avec les prames, la *Ville d'Anvers*, sur laquelle flottait son pavillon, la *Ville d'Aix*, dix-neuf chaloupes canonnières, quarante-neuf bateaux canonniers et quelques transports. Cette division se trouva en présence de l'ennemi, aussitôt qu'elle eut franchi les bouches de l'Escaut. La croisière anglaise, que commandait sir Sydney Smith, comprenait trois frégates, un brick et un côtre. Entendant le canon, deux divisions de péniches, sous le commandement du capitaine de frégate Lambour, sortirent d'Ostende et se portèrent rapidement au-devant des Hollandais. La prame la *Ville d'Anvers* s'échoua, mais, avec l'appui de l'artillerie de terre, elle repoussa victorieusement l'ennemi. Après un engagement qui n'avait pas duré moins de six heures, les Anglais prirent le large. La division batave atteignit Ostende ; quelques bâtiments, contrariés par un changement de vent, rentrèrent dans l'Escaut. La *Ville d'Anvers* se déséchoua et entra à Ostende en combattant. Un bateau de transport, entraîné au large par le courant, fut capturé. D'autres divisions, venant de nos ports ou des ports de la Hollande, arrivèrent à leur destination non moins heureusement que les bâtiments partis de Flessingue, le 6 mai, sous les ordres de l'amiral Verhuell.

Le 5 mai 1804, quatre canonnières, commandées par le lieutenant de vaisseau Letourneur, se dirigeaient vers Lorient lorsqu'elles furent aperçues par une corvette anglaise à laquelle, peu après, vint se joindre un lougre. Attaquées par ces deux bâtiments, les canonnières ripostèrent avec une telle vigueur que l'ennemi prit la fuite. Atteints à la hauteur de l'île d'Houat, la corvette et le lougre amenèrent leur pavillon.

## V

Dans le courant du mois de mai 1804, la plus grande partie de la flottille se trouvait réunie dans les ports désignés pour l'embarquement de l'armée. On achevait, en Hollande, l'armement d'une escadre de sept vaisseaux ainsi que des bâtiments de transport nécessaires pour porter le cinquième corps, celui du général Marmont, fort de vingt-quatre mille hommes. Le vice-amiral Ganteaume, qui avait remplacé l'amiral Truguet dans le commandement de l'escadre de Brest, avait dix-huit vaisseaux sous ses ordres. Le contre-amiral Villeneuve était sur la rade de l'île d'Aix avec cinq vaisseaux. Le contre-amiral Bedout, revenant de Saint-Domingue, à la fin de l'année 1803, avec cinq vaisseaux, était entré au Ferrol; cette division se trouvait encore dans ce port où elle était bloquée par les Anglais. Le contre-amiral

Bedout, tombé malade, avait été remplacé par son chef d'état-major, le capitaine de vaisseau Gourdon, promu peu après au grade de contre-amiral. L'escadre de Toulon, que commandait le vice-amiral Latouche-Tréville, comptait huit vaisseaux. Enfin, dans chacun de nos ports, il y avait des bâtiments dont l'armement était très avancé. Le Premier Consul, que nous appellerons désormais l'Empereur, puisque ce titre lui avait été conféré le 18 mai 1804, songeait à tenter la descente en Angleterre au mois de juillet ou au mois d'août.

Nous n'avions rien négligé pour inspirer à l'Angleterre la pensée que les bâtiments réunis à Ambleteuse, Wimereux, Boulogne et Étaples pouvaient, sans le concours d'une escadre, atteindre le but que la France poursuivait. Marchant à la voile et à l'aviron, la flottille était en mesure de franchir la distance qui nous séparait de l'Angleterre. Son armement, composé de grosses pièces, lui permettait de se défendre contre les plus forts bâtiments. Si le nombre des canons, sur chaque navire, était peu considérable, l'artillerie de la flottille, prise dans son ensemble, avait une véritable puissance. Les bateaux de toutes dimensions, avec leur faible tirant d'eau, entraient dans nos ports ou en sortaient avec facilité. L'embarquement des troupes et du matériel se faisait rapidement. Une occasion favorable se présentant, il suffisait d'un temps très court pour que l'expédition prît la mer. Si la flottille profitait d'un temps calme ou d'une brume épaisse, elle passait sans rencontrer l'ennemi. Dans cette hypothèse, nous abordions les côtes anglaises avec cent trente ou cent quarante mille hommes, quatre cents pièces de canon attelées de deux chevaux, des munitions et des vivres pour vingt jours. Les bâtiments de la flottille se jetaient à la côte, près de terre, puisqu'ils avaient un faible tirant d'eau. Grâce à leur formes plates, chaloupes canonnières, bateaux canonniers, péniches conservaient une position qui leur permettait de débarquer hommes et matériel avec promptitude. Tels étaient les côtés favorables de notre situation ; il en existait d'autres que nous avions le devoir d'envisager.

Les bâtiments de la flottille n'avaient pas tous la même construction. Les bateaux canonniers étaient moins bien voilés et avaient un tirant d'eau plus faible que les chaloupes canonnières. L'action des vents et des courants s'exerçait d'une manière différente sur ces deux espèces de navires. Pendant la traversée, quelque courte qu'elle fût, le vent pouvait se lever et la mer devenir grosse ; cette hypothèse se réalisant, arriverait-on à maintenir l'ordre dans la flottille. Après la navigation, venait le combat ; les engagements, soutenus jusque-là, avaient eu lieu près de terre. Les capitaines des bâtiments, ayant un grand tirant d'eau, s'étaient toujours montrés très circonspects dans leurs manœuvres ; craignant de s'échouer, ils ne s'approchaient pas de la côte. Au large les vaisseaux et les frégates reprenaient leur liberté d'action. Quel serait, dans ces conditions nouvelles, le résultat d'une rencontre avec la flotte anglaise ? Le calme et la brume semblaient exclure la question du combat ; mais ces circonstances se produiraient-elles pendant le temps nécessaire pour embarquer l'armée, sortir du port, faire la traversée et mettre à terre les troupes et le matériel ? Ces considérations avaient une extrême gravité ; après les avoir pesées mûrement et pris, sur un sujet de cette importance, l'avis du commandant de la flottille, le vice-amiral Bruix, et du ministre de la marine, le vice-amiral Decrès, l'Empereur arriva à cette conclusion que le passage de la flottille devait être protégé par une escadre. L'exécution de ce dessein présentait des difficultés qui, tout d'abord, paraissaient insurmontables. Comment, en effet, amener, dans la Manche, c'est-à-dire si près des rivages de l'Angleterre, une flotte sans que cette dernière ne fût immédiatement entourée par des forces supérieures? L'Empereur tenta de résoudre ce problème.

L'escadre de Toulon devait saisir la première occasion favorable pour appareiller. Après avoir rallié, devant Cadix, le vaisseau l'*Aigle* et débloqué les cinq vaisseaux du contre-amiral Villeneuve, mouillés sur la rade de l'île d'Aix, l'amiral Latouche-Tréville entrerait dans la Manche avec seize vaisseaux. Les Anglais n'avaient, sur la rade des Dunes, que sept vaisseaux; si ces derniers étaient rejoints par les forces qui croisaient devant le Texel, sept vaisseaux hollandais, prêts à sortir avec un convoi de quatre-vingts voiles, prendraient la mer. Quant à l'escadre qui bloquait Brest, elle serait tenue en échec par l'amiral Ganteaume. L'exécution de ce projet, qui devait d'abord avoir lieu au mois d'août, fut définitivement fixée au mois de septembre. On hâta les derniers préparatifs de l'expédition; dans tous nos arsenaux maritimes, on redoubla d'activité pour terminer les armements commencés. Des troupes furent désignées pour embarquer sur nos escadres. L'Empereur prescrivit aux amiraux Ganteaume, Villeneuve, Latouche-Tréville de faire de fréquents appareillages afin de fatiguer l'ennemi, en l'obligeant à une surveillance continuelle. Laissés dans l'ignorance des points que la France se proposait d'attaquer, les Anglais seraient amenés à disséminer leurs forces pour être partout en mesure de nous repousser.

Le 20 juillet, un vent très violent de nord-nord-est se leva sur la rade de Boulogne. La ligne d'embossage comprenait un grand nombre de bâtiments dont la situation devint immédiatement très critique. La mer était basse. Les navires qui étaient au vent des jetées mouillèrent toutes leurs ancres afin d'attendre le moment favorable pour rentrer dans le port; ceux qui étaient sous le vent appareillèrent, s'efforçant de s'élever au vent. Les péniches et les caïques, qui étaient des embarcations non pontées, souffrirent beaucoup. Quelques-unes coulèrent en rade; d'autres, voulant se réfugier à Boulogne, manquèrent l'entrée et se jetèrent à la côte. Des bateaux firent vent arrière, cherchant à atteindre un port sous le vent; les uns périrent en mer, les autres purent gagner Étaples, Saint-Valery-sur-Somme ou Dieppe. La nuit, qui fut très mauvaise, amena de nouveaux malheurs. L'Empereur, arrivé le 19 juillet, passa la nuit au fort de l'Heurt, donnant des ordres pour secourir les bâtiments échoués. Ce mauvais temps coûta la vie à plusieurs centaines d'hommes.

Les bateaux de la flottille, construits à Paris et dans les départements traversés par des affluents de la Seine, venaient au Havre où ils achevaient leur armement. Lorsqu'il se trouvait un nombre suffisant de bateaux en état de prendre la mer, on formait un convoi qui partait pour Boulogne sous la direction des officiers spécialement chargés de ce service. La croisière anglaise, qui faisait d'inutiles efforts pour intercepter ces bâtiments, résolut de bombarder le Havre. Cette opération, exécutée, le 23 juillet, ne nous causa aucun dommage; un second bombardement eut lieu le 26. Ce jour-là, dix-huit chaloupes canonnières, douze bateaux canonniers, des péniches et des caïques, sous le commandement du capitaine de vaisseau Daugier, formaient, en rade, une ligne d'embossage. Le feu de ces bâtiments obligea les bombardes à prendre une position éloignée de terre, ce qui mit la ville hors de l'atteinte de leurs projectiles. L'action durait depuis quelque temps, lorsqu'une partie de la flottille, conduite par le capitaine de frégate Baste, fit route sur les bombardes. Celles-ci prirent le large et le combat cessa.

Le 16 août, pendant que l'Empereur faisait la distribution solennelle des croix d'honneur à l'armée, quarante-cinq bâtiments de la flottille, venant du Havre, sous le commandement du capitaine de vaisseau Daugier, entrèrent dans le port en repoussant victorieusement l'ennemi. Parmi les fêtes, célébrées, le même jour, dans les ports du nouvel empire, deux avaient, pour la marine, un intérêt particulier. Il s'agissait de la double inauguration de l'arsenal d'Anvers et de la digue de Cherbourg. L'Empereur voulait faire d'Anvers un grand port de construction. Déjà les magasins, ateliers, chantiers de construction, casernes, étaient terminés; trois vaisseaux et quelques bâtiments de rang inférieur étaient presque achevés. On ne menait pas, avec moins d'activité, les travaux de la digue de Cherbourg; la jetée isolée, à pierres perdues, construite sous l'habile direction de l'ingénieur Cachin, avançait. Sur une certaine étendue, elle s'élevait de douze pieds au-dessus du niveau des plus hautes marées. Une batterie de quarante pièces de canon et de douze mortiers, établie sur ce point, maintenait l'ennemi à distance.

Les Anglais avaient toujours, devant Boulogne, des forces considérables. Au mois d'août 1804, la croisière se composait de vingt bâtiments sous les ordres du contre-amiral Louis qui avait son pavillon sur le vaisseau de cinquante, le *Léopard*. Le gros des forces ennemies était mouillé à dix milles environ dans le nord-ouest du port. Quelques navires se tenaient plus près de terre pour surveiller nos mouvements; ceux-ci étaient un peu au delà de la portée de nos canons. Le 25 août, le brick, le *Bruiser*, s'étant approché de la ligne d'embossage, l'amiral Bruix ordonna à une division de la flottille, commandée par le capitaine de vaisseau Le Ray, de faire route sur ce bâtiment. Les premiers coups de canon étaient à peine tirés que la frégate l'*Immortalité* rejoignait le *Bruiser*. Après une canonnade, qui dura peu de temps, l'ennemi se retira. Le lendemain, au point du jour, quelques bateaux de la flottille, venant du nord, furent signalés. On les apercevait serrant la côte de près, sous la protection de l'artillerie de terre; après avoir doublé le cap Grinez, ils furent attaqués par les bricks l'*Archer* et le *Bloodhoum*. Le capitaine de vaisseau Le Ray se porta au secours de ces navires; une seconde division de la flottille et deux sections de péniches lui furent envoyées. La frégate l'*Immortalité*, les bricks le *Harpy* et l'*Adder* et le côtre la *Constitution* se dirigèrent immédiatement sur nos bâtiments. L'action s'engagea, de part et d'autre, avec beaucoup de vivacité. L'Empereur était en rade, dans son canot, où se trouvaient les ministres de la guerre et de la marine, le commandant en chef de la flottille, le vice-amiral Bruix, et les maréchaux Soult et Mortier. Il se dirigea, à force de rames, vers le point où l'on combattait. Les vents étaient au nord. Les navires français et anglais qui couraient la bordée du large virèrent de bord. L'Empereur ayant rejoint les nôtres, au moment où ils s'approchaient de terre, fit donner, par signal, l'ordre de serrer l'ennemi au feu. Nos bâtiments se portèrent immédiatement sur la division anglaise et pendant un moment le feu fut très vif. Une bombe tomba sur le côtre la *Constitution*, traversa ses ponts et le défonça ; ce bâtiment coula, mais l'équipage put être sauvé. Une bombe atteignit le brick le *Harpy* ; l'*Immortalité* reçut plusieurs projectiles. Les Anglais, dont les bâtiments commençaient à souffrir, s'éloignèrent.

## VI

L'escadre de Toulon, commandée par le vice-amiral Latouche-Tréville, jouait, ainsi qu'on l'a vu plus haut, le rôle principal dans le plan de campagne qui devait assurer le passage de la flottille de Boulogne. Le vice-amiral Latouche-Tréville était digne de la confiance que lui témoignait l'Empereur. L'escadre de Brest, lorsque cet amiral en avait pris le commandement, après l'amiral Bruix, au commencement de l'année 1800, se trouvait dans la plus triste situation. Les équipages, mal nourris, sans argent, à peine vêtus, commettaient des actes d'indiscipline continuels. Les désertions étaient nombreuses. Les états-majors découragés, opposaient une sorte d'inertie aux ordres de leurs chefs.

Latouche-Tréville ne recula devant aucune des difficultés de sa tâche. Il donna, pour la tenue et la propreté des bâtiments, des instructions dont il surveilla lui-même l'exécution. Les exercices se firent avec régularité. Les aspirants furent envoyés à bord des navires qui mettaient sous voiles; quant aux officiers, ils s'exercèrent aux évolutions navales dans les embarcations de l'escadre. Des vaisseaux, mouillés en grande rade, se tinrent prêts à s'embosser ou à appareiller au premier signal. Une division de l'escadre mit sous voiles, toutes les fois que le temps le permit. Dans une de ces sorties, deux frégates s'abordèrent. Le capitaine, dont la manœuvre avait amené ce fâcheux résultat, comparut devant un conseil d'enquête qui conclut à sa non culpabilité. L'amiral, convaincu que les membres du conseil avaient eu surtout pour but, en agissant ainsi, de montrer qu'ils désapprouvaient les fréquents appareillages des vaisseaux et des frégates de l'escadre, obtint du ministre que ce capitaine fût immédiatement remplacé dans son commandement.

Des divisions de frégates, mouillées à Bertheaume et à Camaret, furent maintenues dans un état d'activité continuelle. Elles reçurent des ordres très précis pour se porter en avant ou se retirer, suivant les forces qui leur étaient opposées. Un service pour la protection des caboteurs fut organisé; l'amiral, à la tête de chaloupes armées, se portait souvent en dehors de la rade pour favoriser l'entrée des convois. Un jour que le succès n'avait pas couronné ses efforts, il écrivit au ministre: « Je m'attends, citoyen ministre qu'on m'accuse d'imprudence, de témérité et de faire le métier d'un capitaine de frégate, ce qui ne convient pas à un général d'armée.

Ce sont les expressions de quelques-uns de mes bons amis ; je réponds à cela que ceux qui ne font rien ne commettent pas de fautes et que je préfère celles occasionnées par l'activité aux vices de l'oisiveté et de l'inertie. » Comme il était, à ce moment, question d'une expédition anglaise sur nos côtes, l'amiral organisa la défense de l'entrée de Brest et de la rade (1).

Après avoir commandé la flottille de Boulogne et repoussé victorieusement les attaques de Nelson des 3 et 15 août 1801, Latouche-Tréville fut mis, en 1804, à la tête de l'escadre de Toulon. L'instruction des officiers, des aspirants et des équipages devint l'objet de tous ses soins. L'escadre mouilla en grande rade, prête à s'embosser ou à appareiller. Les capitaines et les officiers restèrent à leur bord. L'amiral se préoccupa de la défense de la rade ; dans l'hypothèse d'une attaque faite par l'escadre anglaise, chaque vaisseau devait envoyer à une batterie, désignée à l'avance, le personnel nécessaire pour l'armer.

Le 24 mai, les vaisseaux anglais le *Canopus* et le *Donegal* et la frégate l'*Amazon*, sous le commandement du contre-amiral Campbell, s'approchèrent du cap Sepet. Cinq vaisseaux et trois frégates, mettant sous voiles avec

---

1. Le 20 mars, le contre-amiral Latouche-Tréville donna à son escadre l'ordre suivant que nous transcrivons à titre de document historique :

« Tous les matins à huit heures, il sera arboré, au grand mât du vaisseau commandant, un pavillon bleu auquel chaque vaisseau répondra par le même pavillon. A ce signal, tous les ouvrages du vaisseau cesseront, et, pendant les cinq minutes qu'il restera arboré, chaque homme de l'équipage sera libre d'invoquer le Dieu de la nature dans la forme et de la manière que lui prescrit sa croyance. Tous seront invités à se tenir avec respect et recueillement pendant ce seul moment consacré à l'action de grâce, de prière ou de reconnaissance que tout homme doit au créateur de toute chose. »

promptitude, firent route sur les bâtiments ennemis qui rallièrent immédiatement leur escadre.

Le 13 juin, deux frégates, l'*Incorruptible* et la *Sirène*, se trouvaient dans les îles d'Hyères, faisant route sur Toulon, avec une faible brise d'ouest-sud-ouest. L'amiral Nelson fit chasser ces deux bâtiments par l'*Amazon* et la *Phœbe*. Les frégates anglaises, arrêtées par le calme, n'arrivèrent que le lendemain matin à l'ouvert de la grande passe; elles aperçurent les bâtiments français mouillés sous le château de Porquerolle. L'amiral Nelson, prévenu par signal de la position de nos frégates, donna l'ordre au vaisseau l'*Excellent* de rejoindre l'*Amazon* et la *Phœbe*. Telle était la situation lorsque l'amiral Latouche-Tréville, appareillant avec huit vaisseaux et sept frégates, se dirigea sur l'escadre anglaise. Nelson, rappelant immédiatement l'*Excellent* et les deux frégates, fit route vers le large sous petites voiles. Latouche-Tréville rentra à Toulon avec l'*Incorruptible* et la *Sirène*.

En lisant la correspondance de Latouche-Tréville, on est frappé du savoir de cet amiral, de la vigueur et de l'énergie qu'il déployait. Il possédait, ce qui est toujours rare, la double qualité d'homme d'action et d'organisateur. C'était bien là le chef qu'il fallait à la marine française, non militaire et déshabituée de l'activité; malheureusement pour nous, les jours de cet amiral étaient comptés. Revenu malade de l'expédition de Saint-Domingue, il n'avait pu, depuis son retour en France, se rétablir complètement. Il mourut, le 20 août, sur le vaisseau le *Bucentaure* qui portait son pavillon. Latouche-Tréville fut enterré sur le cap Sepet où il avait l'habitude de se rendre pour surveiller la croisière ennemie et diriger les mouvements de son escadre. Cette nouvelle arriva à Boulogne à la fin du mois d'août. L'escadre de Toulon étant le pivot de la combinaison imaginée par l'empereur, l'expédition se trouvait retardée. Il fallait donner un successeur au contre-amiral Latouche-Tréville. « Il me paraît que, pour l'escadre de Toulon, écrivit l'Empereur au ministre de la marine, il n'y a que trois hommes, Bruix, Villeneuve ou Rosily. Vous pouvez sonder Bruix. Je crois à Rosily de la bonne volonté, mais il n'a rien fait depuis quinze ans... Toutefois, il y a une chose urgente, c'est de prendre un parti... »

Le ministre de la marine écarta la candidature de l'amiral Rosily; d'autre part, il jugea que l'amiral Bruix rendait, à Boulogne, des services trop importants pour qu'il fût sage de le déplacer. Il fit appeler, à Paris, les amiraux Villeneuve et Missiessy. Après s'être entretenu avec chacun d'eux, il proposa à l'Empereur de placer le premier à la tête de l'escadre de Toulon et de donner au second le commandement de l'escadre de Rochefort. « Sire, disait le ministre, le vice-amiral Villeneuve et le contre-amiral Missiessy sont ici. J'ai entretenu le premier du grand projet. Il l'a entendu froidement et a gardé le silence quelques moments. Puis, avec un sourire très calme, il m'a dit : « Je m'attendais à quelque chose de semblable ; mais pour être approuvés, de semblables projets ont besoin d'être achevés. » Je me permets de vous transcrire littéralement sa réponse dans une conversation particulière, parce qu'elle vous peindra mieux que je ne pourrais le faire l'effet qu'a produit sur lui cette ouverture......... Rien enfin de tout cela n'a fait pâlir son courage. La place de grand officier, celle de vice-amiral, en ont fait un homme tout nouveau. L'idée des dangers est effacée par l'espérance de la gloire, et il a fini par me dire : « Je me livre tout entier » et cela avec le ton et le geste d'une décision froide et positive. » L'Empereur approuva les propositions du ministre de la marine. Toutefois, comme l'amiral Villeneuve ne lui inspirait pas la même confiance que l'amiral Latouche-Tréville, il imagina un nouveau plan de campagne.

Le 27 septembre, l'amiral Decrès reçut l'ordre de préparer trois expéditions maritimes. Porter des troupes, des armes et des munitions à la Martinique et à la Guadeloupe et assurer la sécurité de ces deux colonies, en faisant la conquête de la Dominique et de Sainte-Lucie, telle était l'une d'elles. La reprise, sur les Anglais, des colonies hollandaises de Surinam, Demerari, Berbice et Essequibo et la conquête de Sainte-Hélène représentaient les autres. Le première de ces entreprises était confiée à l'amiral Missiessy et les dernières à l'amiral Villeneuve. L'escadre de Rochefort devait appareiller aussitôt que le départ de Villeneuve serait connu. Après avoir accompli sa mission, l'amiral Missiessy attendrait Villeneuve à la Martinique. Ce dernier, ayant, à son arrivée, quatorze vaisseaux et huit frégates sous son commandement, mettrait les îles anglaises à contribution, jetterait douze cents hommes, des armes et des munitions dans Santo-Domingo, où le brave général Ferrand tenait toujours, et il ferait à l'importante île de la Jamaïque autant de mal qu'il le pourrait. Ces diverses opérations terminées, Villeneuve se porterait sur le Ferrol ; débloquant les cinq vaisseaux français qui étaient dans ce port, il mouillerait, sur la rade de l'île d'Aix, avec dix-neuf vaisseaux. L'Empereur supposait que les escadres de Toulon et de Rochefort, prenant la mer avec des troupes, ce que l'Angleterre ne tarderait pas à apprendre, entraîneraient, à leur suite, des forces considérables. Les Anglais, ignorant le but de ces expéditions, enverraient des escadres dans plusieurs directions. Ce serait alors que l'amiral Ganteaume, profitant d'un mauvais temps qui lui permettrait de dérober sa sortie à l'ennemi, appareillerait, ayant, sur ses bâtiments, les troupes du maréchal Augereau. Il se rendrait en Irlande, en passant au large de toute terre, et débarquerait les troupes dans la baie de Lough Swilly. Reprenant la mer, trente-six heures après avoir mouillé, Ganteaume se présenterait devant Cherbourg, où il apprendrait ce que devait faire son escadre pour protéger le passage de la flottille. L'Empereur pensait que Villeneuve partirait en octobre, Missiessy en novembre et Ganteaume à la fin de décembre. La descente en Angleterre était donc remise au commencement de l'année 1805. On désarma vingt-neuf canonnières, quarante bateaux canonniers et vingt péniches qui étaient à Lorient et à Brest. Le personnel de ces bâtiments fut mis à la disposition du vice-amiral Ganteaume pour compléter les équipages de son escadre.

## VII

Les Anglais formèrent le projet d'incendier les bâtiments qui formaient la ligne d'embossage, sur la rade de Boulogne. Ils espéraient que, dans le désordre et la confusion qui suivraient la destruction de ces navires, ils pourraient s'approcher du port et le bombarder. Des petits bâtiments, côtres, goëlettes et bricks, furent convertis en brûlots. On construisit des coffres en bois, ayant vingt pieds de long et trois de large ; chacun d'eux contenait deux mille cinq cents kilogrammes de poudre et, au-dessus de cette poudre, cinquante-quatre boules de grande dimension, remplies d'artifices. Ces boules étaient réunies deux à deux par une chaîne ; il entrait, dans leur composition, du nitre, du soufre, de la résine et du sulfure d'antimoine. Ces machines, auxquelles les Anglais avaient donné le nom de catamarans, étaient disposées de telle sorte que leur partie supérieure restait à la surface de l'eau. N'ayant pas de mâts, elles étaient conduites sur le lieu de l'action à l'aide d'une remorque. Les catamarans avaient, à une de leurs extrémités, un grappin qui les maintenait, en s'engageant dans les câbles, le long des navires abordés. Dans l'intérieur des brûlots et des catamarans était placé un mouvement d'horlogerie que l'on réglait suivant le chemin que ces machines incendiaires avaient à parcourir. Après un laps de temps déterminé, le chien d'une forte platine, retenu jusque-là, se trouvait dégagé ; en s'abattant, il déterminait l'explosion. Des barils remplis d'artifices formaient la troisième espèce de brûlots ; ces barils, maintenus verticalement sur l'eau par la disposition des poids, faisaient explosion au moindre choc. Le gouvernement britannique semblait assuré du succès de cette entreprise.

Le 1$^{er}$ octobre, dans la matinée, l'amiral Keith, avec le *Monarch* de soixante-quatorze, sur lequel il avait son pavillon, trois vaisseaux de soixante-quatre, des frégates et des bâtiments de rang inférieur, corvettes, bricks et côtres, mouilla à cinq milles environ de Boulogne. Le nombre des navires ennemis s'élevait à cinquante-deux. Dans la journée, le *Monarch*, trois frégates et quelques bâtiments légers vinrent jeter l'ancre à grande portée de canon de notre ligne d'embossage. Le premier lord de l'amirauté, lord Melville, se trouvait sur le vaisseau de l'amiral Keith. Pitt, accompagné de plusieurs membres du cabinet, s'était rendu au château de Walmer-Castle, situé sur de hautes falaises, en face des rivages français. Une jolie brise d'ouest-sud-ouest, qui portait directement sur nos bâtiments, et un courant de grande marée favorisaient les desseins des Anglais. Sans avoir de renseignements précis sur les machines incendiaires préparées de l'autre côté du détroit, l'amiral Bruix n'ignorait pas les intentions de l'ennemi et il avait pris les dispositions nécessaires pour faire face au nouveau danger que courait la flottille. La ligne d'embossage comprenait cent cinquante bâtiments. Le contre-amiral Lacrosse, qui avait son pavillon sur la prame la *Ville de Mayence*, était chargé du commandement de la rade. Réunissant, à son bord, les officiers commandant les divisions et les sections, il arrêta, de concert avec eux, ce qui devait être fait pour repousser l'attaque dont nous étions menacés. Au coucher du soleil, des embarcations bien armées et des péniches furent envoyées au large dans la direction des Anglais. Elles devaient annoncer leur approche et détourner les brûlots.

Vers neuf heures et demie, le canon et la fusillade se firent entendre. Les canots anglais s'avançaient, ayant les brûlots, les catamarans et les barils à la remorque. Le feu des obusiers dont nos péniches étaient armées, et la mousqueterie montrèrent à l'ennemi qu'il était découvert. Les embarcations anglaises reprirent le large en abandonnant les machines incendiaires. Celles-ci, poussées par le vent et le courant, s'approchèrent de la ligne d'embossage où elles furent accueillies à coups de canon. A dix heures et demie, une première explosion se fit entendre; d'autres lui succédèrent pendant la nuit. Leur nombre ne dépassa pas douze; la dernière eut lieu vers quatre heures du matin. La plupart des machines incendiaires, brûlots, catamarans et barils remplis d'artifices, furent coulées ou jetées à la côte. Le contre-amiral Lacrosse se rendait, dans son canot, à la gauche de la ligne, lorsqu'il aperçut un bâtiment sous voiles, sur lequel il se dirigea avec l'intention de le prendre à la remorque. Il en était à petite distance, lorsque ce brûlot sauta, couvrant de ses débris le canot de l'amiral; deux matelots furent blessés légèrement.

Les catamarans ne justifièrent pas la confiance du gouvernement britannique. Un seul, et ce fut par suite d'une circonstance particulière rapportée ci-après, nous fit quelque mal. Une péniche, apercevant un petit sloop à la voile, courut sur lui et l'aborda. Une partie de l'équipage sauta dans le bateau anglais qu'on trouva abandonné; ce bateau remorquait un catamaran qui sauta au moment où la péniche l'accostait. L'embarcation française et ceux qui la montaient, c'est-à-dire un officier, treize marins et sept soldats, disparurent. Les hommes qui étaient passés sur le sloop entrèrent à Wimereux. Dans la flottille, il y eut six hommes blessés par les débris des brûlots qui firent explosion près de nos bâtiments. Lorsque le jour se leva, le 2 octobre, la ligne d'embossage présentait la plus grande régularité. Les navires obligés, pendant la nuit, de filer leurs câbles ou d'appareiller pour éviter les brûlots, avaient repris leurs postes. Sur une très grande étendue, la plage était couverte de débris ; on trouva plusieurs barils remplis d'artifices. Quatre brûlots étaient intacts ; sur les trois premiers, les mèches, destinées à communiquer le feu au chargement de poudre, étaient éteintes. Le quatrième était échoué près de Wimereux ; quatre soldats du trente-quatrième de ligne se mirent à la recherche des mèches qu'ils supposaient exister sur ce brûlot. Ces braves gens parvinrent à arracher une boîte en cuivre contenant un mouvement d'horlogerie qui fonctionnait encore.

Dans la nuit du 1er octobre, officiers, marins et soldats avaient montré autant d'intrépidité que de sang-froid. Les manœuvres, rendues nécessaires par les divers incidents de la nuit, avaient été exécutées avec calme et précision. Les matelots et les soldats avaient rivalisé de zèle et d'ardeur ; l'ordre n'avait pas cessé un seul instant de régner sur la rade. Cet état de choses témoignait de la bonne organisation de la flottille et de l'habileté des dispositions prises par le commandant en chef, l'amiral Bruix. Une part légitime d'éloges était due au contre-amiral Lacrosse qui commandait la ligne d'embossage. L'amiral Bruix écrivit à l'Empereur : « Cet événement, loin d'avoir eu les résultats dont les ennemis s'étaient flattés, n'a servi qu'à manifester le courage, le dévouement et la confiance des militaires et des marins, ainsi que l'excellent ordre établi pour la surveillance de la ville et du port. Tout le monde y était à son poste ; les pompes étaient préparées, toutes les précautions étaient prises. Pendant la nuit, des rondes s'y sont faites avec le calme et la tranquillité accoutumés, et jamais il n'y a régné plus de sécurité. » Telle fut l'expédition des catamarans. Si on met, en regard des résultats, les espérances conçues par le gouvernement britannique, on peut dire qu'elle échoua misérablement.

Le 2 octobre, le vent qui soufflait de l'ouest-sud-ouest augmenta et le temps prit une mauvaise apparence ; les Anglais gagnèrent le large. L'amiral Keith, avec le gros des forces qu'il avait conduites devant Boulogne, fit route pour la rade des Dunes. Nos adversaires s'éloignaient couverts de confusion. Ils s'étaient donné l'odieux de cette attaque et ils n'en avaient retiré aucun avantage. L'opinion publique, en Angleterre, se prononça contre cette expédition ; la presse traita avec une extrême sévérité le ministère et surtout le premier Lord de l'amirauté. Quelques écrivains s'élevèrent avec indignation contre la honte que l'emploi de tels moyens faisait rejaillir sur la Grande-Bretagne. De quelle utilité, disaient-ils, seront pour leur pays, la vigilance, l'habileté et le courage des marins anglais, si de telles inventions sont acceptées ? Les hommes les plus braves périront victimes de combinaisons imaginées par des lâches. Le maréchal Soult se faisant l'interprète des sentiments de l'armée, écrivit à l'Empereur. « Les Anglais avaient conçu l'horrible et lâche projet d'incendier, en rade de Boulogne, les bâtiments de la flottille qui y formaient une ligne d'embossage; la nuit dernière, ils ont entrepris d'exécuter cet abominable dessein..... Pourquoi Keith n'a-t-il point imité la conduite de Nelson, en l'an IX, et n'a-t-il pas voulu combattre notre flottille corps à corps? Cette entreprise, quel qu'en eût été le succès, aurait mérité notre estime : s'attaquer canon contre canon, baïonnette contre baïonnette, tel est le droit de la guerre. Mais une nation qui n'emploie, pour sa défense, que des poignards, des complots et des brûlots, est déjà déchue du rang qu'elle prétend occuper. L'histoire nous apprend que les nations, lorsqu'elles sont capables et dignes d'obtenir la victoire, méprisent les offres des médecins de Fabricius, tandis qu'au moment de leur décadence les moyens les plus perfides sont leurs principales ressources. » Un recueil fort important, l'*Annual Register*, le prenant sur un ton moins élevé, dit, en parlant de la nuit du 1er au 2 octobre : « Ainsi finit, à la confusion des inventeurs et au désappointement du public, une entreprise dans laquelle furent prodigués le temps, le travail et l'argent et qui livra le gouvernement aux sarcasmes et au mépris du pays et de l'étranger. » Le langage tenu par la presse britannique était-il sincère et ses critiques se seraient-elles produites si l'entreprise avait été couronnée de succès, il est permis d'en douter. Depuis 1793, les Anglais avaient fait bien des injustices, commis bien des violences ; en maintes circonstances, ils n'avaient triomphé que par l'emploi de moyens peu scrupuleux. Des voix isolées avaient pu s'élever pour dénoncer ces faits à l'opinion, jamais le pays n'avait sérieusement protesté. Ce qui affligeait l'Angleterre, dans l'affaire des catamarans, c'était moins l'odieux que la déception et le ridicule.

De nouvelles rencontres eurent lieu entre la croisière anglaise et les bateaux de la flottille. Le 2 octobre, deux divisions de chaloupes canonnières et de bateaux canonniers quittèrent le Havre, sous le commandement du capitaine de frégate Montcabrié, pour se rendre à Boulogne. Elles furent canonnées, le lendemain au point du jour, par une corvette anglaise qui ne tarda pas à prendre le large. Cette corvette, en compagnie d'une frégate et d'un côtre, renouvela son attaque dans la soirée. Après un feu très vif, qui dura près d'une heure, les bâtiments anglais s'éloignèrent. Le 8 du même mois, une corvette, qui avait canonné des bateaux de la flottille, mouillés sous la protection d'une batterie, près le cap Gronez de Flamanville, dans le sud du cap la Hague, fut obligée de se retirer avec de graves avaries. Le 23 octobre, vers quatre heures du soir, une division de la flottille, sous le commandement du capitaine de frégate Lambour, sortit d'Ostende et se dirigea sur Calais. A peine avait-elle pris la mer qu'elle fut attaquée par la croisière anglaise, composée, à ce moment, du brick le *Cruiser*, des bricks canonniers *Blaser*, *Conflict*, *Tigress*, *Escort*, et des côtres *Griffin* et *Admiral Mitchell*. Le faible tirant d'eau de ces bâtiments leur permit d'engager l'action de près. Vers six heures et demie, le temps s'étant très obscurci, le feu cessa. Un brick, le *Conflict*, s'échoua ; son capitaine, ayant inutilement tenté de le remettre à flot en l'allégeant, se rendit, avec son équipage, à bord du brick le *Cruiser*. Les engagements de ce genre étaient fréquents. L'activité de la croisière anglaise ne se démentait pas ; elle surveillait nos ports, poursuivait les bateaux de la flottille et les attaquait toutes les fois qu'elle en trouvait l'occasion. Mais ses efforts échouaient devant la bonne tenue au feu de nos bâtiments, leur armement et les habiles dispositions de ceux qui les dirigeaient. Le 8 décembre, le capitaine sir Home Popham, se présenta devant Calais avec le vaisseau de cinquante canons, l'*Antilope*, qu'il commandait, quelques petits navires, un brûlot et deux catamarans. Il se proposait de détruire le fort Rouge qui défendait l'entrée du port. Un des catamarans fut entraîné par le courant et l'autre ne fit pas explosion ; le brûlot seul sauta. Le fort n'éprouva aucun dommage. Les protestations plus ou moins sincères du peuple anglais contre l'emploi des catamarans n'avaient exercé aucune influence sur les décisions du gouvernement.

Le temps marchait. Les mois d'octobre et de novembre de l'année 1804 s'étaient écoulés sans que les escadres de Rochefort et de Toulon eussent pris la mer. Leur armement n'était pas complètement achevé. L'Empereur pressait le ministre de la marine de hâter les derniers préparatifs. L'amiral Decrès écrivait, à son tour, aux préfets maritimes et aux chefs des escadres pour leur recommander la plus grande activité ; mais nos ressources, sous le rapport du personnel et du matériel, étaient très limitées et rien ne se faisait vite dans nos arsenaux. La désorganisation avait duré tant d'années que les choses ne reprenaient que lentement leur cours normal. Le savoir manquait dans les états-majors, l'ordre et la régularité dans l'administration. Enfin, à Toulon, on avait voulu porter le nombre des vaisseaux de huit à onze. Le mois de décembre semblait nécessaire pour atteindre ce résultat.

# LIVRE IV

La Cour de Madrid déclare la guerre à l'Angleterre.— Alliance étroite de la France et de l'Espagne. — Les amiraux Missiessy et Villeneuve prennent la mer. — L'amiral Villeneuve, après avoir essuyé un violent coup de vent, ramène ses vaisseaux à Toulon. — Découragement de cet amiral. — Mécontentement de l'Empereur. — Les dispositions arrêtées précédemment pour les mouvements de nos flottes sont modifiées. — Nelson à la recherche de l'escadre française. — Villeneuve appareille le 30 mars. — Il débloque Cadix et fait route pour les Antilles, suivi de l'*Aigle* et de l'escadre de l'amiral Gravina. — Envoi de nouvelles instructions à l'amiral Villeneuve. — Arrivée de l'escadre franco-espagnole à la Martinique. — L'amiral Missiessy aux Antilles. — Son retour en Europe. — Prise du rocher le Diamant. — Nelson se dirige sur les Antilles. — L'*Algésiras*, l'*Achille* et la *Didon* mouillent à Fort-de-France. — Projet d'attaque sur la Barbade. — On apprend l'arrivée d'une escadre anglaise dans la mer des Antilles. — La flotte combinée fait route vers l'Europe. — On termine, dans la Manche et dans la mer du Nord, les préparatifs de l'expédition d'Angleterre. — Ordres donnés à l'escadre de Rochefort. — Mort de Bruix. — Concentration de la flottille batave à Ambleteuse. — Engagements avec la croisière anglaise. — Nelson, apprenant le départ de la flotte combinée, se dirige sur le détroit de Gibraltar — Arrivée du *Curieux* à Portsmouth. — Ordres donnés par l'amirauté britannique. — Arrivée de Villeneuve sur les côtes d'Espagne. — Combat du cap Finisterre. — Deux vaisseaux espagnols tombent entre les mains de l'ennemi. — Les Anglais manœuvrent pour éviter un second combat. — Calder est traduit devant un conseil de guerre. — Villeneuve mouille à Vigo, puis à la Corogne. — Il reçoit l'ordre très pressant de se diriger sur Brest. — On achève, à Boulogne, les derniers préparatifs de l'expédition. — Villeneuve appareille. — Il trouve au large des vents de nord-est très frais. Plusieurs bâtiments font des avaries. — La flotte franco-espagnole se rend à Cadix. — Profond mécontentement de l'Empereur. — La grande armée se dirige sur l'Allemagne. — Dispositions prises pour la flottille.

## I

La France entretenait de très amicales relations avec l'Espagne. Néanmoins, cette puissance, malgré nos sollicitations, montrait la plus grande hésitation à s'engager dans cette guerre. La conduite des ministres de la Grande-Bretagne l'obligea à prendre ce parti. Au milieu de l'année 1804, le cabinet de Saint-James crut que la Cour de Madrid se disposait à nouer une alliance étroite avec nous. Il se décida, quoiqu'il n'eût, sur ce point, que des informations très vagues, à traiter l'Espagne en ennemie. L'Angleterre pouvait ainsi s'emparer des colonies de ce nouvel adversaire et donner à sa marine l'occasion de faire des prises. La Cour de Londres ne déclara pas la guerre à l'Espagne ; son intention de rompre ne fut révélée que par un acte où se montrèrent, à découvert, le violence et la mauvaise foi que la Grande-Bretagne apportait dans ses relations avec les autres puissances lorsque son intérèt était en jeu. Quatre frégates espagnoles, placées sous le commandement de l'amiral don Joseph Bustamente, étaient attendues à Cadix dans les premiers jours d'octobre. On savait que ces bâtiments venaient de Montevideo avec de riches cargaisons, appartenant au gouvernement ou à des particuliers. L'amirauté britannique envoya à l'amiral Cornwallis l'ordre de les intercepter. Le capitaine Graham Moore, de la frégate de quarante-huit l'*Indefatigable*, fut chargé de cette mission. L'amiral Cornwallis lui donna les frégates la *Lively* de trente-huit, la *Medusa* et l'*Amphion*, de trente-deux. Le 5 octobre, la division anglaise croisait à neuf lieues environ du cap Sainte-Marie, lorsque plusieurs voiles furent aperçues ; le signal de chasse générale monta aux mâts de l'*Indefatigable*. Les Anglais ne tardèrent pas à reconnaître les bâtiments qu'ils avaient l'ordre d'arrêter. A la vue de ces navires qui s'approchaient sous toutes voiles, la division espagnole forma la ligne de bataille. Les quatre frégates étaient rangées ainsi qu'il suit : la *Fama* de trente-quatre canons, la *Medea* de quarante, portant le pavillon du contre-amiral Bustamente, la *Mercedes* et la *Clara*, de trente-quatre. Les navires anglais, la *Medusa* en tête, puis l'*Indefatigable*, l'*Amphion* et la *Lively* prirent position, à portée de pistolet, de la ligne espagnole. Le capitaine Moore héla la *Medea ;* il fit connaître à l'amiral Bustamente qu'il était chargé de lui transmettre une importante communication. N'obtenant aucune réponse, il fit tirer un coup de canon sur l'avant de la frégate amirale. La division espagnole ralentit sa marche. Un lieutenant de vaisseau de l'*Indefatigable* se rendit à bord de la *Medea* et il informa l'amiral que la division anglaise avait l'ordre de se saisir de ses bâtiments. Le capitaine Moore, disait l'envoyé, désirant éviter l'effusion du sang, demandait que les bâtiments espagnols lui fussent remis sans combat. Quelle que fût, sur ce point, la décision de l'amiral Bustamente, il exigeait une réponse immédiate. L'officier anglais étant revenu à bord de l'*Indefatigable*, après avoir échoué dans sa négociation, le combat s'engagea. Dix minutes ne s'étaient pas écoulées que la *Mercedes* sautait. L'*Amphion* n'ayant plus d'adversaire, se porta au vent de la *Medea* que l'*Indefatigable* combattait du bord opposé. Dix-sept minutes après le commencement de l'action, la frégate amirale amena ses couleurs. Au même moment, la *Clara* se rendait à la *Lively*. La *Fama* tenta de s'enfuir ; elle se couvrit de voiles et se dirigea sur Cadix suivie de la *Medusa*. La frégate espagnole serait peut-être parvenue à se soustraire à la poursuite du navire anglais, si le capitaine Moore n'avait pas donné à la *Lively*, après la reddition de la *Medea*, l'ordre de chasser la *Fama*. La *Lively* était un bâtiment de marche supérieure ; elle joignit la frégate espagnole qui amena son pavillon après une défense très honorable.

La *Fama* avait onze tués et cinquante blessés ; la *Clara* sept tués et vingt blessés ; la *Medea* deux tués et dix blessés. Sur les deux cent quatre-vingts hommes qui composaient l'équipage de la *Mercedes*, on ne sauva qu'un officier et quarante hommes. Les pertes des Anglais étaient insignifiantes ; il y avait deux tués et quatre blessés sur la *Lively* et trois blessés sur l'*Amphion*. A bord de l'*Indefatigable* et de la *Medusa*, on ne comptait pas un homme atteint par le feu des Espagnols. Cependant, de ces deux frégates, l'une avait combattu la *Medea*, c'est-à-dire la frégate de l'amiral Bustamente, et l'autre la *Fama*. En résumé, dans cette rencontre, on n'avait fait aucune manœuvre. Chacune des frégates du capitaine Moore s'était placée par le travers d'un navire espagnol et l'artillerie seule avait été en jeu. Cette affaire avait été, pour les Anglais, moins un combat qu'un tir d'exercice ; comment appeler autrement un engagement dans lequel les avantages remportés sur les Espagnols n'avaient coûté, au personnel de quatre frégates, que deux tués et sept blessés. Enfin, les avaries de coque et de mâture des navires anglais étaient sans importance. Aussi doit-on trouver exagérés les éloges donnés par le capitaine Moore aux bâtiments de sa division. Cet officier écrivit à l'amiral à Cornwallis : « Les capitaines des différents vaisseaux de notre escadre se sont conduits avec tant d'habileté que je ne puis prétendre à aucune gloire, excepté l'heureuse circonstance de m'être trouvé le plus ancien officier. Le zèle, l'activité, le courage des officiers, matelots et soldats de l'escadre, sont prouvés par le succès qui a couronné leurs efforts. »

Lorsque les événements que nous venons de rapporter furent connus, des protestations s'élevèrent au sein du parlement britannique. Quelques voix généreuses dénoncèrent ce système de violence qui portait atteinte à l'honneur de l'Angleterre. Parmi les orateurs de l'opposition, se trouvaient des hommes qui avaient occupé le ministère quelques années auparavant. Pitt leur renvoya les accusations dirigées contre lui. Il rappela à ses adversaires les circonstances dans lesquelles ils avaient agi contrairement au droit des gens. Ces reproches étaient mérités, mais les fautes passées ne pouvaient absoudre l'administration actuelle d'actes que les Barbaresques seuls auraient pu commettre. Lord Granville, mis directement en cause, riposta avec vigueur. Etant au pouvoir, il avait fait mettre l'embargo sur des bâtiments stationnés dans les ports anglais ; après l'avoir reconnu, il établit la différence existant entre ce procédé et l'attaque des frégates espagnoles. « Arrêtez, dit-il, un navire ; vous pouvez le relâcher. Séquestrez, saisissez la cargaison ; vous pouvez indemniser le propriétaire. Détenez, emprisonnez l'équipage ; les portes du cachot peuvent s'ouvrir. Mais pour un navire incendié, coulé bas, quel remède ? Qui retirera du sein de la mer les cadavres de trois cents victimes assassinées en pleine paix et saura les rendre à la vie ? Les Français nous appellent une nation mercantile ; ils prétendent que la soif de l'or est notre unique passion. N'ont-ils pas le droit d'attribuer cette violence à notre avidité pour les piastres espagnoles ? Ah ! plutôt avoir payé dix fois la valeur de ces piastres fatales et n'avoir pas entaché l'honneur anglais d'une telle souillure ! » L'opinion publique, en Angleterre, ne s'émut pas de l'attaque dirigée, au mépris du droit des gens, contre les quatre frégates espagnoles. Elle ne vit que le profit. Il fut dit seulement que l'amirauté aurait agi avec plus de sagesse en envoyant, au devant du convoi, une force ayant une telle supériorité que celui-ci aurait été dans l'impossibilité de se défendre. L'argent ainsi que les marchandises chargés sur les navires espagnols seraient devenus la propriété des Anglais. Le but poursuivi eût donc été atteint ; d'autre part, il n'y aurait pas eu de victimes et toute difficulté avec le parlement eût été évitée.

L'odieuse agression, dont la division du contre-amiral Bustamente avait été l'objet, souleva, dans toute l'Espagne, une violente indignation. Il ne restait à la Cour de Madrid que le choix entre une soumission humiliante aux volontés de la Grande-Bretagne et une déclaration de guerre à cette puissance. D'autres faits, qui ne tardèrent pas à être connus, précipitèrent les événements. Les Anglais bloquaient les ports espagnols ; ils enlevaient des bâtiments au large et sur la côte. Un convoi, portant un régiment, avait été capturé. La Cour de Madrid, jusque-là hésitante, prit la détermination de faire la guerre aux Anglais. Le 4 janvier 1805, un traité fut signé, à Paris, par le vice-amiral Decrès, ministre de la marine, au nom de la France, et par le vice-amiral Gravina pour l'Espagne. La Cour de Madrid prenait l'engagement de tenir prêts, pour le 30 mars, huit vaisseaux au Ferrol, quinze à Cadix et six à Carthagène. Si rien ne s'opposait à ce que l'on inscrivît de telles conditions dans un traité, il était douteux que la Cour de Madrid pût les remplir. L'Espagne possédait les bâtiments qu'elle promettait, mais ce que cette puissance n'avait pas, c'était le matériel et surtout le personnel nécessaires pour les armer.

Au commencement de l'année 1805, les escadres de Toulon et de Rochefort n'avaient pas encore pris la mer. L'amiral Ganteaume, auquel était réservé le rôle principal dans le nouveau plan de campagne, achevait ses derniers préparatifs. Il était, sur la rade de Brest, avec vingt-deux vaisseaux. L'Empereur, qui avait d'abord décidé que l'escadre de Rochefort attendrait, pour appareiller, la nouvelle du départ de l'amiral Villeneuve, modifia cette disposition. L'amiral Missiessy reçut l'ordre de prendre la mer aussitôt qu'il serait assuré de dérober sa sortie à la croisière anglaise. Le 11 janvier, cet amiral put gagner le large sans être aperçu par l'ennemi. Après être restée, pendant treize jours, en cape, dans le golfe de Gascogne, l'escadre de Rochefort fit route pour sa destination. Elle était composée des vaisseaux le *Majestueux* de cent vingt, portant le pavillon de l'amiral Missiessy, le *Magnanime*, le *Lion*, le *Jemmapes* et le *Suffren*, de quatre-vingts. Ces vaisseaux étaient commandés par les capitaines Viollette, Allemand, Troude, Soleil et Petit. Le contre-amiral Missiessy se rendait aux Antilles; il lui était prescrit de brûler toutes les prises pouvant retarder sa marche. Un corps de troupes, fort de trois mille hommes, placé sous le commandement du général Lagrange, était embarqué sur son escadre. Missiessy et le général Lagrange étaient chargés de prendre la Dominique et Sainte-Lucie. Dans le cas où des obstacles imprévus s'opposeraient à l'exécution de ces deux entreprises, l'escadre devait faire à l'ennemi tout le mal qu'elle pourrait. Profitant de la présence des troupes du général

Lagrange, elle mettrait à contribution les colonies anglaises, notamment Saint-Vincent et Saint-Christophe. L'Empereur voulait qu'on donnât à ce genre d'opérations un très grand développement. L'amiral Missiessy avait l'ordre de rester à Fort-de-France, si l'ennemi disposait de forces supérieures dans la mer des Antilles ; il serait rejoint, à ce mouillage, par l'amiral Villeneuve. Si, quarante-cinq jours après son arrivée, Missiessy n'avait aucune connaissance de l'escadre de Toulon, il laisserait à la Martinique et à la Guadeloupe les troupes, les armes et les munitions qu'il avait sur son escadre, à l'exception de cinq cents hommes qu'il porterait à Santo-Domingo. Après l'accomplissement de cette dernière mission, l'amiral Missiessy rentrerait en Europe.

L'escadre de Toulon terminait ses préparatifs. Villeneuve avait reçu ses instructions ; il franchissait le détroit de Gibraltar et ralliait, devant Cadix, le vaisseau l'*Aigle*, mouillé dans ce port. La conquête des colonies de Surinam, Berbice, Demerari, Essequibo, la Trinité et le ravitaillement de Santo-Domingo, tel était le but de l'expédition ; on ne parlait plus de Sainte-Hélène. Un corps de six mille trois cents hommes, commandé par le général Lauriston, était embarqué sur l'escadre. Après avoir coopéré à la reprise des colonies indiquées plus haut, Villeneuve avait l'ordre de se rendre à la Martinique. Les escadres de Toulon et de Rochefort, placées sous son commandement, croiseraient devant les îles Anglaises et intercepteraient leur commerce. Enfin, elles porteraient à Saint-Domingo des hommes, des armes et des munitions. Villeneuve devait faire route sur le *Ferrol* soixante jours après avoir paru devant Surinam ; débloquant le contre-amiral Gourdon, qui était dans ce port avec cinq vaisseaux, il irait à Rochefort.

Des circonstances défavorables retardaient le départ de l'escadre de Toulon. Le temps était beau, les nuits claires et la brise, qui soufflait de l'est était faible. L'amiral Villeneuve ne voulait appareiller que s'il pouvait faire trente lieues dans la première nuit ; c'était à cette condition seulement qu'il espérait tromper la surveillance des Anglais. Le 17 janvier, dans la nuit, les vents passèrent au nord-ouest. Le 18, au point du jour, le vice-amiral Villeneuve détacha le vaisseau l'*Intrépide* et les frégates l'*Hortense* et l'*Incorruptible* pour chasser deux frégates, l'*Active* et le *Sea-Horse*, qui croisaient à la vue de la rade. Lorsque celles-ci eurent disparu, l'ordre fut donné d'appareiller. L'escadre comprenait les vaisseaux de quatre-vingts le *Bucentaure*, portant le pavillon de l'amiral Villeneuve, le *Formidable*, sur lequel le contre amiral Dumanoir Lepelley avait son pavillon, le *Neptune* et l'*Indomptable*, les vaisseaux de soixante-quatorze l'*Annibal*, le *Mont-Blanc*, le *Swiftsure*, l'*Atlas*, l'*Intrépide*, et le *Berwick* et les frégates le *Rhin*, l'*Uranie*, la *Cornélie*, la *Thémis*, l'*Hortense*, la *Sirène* et l'*Incorruptible*.

L'escadre avait pris la mer avec une grande brise de nord-ouest. Dans la nuit le vent souffla en tempête. Le 19, le vaisseau l'*Indomptable*, les frégates l'*Hortense*, la *Cornélie* et l'*Incorruptible* avaient disparu. Le vice-amiral Villeneuve apprit que l'*Indomptable* avait démâté de ses mâts de hune. La vergue de misaine de l'*Annibal* était cassée et sa grand'vergue craquée ; l'*Uranie* avait cassé sa grand'vergue. Par suite de ces diverses circonstances, l'amiral Villeneuve était privé de deux vaisseaux et de quatre frégates. D'autre part, il ne croyait pas que les autres bâtiments fussent en état de supporter un second coup de vent. Deux frégates, aperçues pendant la nuit, n'étaient plus en vue; ces frégates avaient évidemment fait route pour retrouver l'amiral Nelson. Ainsi l'ennemi ne devait pas tarder à être informé de notre sortie. Après s'être concerté avec le général Lauriston, l'amiral Villeneuve se décida à revenir en arrière. Dans la nuit du 19 au 20, le vent passa au sud-ouest, soufflant avec force et soulevant une très grosse mer. Le vaisseau le *Neptune* démâta de son grand mât de hune ; l'*Atlas* eut beaucoup de peine à consolider son grand mât qui menaçait de tomber. L'escadre mouilla, le 21 janvier, sur la rade de Toulon.

L'amiral Villeneuve fut très affecté de ce début; il s'était fait, avant le départ, des illusions sur la valeur des navires placés sous son commandement. Ramené brusquement au sentiment de la réalité, il s'exagéra, dans un autre sens, la situation de son escadre. « Je vous le déclare, Monseigneur, écrivit-il au ministre de la marine, des vaisseaux équipés ainsi, faibles en matelots, encombrés de troupes, ayant des gréements vieux et de mauvaise qualité qui, au moindre vent, cassent leurs mâts et déchirent leurs voiles, qui, quand il fait beau, passent leur temps à réparer les avaries occasionnées par le vent, par la faiblesse ou l'inexpérience de leurs marins, ces vaisseaux dis-je, sont hors d'état de rien entreprendre. J'en avais un pressentiment avant mon départ, je viens d'en faire une cruelle expérience. La fortune ne m'a pas abandonné dans cette circonstance; car, si j'eusse été aperçu par l'escadre anglaise, il m'eût été impossible de lui échapper, et même avec des forces inférieures elle nous eût mis dans une déconfiture complète. » Le lendemain, 22 janvier, le vice-amiral Villeneuve, qui continuait à être en proie à un profond découragement, écrivit à l'amiral Decrès une lettre particulière contenant ce qui suit : « Mon cher général, le compte que je vous rends de ma sortie et les détails que je vous donne des motifs qui m'ont déterminé à rentrer vont vous être bien pénibles. J'espère que vous trouverez ma détermination suffisamment justifiée. Au reste, si elle ne l'était pas, je vous prie de vous rappeler que je n'ai pas désiré le commandement de cette escadre, que, bien plus, j'avais ambitionné une carrière utile, au lieu d'une carrière glorieuse. Mes vœux, à ce sujet, n'ont pu que s'accroître par tout ce que je viens d'éprouver. Je ne crains pas de vous assurer qu'il n'y a que honte et confusion à recueillir à ce métier. Ceux qui verront différemment, je les déclare des présomptueux, des aveugles et gens incapables de toute réflexion, non moins ignorants sur leur situation que sur celle de nos ennemis. Je verrais avec bien du plaisir que l'Empereur me donnât un successeur dans ce commandement, soit qu'il soit destiné à rester dans le port, soit qu'il doive retourner à la mer. Je ne désire autre chose que de voir ma conduite, dans cette circonstance, justifiée; mais je ne voudrais pas, à quelque prix que ce fût, devenir la fable de l'Europe par l'histoire de nouveaux désastres. » L'amiral Decrès avait avec le vice-amiral Villeneuve de très anciennes relations; il le connaissait comme un officier instruit, consciencieux, plein d'honneur, mais faible et irrésolu. Après avoir reçu la dépêche officielle du 21 janvier et la lettre particulière du 22, il paraît surprenant que le ministre n'ait pas cru nécessaire d'appuyer, auprès de l'Empereur, la demande, faite par le vice-amiral Villeneuve, de quitter son commandement.

La rentrée de l'escadre à Toulon produisit une impression fâcheuse à Paris. L'Empereur écrivit au général Lauriston : « J'ai vu avec peine votre retour à Toulon. Je crois que votre amiral a manqué de décision. La séparation des vaisseaux n'était rien. Il faudrait renoncer à naviguer, même dans la plus belle saison, si une opération pouvait être contrariée par la séparation de quelques bâtiments. Votre amiral a dû, dans le cas où cette séparation aurait lieu, leur donner rendez-vous, à la hauteur des Canaries, et leur remettre des ordres cachetés pour que, après être restés tant de jours dans ces parages, ils les ouvrissent et connussent l'endroit où ils devraient se rendre ; alors les séparations ne sont rien. L'eau que faisait l'*Annibal* n'était pas une raison suffisante. Ce vaisseau pouvait aller à Cadix ; il y aurait versé son monde sur l'*Aigle*. Quelques mâts de hune cassés, quelques désordres, qui accompagnent une escadre sortant, sont, pour un homme d'un peu de caractère, des événements d'une nature fort ordinaire. Deux jours de beau temps eussent consolé l'escadre et mis tout au beau. Mais le grand mal de notre marine est que les hommes qui la commandent sont neufs dans toutes les chances du commandement. Toutefois il faut aujourd'hui réparer le temps perdu. »

Les bâtiments qui s'étaient séparés de l'armée, dans la nuit du 18 au 19 janvier, rallièrent successivement le pavillon du commandant en chef. Les frégates l'*Hortense* et l'*Incorruptible*, en effectuant leur retour, capturèrent les corvettes l'*Arrow* et l'*Acheron* et plusieurs bâtiments de commerce chargés d'armes et de munitions. L'*In-*

*domptable* avait démâté de ses trois mâts de hune et cassé sa vergue de misaine. Entré, le 19 janvier, à Ajaccio, il en repartit, le 15 février, et il mouilla, le 17, à Toulon. On reconnut que l'*Annibal*, l'*Uranie* et l'*Incorruptible* ne pouvaient continuer la campagne. L'ordre fut donné d'armer le vaisseau neuf, le *Pluton*, et la frégate l'*Hermione*; la frégate l'*Incorruptible* ne fut pas remplacée. Il eût été sage de désarmer l'*Intrépide*, le *Swiftsure* et l'*Atlas* qui étaient en mauvais état. Comme le port n'avait pas de vaisseaux prêts à prendre la mer, on les conserva.

## II

Nous comptions sur la sortie des escadres de Rochefort et de Toulon pour entraîner, loin des mers d'Europe, une partie des forces navales de l'Angleterre. L'amiral Villeneuve était rentré. L'amiral Missiessy, plus heureux, avait continué sa route, mais cinq vaisseaux seulement, commandés par l'amiral Cochrane, avaient été envoyés à sa poursuite. L'Empereur modifia, encore une fois, les dispositions prises pour amener une escadre française devant Boulogne. Le 2 mars, il prescrivit au commandant de l'escadre de Brest de prendre la mer, aussitôt qu'il en trouverait l'occasion, et de faire route sur le *Ferrol*. Se présentant inopinément devant ce port, le vice-amiral Ganteaume pourrait surprendre et battre l'escadre de blocus; appelant, par signal, les vaisseaux du contre-amiral Gourdon et l'escadre espagnole, il se dirigerait vers la Martinique. Le contre-amiral Missiessy, déjà parti pour les Antilles, et l'escadre de Toulon, composée de onze vaisseaux, sous les ordres de l'amiral Villeneuve, se joindraient à lui. Toutes ces forces, formant un total de quarante vaisseaux environ, trompant les détachements envoyés à leur poursuite, se dirigeraient vers la France, en s'écartant de la route habituellement suivie et sans reconnaître aucune terre. Arrivé près d'Ouessant, Ganteaume attaquerait l'escadre anglaise en croisière sur ce point, puis il entrerait dans la Manche. Cet ordre devait être exécuté, alors même que Villeneuve, par suite de circonstances imprévues, ne paraîtrait pas dans les Antilles. Toutefois, si cette dernière hypothèse se réalisait, il fallait que Ganteaume disposât au moins de vingt-cinq vaisseaux. S'il n'avait pas ce nombre de bâtiments, il irait au Ferrol où il trouverait des vaisseaux français et espagnols. Ralliant ces bâtiments, il se rendrait devant Boulogne, en reconnaissant Cherbourg, d'où un officier de confiance lui serait envoyé pour lui donner, sur la position de l'ennemi, tous les renseignements nécessaires. L'amiral Ganteaume devait, si l'escadre de Toulon n'était pas à la Martinique, lorsque lui-même y arriverait, l'attendre pendant un mois. On pensait, à Paris, que Ganteaume, effectuant son retour en Europe un mois après avoir mouillé à la Martinique, paraîtrait devant Boulogne du 10 juin au 10 juillet. Le 24 mars, Ganteaume fit connaître à l'Empereur, par le télégraphe, qu'il serait prêt à mettre à la voile, le lendemain. Il ajouta qu'une escadre anglaise, forte de quinze vaisseaux, croisant dans l'Iroise, la sortie de son armée amènerait un combat dont le succès, d'ailleurs, ne lui paraissait pas douteux. Une victoire navale, dans cette circonstance, lui répondit l'Empereur, ne conduirait à rien.

N'ayez qu'un seul but, celui de remplir votre mission ; sortez sans combat. L'amiral Ganteaume se trouvait donc obligé d'attendre, pour prendre la mer, qu'une occasion favorable se présentât.

Le jour où l'amiral Villeneuve avait quitté Toulon, l'escadre anglaise était au mouillage d'Agincourt, sur la côte de Sardaigne. Le 19, un peu avant deux heures de l'après-midi, deux frégates, l'*Active* et le *Sea-Horse*, furent aperçues, portant en tête de mât un signal ayant pour signification : « La flotte ennemie a pris la mer. » A quatre heures et demie, les Anglais étaient sous voiles. L'amiral Nelson, passant entre la petite île Biscie et la côte, se dirigea vers le sud de la Sardaigne. Il avait, sous ses ordres, les vaisseaux de cent dix le *Victory*, portant son pavillon, et le *Royal Sovereign* et les vaisseaux de soixante-quatorze le *Superb*, le *Spencer*, le *Swiftsure*, le *Belle-Isle*, le *Conqueror*, le *Tigre*, le *Leviathan*, le *Donegal* et le *Canopus*. Depuis longtemps déjà, lord Nelson se préoccupait du rôle réservé à l'escadre de Toulon. Celle-ci ayant des troupes passagères, ce que nos adversaires n'ignoraient pas, était évidemment appelée à remplir une mission maritime et militaire. L'amiral anglais portait son attention sur quatre points, la Sardaigne, Naples, la Sicile et l'Égypte. Lorsque le *Sea-Horse* et l'*Active* avaient perdu de vue nos bâtiments, ceux-ci gouvernaient au sud avec des vents de nord-ouest. Les frégates anglaises furent expédiées dans différentes directions avec la mission de recueillir des renseignements sur la route suivie depuis ce moment par notre escadre. Quelques jours s'écoulèrent pendant lesquels l'amiral Nelson ne reçut aucune nouvelle ; le 25 janvier, il apprit qu'un vaisseau, démâté de ses trois mâts de hune, avait été aperçu faisant route sur le golfe d'Ajaccio. Une de nos frégates avait été également vue dans ces parages. Après s'être assuré qu'aucun bâtiment français ne s'était présenté devant l'île Saint-Pierre, le golfe de Palmas ou Cagliari, il se dirigea dans l'est. Ayant acquis, quelques jours après, la certitude que nous n'avions paru ni à Naples, ni en Sicile, il poursuivit sa route vers l'Égypte. Ainsi se trouva vérifiée la prédiction de l'Empereur qui avait écrit à l'amiral Ganteaume : « Dans tous les cas, l'expédition d'Égypte couvrira le départ de l'escadre de Toulon. Tout sera mené de manière que Nelson ira tout d'abord à Alexandrie. » Les Anglais arrivèrent devant cette ville dans les premiers jours de février; après avoir communiqué avec les autorités turques, qui ne purent leur donner aucune nouvelle des Français, ils revinrent vers l'ouest. Un peu avant d'atteindre l'île de Malte, Nelson acquit la certitude que l'escadre française était rentrée à Toulon pour réparer les avaries faites pendant le coup de vent du 19 janvier. Il apprit également que nous faisions de nouveaux préparatifs pour prendre la mer. Le 12 mars, l'escadre anglaise s'établit en croisière sous le cap Saint-Sébastien. Nelson, persuadé que l'expédition française ferait route à l'est, voulait que l'amiral Villeneuve crût la route libre de ce côté. Après quelques jours de croisière, il se dirigea sur la baie de Palmas, au sud de la Sardaigne, où il jeta l'ancre le 27 mars. Des transports, venus d'Angleterre avec des vivres et du matériel, étaient mouillés dans cette baie.

L'amiral Villeneuve attendait, pour appareiller, que le *Pluton*, désigné pour remplacer l'*Annibal*, eût terminé son armement. Ce vaisseau était sur le point de sortir du port lorsqu'on s'aperçut que son mât artimon était cassé;

de nouveaux délais devinrent nécessaires. Le 30 mars, l'escadre prit la mer. Elle était composée des vaisseaux de quatre-vingts le *Bucentaure*, sur lequel l'amiral Villeneuve avait son pavillon, le *Formidable*, portant le pavillon du contre-amiral Dumanoir Lepelley, le *Neptune* et l'*Indomptable*, des vaisseaux de soixante-quatorze le *Pluton*, le *Mont-Blanc*, le *Swiftsure*, l'*Atlas*, l'*Intrépide*, le *Scipion* et le *Berwick*. Ces bâtiments étaient commandés par les capitaines Magendie, Letellier, Maistral, Hubert, Cosmao Kerjulien, Lavillegris, Villemandrin, Rolland, Depéronne, Berrenger et Filhol Camas. Les frégates le *Rhin*, l'*Hermione*, la *Cornélie*, la *Thémis*, l'*Hortense* et la *Sirène* étaient attachées à l'escadre. Le corps expéditionnaire, placé sous le commandement du général Lauriston, n'était plus que de trois mille trois cent trente hommes. Le vice-amiral Villeneuve avait reçu de nouvelles instructions. Après avoir rallié, devant Cadix, le vaisseau français l'*Aigle* et six vaisseaux espagnols sous les ordres de l'amiral Gravina, il lui était prescrit de se rendre aux Antilles. S'il trouvait l'escadre de l'amiral Missiessy, il la rangerait sous son pavillon. L'amiral Villeneuve était prévenu que l'escadre de Brest, forte de vingt-deux vaisseaux, partirait pour la Martinique aussitôt qu'une occasion favorable se présenterait. L'amiral Ganteaume était appelé à prendre le commandement de toutes les forces navales réunies à la Martinique. Si Villeneuve arrivait le premier, il devait se tenir prêt à appareiller au premier signal. Selon toute probabilité, Ganteaume ne mouillerait pas; cet amiral, aussitôt sa jonction opérée, se dirigerait vers l'Europe. S'il s'écoulait quarante jours sans que Ganteaume parût, Villeneuve irait à Santo-Domingo où il laisserait quelques troupes et de là aux Isles du Cap vert. Après être resté en croisière pendant vingt jours, en vue d'une baie que les instructions ministérielles désignaient sous le nom de San Yago, aux Canaries, sans avoir connaissance de l'escadre de Brest, Villeneuve se rendrait à Cadix où il trouverait des ordres. Il lui était recommandé, pendant son séjour à la Martinique, de demander des vivres à la colonie afin de ménager les siens.

Supposant que lord Nelson était resté en croisière sous le cap Saint-Sébastien, le vice-amiral Villeneuve dirigea sa route au large des Baléares. Aussitôt qu'il fut à la mer, les difficultés de sa tâche reparurent, et de nouveau le découragement s'empara de son esprit. La mission dont il était chargé exigeait une très grande rapidité de mouvements; les moyens de l'obtenir n'existaient pas. Il semblait que, dans le port de Toulon, il n'y eût eu, sous la pression des ordres venus de Paris, d'autre préoccupation que de faire vite. Le *Pluton*, qui avait remplacé l'*Annibal*, était un vaisseau neuf. L'amiral Villeneuve aurait voulu qu'il fît une sortie avant de prendre la mer. Cet essai lui semblait d'autant plus nécessaire que le capitaine Cosmao montrait peu de confiance dans la stabilité de son bâtiment; cette demande avait été repoussée.

Le *Formidable* et l'*Intrépide*, quoique couverts de voiles, suivaient difficilement l'escadre; l'*Atlas* marchait si mal que l'amiral le fit remorquer par le *Neptune*. Le 31, notre escadre fut aperçue par deux frégates anglaises, l'*Active* et la *Phœbe*. L'une d'elles se couvrit de voiles pour porter à l'amiral Nelson, qui se trouvait encore dans la baie de Palmas, la nouvelle de notre sortie; la seconde disparut la nuit suivante. Le 1ᵉʳ avril, le capitaine d'un navire ragusain nous apprit qu'il avait vu, quelques jours auparavant, l'escadre anglaise au sud de la Sardaigne. Modifiant immédiatement la direction suivie depuis Toulon, l'amiral Villeneuve fit route entre les îles Baléares et la côte d'Espagne. Le 6, il parut devant Carthagène où se trouvaient six vaisseaux. Le vice-amiral Villeneuve proposa au contre-amiral Salcedo, qui les commandait, de le suivre; celui-ci, qui n'avait pas reçu d'ordres de son gouvernement, déclina cette offre. Le 8, l'escadre française franchit le détroit de Gibraltar; le 9, l'amiral Villeneuve, rejetant, au large, le vice-amiral sir John Orde qui bloquait le port avec cinq vaisseaux, mouilla en dehors de la baie de Cadix. Le vaisseau français l'*Aigle* et les vaisseaux espagnols l'*Argonauta*, l'*America*, l'*Espana*, le *San-Rafaël*, le *Firme* et le *Terrible* mirent sous voiles. Ces navires mouillèrent près de l'escadre française, à l'exception du *San-Rafaël* qui s'échoua dans les passes.

D'après les conventions arrêtées entre la France et l'Espagne, l'amiral Villeneuve devait exercer le commandement en chef, mais l'amiral Gravina conservait le commandement particulier des bâtiments espagnols. L'escadre combinée appareilla dans la nuit; les débuts de sa navigation ne furent pas heureux. Le 10, au point du jour, l'*Argonauta*, portant le pavillon de l'amiral Gravina, était le seul bâtiment espagnol qui fût avec les nôtres. Ce jour-là et la nuit suivante, on fit peu de voiles pour attendre les retardataires. Le 11, un seul vaisseau, l'*America*, rallia l'escadre; celle-ci continua sa route. Les capitaines du *Firme*, du *Terrible*, de l'*Espana* et du *San-Rafaël*, après avoir ouvert les paquets qui leur avaient été remis, firent route sur la Martinique, rendez-vous indiqué en cas de séparation.

Le 3 avril, jour où on apprenait, à Paris, le départ de l'escadre de Toulon, l'amiral Ganteaume n'avait pas quitté son mouillage. En présence des difficultés que rencontrait cet amiral pour sortir de Brest, l'Empereur se demanda s'il ne serait pas amené à modifier, encore une fois, son plan de campagne. L'amiral Ganteaume, n'appareillant pas, retenait vingt vaisseaux devant Brest. D'autre part, l'amiral Missiessy, parti pour les Antilles, le 11 janvier, était attendu à Rochefort où sa présence aurait, pour résultat, d'amener une croisière ennemie dans le golfe. Enfin, les Anglais étaient obligés d'avoir une escadre devant le Ferrol, puisqu'il y avait, dans ce port, des vaisseaux français et espagnols sur lesquels se trouvaient des troupes de débarquement. Dans ces conditions, il semblait préférable de prescrire à Villeneuve de revenir en Europe sans attendre l'amiral Ganteaume. Villeneuve doublerait l'Irlande et se présenterait devant Boulogne avec ses douze vaisseaux et les six de Gravina. Des instructions furent préparées dans ce sens. Le contre-amiral Magon, qui était sur la rade de l'île d'Aix avec deux vaisseaux, reçut l'ordre de se tenir prêt à appareiller. Toutefois, avant de l'expédier à la Martinique, l'Empereur voulut attendre quelques jours, espérant qu'un coup de vent permettrait à Ganteaume de mettre sous voiles. Le 12, aucune nouvelle de l'arrivée de Villeneuve devant Cadix n'était parvenue à Paris; on commençait à concevoir quelque inquiétude sur le sort de l'escadre de Toulon. Peut-être avait-elle rencontré l'ennemi. L'Empereur, voulant profiter de l'absence de la croisière anglaise devant Rochefort, était sur le point d'envoyer le contre-amiral Magon aux Antilles avec des troupes, lorsque l'on apprit que Villeneuve, après avoir paru au large de Cadix, avait continué sa route avec l'*Aigle* et les vaisseaux de l'amiral Gravina. Il n'y avait plus lieu de craindre, d'après la disposition des forces navales de l'Angleterre, que l'escadre combinée trouvât quelque obstacle l'empêchant de se rendre à sa destination. Toute notre préoccupation devait donc désormais se porter sur l'escadre de Brest. La saison, qui devenait belle, diminuait, chaque jour, les chances que pouvait avoir l'amiral Ganteaume d'appareiller sans être vu de l'ennemi. L'Empereur s'arrêta à la pensée de rappeler Villeneuve en Europe. Toutefois il ne le fit pas revenir directement devant Boulogne ; ce fut sur le Ferrol qu'il lui prescrivit de se diriger. Le contre-amiral Magon partit pour la Martinique avec l'*Algésiras*, sur lequel il avait son pavillon, et l'*Achille;* il devait remettre à l'amiral Villeneuve les nouvelles instructions de l'Empereur. Si, trente-cinq jours après l'arrivée du contre-amiral Magon, l'amiral Villeneuve n'avait aucune nouvelle de Ganteaume, il se rendrait au Ferrol. Là il trouverait quatorze vaisseaux français et espagnols, lesquels joints aux onze vaisseaux partis de Toulon, à l'*Aigle*, aux deux vaisseaux du contre-amiral Magon et aux six vaisseaux de Gravina, formeraient une escadre de trente-quatre vaisseaux. Après avoir opéré cette jonction, il se présenterait devant Brest. Rallié par les vingt-deux vaisseaux de l'amiral Ganteaume, il entrerait dans la Manche et arriverait, devant Boulogne, à la tête de cinquante-six vaisseaux. Si cette hypothèse se réalisait, le commandement de l'armée lui était dévolu. Quelques jours après le départ du contre-amiral Magon, la frégate la *Didon* fut expédiée à la Martinique. Elle portait le double des instructions envoyées par l'*Algésiras*. Toutefois, l'amiral Villeneuve ne devait plus rester aux Antilles que trente jours. Enfin, on le prévenait que l'escadre de Brest resterait au mouillage, si, à la date du 29 mai, elle n'était pas parvenue à prendre la mer.

### III

Le vice-amiral Villeneuve mouilla, le 14 mai, dans la baie de Fort-de-France. Les frégates l'*Hermione* et l'*Hortense*, détachées en avant, avaient capturé la corvette la *Cyane*, à cent vingt milles de la Martinique. Les vaisseaux le *Firme*, le *Terrible* et l'*España* et une frégate, la *Santa-Magdalena*, arrivèrent le même jour que l'escadre française. Le *San-Rafaël* rejoignit l'armée, le 16 mai. L'extrême lenteur de la traversée faite par l'escadre combinée était d'un mauvais présage. En rendant compte au ministre de son arrivée à la Martinique, l'amiral Villeneuve se plaignit de la marche du *Formidable*, de l'*Intrépide* et de l'*Atlas*. Comment, avec de tels navires, pourrait-il tromper l'ennemi sur ses mouvements ? Le vaisseau neuf le *Pluton* était un bâtiment très médiocre. Il marchait bien vent arrière, mais, au plus près, il dérivait beaucoup et portait mal la voile. « Tous les fers qui ont été employés sur le vaisseau, écrivit l'amiral Villeneuve au ministre, sont de la plus mauvaise qualité. Les boucles et les crocs pour les canons, les cercles de bouts-dehors, les boucles des embarcations, tout casse et occasionne des accidents fâcheux. Il en est de même à bord des vaisseaux qui ont été réparés en dernier lieu dans l'arsenal de Toulon. Les voiles et les cordages sont aussi de très mauvaise qualité. » Les vaisseaux espagnols, disait l'amiral, « sont fort mal armés en marins, et quoique je sois peu satisfait de notre armement, je m'estime heureux quand je le compare à celui de nos alliés. »

Au moment où l'escadre de Toulon mouillait sur la rade de Fort-de-France, l'amiral Missiessy n'était plus dans la mer des Antilles. Nous avons dit que cet amiral, trompant habilement la croisière anglaise, avait quitté Rochefort, le 11 janvier. Contrarié par les vents d'ouest, il n'était arrivé, à la Martinique, que le 20 février. Le lendemain, il reprit la mer; le 22, son escadre paraissait devant la Dominique. Les troupes expéditionnaires, sous le commandement du général Lagrange, s'emparèrent de la ville du Roseau. Dix-neuf bâtiments de commerce, qui étaient dans le port, tombèrent entre nos mains. La garnison anglaise se retira dans le fort Rupert, situé au milieu de l'île. Le général Lagrange, estimant qu'il n'avait pas de forces suffisantes pour attaquer les Anglais avec avantage, se décida à évacuer la Dominique. Il frappa la ville du Roseau d'une contribution de guerre Après avoir débarqué, à la Guadeloupe, les troupes, le matériel et les approvisionnements destinés à cette colonie, l'escadre française se présenta successivement devant les îles de Saint-Christophe, Nieves et Montserrat. Sur ces divers points, des contributions de guerre furent levées. Pendant le cours de ces expéditions, nos bâtiments prirent une vingtaine de navires marchands. L'amiral Missiessy revint à Fort-de-France où il apprit la rentrée à Toulon du vice-amiral Villeneuve. Laissant à la Martinique les renforts qu'il avait pour cette colonie, il se dirigea sur Santo-Domingo. Le général Ferrand, qui occupait la partie est de Saint-Domingue avec une poignée d'hommes, avait un besoin pressant de secours. L'amiral débarqua des troupes, des armes, des munitions et des vivres; puis il fit route pour l'Europe. Son escadre mouilla, le 20 mai, sur la rade de l'île d'Aix. Pendant le cours de cette croisière, l'amiral Missiessy n'avait pas aperçu l'ennemi. S'il est juste de dire que cette expédition fut conduite avec célérité, on doit, d'autre part, reconnaître qu'elle n'atteignit pas le but que lui avait assigné le gouvernement. Aucune conquête ne fut faite dans la mer des Antilles ; or c'était l'objet principal que l'escadre de Rochefort devait remplir. La rapidité même de ses mouvements devint un obstacle à l'exécution du plan général dans lequel elle jouait un rôle. Son prompt départ ne lui permit pas de recevoir l'ordre d'attendre l'arrivée de l'escadre combinée.

A un mille de la pointe sud-est de l'île de la Martinique et à six milles de l'entrée de la baie de Fort-de-France se trouve un îlot appelé le Diamant. La hauteur de ce rocher ne dépasse pas deux cents mètres et son pourtour est inférieur à un mille. Il ne peut être abordé que du côté de l'ouest et avec de grandes difficultés. Le commodore Samuel Hood s'était emparé de cette position en 1804. Il l'avait armée avec trois canons de vingt-quatre et deux de dix-huit; la garnison était composée de cent vingt-huit hommes, commandés par un lieutenant de vaisseau. Le Diamant, avec ses canons à longue portée, inquiétait les caboteurs et gênait les mouvements des navires qui entraient dans la baie de Fort-de-France. L'Empereur s'était montré fort mécontent que le contre-amiral Missiessy n'eût pas enlevé ce rocher aux Anglais. Le vice-amiral Villeneuve prit, à la demande du capitaine général de la Martinique, les dispositions nécessaires pour s'en rendre maître. Le 31 mai, le capitaine de vaisseau Cosmao-Kerjulien parut, devant le Diamant, avec les vaisseaux le *Pluton* et le *Berwick*, la frégate la *Sirène*, le brick l'*Argus* et la goélette la *Fine*. Cette division portait trois cents hommes de débarquement. Le feu des bâtiments obligea les assiégés à évacuer la partie inférieure du rocher. Quelques matelots français et espagnols ayant réussi à pénétrer dans la cavité où les vivres étaient déposés, les Anglais se rendirent.

L'amiral Nelson, ainsi que cela a été dit plus haut, avait mouillé, le 27 mars, dans la baie de Palmas pour ravitailler ses bâtiments. Le 4 avril, il apprit, par la frégate la *Phœbe*, que l'escadre française avait quitté Toulon. Il expédia immédiatement des croiseurs dans différentes directions afin d'être renseigné sur la route suivie par Villeneuve. Pendant quarante-huit heures l'escadre anglaise se tint entre le sud de la Sardaigne et la côte d'Afrique. Le 7, l'amiral Nelson se dirigea sur la Sicile. Persuadé que la mission, dont était chargé Villeneuve, appelait celui-ci dans l'est de Toulon, il supposa que nous avions passé au nord de la Corse. Le 9, les Anglais, qui n'avaient pas eu de nos nouvelles, se décidèrent à revenir vers l'ouest. Le 16, ils furent informés, par un bâtiment neutre, que l'escadre française avait été vue, le 7, sous le cap de Gates. Quelques jours après l'amiral Nelson apprit que Villeneuve avait franchi le détroit. Par suite de la persistance des vents d'ouest, les Anglais n'atteignirent Gibraltar que le 30 avril. Ils mouillèrent, le 4 mai, dans la baie de Mazari, sur la côte d'Afrique, pour faire de l'eau et prendre quelques provisions. Le 5, les vents étant devenus favorables, l'escadre anglaise fit route à l'ouest, mais la faiblesse de la brise l'obligea à mouiller à Gibraltar. L'amiral Nelson avait toujours été fermement convaincu que l'escadre de Toulon ne sortirait pas de la Méditerranée. Sachant qu'elle était dans l'Océan, il chercha inutilement le but poursuivi par le gouvernement français. N'imaginant pas que celui-ci pût avoir d'autre objectif que l'Irlande, il forma le projet de se porter à cinquante lieues au large des Sorlingues. Des informations particulières, reçues à Gibraltar, l'amenèrent à modifier cette résolution ; il se décida à faire route pour les Antilles.

L'escadre anglaise mouilla dans la baie de Lagos pour faire des vivres. L'amiral Nelson avait été prévenu que des bâtiments, portant cinq mille soldats, étaient en route pour se rendre dans la Méditerranée. En quittant la baie de Lagos, il s'établit en croisière sous le cap Saint-Vincent pour protéger le passage de ces navires. Ceux-ci arrivèrent, le 12 mai, accompagnés par deux vaisseaux. Craignant que ce convoi ne fût intercepté par l'amiral Salcedo qui commandait, à Carthagène, une escadre de six vaisseaux, Nelson adjoignit le *Royal-Sovereign* à l'escorte. Le même jour, il se dirigea sur les Antilles avec le *Victory* de cent-dix, portant son pavillon, le *Superb*, le *Spencer*, le *Swiftsure*, le *Belleisle*, le *Conqueror*, le *Tigre*, le *Leviathan*, le *Donegal*, de soixante-quatorze, et le *Canopus* de quatre-vingts. L'escadre anglaise passa, le 15 mai, devant Madère ; le 29, la frégate l'*Amazon* fut envoyée à la Barbade. Elle portait à l'amiral Cochrane la nouvelle de l'arrivée de Nelson et l'ordre d'être prêt à mettre sous voiles avec les cinq vaisseaux composant sa division. Le 4 juin, les Anglais mouillèrent dans la baie de Carlisle. Le contre-amiral Cochrane était sur la rade, mais il n'avait avec lui que deux vaisseaux; les trois autres étaient à la Jamaïque avec l'amiral Dacres.

Villeneuve et Gravina attendaient l'amiral Ganteaume avec la plus vive impatience. L'escadre de Brest ne devant pas entrer dans la baie de Fort-de-France, ils avaient pris leurs dispositions pour appareiller aussitôt qu'elle serait signalée. Telle était la situation lorsque la frégate la *Didon* d'abord, puis le contre-amiral Magon, avec l'*Algésiras* et l'*Achille*, arrivèrent à la Martinique, apportant les nouvelles instructions. Parmi les dépêches remises à l'amiral Villeneuve, il y en avait une contenant ce qui suit : « Les lettres que vous avez reçues jusqu'ici, monsieur le vice-amiral, disait le ministre de la marine, se sont toutes accordées sur ce point que votre séjour aux Iles du Vent devait être marqué par la conquête des possessions anglaises, ou au moins par des expéditions qui anéantiraient pour longtemps la prospérité des établissements appartenant à l'ennemi. » « Comment, répondit l'amiral Villeneuve, ai-je pu trouver l'ordre de faire des expéditions contre les possessions ennemies dans des instructions qui me prescrivent, en arrivant à la Martinique, de remplacer mon eau le plus promptement possible, de me tenir toujours en appareillage au premier signal qui me sera fait par l'amiral Ganteaume, qui doit passer et ne pas même mouiller, de me faire nourrir des magasins de la colonie pendant le séjour que je ferai à la Martinique et que de l'exécution de ces mesures et des destinées de l'armée navale dépendent les destinées du monde; lorsque, de son côté, le général Lauriston avait l'ordre de débarquer, en arrivant à la Martinique, la majeure partie de ses troupes, de son artillerie et de ses munitions de guerre ? Eh bien ! tout cela est exécuté ; les hommes et l'artillerie sont à terre. » Déjà, dans une dépêche précédente, le ministère avait fait preuve d'une négligence difficile à expliquer. On se rappelle que les instructions remises à l'amiral Villeneuve, lors de son départ de Toulon, le 30 mars, disaient que si, quarante jours après son arrivée aux Antilles, l'amiral Ganteaume n'avait pas paru, il prendrait la mer avec l'escadre franco-espagnole. « Vous vous rendrez, lui avait écrit le ministre, devant la baie de San-Yago aux Canaries. » « Je ne connais pas de baie de San-Yago aux Canaries, avait répondu l'amiral, mais comme l'objet de la croisière que je dois faire est de chercher à intercepter les convois allant et venant de l'Inde, je suppose que c'est de l'île de San-Yago et de la rade de la Praya, aux Iles du Cap Vert, dont il doit être question, et c'est vers ce point que je me dirigerai pour y établir une croisière, autant que mes vivres pourront me le permettre. »

Cette nouvelle attente de trente jours, imposée à l'escadre combinée, soulevait de sérieuses difficultés. Il ne suffisait pas de rester aux Antilles, il fallait y vivre et, de plus, en prenant la mer, avoir les approvisionnements nécessaires pour terminer la campagne. L'escadre était partie avec six mois de vivres pour les équipages ; l'embarquement des troupes passagères avait réduit ces six mois à quatre mois et demi. Il n'était pas certain que les autorités de la Martinique parvinssent, même au prix des plus grands efforts, à donner un mois complet de vivres à l'escadre. Si celle-ci, après être restée trente jours aux Antilles, ne faisait pas une traversée rapide, elle arriverait sur nos côtes, n'ayant plus la liberté de ses mouvements. Le ministre ne disait rien de cette question dont le poids retombait sur le chef de l'escadre. Les instructions que l'*Algésiras* avait apportées prescrivaient de faire des conquêtes dans la mer des Antilles. Malheureusement le temps avait marché et toute surprise était devenue impossible. La frégate, le *Mercury*, expédiée par l'amiral Orde, pour annoncer que l'escadre de Toulon avait pris la mer, était arrivée, le 2 mai, à la Barbade. Dans toutes les îles anglaises, la loi martiale avait été proclamée et les préparatifs de défense poussés avec activité. On avait armé les forts et les batteries et mis les milices sur pied. Les bâtiments de commerce, réfugiés dans les ports fermés, étaient hors d'atteinte. Enfin, par la nature même de sa mission, l'escadre devait conserver une mobilité qui interdisait toute opération de siège. L'amiral Villeneuve, ne voulant pas se souventer, prit le parti d'attaquer la Barbade. Après avoir embarqué quelques troupes, l'escadre combinée mit à la voile. Le 8, elle captura quatorze navires de commerce; une goélette, chargée d'escorter ce convoi, parvint seule à s'échapper. Les prisonniers racontèrent qu'une escadre anglaise, forte, disaient-ils, de quatorze vaisseaux, était depuis quelques jours à la Barbade. Cette nouvelle avait une extrême importance. Ces quatorze vaisseaux, s'ils existaient, joints aux cinq vaisseaux de l'amiral Cochrane, formaient une escadre de dix-neuf vaisseaux, égale si ce n'est supérieure aux quatorze vaisseaux français et aux six vaisseaux espagnols des amiraux Villeneuve et Gravina. Renonçant non seulement à s'emparer de la Barbade mais à toute conquête dans la mer des Antilles, l'amiral Villeneuve, d'accord sur ce point, avec l'amiral Gravina, se décida à retourner en Europe. La *Seine* reçut la mission de conduire le convoi capturé, le 8 juin, au premier port qu'elle pourrait atteindre. Les troupes, destinées à l'expédition de la Barbade, reçurent l'ordre de passer sur l'*Hortense*, l'*Hèrmione*, la *Didon* et la *Thémis* chargées de les conduire à la Guadeloupe. Aussitôt que cette opération fut terminée, la flotte franco-espagnole fit route vers le nord ; elle devait être rejointe, à la hauteur des Açores par les frégates laissées en arrière.

Les diverses combinaisons, faites par le gouvernement français pour donner à l'expédition de Boulogne l'appui d'une grande flotte, étaient jusqu'ici demeurées sans résultat. L'Empereur avait poursuivi deux objectifs. Il s'était proposé d'opérer, dans la mer des Antilles, la concentration de plusieurs escadres sorties de nos ports, en trompant les croisières ennemies. Enfin, il avait pensé que ces escadres entraîneraient, à leur suite, la plus grande partie des forces anglaises qui croisaient sur nos côtes. Nos vaisseaux, formant alors une masse compacte et laissant derrière eux les navires envoyés à leur recherche, seraient revenus dans la Manche. L'escadre de Toulon avait, il est vrai, atteint très heureusement la Martinique, mais cet événement n'aurait eu de valeur que si Villeneuve avait été rejoint par les amiraux Ganteaume et Missiessy. Or, l'amiral Missiessy était sur le point de rentrer à Rochefort lorsque l'escadre combinée mouillait sur la rade de Fort-de-France. D'autre part, l'amiral Ganteaume n'était pas sorti de Brest. Pour gagner le large, il fallait qu'il se battît et le plan de campagne exigeait qu'il arrivât intact à la Martinique. En résumé, le seul avantage obtenu consistait à avoir, à la mer, une flotte, celle de Villeneuve et de Gravina, pouvant se porter sur tel point de la côte de France ou d'Espagne qu'elle jugerait convenable. Le résultat de la campagne allait donc dépendre du nombre de vaisseaux français et espagnols que Villeneuve adjoindrait à son escadre et de la distribution des forces ennemies sur la route qu'il devait parcourir pour remplir sa mission.

L'Angleterre avait cent vaisseaux armés, mais une partie de ces vaisseaux se trouvait aux Indes Orientales, aux Iles du Vent, à la Jamaïque, à Halifax et dans la Méditerranée. Ceux-là n'avaient pas de rôle à jouer dans le grand conflit qui se préparait. Seuls, les vaisseaux, échelonnés de Gibraltar au Texel, étaient appelés à y prendre part. Or, l'Angleterre avait six vaisseaux aux Dunes, cinq dans la mer du Nord, vingt au large d'Ouessant, cinq en croisière devant le Ferrol et six employés au blocus du port de Cadix. Si Villeneuve faisait diligence, la marine britannique ne pouvait nous opposer que quarante-deux vaisseaux. Nous avions sept vaisseaux dans le Texel, vingt-deux à Brest, cinq à Rochefort, quatorze, cinq français et neuf espagnols, au Ferrol et huit à Cadix, soit cinquante-six vaisseaux et en y ajoutant les vingt de Villeneuve et de Gravina soixante-seize. L'avantage devait rester à celui des deux adversaires qui saurait grouper ses forces de manière à avoir la supériorité du nombre sur le lieu de l'action. Il y avait, à Carthagène, six vaisseaux, placés sous le commandement du contre-amiral Salcedo. Notre ambassadeur pressait le gouvernement espagnol de donner à cet amiral l'ordre de saisir la première occasion favorable pour se rendre à Cadix. Le port de Brest s'efforçait de joindre de nouveaux vaisseaux à l'escadre de l'amiral Ganteaume. On faisait des approvisionnements de vivres à Cadix, au Ferrol, à Rochefort, à Brest, à Cherbourg et à Boulogne. Dans ces différents ports, les bâtiments, dont l'armement était terminé, se tenaient prêts à appareiller. L'escadre de l'amiral Ganteaume était mouillée entre Bertheaume et Camaret, sous la protection de cent cinquante bouches à feu. L'Empereur voulait que les canonnières et les bateaux canonniers, qui se trouvaient à Brest, fussent armés. Ces petits bâtiments, ayant une forte artillerie, pourraient rendre des services, si Ganteaume livrait bataille à Cornwallis, à petite distance de terre. L'ordre fut donné à l'escadre de Rochefort de reprendre la mer. Le contre-amiral Missiessy, qui était tombé malade, avait été remplacé par le capitaine de vaisseau Allemand. Il était prescrit à ce dernier de croiser sur les côtes d'Irlande et de faire au commerce ennemi autant de mal qu'il le pourrait. Il devait brûler non seulement ses prises mais même les bâtiments neutres afin que la marche de son escadre restât inconnue. Après avoir paru à l'embouchure du Shannon et dans les parages du cap Clear, il remonterait la côte d'Irlande, comme s'il avait l'intention de doubler cette île par le nord. Disparaissant au large, il redescendrait vers le sud et dirigerait sa route de manière à être, du 29 juillet au 3 août, à quarante lieues à l'ouest du Ferrol, par 43° 32' de latitude et 13° 22' de longitude. Là, l'escadre de Rochefort attendrait Villeneuve, sous les ordres duquel elle se placerait. Si, le 13 du mois d'août, le commandant Allemand n'avait pas connaissance de l'escadre franco-espagnole, il irait à Vigo pour avoir des renseignements. Enfin, si, à Vigo, il ne trouvait aucune instruction le concernant, il mangerait ses vivres, à la mer, en croisant dans les parages où il croirait avoir le plus de chance de faire du mal à l'ennemi (1). Telle était la situation au moment où le vice-amiral Villeneuve abandonnait la mer des Antilles.

Le commandement de la flottille était passé entre les mains du contre-amiral Lacrosse. L'amiral Bruix, malade depuis longtemps, avait succombé le 18 mars 1805. Par son activité, son énergie, son savoir, cet amiral avait joué un rôle considérable dans l'organisation de la flottille. Sa mort, comme celle de Latouche-Tréville, était une grande perte pour la marine.

Pendant que les escadres exécutaient les mouvements que nous venons d'indiquer, on terminait, dans la Manche et dans la mer du Nord, les préparatifs de l'expédition. Les divisions de la flottille qui n'avaient pu, jusque-là, rallier Étaples, Boulogne ou Wimereux, se rendaient à leur destination. Le corps du maréchal Davout, formant l'aile droite de l'armée d'invasion, était campé près de Bruges. Il devait s'embarquer sur des bateaux hollandais réunis à Ostende, Dunkerque et Calais. L'Empereur appela le maréchal Davout et ses troupes à Ambleteuse et il donna l'ordre à la flottille batave de venir dans ce port. Le vice-amiral Verhuell, surveillant attentivement la croisière anglaise et saisissant toutes les occasions de

1. Le commandant Allemand n'était jamais parvenu à gagner la confiance des officiers et des équipages qu'il avait eus sous ses ordres. Dans le cours de sa carrière, il n'avait connu d'autre autorité que celle résultant de son grade. Avant de le désigner au choix de l'Empereur pour le commandement de l'escadre de Rochefort, le ministre avait beaucoup hésité. En informant le commandant Allemand de la faveur dont il était l'objet, il lui écrivait : « Votre avenir dépend de vous et je me borne à vous recommander d'une manière bien particulière la fermeté dans le service, l'aménité dans votre conduite privée et la dignité dans l'un et dans l'autre. »

tromper sa vigilance, parvint à réunir la presque totalité de ses bâtiments à Dunkerque. Il restait à les conduire à Ambleteuse ce qui présentait plus de difficultés. Le 23 avril, dans la soirée, une division comprenant trente-deux bateaux canonniers et dix-neuf transports, appareilla de Dunkerque. La brise, qui était au nord-est, passa à l'est puis au sud-est. Le 24, au point du jour, la division batave, qui avait louvoyé pendant la nuit, se trouvait en désordre. Huit bateaux canonniers, entraînés par le courant, étaient à sept ou huit milles de terre. A ce moment, la croisière anglaise, composée d'une frégate, de deux corvettes, d'une bombarde et de huit canonnières, fut signalée. Le combat s'engagea. Les bateaux qui étaient au large furent entourés et pris; le reste de la division repoussa les Anglais et mouilla, le 25, à Ambleteuse. Une part, dans l'échec que nous venions de subir, pouvait être légitimement attribuée à l'amiral Verhuell qui n'avait pas joint aux bateaux canonniers un nombre suffisant de chaloupes canonnières. L'Empereur lui écrivit: « Monsieur le vice-amiral Verhuell, je suis fâché que vous n'ayez pas fait partir de chaloupes canonnières avec les bateaux canonniers, les uns servant de protection aux autres. Des bateaux canonniers seuls n'ont point la force nécessaire pour résister à des bricks et cutters. Trop de confiance produit des échecs. »

Le 10 juin, deux corvettes canonnières, quatre chaloupes canonnières et quatorze navires de transport quittèrent le Havre pour se rendre à Fécamp. Cette division, placée sous le commandement du capitaine de vaisseau Hamelin, fut attaquée, peu après sa sortie, par une frégate, une corvette, un brick et un côtre. L'action fut très vive. La division française poursuivit sa route en combattant ; il était quatre heures du soir lorsque le capitaine Hamelin mouilla devant Fécamp. Les bâtiments ennemis s'éloignèrent très maltraités. Quelque temps après, le capitaine Hamelin, saisissant une occasion favorable, reprit la mer. Après un nouvel engagement avec la croisière anglaise, il amena tous ses bâtiments à Boulogne. « Je suis enchanté de la petite affaire du capitaine Hamelin, écrivit l'Empereur. Cela montre bien ce qu'il est possible de faire avec nos canonnières. On dira ce qu'on voudra, c'est avec des hommes et du canon qu'on se bat, et quelque avantage qu'ait un bateau, marchant bien, pour prendre une meilleure position, il y a cependant une pratique à admettre et des avantages qui sont aussi propres aux chaloupes canonnières. Qu'est-ce que je veux en conclure ? C'est que, dans un combat qui aurait lieu devant Boulogne, si une vingtaine de prames et deux cents chaloupes canonnières se mettaient en tirailleurs entre les combattants, ce seraient des mouches qui feraient de terribles piqûres aux escadres anglaises. Je veux en conclure aussi qu'aux environs de thermidor toutes les chaloupes canonnières des environs de Brest doivent être armées, que tous les canonniers du port et autres des environs doivent les armer, qu'on doit y mettre de bonnes garnisons et qu'elles doivent sortir avec mon escadre. » Revenant à l'engagement du 10 juin, l'Empereur, après avoir dit que le commandant Hamelin avait combattu de près, terminait ainsi : « C'est une petite affaire qui est charmante. Je désire que vous me proposiez des récompenses pour ceux qui se sont distingués. Vous voyez que les canonnières reçoivent des boulets dans le corps, dans la mâture, et qu'elles ne coulent pas. »

Le 15 juillet, les bricks le *Plumper* et le *Teaser*, en croisière devant Granville, furent surpris par le calme dans le voisinage des îles Chausey. Le courant les entraînant sur les roches, ces deux bâtiments laissèrent tomber l'ancre. Le capitaine de vaisseau Jacob, qui exerçait le commandement supérieur des navires de la flottille entre Cherbourg et Granville, se trouvait dans ce dernier port. Remarquant la position critique des deux bricks, mouillés trop loin l'un de l'autre pour se soutenir, il donna l'ordre au capitaine de frégate Collet de les attaquer avec six chaloupes canonnières. A trois heures du matin, celles-ci ouvrirent le feu sur le *Plumper* qui amena son pavillon une heure après. Le capitaine Collet fit armer ce brick par des hommes pris sur les canonnières ; à six heures, favorisé par le courant, il se porta sur le *Teaser*. Une légère brise s'était levée, et celui-ci avait mis sous voiles. Vers neuf heures, le feu commença ; après un engagement de courte durée, le *Teaser* se rendit. Dans l'après-midi, nos canonnières rentrèrent à Granville avec leurs prises.

Depuis l'affaire du 23 avril, l'amiral Verhuell n'avait trouvé aucune occasion favorable pour gagner Ambleteuse. Les vents avaient été constamment contraires. Le 17 juillet, à six heures du soir, profitant d'une légère brise de nord-est, il appareilla de la rade de Dunkerque avec les prames françaises la *Ville-de-Mayence*, la *Ville-de-Genève*, la *Ville-d'Aix* et la *Ville-d'Anvers*, placées sous le commandement du capitaine de frégate Lambour, et trente-deux chaloupes canonnières hollandaises. Le temps était obscur, et ce fut seulement vers huit heures que les Anglais eurent connaissance de nos bâtiments. A neuf heures, l'action s'engagea. Elle dura jusqu'à l'arrivé de la division gallo-batave sur la rade de Calais où elle mouilla à onze heures et demie. Le 18 au point du jour, la croisière anglaise, à laquelle étaient venus se joindre la frégate la *Vestale* et quelques navires de rang inférieur, attaqua la flottille à son mouillage. Après une canonnade, à laquelle prirent part les batteries de terre, l'ennemi se retira. L'amiral Verhuell appareilla de Calais à trois heures de l'après-midi ; le maréchal Davout était à son bord. Arrivée à la hauteur du cap Blanez, la division gallo-batave se trouva en présence de forces considérables. Les Anglais avaient un vaisseau de cinquante, le *Trusty*, plusieurs frégates, des corvettes et une douzaine de bricks, bombardes ou côtres. La profondeur de l'eau permettait aux grands bâtiments de s'approcher de terre. L'amiral Verhuell poursuivit sa route, puissamment soutenu, dans sa marche, par le feu des batteries de côte et de l'artillerie mobile. Le *Trusty*, atteint, à la flottaison, par nos projectiles, serra le vent et s'éloigna. A la hauteur de cap Grinez, l'ennemi ayant été rallié par trois frégates et quelques petits bâtiments, le combat reprit avec une nouvelle vigueur. Pendant que le gros des forces anglaises prêtait le travers à la flottille, quelques navires, manœuvrant avec beaucoup de hardiesse, se placèrent sur l'avant de la division gallo-batave pour lui barrer le passage. Rien ne put arrêter notre marche. L'amiral Verhuell, qui avait pris la tête de la ligne, doubla le cap Grinez sous une pluie de boulets et de mitraille, suivi de tous ses bâtiments. A sept heures, il mouilla près d'Ambleteuse ; une heure après le feu cessa.

Les engagements des 23 et 24 juillet étaient les plus importants de tous ceux auxquels avait donné lieu la réunion de la flottille. L'ennemi nous avait attaqués avec une très grande résolution. L'habileté des dispositions prises par l'amiral Verhuell, la bonne contenance de nos bâtiments, la rapidité et la précision de leur feu avaient décidé le succès en notre faveur. On doit ajouter que la flottille gallo-batave avait trouvé, dans les batteries de côte et dans l'artillerie mobile, un appui très sérieux. Cette affaire fit le plus grand honneur à l'amiral Verhuell ; elle ajouta à l'enthousiasme de l'armée, à sa confiance dans l'expédition et à son désir de l'entreprendre.

La plupart des bâtiments anglais qui avaient pris part aux engagements des 23 et 24 juillet furent obligés de quitter la croisière pour réparer les dommages qu'ils avaient éprouvés. Les divisions de la flottille batave, restées à Dunkerque, appareillèrent le 25 juillet ; elles arrivèrent à Ambleteuse sans avoir rencontré l'ennemi. A la fin du mois de juillet, on pouvait considérer la réunion de la flottille comme terminée. Plus de deux mille bâtiments, placés sous les ordres des amiraux Verhuell, Lacrosse, Courand, Savary, du capitaine de vaisseau Leray étaient réunis dans les ports d'Ambleteuse, Wimereux, Boulogne et Etaples. Cent mille hommes, commandés par les maréchaux Lannes, Davout, Soult, Ney, étaient prêts à s'embarquer. Le corps de Marmont, fort de vingt-quatre mille hommes, devait être transporté en Angleterre par l'escadre du Texel. Vingt-sept mille hommes, campés près de Calais, formaient la réserve de l'expédition. Ces troupes, après le départ de l'armée, se seraient portées sur Ambleteuse, Wimereux, Boulogne et Etaples où elles auraient trouvé des bâtiments, revenant d'Angleterre, sur lesquels elles auraient traversé le détroit. Avec le corps, embarqué sur les vaisseaux de l'amiral Ganteaume, l'armée, débarquée sur le sol de la Grande-Bretagne, n'eût pas compté moins de cent soixante mille hommes et dix mille chevaux.

## IV

Lorsque l'amiral Nelson avait mouillé à la Barbade, on croyait à une attaque très prochaine des Français sur les îles Tabago et la Trinidad. Le 5 juin, l'escadre anglaise, après avoir embarqué deux mille soldats, fit route sur ces îles. L'amiral Nelson ne tarda pas à acquérir la certitude que la Trinidad et Tabago ne couraient aucun danger. Il revint en arrière, et, le 9, à la hauteur de la Grenade, il sut que l'escadre franco-espagnole avait été aperçue au large de la Dominique, allant vers le nord. Le 12, les Anglais apprirent que les alliés étaient partis pour l'Europe ; le 13, ils mirent à terre, à Antigue, les troupes, faisant partie des garnisons coloniales, prises à la Barbade. Le même jour, Nelson se dirigea vers l'Europe avec onze vaisseaux, savoir les dix qu'il avait amenés avec lui et un des vaisseaux de l'amiral Cochrane, le *Spartiate*. Le 18, il expédia le brick le *Curieux*, capitaine Bettesworth, en Angleterre, pour informer l'amirauté de son retour. Persuadé que l'escadre combinée allait dans la Méditerranée, il annonçait qu'il se rendait à Gibraltar. Le lendemain, c'est-à-dire le 19, le *Curieux* aperçut la flotte franco-espagnole. Ce brick était alors par 33° 12, de latitude nord et 58° de longitude ouest. Le capitaine Bettesworth supposa, d'après la route suivie par l'escadre combinée, que celle-ci avait une destination autre que la Méditerranée. Au lieu de se mettre à la recherche de l'amiral Nelson, qu'il n'eût peut-être pas trouvé, il fit toute diligence pour arriver en Angleterre. Le *Curieux* mouilla à Portsmouth dans les premiers jours de juillet.

Les renseignements apportés par le capitaine Bettesworth étaient de la plus haute importance. Les forces anglaises, échelonnées de Brest à Cadix, pouvaient être attaquées et battues isolément par une escadre compacte de vingt vaisseaux. Lorsque l'amiral Cochrane était parti pour les Indes Occidentales, à la poursuite de l'amiral Missiessy, un détachement de la flotte du canal, sous le commandement de l'amiral Calder, avait été envoyé devant le Ferrol. Il y avait, dans ce port, dix vaisseaux français et espagnols prêts à prendre la mer et quelques vaisseaux espagnols en armement. D'autre part, le contre-amiral Stirling bloquait Rochefort avec cinq vaisseaux. L'arrivée de l'amiral Villeneuve compromettait ces deux divisions. L'amirauté britannique prit, avec autant de promptitude que de résolution, les mesures nécessaires. L'ordre de lever le blocus des ports de Rochefort et du Ferrol fut envoyé à l'amiral Cornwallis. Il fut prescrit à l'amiral Calder, auquel l'amiral Cornwallis devait donner quinze vaisseaux, de croiser, à trente ou quarante lieues, dans l'ouest du cap Finisterre, pour intercepter l'escadre de Villeneuve. D'après les renseignements venus des Antilles, on supposait, à Londres, que la force de l'escadre combinée ne dépassait pas quinze vaisseaux. Le 15 juillet, les ordres du gouvernement anglais étaient exécutés. Il n'y avait plus de bâtiments devant les ports de Rochefort et du Ferrol, et l'amiral Calder, à la tête de quinze vaisseaux, faisait route pour le point de croisière qui lui avait été assigné.

L'amiral Villeneuve avait été rejoint, à la hauteur des Açores, par les frégates laissées en arrière, savoir : l'*Hortense*, l'*Hermione*, la *Sirène* et la *Didon*. Dans les mêmes parages, un corsaire anglais et un galion espagnol, dont ce corsaire s'était emparé, étaient tombés entre nos mains. Le 19 juillet, l'escadre franco-espagnole était à soixante lieues environ du cap Finisterre avec des vents de nord-est très frais. Plusieurs bâtiments firent des avaries. Quelques jours après, les vents devinrent plus maniables, mais, par suite des mauvaises qualités de l'*Atlas* et de la plupart des vaisseaux espagnols, l'escadre ne parvenait pas à gagner au vent. L'eau et les vivres diminuaient. Le chiffre des malades augmentait chaque jour ; il dépassait cent cinquante sur l'*Algésiras* et l'*Achille*. L'amiral Villeneuve était livré à de très grandes perplexités lorsque, fort heureusement, les vents passèrent à l'ouest. Le 22 juillet, l'escadre combinée était à vingt-cinq lieues environ dans le nord-ouest du cap Finisterre. Elle courait dans l'est avec des vents d'ouest-nord-ouest ; le temps était très brumeux. A midi, les bâtiments avancés signalèrent l'ennemi dans le nord-nord-est. L'armée, qui était rangée sur trois colonnes, forma la ligne de bataille, les amures à bâbord. Elle était placée dans l'ordre suivant : l'*Argonauta*, de quatre-vingts, capitaine Rafaël Hore, le *Terrible* de soixante-quatorze, capitaine Francisco Mondragon, l'*America* et l'*Espana*, de soixante-quatre, capitaines Juan d'Arrac et Bernardo Munos, le *San-Rafaël* de quatre-vingts, capitaine Francisco Montes, le *Firme* de soixante-quatorze, capitaine Rafaël Villavicentio, le *Pluton*, le *Mont-Blanc*, l'*Atlas*, le *Berwick*, le *Neptune*, de soixante-quatorze, le *Bucentaure*, le *Formidable*, de quatre-vingts, l'*Intrépide*, le *Scipion*, le *Swiftsure* de soixante-quatorze, l'*Indomptable* de quatre-vingts, l'*Aigle* de soixante-quatorze, l'*Achille* et l'*Algésiras*, de quatre-vingts, capitaines Cosmao-Kerjulien, Lavillegris, Rolland, Filhol Camas, Maistral, Magendie, Letellier, Depéronne, Villemadrin, Hubert, Gourrège, Deniéport et Letourneur. Le vice-amiral Villeneuve, le lieutenant général Gravina, les contre-amiraux Dumanoir-Lepelley et Magon avaient leur pavillon sur le *Bucentaure*, l'*Argonauta*, le *Formidable* et l'*Algésiras*.

Les Anglais venaient du nord-est, courant aux amures opposées. Leur escadre était composée des vaisseaux le *Prince of Wales*, le *Glory*, le *Barfleur* et le *Vindsor-Castle*, de quatre-vingt dix-huit, le *Malta* de quatre-vingts, le *Thunderer*, le *Hero*, le *Repulse*, le *Defiance*, l'*Ajax*, le *Warrior*, le *Dragon* et le *Triumph*, de soixante-quatorze, l'*Agamemnon* et le *Raisonnable*, de soixante-quatre. Le commandant en chef de l'escadre anglaise, le vice-amiral Robert Calder, avait son pavillon sur le *Prince of Wales*.

La brume était épaisse. Nous nous rendions difficilement compte des mouvements de l'ennemi. Toutefois, il y avait lieu de croire, d'après la direction suivie par l'escadre anglaise, que l'amiral Calder se proposait de doubler notre arrière-garde et de la mettre entre deux feux. L'amiral Villeneuve signala de virer lof pour lof par la contre marche. Lorsque cette évolution fut exécutée, les deux avant-gardes se trouvèrent près l'une de l'autre et elles engagèrent immédiatement le combat. L'action s'étendit au centre et à quelques vaisseaux de l'arrière-garde. Par suite de l'intensité de la brume, c'était à peine si, dans chaque armée, les capitaines parvenaient à distinguer leurs adversaires. Le *San-Rafaël* et le *Firme*, qui tenaient mal le vent, dérivèrent près de la ligne ennemie. Vivement canonnés par les bâtiments anglais qui étaient à portée, les vaisseaux espagnols firent très promptement de graves avaries. Les capitaines Cosmao, du *Pluton*, Rolland, de l'*Atlas*, Lavillegris, du *Montblanc*, apercevant, dans une éclaircie, la position de ces deux vaisseaux, laissèrent porter pour les couvrir. La vue du champ de bataille ayant disparu de nouveau dans la brume et dans la fumée, les vaisseaux français rentrèrent dans la ligne. A partir de huit heures du soir le feu devint moins vif, et, à neuf heures, il cessa complètement. Les Anglais s'éloignèrent, emmenant le *Firme* et le *San-Rafaël*. Le *Firme*, entouré par plusieurs bâtiments ennemis, ayant perdu tous ses mâts, s'était rendu à huit heures du soir; peu après, le *San-Rafaël*, réduit à la même situation, avait amené ses couleurs. Les amiraux Villeneuve et Gravina ignoraient que ces deux vaisseaux eussent été pris. Le 23, lorsque le jour se fit, ils les cherchèrent en vain dans les rangs de l'armée combinée. Les bâtiments ennemis furent aperçus, sous le vent à quinze milles environ; trois vaisseaux, parmi lesquels on reconnut le *Firme* et le *San-Rafaël*, étaient remorqués. Les Anglais avaient couru, pendant la nuit, les amures à bâbord, tandis que nous étions restés aux mêmes amures que la veille, ce qui expliquait la distance qui nous séparait de nos adversaires. L'armée combinée reçut l'ordre de former la ligne de bataille, les amures à bâbord ; à une heure de l'après-midi, elle laissa arriver sur l'ennemi. La brise était faible, et, à quatre heures, nous étions encore loin des Anglais. L'amiral Villeneuve, qui ne voulait pas engager un combat de nuit, fit le signal de serrer le vent les amures à bâbord ; il prévint l'armée que le projet d'attaque était remis au lendemain. Dans la nuit, nos bâtiments ne se tinrent pas très serrés. Le 24, les alliés reprirent la poursuite. Les Anglais montraient, par leur manœuvre, qu'ils voulaient éviter une nouvelle rencontre ; la brise étant passée au nord-est, ils se trouvèrent au vent, et, le 25, les deux armées cessèrent de se voir. Nos pertes s'élevaient à soixante-cinq tués et cent quarante-quatre blessés ; les Espagnols avaient dix sept-tués et trente-cinq blessés. Le capitaine Depéronne, de l'*Intrépide*, était au nombre des morts. L'*Atlas* avait été très maltraité ; les avaries éprouvées par les autres vaisseaux étaient sans importance. L'escadre anglaise comptait quarante et un tués et cent cinquante-huit blessés. Plusieurs vaisseaux, et principalement le *Malta* et le *Windsor-Castle*, avaient beaucoup souffert.

Dans l'engagement du 22 juillet, qui prit le nom de combat du cap Finisterre, nous avions vingt vaisseaux et les Anglais quinze ; néanmoins, la supériorité de l'escadre combinée était purement nominale. En réalité, nos adversaires avaient l'avantage. Nous n'avions pas de vaisseaux à trois ponts, tandis que quatre vaisseaux de ce rang figuraient dans l'escadre de l'amiral Calder. Enfin, la faiblesse, au point de vue de la manœuvre et du combat, de la plupart des vaisseaux espagnols et de quelques-uns des nôtres, ne pouvait être mise en doute. Nous ajouterons que les deux escadres n'avaient pu se mesurer; on s'était, par suite de la brume, canonné au hasard. Plusieurs bâtiments de l'arrière-garde, dans les deux armées, n'avaient pas pris part à l'action. On a dit que l'amiral Villeneuve aurait dû combattre de nouveau pour enlever le *Firme* et le *San-Rafaël* aux Anglais ; il n'est pas absolument certain qu'il ait eu la possibilité d'engager une seconde affaire. Le 23 juillet, à cinq heures du matin, l'amiral fit le signal de prendre les amures à bâbord, et ce fut seulement à une heure dix minutes que l'armée laissa porter sur l'ennemi. La ligne s'étant très allongée pendant la nuit, nos vaisseaux occupaient un très grand espace ; enfin la brise était molle et la mer houleuse. Plusieurs heures s'écoulèrent avant que l'évolution, prescrite à cinq heures du matin, fût achevée. Il était neuf heures trois quarts lorsque l'amiral signala de former la ligne de bataille, les amures à bâbord. Si ce second mouvement ne fut pas exécuté plus vite que le premier, on comprend que l'escadre combinée n'ait gouverné que tard, dans la journée, sur l'ennemi. Il y a lieu d'être surpris que l'amiral Villeneuve ait arrêté la poursuite à quatre heures un quart ; on est même conduit à examiner si cette manœuvre ne cachait pas l'arrière-pensée de ne pas livrer un second combat. D'autre part, il est hors de doute que l'amiral Gravina sentait très vivement la perte du *Firme* et du *San-Rafaël;* cependant, dans son rapport, cet officier général ne dit rien qui permette de croire que l'amiral Villeneuve n'a pas fait tout ce qui était en son pouvoir pour joindre l'ennemi. Ce point reste donc indécis.

L'affaire du 22 juillet eut, pour l'adversaire de Villeneuve, de graves conséquences. L'amiral Calder aurait mieux rempli son devoir, il aurait surtout mieux compris la situation de son pays et les exigences de l'opinion. s'il avait tenté une seconde fois le sort des armes. L'amiral Calder, qui était d'un naturel fort circonspect, fut effrayé, après le combat du 22 juillet, de la responsabilité qui pesait sur lui. Il craignit que Villeneuve, renforcé par les vaisseaux de Rochefort et du Ferrol, ne l'attaquât avec trente ou trente-cinq vaisseaux. Cette perspective le fit reculer. Ayant eu la bonne fortune, grâce à la brume et à sa position sous le vent, de prendre deux vaisseaux, il ne voulut pas compromettre ce succès. On aurait pu se dire, en Angleterre, que le vice-amiral Calder n'était pas fait pour exercer un grand commandement et personne n'eût été surpris que désormais on ne l'employât qu'en sous-ordre. Les choses ne se passèrent pas ainsi ; la conduite de l'amiral devint l'objet de critiques sévères. On n'ignorait pas que ses instructions lui prescrivaient d'empêcher la jonction de l'escadre combinée avec les vaisseaux qui étaient au Ferrol. Si c'était là le but qui lui avait été assigné, pourquoi n'avait-il pas renouvelé le combat pour l'atteindre ? Il ne l'avait pas voulu, puisque son escadre ne s'était pas portée au-devant de l'amiral Villeneuve qui manifestait l'intention de livrer un second combat. En effet, l'escadre combinée s'était mise, le 23 juillet, aux mêmes amures que les Anglais et elle avait manœuvré pour les joindre. Si l'amiral Calder se trouvait embarrassé par ses prises, il pouvait les couler. La perte n'eût pas été grande ; le *Firme* avait été construit, en 1754, et le *San-Rafaël* en 1771. Enfin, ce que les Anglais, qui avaient une très grande peur de l'invasion, ne pardonnaient pas à Calder, c'était d'avoir laissé le champ libre à son adversaire. Devant la violence des attaques dirigées contre lui, cet amiral demanda des juges. Traduit devant une cour martiale, il fut blâmé de ne pas avoir livré un second combat, le 23 ou le 24 juillet, pour s'opposer, ainsi que le portaient ses instructions, à la jonction des vaisseaux du Ferrol avec les escadres alliées. Toutefois le conseil voulut bien admettre qu'il n'y avait eu, de sa part, ni lâcheté, ni trahison.

## V

L'amiral Villeneuve avait repris sa route sur le Ferrol. Dans la nuit du 24, le vent souffla du nord-est grand frais et la mer devint grosse. Le 25, lorsque le jour se leva, l'armée était sans ordre. Plusieurs vaisseaux avaient eu des voiles emportées, d'autres avaient fait des avaries de mâture. Dans l'après-midi du 25, le temps continuant à être mauvais, l'amiral Villeneuve se décida à faire route pour Cadix. Les vents, après un violent orage, étant passés au sud, l'escadre combinée se dirigea de nouveau sur le Ferrol. Le 26, les vents revinrent au nord-est. Ce jour-là, le contre-amiral Magon informa le commandant en chef que l'*Algésiras*, portant son pavillon, avait deux cents malades. L'*Achille* était dans la même situation. L'*Intrépide*, l'*Indomptable* et l'*Aigle* avaient chacun cent dix malades ; ce chiffre, sur les autres vaisseaux, variait entre soixante et cent vingt. On ne pouvait leur donner aucune espèce de secours.

L'amiral Villeneuve se décida à faire route sur Vigo où il mouilla le 28 juillet. Douze cents malades furent débarqués. L'amiral Villeneuve prit le parti de laisser à Vigo le vaisseau français l'*Atlas* et les vaisseaux espagnols l'*America* et l'*España*, dont la mauvaise marche retardait, depuis le départ de Cadix, toutes les opérations de l'armée. Le 31, l'escadre combinée fit route sur le Ferrol; elle comprenait treize vaisseaux français et deux vaisseaux espagnols. L'amiral Villeneuve toujours inquiet, désespérant sans cesse du succès, écrivit au ministre, en l'informant de son départ, qu'il irait à Cadix « en cas de contrariété soutenue ». Villeneuve, craignant de trouver Calder sur sa route avec des forces supérieures, prolongea la terre de près, pendant la nuit, depuis le cap Finisterre jusqu'à la petite île de Sisargua. Au jour, l'escadre arriva devant le Ferrol; l'ennemi n'était pas en vue. Nos vaisseaux faisaient route vent arrière pour entrer dans le port, lorsque le signal de tenir le vent fut hissé à bord du *Bucentaure*. L'*Argonauta*, que montait l'amiral Gravina, engagé dans les passes, ne put se conformer à cet ordre.

L'amiral Villeneuve venait de recevoir des dépêches de Paris. « Votre jonction faite avec les escadres du Ferrol, écrivait l'Empereur à Villeneuve, vous manœuvrerez de manière à nous rendre maîtres du Pas-de-Calais, ne fût-ce que pendant quatre ou cinq jours; ce qui peut s'opérer, soit en réunissant, sous votre commandement, nos escadres de Rochefort et de Brest, soit en réunissant seulement notre escadre de Brest, soit en réunissant notre escadre de Rochefort, et en doublant, avec cette escadre, l'Irlande et l'Écosse pour faire votre jonction avec l'escadre hollandaise du Texel..... Si, par l'effet de combats que vous auriez essuyés, de quelques séparations, ou d'autres événements que nous n'aurions pas prévus, votre situation se trouvait considérablement changée, nous n'entendons pas que notre armée entre dans le port du Ferrol. Dans ce cas qui, avec l'aide de Dieu, n'arrivera pas, nous désirons qu'après avoir débloqué nos escadres de Rochefort et du Ferrol, vous mouilliez de préférence dans le port de Cadix. L'Europe est en suspens dans l'attente du grand événement qui se prépare. Nous attendons tout de votre bravoure et de votre habileté. »

La défense d'entrer au Ferrol s'adressait évidemment à une escadre qu'on regardait, à Paris, comme pourvue des moyens nécessaires pour continuer la campagne. Ralliée par les vaisseaux français et espagnols des amiraux Gourdon et Grandellana, la flotte combinée aurait continué sa route sans perdre un moment. Ce n'était pas ainsi que l'amiral Villeneuve envisageait sa situation. Parti de Vigo avec des approvisionnements à peine suffisants pour nourrir les équipages pendant un mois, il jugeait indispensable de faire des vivres et de l'eau. Il considérait également comme nécessaire de changer ou de réparer les mâts et les vergues qui avaient subi des avaries à la mer ou pendant le combat du 22 juillet. Ne pouvant entrer au Ferrol, il conduisit ses vaisseaux à la Corogne ; son escadre se trouva, à ce mouillage, dans de mauvaises conditions pour les divers travaux qu'elle avait à exécuter. La Corogne n'offrait aucune ressource. Les communications avec le Ferrol, seul point d'où nous pouvions tirer quelques approvisionnements, étaient longues et difficiles. Enfin, l'éloignement des deux ports ajoutait aux difficultés de la jonction que l'amiral Villeneuve devait opérer avec les vaisseaux des amiraux Grandellana et Gourdon.

Toutes ces contrariétés agissaient très vivement sur l'esprit déjà profondément troublé de l'amiral Villeneuve. Celui-ci ne pouvait comprendre qu'on voulût exécuter un plan de campagne, dont les conditions essentielles étaient, dans son opinion, complètement changées. Les Anglais connaissaient l'arrivée de l'escadre combinée sur les côtes d'Espagne. Ils avaient, depuis Cadix jusqu'à Brest, des forces considérables dont la concentration ne présentait pas de difficultés. Dans l'escadre alliée, le personnel ne rachetait pas, par ses qualités, les défauts du matériel. Les officiers n'étaient pas exercés aux combats et aux évolutions navales; les équipages, insuffisants au point de vue du nombre, étaient sans instruction. Aussitôt que nous rencontrions des vents frais ou de la grosse mer, nous faisions des avaries. Continuer la campagne dans ces conditions, c'était courir au-devant d'un désastre qui amènerait la ruine des deux marines alliées. « Si, comme je devais l'espérer, écrivait l'amiral Villeneuve au ministre de la marine, en arrivant à Vigo, j'eusse fait un trajet prompt de la Martinique au Ferrol, que j'eusse trouvé l'amiral Calder avec six vaisseaux ou au plus neuf, que je l'eusse battu et, après avoir rallié l'escadre combinée, ayant encore un mois et demi de vivres et de l'eau, j'eusse fait ma jonction à Brest et donné cours à la grande expédition, je serais le premier homme de France. Eh bien, tout cela devait arriver, je ne dis pas avec une escadre excellente voilière, mais même avec des vaisseaux très ordinaires. J'ai éprouvé dix-neuf jours de vents contraires; la division espagnole et l'*Atlas* me faisaient arriver tous les matins de quatre lieues, quoique la plupart des vaisseaux fussent la nuit sans voiles. Deux coups de vent de nord-est nous ont avariés, parce que nous avons de mauvais mâts, de mauvaises voiles, de mauvais officiers et de mauvais matelots. Nos équipages tombent malades ; l'ennemi a été averti. Il s'est renforcé, il a osé venir nous attaquer avec des forces numériquement bien inférieures ; le temps l'a servi. Peu exercé aux combats et aux manœuvres d'escadre, chaque capitaine, dans la brume, n'a observé d'autre règle que de suivre son matelot d'avant, et nous voici la fable de l'Europe. » Le commandant de l'escadre espagnole voyait les choses sous le même jour que l'amiral français. Partisan du projet d'invasion en Angleterre, il avait, au début de la campagne, approuvé toutes les mesures prises par le gouvernement français pour amener la flotte combinée dans la Manche ; mais l'extrême lenteur de la traversée des Antilles au Ferrol avait, selon lui, modifié la position des alliés. Les Anglais étaient sur leurs gardes. Partout où l'escadre franco-espagnole se présenterait désormais, elle trouverait des forces supérieures et mieux organisées. En présence d'une situation nouvelle, résultant de circonstances qu'il n'avait pas été possible de prévoir, l'amiral Gravina ne croyait plus au succès. Tel était le sens dans lequel il écrivait à l'amiral Decrès. La conduite de cet honorable amiral, à l'égard de l'amiral Villeneuve, était marquée au coin de la sincérité et de la délicatesse ; il s'efforçait, en toute circonstance, d'adoucir les difficultés de la position de son collègue. L'entente la plus cordiale régnait entre eux. Quoique l'amiral Gravina fût d'avis de renoncer à poursuivre la campagne, il était, ainsi qu'il le disait dans une de ses lettres à l'amiral Decrès, prêt à appareiller au premier signal.

Après avoir perdu de vue l'escadre combinée dans la journée du 24 juillet, l'amiral Calder avait escorté ses prises jusque dans le nord de Rochefort afin qu'elles n'eussent rien à craindre des bâtiments qui se trouvaient dans ce port. Il s'était ensuite dirigé vers le cap Finisterre pour opérer sa jonction, d'après les ordres qu'il avait reçus de l'amiral Cornwallis, avec lord Nelson. Ne trouvant pas cet amiral, Calder retourna devant le Ferrol où il fut très surpris d'apprendre qu'on n'avait pas vu les Français. Il crut que l'amiral Villeneuve s'était dirigé vers le sud; le 31 juillet, un vent très frais de sud-ouest l'obligea à s'écarter de la côte. Quelques jours après, l'amiral Calder voulut reprendre sa station au large du Ferrol. Le 9, il fut prévenu, par un des navires qu'il avait envoyés en reconnaissance, de la présence, au Ferrol et à la Corogne, de vingt-neuf vaisseaux français ou espagnols. Il fit immédiatement route au nord, et, le 14 août, il rejoignit l'amiral Cornwallis.

Nelson, revenant des Antilles, avait mouillé, le 19 juillet, à Gibraltar. Là, on n'avait pu lui donner aucune nouvelle des forces à la poursuite desquelles il était depuis si longtemps. Toutefois, il eut la certitude que l'escadre combinée n'était pas entrée dans la Méditerranée. Après avoir ravitaillé ses bâtiments, lord Nelson sortit du détroit et fit route vers le nord; il venait d'apprendre que l'escadre combinée s'était montrée sur les côtes d'Espagne. Nelson, n'ayant pas rencontré Calder à la hauteur du cap Finisterre, rallia l'amiral Cornwallis. Il lui laissa huit vaisseaux et il continua sa route pour Portsmouth avec le *Superb* et le

*Victory*. Par suite des diverses circonstances que nous venons de rapporter, l'amiral Cornwallis se trouva placé à la tête de trente-cinq vaisseaux. Il en donna dix-huit à Calder, qu'il envoya devant le Ferrol, et il garda les dix-sept autres pour surveiller Ganteaume.

L'Empereur, arrivé, le 3 août, à Boulogne, passa une inspection minutieuse des troupes et de la flottille. Voulant se rendre un compte exact du temps nécessaire pour l'embarquement du corps du maréchal Soult, il fit exécuter cette opération sous ses yeux. Divisions, brigades, régiments, compagnies se rendirent à leur poste sans qu'il se produisît ni désordre ni confusion. En moins de deux heures, hommes et chevaux étaient embarqués. D'autre part, il suffisait de deux marées pour mettre toute la flottille en rade. Les mêmes essais, faits à Ambleteuse, Wimereux et Etaples, donnèrent les mêmes résultats. En conséquence, vingt-quatre heures après avoir donné l'ordre de commencer l'embarquement, l'Empereur pouvait faire route sur les côtes d'Angleterre. Le matériel de l'armée était à bord des bâtiments de transport. Telle était la situation lorsque la nouvelle du combat du cap Finisterre et de la relâche de la flotte combinée à la Corogne parvint à Boulogne. La rencontre de Villeneuve avec l'escadre de Calder avait fait perdre un temps précieux. Deux vaisseaux étaient tombés entre les mains de l'ennemi ; cette perte était d'autant plus regrettable qu'elle avait produit sur nos alliés un effet très fâcheux. Les officiers espagnols accusaient Villeneuve d'avoir abandonné le *Firme* et le *San-Rafaël*. D'autre part, Villeneuve avait opéré sa jonction avec les vaisseaux des amiraux Gourdon et Grandellana. L'escadre de Rochefort, surveillée par la croisière anglaise, n'était pas sortie. Le commandant Allemand reçut de nouvelles instructions; il y avait lieu de croire qu'il pourrait rallier l'armée franco-espagnole avant que celle-ci arrivât devant Brest. L'Empereur dépêcha courrier sur courrier à Villeneuve pour le presser de quitter le Ferrol. « Monsieur le vice-amiral, écrivait l'Empereur, j'ai vu avec plaisir, par le combat du 22 juillet, que plusieurs de mes vaisseaux se sont comportés avec la bravoure que je devais en attendre. Je vous sais gré de la belle manœuvre que vous avez faite au commencement de l'action et qui a dérouté les projets de l'ennemi. Mais je suis fondé à penser que la victoire est restée à mes armes, puisque vous êtes entré à la Corogne. J'espère que cette dépêche ne vous y trouvera pas, que vous aurez repoussé la croisière pour faire votre jonction avec le capitaine Allemand, balayer tout ce qui se trouverait devant vous, et venir dans la Manche où nous vous attendons avec anxiété. Si vous ne l'avez pas pas fait, faites-le ; marchez hardiment à l'ennemi........ Si vous paraissez ici trois jours, n'y paraîtriez-vous que vingt-quatre heures, votre mission sera remplie. Prévenez, par un courrier extraordinaire, l'amiral Ganteaume de votre départ. Enfin, jamais pour un plus grand but, une escadre n'aura couru quelques hasards, et jamais mes soldats de terre et de mer n'auront pu répandre leur sang pour un plus grand et un plus noble résultat. » L'Empereur écrivit au ministre : « Monsieur Decrès, j'ai reçu votre lettre d'hier. Avec trente vaisseaux, mes amiraux ne doivent pas en craindre vingt-quatre anglais, sans quoi il faudrait renoncer à avoir une marine. Quand il y aurait quelque événement où je devrais perdre un vaisseau, ce serait un événement auquel je devrais m'attendre. Si l'amiral Villeneuve reste les 1, 2, 3 et 4 août, au Ferrol, je ne m'en plaindrai pas; mais s'il y reste un jour de plus, ayant le vent favorable, et seulement vingt-quatre vaisseaux anglais devant lui, c'est le dernier des hommes. Ne sera-t-il donc pas possible de trouver dans la marine un homme entreprenant qui voie de sang-froid, et comme il faut voir, soit dans le combat, soit dans les différentes combinaisons des escadres?... Je vous répète ce que je vous ai déjà dit: je n'entends pas que trente vaisseaux français soient bloqués au Ferrol par moins de vingt-quatre vaisseaux anglais, et, une fois Villeneuve réuni à Allemand, je n'entends pas que l'escadre combinée soit bloquée par moins de vingt-neuf vaisseaux anglais. »

L'amiral Villeneuve mit sous voiles, le 10 août. Ce jour là, le vent ne permit pas aux vaisseaux français et espagnols qui étaient au Ferrol d'appareiller. Le 11, l'amiral Villeneuve mouilla dans la baie d'Arès; le lendemain, il fit calme et les bâtiments alliés ne purent le rejoindre. Enfin, le 13, la flotte combinée gagna le large. La *Didon* de quarante-quatre fut expédiée à la recherche de l'escadre de Rochefort; elle portait au commandant Allemand l'ordre de se rendre devant Brest. La frégate française fut rencontrée, quelques jours après, par le *Phœnix* de quarante; après un combat très vif, qui dura près de trois heures, la *Didon* amena son pavillon. Elle avait vingt-sept tués et quarante-quatre blessés. Le bâtiment anglais comptait douze tués et vingt-huit blessés.

## VI

L'amiral Villeneuve n'avait jamais eu, en haute estime, les forces placées sous son commandement, mais, depuis son retour dans les mers d'Europe, toute confiance dans son escadre avait disparu. Quoiqu'il eût débarqué douze cents malades à Vigo, et qu'il en eût mis à terre, à la Corogne et au Ferrol, il voyait leur nombre augmenter, chaque jour, dans une proportion inquiétante. A la mer, ses bâtiments faisaient de continuelles avaries ; en mouillant à la Corogne, la plupart des vaisseaux français et espagnols s'étaient abordés. Quelles manœuvres ferait-il, avec de tels navires et de tels capitaines, en présence des Anglais ? Enfin, il avait, sous ses ordres, vingt-neuf vaisseaux et non trente-quatre, ainsi qu'on le croyait à Paris. Il devait, il est vrai, être rallié par l'escadre de Rochefort, mais la jonction n'était pas faite, et les forces nombreuses, que les Anglais avaient sur nos côtes, donnaient lieu de craindre que la division du commandant Allemand ne fût interceptée. Sous l'empire de ces sentiments, l'amiral Villeneuve n'eut plus qu'une pensée, aller à Cadix. La dépêche qu'il adressa au ministre, pour l'informer de son départ du Ferrol, se terminait par ces mots significatifs : « Les forces ennemies, plus réunies qu'elles n'ont jamais été, ne me laissent guère d'autre parti que de gagner Cadix. » Après avoir quitté le Ferrol, la flotte combinée trouva au large des vents du nord-est. Elle prit le plus près, les amures à tribord. Des navires ennemis, qui suivaient de loin les mouvements de notre armée, furent aperçus ; chassés par les meilleurs marcheurs de notre escadre, ils ne purent être atteints. Le 15 août, c'est-à-dire le jour où Cornwallis, faisant deux parts de ses trente-cinq vaisseaux, en donnait dix-huit à Calder, la flotte combinée était à quatre-vingts lieues dans l'ouest-nord-ouest du cap Finisterre. La brise, qui soufflait toujours de la même direction, le nord-est, était devenue très fraîche ; plusieurs bâtiments firent des avaries et un vaisseau espagnol cassa son grand mât de hune. L'amiral Villeneuve demeura convaincu que cet état de choses amènerait très promptement de nombreuses séparations. Il se vit isolé, au milieu des escadres anglaises, avec quelques vaisseaux auprès de lui. D'autre part, un bâtiment danois, interrogé par une de nos frégates, déclara que trois navires anglais, qui étaient en vue, un vaisseau de soixante-quatorze et deux frégates, précédaient une escadre de vingt-cinq vaisseaux (1). Pénétré de l'idée qu'en continuant sa route vers Brest, il exposerait les forces qu'il commandait à une défaite qui serait sans aucun profit pour son pays, Villeneuve prit le parti, alors qu'on l'attendait à Boulogne, d'aller à Cadix. Il fit, dans la soirée du 15, le signal de laisser arriver. L'amiral Villeneuve s'était assuré que son collègue, l'amiral Gravina, approuvait cette détermination. Il ventait très frais du nord-est ; quoique l'armée fût vent arrière, un vaisseau espagnol démâta de son grand mât de hune. Le 17, les éclaireurs de l'armée de Collingwood, chassés

1. Les frégates étaient le *Phœnix* et la *Didon* ; cette dernière était à la remorque du *Phœnix*.

sous le cap Sainte-Marie, par nos frégates, disparurent en tirant du canon. Le lendemain, la flotte combinée entra à Cadix. Le contre-amiral Magon, avec l'escadre légère, donna la chasse aux navires ennemis qui faisaient le blocus du port ; mais ceux-ci, prévenus par les bâtiments que nous avions inutilement poursuivis, la veille, étaient fort loin. L'amiral Collingwood se réfugia à Gibraltar.

Le but que se proposait le vice-amiral Villeneuve, depuis son retour sur les côtes d'Europe, était atteint ; l'escadre combinée avait gagné le port de Cadix. Si l'amiral croyait avoir rempli son devoir, en évitant une rencontre qu'il considérait comme désastreuse pour les forces placées sous son commandement, il ne pouvait se dissimuler que sa désobéissance à des ordres formels faisait peser sur lui une lourde responsabilité. Il n'ignorait pas que les préparatifs de l'expédition d'Angleterre étaient terminés et que toutes les dispositions nécessaires pour le départ étaient prises. La flottille n'attendait que la présence de l'armée franco-espagnole ou de l'escadre de Ganteaume pour appareiller. Le projet de descente sur les côtes de la Grande-Bretagne, poursuivi avec tant d'ardeur en France, et qui était l'objet de l'attention de toute l'Europe, se trouvait abandonné. Nous perdions ainsi le fruit de plusieurs années de travaux opiniâtres. La lettre que l'amiral Villeneuve adressa au ministre de la marine pour l'informer de son entrée à Cadix, se terminait ainsi : « Mais si ce grand armement qui m'était confié devait être inévitablement le jouet des vents, dans des mers absolument inconnues aux cinq sixièmes des marins qui montent ces vaisseaux ; si leur défaut d'ensemble et d'intelligence ne permettait pas d'éprouver les moindres contrariétés sans en éprouver des dommages irréparables, des dispersions et la ruine du projet, en se rendant la fable de l'Europe; si cet armement avait cessé d'être redoutable à l'ennemi qui avait eu le temps et les moyens de se reconnaître, en sorte qu'un combat, sur quelque point que ce fût du parage que j'avais à parcourir, ne pouvait nous promettre ni succès, ni gloire, ni chances favorables à l'armée navale de Brest de terminer ce que nous aurions entrepris inconsidérément; enfin, si le brave et respectable amiral allié, auquel j'ai pu communiquer les vœux de Sa Majesté Impériale, en était lui-même atterré, et ne me suivait qu'avec le dévouement du désespoir, j'ai dû, après avoir mis toute la persévérance possible à former les réunions désirées dans les plans de Sa Majesté Impériale, m'arrêter là où il ne pouvait résulter que désastres, confusion et une vaine démonstration qui eût consommé pour jamais le discrédit des deux marines alliées. »

L'Empereur, qui n'avait pas quitté Boulogne, attendait avec la plus vive impatience des nouvelles de Villeneuve. Toute perte de temps était contraire à nos projets, en permettant aux Anglais de concentrer leurs forces dans le nord. Néanmoins, l'Empereur ne voulut pas encore désespérer de la fortune. Croyant que Villeneuve, après quelques jours passés au mouillage, reprendrait la mer et se dirigerait sur Brest, il écrivit au ministre de la marine : « Dites à Villeneuve, que j'espère qu'il aura continué sa mission, et qu'il serait trop déshonorant pour les escadres impériales qu'une échauffourée de trois heures et un engagement avec quinze vaisseaux fissent manquer d'aussi grands projets. » Enfin, arriva une lettre de Villeneuve, annonçant qu'il comptait mettre sous voiles le 10 août. Ganteaume, auquel cette nouvelle fut immédiatement communiquée, reçut l'ordre de se tenir prêt à combattre Cornwallis. L'Empereur, craignant de nouvelles lenteurs de la part de Villeneuve, décida que le commandement en chef serait dévolu à l'amiral Ganteaume. « Dans cette situation des choses, écrivit-il à Decrès, il faut renvoyer un courrier extraordinaire à Brest pour instruire l'amiral Ganteaume des événements et lui ordonner que, si Villeneuve paraît devant Brest par le Ras, il ait à ne pas le laisser entrer, à prendre le commandement de l'armée navale, et à appareiller pour se rendre devant Boulogne. » Si Villeneuve allait à Cadix, l'empereur voulait qu'il en repartît immédiatement avec les six vaisseaux espagnols qui se trouvaient dans ce port. La flotte combinée aurait fait route sur Brest et de là serait entrée dans la Manche. Sur les instances réitérées de Decrès, cette décision ne fut pas maintenue.

Le temps pressait. L'Autriche nous menaçait en Allemagne et en Italie. Le 22 août, l'Empereur n'ayant aucune nouvelle de la flotte combinée, arrêta la ligne de conduite qu'il comptait suivre. Si Villeneuve, obéissant à ses instructions, se présentait devant Brest, l'expédition d'Angleterre avait lieu. Dans le cas contraire, c'est-à-dire si Villeneuve allait à Cadix, l'armée, destinée à envahir l'Angleterre, entrerait en Allemagne. La paix rétablie sur le continent, nos soldats reprendraient leurs positions sur les côtes de la Manche. Toutefois, l'Empereur, pensant que Villeneuve n'oserait pas violer les instructions si précises qui lui avaient été envoyées à la Corogne, attendait, avec une anxiété toujours croissante, l'arrivée des escadres du Ferrol et de Brest. Telle était la situation lorsque parvint, à Boulogne, la nouvelle de l'entrée de la flotte combinée à Cadix. Cédant à un premier moment d'emportement, l'Empereur voulut se persuader que Villeneuve était un traître. Il résolut de le traduire devant un conseil de guerre sous les chefs d'accusation suivants : « 1° N'avoir pas débarqué, à la Martinique et à la Guadeloupe les troupes que le contre-amiral Magon avait à bord de ses deux vaisseaux. 2° Avoir compromis ces colonies, en ne leur renvoyant que par quatre frégates douze cents hommes d'élite, appartenant à leurs garnisons. 3° N'avoir pas attaqué les Anglais, le lendemain du combat du 22 juillet. 4° Avoir laissé la mer libre au vice-amiral Calder en entrant au Ferrol, alors qu'il attendait cinq vaisseaux, et n'avoir pas croisé devant le port jusqu'à l'arrivée de cette division. 5° N'avoir point fait chasser pour dégager la *Didon*, qui avait été aperçue par l'escadre combinée, à la remorque d'une frégate anglaise. 6° N'avoir tenu aucun compte de ses instructions en se dirigeant sur Cadix, au lieu de se rendre à Brest. 7° Enfin, sachant que la division Allemand devait aller à Vigo pour prendre ses ordres, avoir appareillé sans lui en laisser, exposant ainsi cette division qui devait se rendre à Brest, alors que lui, Villeneuve, allait à Cadix ». La pensée de traduire Villeneuve devant un conseil de guerre disparut aussitôt que l'accès de colère, causé par l'entrée de la flotte combinée à Cadix, eût disparu. La grande armée se dirigea sur l'Allemagne.

Avant de s'éloigner, l'empereur régla, avec un soin minutieux, toutes les questions relatives à la flottille. Il ordonna de réunir, à Boulogne, les bâtiments qui étaient à Etaples, Wimereux et Ambleteuse. On laissa, à

Wimereux et Ambleteuse, une division de chaloupes canonnières et une section de péniches qui conservaient leur personnel. A Boulogne, quatre divisions de chaloupes canonnières, six prames et deux sections de péniches restaient armées. Il était prescrit à l'amiral Lacrosse, qui conservait le commandement de la flottille, d'envoyer des bâtiments en rade et d'attaquer l'ennemi toutes les fois qu'une occasion favorable se présenterait. Les prames, chaloupes canonnières, bateaux canonniers, péniches qui n'étaient pas armées, conservaient leur matériel. La grande armée, si elle revenait sur les côtes de la Manche, après avoir battu les Autrichiens et les Russes, retrouverait la flottille dans l'état où elle l'avait laissée. Trente mille hommes, placés sous le commandement du maréchal Brune, furent chargés de la défense de la côte. Il n'était pas probable que les Anglais fissent une tentative de débarquement pour s'emparer de Boulogne et détruire la flottille. Ce cas, quelque improbable qu'il fût, l'Empereur voulut le prévoir. Il laissa des instructions très précises, indiquant les troupes qui devaient, au premier ordre du maréchal Brune, se joindre à son armée. Ces dispositions prises, l'Empereur quitta Boulogne. On était au 2 septembre.

# LIVRE V

Lenteurs apportées, à Cadix, à la réorganisation de la flotte combinée. L'amiral Rosily est désigné pour en prendre le commandement. Instructions données à cet amiral. Les mêmes instructions sont envoyées à l'amiral Villeneuve. L'escadre anglaise devant Cadix. Arrivée de Nelson. Villeneuve appareille. Les deux armées sont en présence. La flotte franco-espagnole est en désordre. Formation de l'ennemi sur deux colonnes perpendiculaires à notre ligne de bataille. Conduite héroïque de plusieurs vaisseaux français et espagnols. Immobilité de notre avant-garde. Perte de la bataille. Dix-sept vaisseaux, huit français et neuf espagnols, sont capturés. L'*Achille* fait explosion. Onze vaisseaux, sous Gravina, rentrent à Cadix ; quatre, sous Dumanoir, s'éloignent du champ de bataille. Le vent souffle avec violence poussant les navires à la côte. Situation critique des navires capturés. Quelques-uns, repris par leurs équipages, rentrent à Cadix ; d'autres, entraînés par le vent et la mer, se perdent sur la côte. Une division franco-espagnole sort de Cadix et oblige l'ennemi à abandonner le *Neptune* et la *Santa-Ana*. Les Anglais s'emparent du Rayo. Des vaisseaux français et espagnols se perdent dans la baie de Cadix. Les Anglais brûlent plusieurs prises. De tous les vaisseaux capturés, quatre seulement restent entre les mains de l'ennemi. Pertes subies par les Espagnols, les Français et les Anglais. Inaction de l'avant-garde. Responsabilité incombant, à cet égard, aux amiraux Villeneuve et Dumanoir. Examen de la conduite de l'amiral Gravina. L'amiral Rosily prend le commandement des débris de l'escadre combinée. Collingwood bloque Cadix. Le contre-amiral Dumanoir se dirige vers le nord. Il rencontre la division du commodore sir Richard Strachan. Combat du cap Ortegal. Malgré leur héroïque résistance, les quatre vaisseaux de l'amiral Dumanoir sont capturés. Examen de la conduite du contre-amiral Dumanoir par un conseil d'enquête. Cet amiral, traduit devant un conseil de guerre, est acquitté. Croisière de la division du commandant Allemand. Sa rentrée à Rochefort. Engagements particuliers.

## 1

L'Empereur pensait que la flotte combinée, composée d'environ trente-six vaisseaux, serait, pendant quelque temps, supérieure aux forces dont les Anglais pourraient disposer sur les côtes de l'Andalousie. Les calculs maritimes qu'on faisait, à Paris, étaient rarement exacts ; les réparations et le ravitaillement de nos bâtiments marchaient avec une extrême lenteur. Depuis quelque temps déjà, l'opinion, dans la péninsule, se montrait défavorable à l'alliance française. La guerre, en privant l'Espagne des ressources qu'elle tirait de ses colonies d'Amérique, imposait à cette puissance des sacrifices dont se ressentait le pays tout entier. Dans la marine, la perte du *Firme* et du *San-Rafaël*, au combat du cap Finisterre, avait créé, contre nous, une sourde irritation. Les autorités espagnoles refusaient de livrer les approvisionnements nécessaires à nos vaisseaux ; obligées de céder à des ordres impératifs, venus de Madrid, elles suscitaient, chaque jour, de nouvelles difficultés. Il manquait, sur nos vaisseaux, deux mille deux cents hommes ; nous avions, en outre, près de sept cents malades dans les hôpitaux de Cadix. Malgré les efforts de l'amiral Gravina, le temps s'écoulait et l'armement de l'escadre espagnole, qui devait être composée de quinze vaisseaux, faisait peu de progrès. Les marins et l'argent manquaient ; on formait les équipages avec des hommes ramassés sur les pavés des grandes villes et dans les prisons. A la fin du mois de septembre, l'escadre combinée n'était pas prête à prendre la mer. Les Anglais avaient mis le temps à profit. Peu après l'entrée des alliés à Cadix, l'amiral Collingwood était revenu devant le port pour nous observer. Rallié successivement par les amiraux Bickerton et Calder, il était, le 30 août, à la tête de vingt-six vaisseaux, dont sept à trois ponts. Une division de cinq vaisseaux, sous les ordres du contre-amiral Louis, croisait devant Cadix, tandis que le gros de l'armée anglaise se tenait à sept ou huit lieues au large. Des signaux, répétés par les frégates, faisaient connaître à l'amiral Collingwood les mouvements des bâtiments alliés.

Villeneuve, par sa conduite, sa faiblesse, ses irrésolutions, avait perdu la confiance des officiers français et espagnols. L'Empereur se décida à lui donner un successeur ; son choix se porta sur le vice-amiral Rosily. Cet amiral reçut, le 17 septembre, l'ordre de partir pour Cadix ; s'il trouvait encore la flotte combinée dans le port, il en prenait le commandement. Pourvu d'une commission provisoire d'amiral, il aurait arboré son pavillon au grand mât du *Bucentaure*. Des lettres, dont il était porteur, enjoignaient à l'amiral Villeneuve de venir, à Paris, pour y rendre compte de sa conduite. Le vice-amiral Rosily devait franchir le détroit de Gibraltar, rallier l'amiral Salcedo devant Carthagène et se porter sur Naples. Les troupes, embarquées sur nos vaisseaux depuis le départ de Toulon, se seraient jointes à l'armée du général Gouvion-Saint-Cyr. Après être resté quelque temps sur les côtes d'Italie pour intercepter un convoi que les Anglais se proposaient d'envoyer à Malte, il aurait ramené l'escadre à Toulon. L'Empereur ne croyait pas que l'amiral Villeneuve se décidât à sortir de Cadix ; néanmoins, il lui adressa les mêmes instructions. L'Empereur ajouta : « Notre intention est que partout où vous trouverez l'ennemi en forces inférieures, vous l'attaquiez sans hésiter et ayez avec lui une affaire décisive..... Il ne vous échappera pas que le succès de ces opérations dépend essentiellement de la promptitude de votre départ de Cadix ; nous comptons que vous ne négligerez rien pour l'opérer sans délai, et nous vous recommandons, dans cette importante expédition, l'audace et la plus grande activité. » L'Empereur avait déjà fait connaître comment il entendait que les forces de l'ennemi fussent évaluées. « Villeneuve verra par mon calcul, disait-il à l'amiral Decrès, dans une lettre portant la date du 13 août, que je désire qu'il attaque toutes les fois qu'il est supérieur en nombre, ne comptant deux vaisseaux espagnols que pour un. » Le ministre de la marine écrivit à l'amiral Villeneuve. « L'intention de l'Empereur est de chercher dans tous les rangs, quelque place qu'ils occupent, les officiers les plus propres à des commandements supérieurs ; et ce qu'il exige par-dessus tout, c'est une noble ambition des honneurs, l'amour de la gloire, un caractère décidé, et un courage sans bornes. Sa Majesté veut éteindre cette circonspection qu'elle reproche à sa marine, ce système de défensive qui tue l'audace et qui double celle de l'ennemi. Cette audace, elle la veut dans tous ses amiraux, ses capitaines, officiers et marins, et, quelle qu'en soit l'issue, elle promet sa considération et ses grâces à ceux qui sauront la porter à l'excès. Ne pas hésiter à attaquer des forces inférieures ou égales et avoir avec elles des combats d'extermination, voilà ce que veut Sa Majesté ! Elle compte pour rien la perte de ses vaisseaux, si elle les perd avec gloire. Elle ne veut plus que ses escadres soient bloquées par des forces inférieures ; et, si l'ennemi se présente de cette manière devant Cadix, elle vous recommande et vous ordonne de ne pas hésiter à l'attaquer. L'Empereur vous prescrit de tout faire pour inspirer ces sentiments à tous ceux qui sont sous vos ordres, par vos actions, vos discours et par tout ce qui peut élever les cœurs. Rien ne doit être négligé à cet égard : sorties fréquentes, encouragements de toute espèce, actions hasardeuses, ordres du jour qui portent l'enthousiasme, tout doit être employé pour animer et exalter le courage de nos marins. Sa Majesté veut leur ouvrir toutes les portes des honneurs et des grâces, et ils seront le prix de tout ce qui sera tenté d'éclatant. Elle se plaît à penser que vous serez le premier à les recueillir, et, quels que soient les reproches qu'elle m'a ordonné de vous faire, il m'est flatteur de pouvoir vous dire, en toute sincérité, que sa bienveillance et ses grâces les plus distinguées n'attendent que la première action d'éclat qui signalera votre courage. »

On jugeait mal, à Paris, l'amiral Villeneuve ; cet officier général était aussi brave qu'il était irrésolu. Ses lumières, la connaissance qu'il avait du métier ne lui montraient que trop bien les regrettables conséquences, pour les marines alliées, d'une rencontre avec les Anglais. En signalant les dangers auxquels nous nous exposions, il croyait remplir un des devoirs les plus importants de sa place, mais il ne songeait pas à sa personne. Jamais il n'avait été plus convaincu que la flotte combinée courrait au-devant d'un désastre, si elle sortait pour chercher l'ennemi. Malheureusement, dans la correspondance qu'il venait de recevoir, il crut remarquer que son courage personnel était mis en doute. Profondément blessé, il résolut de livrer cette bataille dont on parlait si souvent à Paris et sur les suites de laquelle on ne semblait avoir aucune préoccupation. Le 28 septembre, il répondit au ministre de la marine « J'ai reçu hier, par votre courrier, vos dépêches du 16 septembre et les instructions signées de l'Empereur qui y étaient jointes. Les troupes embarqueront lundi et je ferai le signal d'appareiller, aussitôt que le vent permettra de sortir de la baie. S'il ne manque à la marine impériale que du caractère et de l'audace, je crois pouvoir assurer Votre Excellence que la mission actuelle sera couronnée d'un brillant succès. » Le jour où le vice-amiral Villeneuve écrivait ces lignes, le vice-amiral Nelson, nommé au commandement en chef de la flotte anglaise, arrivait, devant Cadix, sur le trois-ponts le *Victory*, qui portait son pavillon, et les vaisseaux de soixante-quatorze l'*Ajax* et le *Thunderer*. Voulant laisser l'amiral Villeneuve dans l'ignorance de la force de son armée, lord Nelson se retira à dix-huit lieues environ dans l'ouest-sud-ouest de Cadix. Deux frégates, l'*Eryalus* et l'*Hydra*, furent chargées de surveiller le port. Des vaisseaux, placés loin les uns des autres, mais à une distance leur permettant de communiquer entre eux à l'aide de signaux, relièrent les frégates, désignées pour cette importante mission, au gros de l'armée. Nelson attendait une division de vaisseaux à deux ponts choisis parmi des navires fins voiliers que devait lui amener le vice-amiral Thornborough. Il supposait que sa flotte, composée en ce moment de trente-trois vaisseaux, dont huit à trois ponts, atteindrait, avec ce renfort, le chiffre de quarante vaisseaux.

L'amiral Nelson n'avait pas réussi, ainsi qu'il le supposait, à dissimuler à ses adversaires la véritable force de son armée. Des informations, parvenues à Cadix, dans les premiers jours d'octobre, firent connaître qu'il avait, sous ses ordres, trente-trois vaisseaux, dont huit à trois ponts. Les principaux officiers des marines alliées se montraient opposés à la sortie de l'armée. Dans un conseil de guerre, réuni, le 5 octobre, à bord du *Bucen-*

*taure*, cette question fut examinée. Le conseil déclara que, sur la plupart des bâtiments des deux nations, les équipages étaient très faibles. D'autre part, plusieurs vaisseaux espagnols n'avaient pu encore exercer leur personnel à la mer. Enfin, les trois-ponts la *Santa-Ana* et le *Rayo* et le *San-Justo* de soixante-quatorze, armés avec précipitation, et sortis, depuis peu de jours, de l'arsenal, pouvaient, à la rigueur, appareiller avec l'armée, mais ces navires étaient hors d'état de rendre les services militaires qu'on devait attendre d'eux lorsqu'ils seraient complètement organisés. Le conseil conclut en disant : l'armée ennemie est plus forte que la nôtre ; livrer bataille, surtout en sortant du port, serait une faute. Si on veut prendre la mer, il faut profiter d'une occasion favorable, par exemple l'éloignement de la flotte ennemie à la suite d'un coup de vent. Les amiraux Gravina, Alava, Escano, Cisneros et les chefs de division Macdonell et Galiano assistaient à ce conseil, dans lequel l'escadre française était représentée par les amiraux Villeneuve, Dumanoir, Magon et les capitaines Cosmao, Maistral et Villegris. L'amiral Villeneuve, toujours fermement résolu à sortir de Cadix, objecta les ordres de l'empereur. Les membres du conseil s'inclinèrent et se déclarèrent prêts à appareiller. L'amiral Villeneuve aurait pu d'autant mieux se ranger à l'avis qui venait d'être exprimé par les principaux officiers de la flotte franco-espagnole que, d'après les calculs mêmes qu'on faisait à Paris, où on ne comptait deux vaisseaux espagnols que pour un, nous étions numériquement inférieurs à l'ennemi. L'escadre combinée étant composée de trente-trois vaisseaux, dix-huit français et quinze espagnols, ne représentait que vingt-cinq ou vingt-six vaisseaux. Ce n'était pas que le commandant en chef de la flotte combinée se fît illusion sur le véritable état des choses. Il se rendait, au contraire, un compte très exact de toutes les difficultés de sa tâche. Pour sortir de Cadix, il fallait qu'il eût des vents d'est, et, d'autre part, il était obligé d'attendre, pour franchir le détroit de Gibraltar, que les vents fussent passés à l'ouest. Dans ces conditions, la rencontre entre les deux escadres était inévitable.

Le 7 octobre, les vents, qui étaient à l'ouest depuis quelques jours, soufflèrent de l'est. Villeneuve voulut appareiller, mais le temps étant devenu mauvais dans la journée, il dut renoncer à ce projet. Le 14 octobre, on apprit que l'amiral Rosily avait passé par Bayonne, se dirigeant sur Madrid. Cet officier général était, disait-on, chargé d'une mission particulière pour Cadix. Cette nouvelle ne causa aucune préoccupation à l'amiral Villeneuve qui écrivit, le même jour, au ministre : « Des lettres particulières de Bayonne nous annoncent l'arrivée du vice-amiral Rosily, chargé d'une mission pour Cadix. Rien ne pouvait m'être plus agréable que cette nouvelle ; je suis au désespoir d'être toujours seul à correspondre avec Votre Excellence sur des objets aussi délicats. L'expérience et les lumières du vice-amiral Rosily viendront bien à propos à mon aide, et, lorsqu'il aura vu, je ne craindrai nullement son jugement et sur le présent et sur le passé. » Le 18 octobre, on sut que l'amiral Rosily était arrivé à Madrid. Le bruit se répandit alors que cet officier général venait à Cadix pour prendre le commandement de la flotte combinée. Le silence, que gardait le gouvernement sur la mission confiée à cet officier général, frappa l'amiral Villeneuve.

Il se vit remplacé, rappelé à Paris. Comment, s'il quittait l'armée, pourrait-il laver la tache faite à son honneur. Prendre le mer, avant l'arrivée de son successeur, telle fut la pensée qui s'empara de son esprit. Le jour même, il fut prévenu que six vaisseaux, détachés de l'armée anglaise, avaient mouillé à Gibraltar. L'occasion qui se présentait était trop favorable pour qu'il ne la saisît pas. La diminution des forces de l'ennemi, diminution importante puisqu'elle était de six vaisseaux, justifiait la sortie de la flotte combinée. Villeneuve appela l'amiral Gravina à son bord afin de lui communiquer ses intentions. Le commandant de l'escadre espagnole n'ayant fait aucune objection, les signaux de se préparer à appareiller, de désaffourcher et d'embarquer les chaloupes et canots montèrent aux mâts du *Bucentaure*. Le 19 octobre, huit vaisseaux franchirent les passes; le 20, dans la journée, toute l'armée était dehors.

## II

La flotte combinée courut au large, le cap à l'ouest-nord-ouest, avec des vents de sud-ouest. La brise ayant fraîchi, l'ordre fut donné de prendre des ris. L'inexpérience des équipages apparut immédiatement ; plusieurs vaisseaux espagnols nouvellement armés tombèrent sous le vent. Douze vaisseaux français et espagnols formèrent une escadre qui prit le nom d'escadre de réserve ou d'observation. Celle-ci fut placée sous la direction particulière de l'amiral

Gravina, ayant, avec lui, le contre-amiral Magon, dont le pavillon était arboré sur l'*Algésiras*. Vingt et un vaisseaux, divisés en trois escadres, restèrent sous les ordres directs du vice-amiral Villeneuve. Ce dernier commandait la première escadre, le vice-amiral Alava la seconde et le contre-amiral Dumanoir Lepelley la troisième. Les vents s'étant rapprochés de l'ouest, l'armée, rangée sur trois colonnes, fit route, les amures à tribord. L'escadre d'observation se tint sur la droite de l'armée. Quelques frégates furent aperçues. L'amiral les fit chasser par l'escadre légère, mais on ne parvint pas à les atteindre. Vers huit heures et demie du soir, le brick l'*Argus*, expédié par l'amiral Gravina, passa à portée de voix du *Bucentaure*. Son capitaine annonça que dix-huit vaisseaux avaient été vus dans le sud-ouest par l'*Achille*. L'amiral Villeneuve signala : « la ligne de bataille, les amures à tribord, sans avoir égard au poste assigné à chaque vaisseau, en se formant sur ceux qui étaient le plus sous le vent. » L'escadre d'observation conserva sa position au vent de l'armée. Dans la nuit, de nombreux signaux, faits soit avec des feux, soit à coups de canon, montrèrent que les Anglais n'étaient pas loin.

L'amiral Nelson, prévenu de la sortie des escadres alliées, s'était dirigé vers le détroit de Gibraltar afin de nous fermer l'entrée de la Méditerranée. Le 20, au point du jour, il était sous le cap Spartel, attendant avec impatience des informations sur la direction que nous avions prise. Renseignés, dans la matinée, sur notre position, les Anglais firent route vers le nord. Le 21, lorsque le jour se leva, les deux armées se trouvèrent en présence ; une distance de deux à trois lieues les séparait. La flotte anglaise était forte de vingt-sept vaisseaux, dont sept à trois ponts. L'amiral Villeneuve signala la ligne de bataille, tribord amures, ordre naturel. L'amiral Gravina donna l'ordre à l'escadre d'observation de se placer à la tête de l'armée combinée. La position des deux flottes rendait la bataille inévitable. L'amiral Villeneuve voulut se réserver, en cas de défaite, la possibilité de rentrer à Cadix. A huit heures, il fit le signal de virer vent arrière, tout à la fois, et de former la ligne de bataille, les amures à babord, dans l'ordre renversé. Vers dix heures, l'armée courut aux nouvelles amures. La brise était faible de l'ouest et la houle très forte. L'évolution avait été mal exécutée, et notre escadre, au lieu d'être rangée sur une seule ligne, formait une sorte de courbe dont la convexité était tournée vers l'est. Un grand nombre de vaisseaux étaient sous le vent de leurs postes ; d'autres se doublaient. « L'armée combinée, écrivait, après la bataille, le contre-amiral Dumanoir, contrariée par la houle et une très faible brise, se trouvait mal formée. Quoique très serrée, l'arrière-garde paraissait être en peloton. Le centre avait peu de vaisseaux dans les eaux les uns des autres, et l'avant-garde n'avait que les cinq vaisseaux de tête en ligne. »

Ainsi qu'on a pu le remarquer, l'amiral Gravina, abandonnant la position qu'il occupait au vent de l'armée, s'était placé dans la ligne avec l'escadre qu'il commandait. Son vaisseau, le *Prince des Asturies*, était devenu le serre-file de la flotte combinée. L'amiral Villeneuve, en prescrivant, à huit heures du matin, de former la ligne de bataille, les amures à tribord, n'avait donné à l'escadre d'observation aucun ordre particulier. Sa correspondance ne fournit, à l'égard de la manœuvre faite par l'amiral espagnol, aucun éclaircissement. L'amiral

Villeneuve la relate sans y joindre aucun commentaire : « Dès que le jour s'est fait, lisons-nous dans sa lettre du 5 novembre 1805, nous avons aperçu l'ennemi à l'ouest au nombre de trente-trois voiles, à la distance d'environ deux lieues et demie. Le cap Trafalgar a été aussi aperçu à l'est-sud-est à quatre lieues. J'ai fait signal aux frégates d'aller reconnaître l'ennemi et à l'armée de former la ligne de bataille, tribord amures, ordre naturel. L'amiral Gravina, a, en même temps, fait à l'escadre d'observation celui de se placer à la tête de l'armée combinée. » Quelques écrivains prétendent que le vice-amiral Gravina, avant de prendre poste à la tête de la ligne, avait demandé, par signal, à l'amiral Villeneuve l'autorisation de manœuvrer d'une manière indépendante. Un refus très net aurait été la réponse du commandant en chef de l'armée combinée. Nous ne trouvons, dans les pièces officielles, aucune trace de cet incident. Or, des signaux de cette importance, vus par toute une escadre, ne peuvent être passés sous silence. Cette version, favorable à l'amiral Gravina, a été adoptée par les Espagnols. On doit d'autant plus en être surpris que le contre-amiral Escano, chef d'état-major de Gravina, ne fait, dans son rapport, aucune allusion à cet échange de signaux, ce à quoi il n'aurait pas manqué, s'il avait eu lieu en réalité. A onze heures, Villeneuve fit à l'arrière-garde, le signal « de tenir le vent pour la mettre à même de couvrir le centre de l'armée qui paraissait être le point sur lequel l'ennemi semblait vouloir porter ses plus grands efforts. » Or, à ce moment, c'était l'escadre d'observation, puisque nous avions pris les amures à babord, qui faisait l'arrière-garde. L'amiral Gravina se maintint dans la position qu'il avait prise.

Ainsi, à peine formée, l'escadre d'observation disparut, et, avec elle, une combinaison qui aurait pu avoir d'heureuses conséquences.

La flotte combinée se trouva rangée dans l'ordre suivant : le *Neptuno*, le *Scipion*, l'*Intrépide*, de quatre-vingts, capitaines Cayetano-Valdés, Bellanger, Infernet, le *Rayo* de cent, capitaine Enrique Macdonell, le *Formidable* de quatre-vingts, capitaine Letellier, portant le pavillon du contre-amiral Dumanoir Lepelley, le *Duguay-Trouin*, le *Mont-Blanc*, le *San-Francisco d'Asis*, de soixante-quatorze, capitaines Touffet, Lavillegris, Luis Florès, le *San-Augustino* de quatre-vingts, capitaine Felipe Cayigal, le *Héros* de soixante-quatorze, capitaine Poulain, la *Santissima-Trinidad* de cent-trente, capitaine Uriarte, portant le pavillon du chef d'escadre Cisneros, le *Bucentaure* de quatre-vingts, capitaine Magendie, portant le pavillon de l'amiral Villeneuve, le *Neptune* de quatre-vingts, capitaine Maistral, le *San-Leandro*, le *Redoutable*, le *San-Justo*, de soixante-quatorze, capitaines Lucas, Quevedo, Miguel Gaston, l'*Indomptable* de quatre-vingts, capitaine Hubert, la *Santa-Ana* de cent-vingt, capitaine Gardoqui, portant le pavillon du lieutenant-général Alava, le *Fougueux*, le *Monarca*, le *Pluton*, de soixante-quatorze, capitaines Baudoin, Arquemosa, Cosmao-Kerjulien, l'*Algésiras* de quatre-vingts, capitaine Letourneur, portant le pavillon du contre-amiral Magon, le *Bahama*, l'*Aigle*, de soixante-quatorze. capitaines Galiano, Gourrège, le *Swiftsure* de quatre-vingts, capitaine Villemadrin, l'*Argonauta* de quatre-vingts, capitaine Pareja, le *Montanez* de quatre-vingts, capitaine Alcedo, l'*Argonaute* de soixante-quatorze, capitaine Epron, le *Berwick* de quatre-vingts, capitaine Camas, le *San-Juan-Nepomuceno*, le *San-Ildefonso*, de soixante-quatorze, capitaines Cosmes, d'Argas, l'*Achille* de quatre-vingts, capitaine Deniéport, et le *Prince des Asturies* de cent-dix, capitaine Hore, portant le pavillon du lieutenant-général Gravina.

Par suite de la faiblesse de la brise, les Anglais s'avançaient avec une extrême lenteur. Quoiqu'ils fussent couverts de voiles, leur vitesse ne dépassait pas trois nœuds. Ils étaient rangés sur deux colonnes, courant perpendiculairement à notre ligne de bataille. Celle du nord, que conduisait l'amiral Nelson, comprenait douze vaisseaux, savoir: le *Victory* de cent canons, portant le pavillon du commandant en chef, le *Téméraire*, le *Neptune*, de quatre-vingt-dix-huit, le *Conqueror*, le *Leviathan*, l'*Ajax*, l'*Orion*, de soixante-quatorze, l'*Agamemnon* de soixante-quatre, le *Minotaur*, le *Spartiate*, de soixante-quatorze, le *Britannia* de cent, portant le pavillon du contre-amiral Northesk, et l'*Africa* de soixante-quatre. Ces bâtiments étaient commandés par les capitaines Hardy, Harvey, Fremantle, Pellew, Boyntun, Pilford, Codrington, Berry, Mansfield, Laforey, Bullen et Digby. Le vice-amiral Collingwood commandait la seconde colonne, composée des vaisseaux désignés ci-après: le *Royal-Sovereign* de cent, portant son pavillon, le *Mars*, le *Belle-Isle*, de soixante-quatorze, le *Tonnant* de quatre-vingts, le *Bellerophon*, le *Collossus*, l'*Achille*, de soixante-quatorze, le *Polyphemus* de soixante-quatre, le *Revenge*, le *Swiftsure*, le *Defence*, le *Thunderer*, le *Defiance*, de soixante-quatorze, le *Prince* et le *Dreadnought* de quatre-vingt-dix-huit. Ces bâtiments étaient commandés par les capitaines Rotheram, Duff, Hargood, Tyler, Cooke, Morris, King,

Redmill, Moorsom, Rutherford, Hope, Stokham, Durham, Gindall et John Conn. Le commandant en chef de l'armée anglaise, à la tête de la colonne du nord, gouvernait sur le *Bucentaure*. Le vice-amiral Collingwood, avec les vaisseaux placés sous ses ordres, se dirigeait sur la *Santa Ana*, trois-ponts espagnol portant le pavillon du vice-amiral Alava.

La flotte franco-espagnole se trouvait, à onze heures, à vingt milles environ dans le sud-sud-ouest de Cadix. Cette distance devait encore diminuer puisque nous nous avancions vers le nord. Nous avions donc, en cas de défaite, un port sous le vent, facile à atteindre. Voulant nous enlever cet avantage, lord Nelson fit connaître à l'amiral Collingwood qu'il se proposait de passer sous le vent de la flotte combinée. La proximité de la terre préoccupait, à un autre point de vue, le commandant de la flotte britannique. Le temps avait mauvaise apparence. La longue houle de l'ouest, la baisse du baromètre annonçaient un coup de vent qui pouvait constituer un grave danger, même pour des vaisseaux victorieux. L'amiral Nelson prescrivit de prendre les mesures nécessaires pour mouiller à la fin de la journée. Vers midi, le pavillon tricolore se déploya à la corne d'artimon de nos vaisseaux, aux cris répétés de « Vive l'Empereur ». Les Espagnols arborèrent la pavillon de Castille, au-dessous duquel ils placèrent une croix de bois. Les Anglais hissèrent, à l'arrière de leurs vaisseaux, le pavillon de Saint-Georges et, à la tête du grand mât et du mât de misaine, le yacht à queue blanche, comme signe de reconnaissance. Ce fut, à ce moment, alors que toutes les dispositions militaires semblaient prises, que lord Nelson adressa à son armée ce signal, resté célèbre :

« L'Angleterre compte que chacun fera son devoir. »

L'amiral Villeneuve avait donné l'ordre de commencer le feu aussitôt que l'ennemi serait à portée. Un peu après midi, les premiers coups se firent entendre ; ils furent tirés par le *Fougueux* sur le *Royal-Sovereing*. Ce vaisseau, qui était à trois quarts de mille environ sur l'avant de sa colonne, semblait s'avancer seul sur la flotte combinée. Le vaisseau de Collingwood gouvernait sur l'arrière de la *Santa-Ana*, avec l'intention évidente de passer derrière ce vaisseau. Il régnait, dans cette partie de l'armée, un tel désordre que rien ne pouvait s'opposer à l'exécution de ce dessein. Le *Fougueux*, matelot d'arrière du trois-ponts espagnol, était sous le vent de la ligne. Quant aux bâtiments, venant après le *Fougueux*, tous se trouvaient en arrière de leurs postes. Ne rencontrant aucun obstacle, le *Royal-Sovereing* rangea, comme il l'eût fait dans un exercice, l'arrière de la *Santa-Ana*, tirant, sur ce vaisseau, ses canons de bâbord chargés à double projectile. Le vaisseau anglais envoya sa bordée de tribord au *Fougueux*, puis, serrant le vent, bâbord amures, il engagea, vergue à vergue, le trois-ponts espagnol. Dans cette position, le *Royal-Sovereing* reçut le feu du *San-Leandro*, du *San-Justo*, de l'*Indomptable* et du *Fougueux*. On aurait pu croire que le trois-ponts anglais serait détruit ou forcé d'amener son pavillon. Il n'en fut rien ; notre tir était tellement mauvais que le *Royal-Sovereing* put attendre, sans souffrir beaucoup, l'arrivée du *Belleisle*. Ce dernier vaisseau, après être passé derrière la *Santa-Ana* et lui avoir envoyé une bordée d'enfilade, attaqua l'*Indomptable*. L'*Aigle*, l'*Achille* et le *Neptune* ouvrirent le feu sur le *Belleisle*. Complètement démâté, les débris de ses mâts et de ses voiles pendant le long du bord et obstruant la plus grande partie de ses sabords, ce vaisseau se trouva, pendant un moment, dans une situation très critique. Le *Polyphemus*, le *Defiance* et le *Swiftsure* le dégagèrent. Le premier attaqua le *Neptune*, le second l'*Aigle* et le troisième l'*Achille*. Le *Pluton* combattit le *Mars* qui avait pénétré dans notre ligne après le *Belleisle*. Le commandant du *Mars* futtué. Le capitaine Cosmao se disposait à aborder ce vaisseau lorsque l'arrivée de plusieurs bâtiments anglais le sépara de son adversaire. Les vaisseaux de la colonne du sud ne suivirent pas tous la route frayée par l'amiral Collingwood. Quelques-uns coupèrent notre ligne entre l'*Achille* et le *San-Ildefonso* ; d'autres, venant sur tribord, se dirigèrent sur la queue de la ligne afin de doubler les derniers vaisseaux par dessous le vent et les mettre entre deux feux.

La colonne, à la tête de laquelle s'était placé l'amiral Nelson, marchait avec plus de lenteur que les vaisseaux de Collingwood. Il y avait quelque temps déjà que le *Royal-Sovereing* était engagé avec la *Santa-Ana*, lorsque le *Victory* arriva à portée de nos canons. A midi vingt minutes, le centre de notre armée et quelques vaisseaux de l'avant-garde ouvrirent le feu sur le trois-ponts anglais. Le *Victory* se dirigeait sur l'arrière du *Bucentaure*. Pas plus que le *Royal-Sovereing*, le vaisseau du commandant en chef de l'armée anglaise ne devait trouver de résistance pour couper notre ligne. Si celle-ci eût été régulièrement formée, le *Neptune*, le *San-Leandro*, le *Redoutable*, le *San-Justo* et l'*Indomptable*, matelot de l'avant de la *Santa-Ana*, auraient été rangés dans les eaux du *Bucentaure*. Or, de ces cinq vaisseaux, destinés à relier le vaisseau de Villeneuve au trois-ponts la *Santa-Ana*, sur l'arrière duquel était passé le *Royal-Sovereing*, le *Neptune*, le *San-Leandro*, le *San-Justo* et l'*Indomptable* étaient sous le vent de leurs postes. Les trois derniers étaient non seulement sous le vent mais en arrière de la position qu'ils auraient dû occuper. C'était à peine si l'*Indomptable* dépassait le travers de la *Santa-Ana* dont il était le matelot d'avant. Ainsi, le plus grand vide, existant dans notre ligne de bataille, se trouvait au centre de l'armée, et c'était sur ce point que se dirigeait le *Victory*. Le capitaine Lucas, du *Redoutable*, se rendant compte des dangers que courait le vaisseau du commandant en chef, fit de la voile. Il se rapprocha du *Bucentaure*, mais il ne put se maintenir assez près de ce vaisseau pour fermer le passage. La brise avait molli ; le *Victory*, quoique couvert de voiles, s'avançait lentement. Si l'escadre française avait eu de bons canonniers, le vaisseau anglais eût été mis rapidement dans l'impossibilité de poursuivre sa route, mais notre tir était tellement mauvais qu'il arriva jusqu'à nous, sans avoir éprouvé de sérieux dommages. Le mât de perroquet de fougue coupé, la roue du gouvernail brisée, des voiles déchirées, telles étaient ses avaries ; ses pertes en hommes s'élevaient à vingt tués et trente blessés.

Le vaisseau de Nelson traversa la ligne, en rangeant, de si près, l'arrière du *Bucentaure* que ses vergues, suivant l'expression du capitaine Magendie, « croisèrent par dessus la dunette du vaisseau français. » Le feu des trois batteries du *Victory*, dont les pièces étaient chargées à double projectile, balayèrent le *Bucentaure* dans toute sa longueur. Le trois ponts anglais continua sa route

Il avait, à ce moment, le *Redoutable* par le bossoir de tribord, et, devant lui, le *Neptune*, matelot d'arrière du *Bucentaure*. Le *Neptune*, ainsi qu'on l'a vu plus haut, était tombé sous le vent de son poste. Le capitaine Hardy, du *Victory*, vint sur tribord, et, soit volontairement, soit qu'il ne se fût pas rendu compte de la distance qui le séparait du *Redoutable*, il aborda ce vaisseau. Un combat très vif s'engagea entre le trois-ponts anglais et le soixante-quatorze français. Le *Temeraire*, le *Neptune*, le *Leviathan*, le *Conqueror* traversèrent notre ligne derrière le *Victory*. Ces vaisseaux enveloppèrent le *Bucentaure* et son matelot d'avant, la *Santissima-Trinidad*, trois-ponts espagnol qui portait le pavillon du chef d'escadre Cisneros. Nous avons indiqué la position sous-ventée du *Neptune*, du *San-Justo*, du *San-Leandro* et de l'*Indomptable*, c'est-à-dire des vaisseaux qui, avec le *Redoutable*, auraient dû se trouver entre le *Bucentaure* et la *Santa-Ana*. Les capitaines de ces bâtiments, supposant probablement qu'ils ne pourraient pas s'élever assez au vent pour soutenir le centre de l'armée, auquel ils appartenaient, prirent les amures à tribord et se dirigèrent vers l'arrière-garde.

L'armée franco-espagnole se trouvait coupée en deux. Dans le nord, depuis le chef de file, le *Neptuno*, jusqu'au *Redoutable*, on comptait treize vaisseaux ; puis, après un espace de plus d'un mille, venait le trois-ponts le *Santa-Ana*, derrière lequel il y avait dix-neuf vaisseaux. La colonne de l'amiral Nelson put porter tous ses efforts sur trois vaisseaux, le *Bucentaure*, la *Santissima-Trinidad* et le *Redoutable*. Le capitaine Lucas combattait avec vigueur le puissant adversaire que les circonstances lui avaient donné. Les deux bâtiments étaient bord à bord. Les matelots français dirigeaient, à travers les sabords du *Victory*, une fusillade très nourrie sur les hommes qui manœuvraient les pièces. Des hunes du *Redoutable*, on faisait un feu très vif de mousqueterie ; enfin des grenades étaient jetées sur le pont du vaisseau anglais. Nelson, revêtu d'un uniforme, couvert de décorations, se promenait, sur le gaillard d'arrière du *Victory*, avec son capitaine de pavillon. Une balle, partie de la hune d'artimon du *Redoutable*, le frappa à l'épaule gauche. Le projectile, après avoir traversé l'épaulette et labouré la poitrine, se logea dans l'épine dorsale. « J'espère, milord, s'écria son capitaine de pavillon, en s'élançant auprès de lui, que vous n'êtes pas dangereusement blessé. — C'en est fait de moi, Hardy, répondit l'amiral, ils y ont enfin réussi, j'ai l'épine dorsale brisée. » Nelson fut transporté dans le faux-pont. Les médecins ne purent se faire illusion sur la gravité de sa blessure ; l'amiral était mortellement atteint.

Le capitaine Lucas, apprenant que le pont du *Victory* semblait abandonné, fit monter les divisions d'abordage.

Nos matelots, rencontrant de grandes difficultés pour passer sur le vaisseau anglais, l'ordre fut donné d'amener la grand' vergue. Déjà l'aspirant Yon et quatre matelots avaient sauté à bord du *Victory* et l'équipage s'apprêtait à les suivre lorsque parut le *Temeraire*. Ce vaisseau, après avoir canonné, pendant quelque temps, le *Bucentaure*, s'était dirigé sur le *Victory*. Rangeant l'arrière du *Redoutable*, il lui envoya, à portée de pistolet, une bordée à mitraille. Deux cents hommes tombèrent morts ou blessés. Le *Temeraire*, prolongeant le vaisseau français sous le vent, s'établit par son bossoir de tribord. Portant, dans la lutte, une héroïque opiniâtreté, le capitaine Lucas renvoya dans les batteries le reste de son brave équipage. S'il devait désespérer de la victoire, il ne voulait rendre son vaisseau qu'à la dernière extrémité. Le *Victory* et le *Redoutable*, en dérivant, abordèrent le *Temeraire* dont le beaupré se trouva engagé dans les grand haubans du vaisseau français. Comme s'il n'eût pas suffi de ces deux trois-ponts pour réduire un vaisseau de soixante-quatorze, le *Neptune* de cent canons prit position sur l'arrière du *Redoutable* et lui envoya des bordées d'enfilade. A une heure cinquante-cinq minutes, démâté, coulant bas d'eau, ayant cinq cent vingt-deux hommes hors de combat, sur six cent quarante-cinq dont se composait son équipage, le *Redoutable* amena son pavillon. Sept officiers étaient tués et six blessés. Il y avait, à bord du *Redoutable*, onze aspirants ; six étaient tués et cinq grièvement blessés. Le groupe, formé par le *Victory*, le *Redoutable* et le *Temeraire*, tomba, en dérivant vers l'arrière garde, sur le *Fougueux*. Ce vaisseau avait eu plusieurs engagements avec des bâtiments appartenant à la colonne de Collinwood ; il avait vaillamment combattu jusque-là, mais, complètement dégréé, ayant perdu beaucoup de monde, il ne pouvait opposer une longue résistance aux entreprises de l'ennemi. Néanmoins, le capitaine Baudoin appela ses divisions d'abordage et il se disposait à les lancer à bord du navire anglais lorsqu'il tomba mortellement atteint. Peu après, son second, le capitaine de frégate Bazin fut tué. Un détachement du *Temeraire* sauta à bord du *Fougueux* et se rendit maître de ce vaisseau. Le *Fougueux* avait plus de quatre cents hommes hors de combat.

Pendant le cours des événements que nous venons de

rapporter, l'action, à l'arrière-garde, était devenue générale ; mais, sur ce point, comme au centre de l'armée, le fortune se montrait contraire à nos armes. Le *Monarca*, canonné par le *Belleisle* puis par le *Mars*, avait eu le *Bellerophon* pour adversaire. Après un engagement très vif, qui dura jusqu'à deux heures, le vaisseau espagnol amena son pavillon. La *Santa-Ana*, portant le pavillon du vice-amiral Alava, luttait avec la plus grande énergie contre le *Royal-Sovereing*. Malheureusement, le trois-ponts-espagnol avait reçu, au début de l'action, de nombreuses bordées des navires qui passaient derrière lui. Enfin, pendant quelque temps, le *Belleisle* était venu en aide au *Royal-Sovereing*. Un peu après deux heures, la *Santa-Ana*, démâtée de tous ses mâts, amena son pavillon ; ce vaisseau avait quatre-vingt dix-sept morts, dont cinq officiers, et cent quarante et un blessé. L'amiral Alava et quatre officiers figuraient parmi ces derniers. Le *Royal-Sovereing* avait quarante-sept morts et quatre-vingt-quatorze blessés. Le grand mât et le mât d'artimon de ce vaisseau avaient été abattus et le mât de misaine était sur le point de tomber. Le vaisseau de quatre-vingts l'*Argonauta*, les vaisseaux de soixante-quatorze le *San-Ildefonso* et le *San-Juan-Nepomuceno* éprouvèrent le même sort que le *Monarca*, le *Bahama* et la *Santa-Ana*.

A mesure que le journée s'avançait, le situation devenait plus difficile pour les alliés. Les navires ennemis, que la reddition d'un navire français ou espagnol laissait sans adversaires, venaient en aide à ceux de leurs compagnons qui étaient engagés. Le plus grand désordre régnait à l'arrière garde. Au milieu de la fumée, les combattants cessaient de se voir. Lorsque survenait une éclaircie, chacun d'eux était surpris de se trouver en présence d'un nouvel antagoniste. A trois heures trente minutes, l'*Aigle*, démâté de tous ses mâts, coulant bas d'eau, ayant les deux tiers de son équipage hors de combat, amena son pavillon. Le second du vaisseau, le capitaine de frégate Tempie avait été tué et le capitaine Gourrège grièvement blessé indication du nota. Le *Berwick* eut, pour adversaires, le *Defence* puis l'*Achille*. Le capitaine Camas et son second, le capitaine de frégate Guichard, furent tués. Le *Berwick*, ayant deux cent-cinquante hommes hors de combat, amena son pavillon. L'*Algésiras* avait déjà combattu plusieurs bâtiments ennemis lorsqu'il fut abordé par le *Tonnant*. Ce dernier engagea ses grands haubans dans le beaupré du vaisseau français. L'*Algésiras* recevant, dans cette position, des bordées d'enfilade auxquelles il ne pouvait répondre que par ses pièces de l'avant, le contre-amiral Magon ordonna de tenter l'abordage ; il se proposait de conduire, lui-même, l'équipage sur le navire anglais. Blessé au bras droit et à la cuisse, il ne quitta pas son poste ; une balle, qui l'atteignit en pleine poitrine, le renversa mort sur le pont. Un feu violent, dirigé sur le vaisseau français par plusieurs bâtiments ennemis, ne permit pas de donner suite au projet de l'amiral. Le mât de misaine, le grand mât et le mât d'artimon furent successivement abattus. Le capitaine de pavillon Letourneur et son second ayant été blessés, le commandement passa aux mains du lieutenant du vaisseau de La Bretonnière. Démâté de tous ses mâts, ayant deux cent-seize hommes hors de combat, criblé dans toutes ses parties, l'*Algésiras* amena

1. Le capitaine Gourrège mourut quelques jours après de ses blessures.

son pavillon. Le S*wiftsure* fut attaqué par le *Revenge* et
le *Colossus*. Le vaisseau français soutenait, avec ardeur,
cette lutte inégale lorsque le *Bellerophon* vint prendre
position derrière lui. Le *Swiftsure* reçut des bordées
d'enfilade qui portèrent le ravage dans ses batteries,
tuant des hommes et démontant des canons. Démâté de
son mât de misaine et de son mât d'artimon, ayant deux
cent-cinquante hommes hors de combat et cinq pieds
d'eau dans la cale, le *Swiftsure* fut contraint de se rendre.

Peu après le début de l'action l'*Achille* fut enveloppé;
le *Polyphemus*, le *Defiance* et le *Swiftsure* se réunirent
pour l'écraser. A deux heures et demie, le capitaine et
plusieurs officiers furent tués; l'enseigne de vaisseau
Cauchard prit le commandement de l'*Achille*. Vers
trois heures, le *Prince* de cent canons vint se joindre
aux assaillants. Le vaisseau français avait déjà près de
cinq cents hommes hors de combat lorsqu'une explosion, qui se produisit dans la hune de misaine, amena
un incendie dont il fut impossible d'arrêter les progrès.
Un grand nombre d'hommes, se jetèrent à la mer,
s'accrochant à des débris. Le *Prince*, le *Swiftsure* et les
côtres le *Pickle* et l'*Entreprenant* envoyèrent leurs embarcations pour les recueillir. Le *Montanez*, sous-venté
au moment où avait commencé la bataille, était resté
à peu près étranger à l'action, l'*Argonaute*, après avoir
combattu le *Bellerophon*, était tombé sous le vent de la
ligne. Le *San-Leandro* et l'*Indomptable* étaient sous le
vent et à une distance trop grande pour prendre une part
active au combat. On se rappelle que ces deux vaisseaux
appartenaient, ainsi que le *Neptune* et le *San-Justo*, au
centre de l'armée. Eloignés de leurs postes, au moment
où le *Victory* avait coupé la ligne sur l'arrière du *Bu-*

*centaure*, ces quatre vaisseaux s'étaient dirigés vers l'arrière garde. Le *Prince des Asturies*, portant le pavillon de l'amiral Gravina, avait combattu successivement le *Dreadnought*, le *Defence*, le *Defiance* et le *Prince*. La position du vaisseau espagnol était devenu très critique, lorsqu'il fut secouru par le *Pluton*, le *Neptune* et le *San-Justo*. Le *Pluton*, après avoir été séparé de son premier adversaire, le *Mars*, avait combattu plusieurs bâtiments ennemis, près desquels il s'était trouvé, avant de se porter au secours du *Prince des Asturies*.

Le mode d'attaque, adopté par l'ennemi, avait laissé, hors du champ de bataille, nos dix premiers vaisseaux. Ceux-ci, à trois heures de l'après-midi, n'avaient rien fait si ce n'est d'envoyer, au début de l'action, quelques boulets à la colonne de l'amiral Nelson et à l'*Africa*. Ce vaisseau de soixante-quatre, qui s'était séparé de son armée pendant la nuit, n'avait pas craint, pour la rallier promptement, de passer au vent de notre ligne, à portée de canon. Nous n'avions pas réussi à le désemparer et il était venu se joindre aux vaisseaux qui combattaient la *Santissima-Trinidad*. A midi trente minutes, l'amiral Villeneuve avait fait le signal suivant : « L'armée navale, combattant au vent et sous le vent, ordre aux vaisseaux qui, par leur position actuelle, ne combattent pas, d'en prendre une quelconque qui les reporte au feu le plus promptement possible ». Ce signal ne fut suivi d'aucun mouvement de l'avant-garde. « Au commencement du combat, écrivit l'amiral Dumanoir, la colonne du nord se dirigea vers l'avant-garde qui engagea avec elle pendant quarante minutes et combattit ensuite un vaisseau qui, venant du nord, serrait le vent pour aller rejoindre son armée. Dès que je ne vis plus d'ennemis par le travers de l'avant-garde, je fis signal (article cinq des signaux à la voile par un seul pavillon) aux vaisseaux qui n'avaient pas d'ennemis par leur travers de se porter promptement au feu. La mer était houleuse, le vent très faible et presque calme ; les vaisseaux gouvernaient à peine. Aucun vaisseau n'exécuta le signal ». Si l'avant-garde était dans l'impossibilité d'évoluer, pourquoi l'amiral Dumanoir lui prescrivait-il de se porter au feu. Si, au contraire, rien ne s'opposait à l'exécution de cet ordre, il est difficile de comprendre que le *Formidable* n'ait pas commencé le mouvement, donnant ainsi un exemple qui eût été suivi.

A une heure cinquante minutes, l'amiral Villeneuve fit à l'avant-garde le signal « de se porter au feu », puis celui « de virer tout à la fois ». La brise tombait, tandis que la houle de l'ouest restait très forte. L'évolution prescrite ne pouvait être exécutée rapidement. Il était près de trois heures, lorsque les dix vaisseaux, qui précédaient la *Santissima-Trinidad*, eurent pris les amures à l'autre bord. Le *Formidable*, qui portait le pavillon du contre-amiral Dumanoir, fit route au vent de l'armée, suivi par le *Duguay-Trouin*, le *Mont-Blanc*, le *Scipion* et le *Neptuno*. Malgré les signaux particuliers qui leur furent adressés par le commandant de l'avant-garde, cinq vaisseaux, le *Rayo*, le *San-Francisco d'Asis*, le *San-Augustino*, le *Héros* et l'*Intrépide* gouvernèrent sous le vent de la flotte combinée. Plusieurs vaisseaux anglais, qui avaient à peine combattu, se portèrent au devant de ces derniers bâtiments. C'étaient le *Britannia* de cent canons, l'*Ajax* et l'*Orion*, de soixante-quatorze, et l'*Agamemnon* de soixante-quatre. Le *Rayo* et le *San-Francisco d'Asis* échangèrent, à grande distance, quelques boulets avec le *Britannia* et ils se dirigèrent vers l'arrière-garde. Le *San-Augustino*, après avoir été canonné par plusieurs bâtiments anglais, fut enlevé, à l'abordage, par le *Leviathan*. Le *Héros* passa, à petite distance, de plusieurs bâtiments ennemis, avec lesquels il échangea des boulets, mais il ne s'arrêta pas pour leur prêter le travers. Le *Héros* perdit son commandant, le capitaine de vaisseau Poulain. L'*Intrépide*, le dernier des cinq bâtiments qui avaient fait route sous le vent de l'armée, mit le cap sur le *Bucentaure*. La prise du *San-Augustino*, l'éloignement du *Héros*, du *Rayo* et du *San-Francisco d'Asis* ne détournèrent pas le brave capitaine Infernet de son projet. L'*Africa* et l'*Orion* furent les premiers vaisseaux qu'il rencontra. L'*Intrépide* les combattit avec la plus grande vigueur, mais bientôt l'*Ajax* le *Conqueror* et l'*Agamemnon* vinrent l'assaillir. Le *Neptuno*, commandé par un des officiers les plus distingués de la marine espagnole, avait suivi le contre-amiral Dumanoir. Ce vaisseau marquait, dans sa manœuvre, une très grande indécision ; on aurait pu croire que le capitaine Valdès regrettait de ne pas avoir accompagné les vaisseaux qui avaient laissé porter sous le vent de la ligne. Quoi qu'il en soit, le *Neptuno*, demeuré en arrière, fut coupé par le *Spartiate* et le *Minotaur*. Un combat très vif s'engagea entre le navire espagnol et les deux vaisseaux anglais.

Les lenteurs de l'avant-garde avaient livré le *Bucentaure* et la *Santissima-Trinidad* à la colonne de Nelson. Le *Bucentaure*, sans un mât, ayant la plus grande partie de ses canons démontés, ne répondait que faiblement au feu de ses adversaires. Deux cent neuf hommes étaient hors de combat ; le commandant Magendie et le lieutenant de vaisseau Daudignon, son second, figuraient parmi les blessés. L'amiral Villeneuve, qui n'avait plus aucun espoir d'être secouru, voulut porter son pavillon sur un des navires de l'avant-garde. « Le *Bucentaure*, dit-il, a rempli sa tâche, la mienne n'est pas encore achevée ». Mais ce fut en vain qu'on chercha une embarcation ; toutes étaient brisées. On héla la *Santissima-Trinidad* pour lui demander un canot, mais ce vaisseau, n'entendant probablement pas, au milieu du bruit de la bataille, la question qu'on lui adressait, ne répondit pas. Le malheureux amiral, courbant la tête devant la fatalité, fit amener le pavillon du *Bucentaure*. Un petit canot du *Conqueror*, monté par quatre hommes et commandé par un capitaine d'infanterie de marine, vint chercher l'amiral Villeneuve et le conduisit à bord du *Mars*. Peu après, la *Santissima-Trinidad* qui, depuis le commencement de l'action, était engagée avec plusieurs navires ennemis, dut céder au nombre. Ce vaisseau s'était battu héroïquement. Le contre-amiral Cisneros, son capitaine de pavillon et plusieurs officiers étaient au nombre des blessés.

Le contre-amiral Dumanoir, avec le *Formidable*, le *Scipion*, le *Mont-Blanc* et le *Duguay-Trouin* prolongeait la ligne, au vent, à petite distance, échangeant des boulets avec les navires à portée desquels il passait. Parvenu par le travers du *Bucentaure* et de la *Santissima-Trinidad*, il vit que ces deux bâtiments étaient amarinés. Plusieurs vaisseaux anglais les entouraient. Le contre-amiral Dumanoir continua à courir vers le sud. Arrivé à la hauteur de la *Santa-Ana*, il donna l'ordre au capitaine Letellier de laisser porter sur l'ennemi. Mais déjà les vaisseaux qu'il conduisait avaient souffert. Le *Formidable* comptait soixante-cinq hommes hors de combat; son gréément était haché, les haubans et galhaubans de babord coupés. Dans ces conditions, la manœuvre prescrite devait amener la chute de la mâture. L'amiral Dumanoir, cédant aux observations qui lui furent faites par son capitaine de pavillon, poursuivit sa route sous petites voiles.« Alors plus que jamais, écrivit-il, je sentis combien la non-exécution de l'ordre de virer de bord par les cinq vaisseaux de l'avant-garde qui avaient laissé arriver, serait fatale à nos armes. Si j'eusse eu avec moi dix vaisseaux, quelque désespérée que fût notre position, je pouvais me porter sur le champ de bataille, y combattre à outrance les ennemis, dont trois étaient démâtes, et il m'était peut-être réservé de rendre cette journée glorieuse pour l'armée combinée; mais par la non-exécution des ordres signalés, je restais isolé avec quatre vaisseaux..... Arriver dans ce moment sur l'ennemi eut été, dit-il plus loin, un coup de désespoir qui n'eut abouti qu'à augmenter le nombre de nos pertes et ajouter à l'avantage de l'ennemi, auquel, par le délabrement de ma division, je n'aurais pu causer de grands dommages ». Au milieu de l'arrière-garde, on apercevait l'*Achille* en feu; des vaisseaux français et espagnols, presque tous démâtés, n'avaient plus de pavillon. Plusieurs navires ennemis, sans avaries apparentes, se formaient en ligne de bataille, au vent des bâtiments capturés, prêts à repousser l'attaque de l'amiral Dumanoir. Un groupe de vaisseaux, au milieu desquels on distinguait le *Prince des Asturies*, commençait son mouvement de retraite.

Le lieutenant général Gravina était devenu, depuis la prise du *Bucentaure*, le commandant en chef de l'armée combinée. A quatre heures quarante-cinq minutes, le *Prince des Asturies*, qu'il montait, laissa porter, ayant en tête de mât le signal de ralliement. Ce vaisseau s'était très bien battu. Parmi les blessés figuraient le lieutenant général Gravina, son chef d'état-major, le contre-amiral Escano, et plusieurs officiers. Pris à la remorque par la frégate la *Thémis*, le trois-ponts espagnol se dirigea vers Cadix, suivi par le *Neptune*, le *Pluton*, le *Héros*, l'*Argonaute*, l'*Indomptable*, le *Rayo*, le *San-Francisco d'Asis*, le *San-Justo*, le *Montanez* et le *San-Leandro*. Il était alors cinq heures. A ce moment, le *Neptuno*, après un glorieux combat contre le *Spartiate* et le *Minotaur*, était contraint de se rendre. Peu après, l'*Intrépide*, épuisé par la lutte qu'il soutenait contre cinq vaisseaux anglais, amena son pavillon. Sans mâts, coulant bas d'eau, ayant trois cent six hommes hors de combat, ses canons démontés, l'*Intrépide* ne pouvait plus répondre au feu de ses adversaires. Il était difficile de surpasser le courage déployé par le capitaine Infernet, son état-major et son brave équipage; l'*Intrépide* s'était montré le digne émule du *Redoutable* (1). Après la reddition de cet héroïque vaisseau, le silence se fit sur le champ de bataille. Dix-sept vaisseaux, huit français et neuf espagnols, restaient entre les mains de l'ennemi. Onze vais-

1. L'Intrépide fut le dernier à se rendre. Il y avait plus de vingt minutes que le feu avait cessé sur toute la ligne quand il cessa le sien. Il était ras comme un ponton, coulant bas ; sur six cent soixante-dix hommes, trois cent six étaient hors de combat. Sur ce nombre, on ne compta, le lendemain, que quatre-vingts blessés ; les deux cent vingt-six autres furent donc tués ou succombèrent dans la nuit à leurs blessures. Les pertes de l'état-major furent : le capitaine de frégate, le premier lieutenant et le premier enseigne qui succombèrent à leurs blessures, et le deuxième lieutenant qui fut blessé aux deux jambes. Il y eut aussi, parmi les morts, plusieurs officiers de troupe. Toutefois, fallut-il faire vio-

seaux opéraient leur retraite sur Cadix; quatre sous Dumanoir, séparés de Gravina par la flotte britannique, s'éloignaient les amures à tribord. L'incendie qui dévorait l'*Achille* éclairait cette scène de désastre. Peu après, ce vaisseau sauta, entraînant avec lui dans l'abîme une partie de son équipage; l'enseigne de vaisseau Cauchard, qui avait, à ce moment, l'honneur de le commander, se trouva parmi les victimes. Ce sinistre événement fut le dernier acte de ce drame maritime. Il était alors cinq heures et demie. Une heure auparavant, après une lente et douloureuse agonie, le chef de la flotte victorieuse, Nelson, expirait dans le faux-pont du *Victory*. Il mourait enseveli dans son triomphe.

III

La brise, qui soufflait de l'ouest-sud-ouest, et une forte houle de l'ouest poussaient les navires vers la terre. Les roches du cap Trafalgar étaient à huit milles environ sous le vent. Sur les dix-sept vaisseaux, pris par les Anglais, neuf avaient encore quelques restes de mâture, huit étaient ras comme des pontons. L'armée anglaise

---

lence au commandant Infernet qui ne voulait pas rendre son vaisseau et qui ne cessait de s'écrier, les larmes aux yeux : « Ah ! que dira l'Empereur ! moi qui lui avais assuré que je pourrais encore soutenir dix combats. » (Lettre du capitaine de vaisseau Gicquel des Touches, adressée, le 10 mars 1847, au directeur des annales maritimes. Le capitaine de vaisseau Gicquel des Touches était enseigne de vaisseau sur l'Intrépide, au combat de Trafalgar.)

avait, ainsi qu'on l'a vu plus haut, reçu de Nelson l'ordre d'être prête à mouiller. L'amiral, à son lit de mort, avait adressé aux officiers de son état-major les plus pressantes recommandations à ce sujet. Le capitaine du *Victory* avait fait connaître à l'amiral Collingwood les projets du chef que venait de perdre la flotte britannique. L'amiral Collingwood se montra très surpris que Nelson eût eu la pensée de jeter l'ancre. Cette mesure, à laquelle, dit-il au capitaine Hardy, il n'aurait jamais songé, lui semblait absolument inopportune. Si les Anglais renonçaient à mouiller, ils devaient se hâter de gagner le large. A six heures du soir, le vice-amiral Collingwood mit son pavillon sur l'*Euryalus*. Cette frégate prit le *Royal-Sovereing* à la remorque. Les vents étaient à l'ouest-sud-ouest. S'ils avaient soufflé avec force de cette direction, les navires capturés et les bâtiments anplais les plus maltraités comme le *Royal-Sovereing*, le *Belleisle*, le *Temeraire*, le *Colossus*, le *Mars*, le *Tonnant*, l'*Africa* et le *Bellerophon* auraient été inévitablement jetés à la côte. Peu d'hommes, parmi ceux qui les montaient, auraient échappé à la mort. La brise passa au sud-ouest vers minuit, et ce fut seulement alors qu'elle devint très forte. Les Anglais, ayant réussi à prendre les amures à bâbord, purent s'éloigner.

Le 22, au point du jour, le *Fougueux*, ayant à bord trente anglais, se jeta à la côte près de la tour Santi-Petri. Cent-vingt hommes seulement réussirent à gagner la terre. Le *Bucentaure*, que le *Conqueror* avait inutilement tenté de prendre à la remorque, mouilla dans la nuit du 21 octobre, près du château de Saint-Sébastien. L'équipage anglais se constitua prisonnier ; les Français, après avoir établi une mâture de fortune, firent route vers Cadix. Le *Bucentaure*, en entrant, se perdit sur un banc de roches appelé les Puercos ; l'équipage fut recueilli par les embarcations de la *Thémis* et de l'*Indomptable*. Le 22, au point du jour, l'*Algésiras*, séparé de la flotte anglaise, se trouvait près du cap Trafalgar, sur lequel le vent et la mer le poussaient rapidement. La situation de ce vaisseau, qui était entièrement démâté, était très critique. Cinquante anglais, détachés du *Tonnant*, se trouvaient à bord de l'*Algésiras* ; l'officier qui les commandait sollicita l'assistance des Français. Ceux-ci, au nombre de deux cent soixante-dix, avaient été relégués dans la cale. Le plus ancien officier de l'*Algésiras*, le lieutenant de vaisseau La Bretonnière, refusa de venir en aide aux Anglais. Il déclara que, par suite de l'abandon dans lequel avait été laissé le vaisseau, l'équipage était libre de tout engagement. Il exigea la remise pure et simple de l'*Algésiras*. Les Français, ajouta-t-il, quoique sans armes, étaient décidés à se jeter sur les Anglais, si ceux-ci ne voulaient point acquiescer à cette demande. Il offrait, d'ailleurs, à l'officier du *Tonnant* de le renvoyer, lui et ses hommes, sur la flotte britannique, aussitôt que le navire serait en sûreté. Ces conditions ayant été acceptées, Français et Anglais se mirent à l'œuvre avec ardeur. Une mâture de fortune fut établie. Se traînant péniblement le long de la côte, menacé plusieurs fois de se perdre, l'*Algésiras* réussit à entrer à Cadix. Les Anglais, ainsi que cela avait été convenu, furent remis à l'amiral Collingwood. Le 22, à l'entrée de la nuit, le *Redoutable* ayant fait des signaux de détresse, le *Swiftsure*, qui le remorquait, lui envoya ses embarcations. A sept heures, le *Redoutable* coula. Deux cents hommes se trouvaient encore à bord de ce vaisseau ; cinquante furent recueillis sur des débris.

Les officiers des bâtiments français et espagnols qui avaient opéré leur retraite à Cadix, s'étaient réunis en conseil. Ils avaient décidé que les vaisseaux, en état de prendre la mer, se tiendraient prêts à appareiller. Ces bâtiments devaient mettre sous voiles aussitôt que les vents souffleraient d'une direction permettant de sortir de Cadix et d'y rentrer. Le 23, le *Pluton*, le *Neptune*, le *San-Francisco d'Asis*, l'*Indomptable*, le *Rayo*, cinq frégates et deux bricks gagnèrent le large. Deux vaisseaux anglais, qui remorquaient l'un le *Neptuno* et l'autre la *Santa-Ana*, avaient été poussés vers la terre par le mauvais temps. A l'approche de nos bâtiments, ils abandonnèrent leurs prises. Sur l'ordre de l'amiral Collingwood, dix vaisseaux, formés en ligne de bataille, couvrirent les bâtiments qui restaient encore entre les mains des Anglais. Les alliés ne pouvaient se compromettre dans une lutte aussi inégale. Ils avaient, d'ailleurs, obtenu un avantage important en dégageant le *Neptuno* et la *Santa-Ana*. En conséquence, les cinq vaisseaux reprirent la route de Cadix, où le *Neptuno* et la *Santa-Ana*, remorqués par les frégates, les avaient précédés. Le *Rayo*, ayant manqué l'entrée de Cadix, mouilla en dehors de la baie. L'*Aigle*, abandonné par les Anglais, jeta l'ancre, sur la côte, dans la nuit du 21 octobre ; il arriva devant Cadix, le 25. Après avoir touché une première fois, ce vaisseau alla se perdre près du port de Santa-Marie. La *Santissima-Trinidad* faisait eau de toutes parts ; des hommes étaient sans cesse occupés aux pompes. Le 24, il y avait quatorze pieds d'eau dans la cale ; les Anglais résolurent d'abandonner ce bâtiment. Des canots furent envoyés pour recueillir l'équipage, mais l'évacuation n'ayant pas été faite avec une assez grande promptitude, la *Santissima-Trinidad* coula, le 25, au point du jour, ayant encore, à son bord, un grand nombre de blessés. Le 28 octobre, le *Monarca* et le *Berwick* se perdirent près de San-Lucar. Le *Rayo* de cent canons, qui n'était pas parvenu, après la sortie du 23 octobre, à rentrer à Cadix, avait laissé tomber l'ancre sur la côte. A la suite de roulis violents, la mâture, déjà très avariée, était venue en bas. Attaqué, le lendemain, par le *Leviathan* et le *Donegal*, le *Rayo* amena son pavillon. Deux jours après, il se perdit à l'embouchure du Guadalquivir. Sur les cent sept hommes, officiers compris, dont se composait l'équipage de prise, vingt-cinq se noyèrent. Le 30 octobre, l'*Intrépide*, le *San-Augustino*, l'*Argonaute*, poussés par le vent et la mer, se rapprochèrent de la côte. L'amiral Collingwood, désespérant de les ramener au large, fit brûler l'*Intrépide* et le *San-Augustino* et couler l'*Argonauta* qui faisait beaucoup d'eau.

Si la violence du vent avait fait beaucoup de mal aux Anglais, en leur enlevant la plus grande partie de leurs prises, d'autre part, le mauvais temps avait été, pour nous, la cause de nouveaux malheurs. Le *San-Francisco-d'Asis*, s'était perdu sur les roches qui bordent le fort Sainte-Catherine. Enfin, l'*Indomptable* avait été jeté à la côte près de Rota. Il y avait, à bord de ce vaisseau, environ douze cents hommes dont cinq cents provenaient du *Bucentaure*. Cent soixante dix-huit et deux officiers gagnèrent la terre; le reste périt. Le capitaine Hubert fut au nombre des victimes. En résumé, sur les huit vaisseaux français, pris le 21 octobre, il ne restait plus que le *Swiftsure* entre les mains de l'ennemi.

Le *Fougueux* et le *Berwick* avaient été jetés à la cote ; le *Bucentaure* et l'*Aigle* s'étaient perdus en entrant à Cadix. Les Anglais avaient coulé le *Redoutable* et livré l'*Intrépide* aux flammes. Enfin l'*Algésiras* était sauf à Cadix. Des dix vaisseaux espagnols, en comprenant le *Rayo*, qui avaient été capturés, sept n'étaient plus en possession des Anglais. L'*Argonauta* et la *Santissima Trinidad* avaient été coulés et le *San-Augustino* brûlé. Le *Rayo* et le *Monarca* s'étaient jetés à la côte et le *Neptuno* ainsi que la *Santa-Ana* avaient été repris par les alliés. En conséquence, l'escadre britannique n'avait d'autre trophée que le *Swiftsure*, le *San-Juan-Nepomuceno*, le *San-Ildefonso* et le *Bahama*. Ces bâtiments furent conduits à Gibraltar. L'un d'eux, le *Bahama* coula dans la baie. Des trois autres, un seul, le *San-Juan-Nepomuceno*, put être employé.

Les Anglais accusèrent quatre cent deux tués et onze cent trente-neuf blessés. Les pertes des Espagnols s'élevèrent à mille vingt-deux morts et treize cent quatre-vingt-trois blessés. Cinq vaisseaux français, le *Neptune*, le *Héros*, l'*Argonaute*, le *Pluton* et l'*Indomptable* avaient mouillé à Cadix après la bataille. Le *Neptune* comptait treize tués et trente-sept blessés, le *Héros* onze tués et vingt-trois blessés, l'*Argonaute* quarante-quatre tués et cent dix-huit blessés et le *Pluton*, commandé par le brave Cosmao, cinquante-neuf tués et cent vingt-huit blessés. L'*Indomptable*, le cinquième vaisseau rentré avec Gravina, s'étant perdu avec la plus grande partie de son équipage, le nombre des hommes atteints par le feu de l'ennemi resta inconnu. L'ensemble des pertes de la flotte française ne put être établi avec exactitude. D'après les recherches faites à Cadix, on supposa que le chiffre des blessés atteignait onze cent cinquante-cinq et celui des tués et des noyés trois mille trois cent soixante-treize.

## IV

Dans la rencontre du 21 octobre 1805, connue, dans l'histoire, sous le nom de bataille de Trafalgar, les Anglais nous combattirent, sur tous les points, avec des forces supérieures. Pendant plusieurs heures, vingt-trois vaisseaux seulement, sur les trente-trois dont se composait la flotte combinée, furent engagés. Pouvait-on, par quelque combinaison habile ou par des ordres donnés à propos, si ce n'est déjouer les projets de l'amiral anglais, au moins en amoindrir la portée ? Il semble que rien ne s'opposait à ce que les dix premiers vaisseaux prissent part au combat. Dans cette hypothèse, à qui doit-on attribuer l'inaction de notre avant-garde ? A midi dix minutes, le *Royal-Sovereing* traversait la ligne derrière la *Santa-Ana*. Peu après, le *Bucentaure* et la *Santissima-Trinidad* ouvraient le feu sur le *Victory*. A ce moment, il était impossible de se méprendre sur le mode d'attaque adopté par l'ennemi. A midi et demi, au moment où le *Victory* passait sur l'arrière du *Bucentaure*, l'amiral Villeneuve prescrivit à tout bâtiment qui n'était pas engagé de se porter au feu. On doit supposer que le contre-amiral Dumanoir Lepelley ne considéra pas ce signal comme s'adressant aux navires qu'il commandait, puisqu'il ne fit aucun mouvement. En ne prescrivant pas à l'avant-garde, par un nouveau signal, de se porter immédiatement au feu, l'amiral Villeneuve parut approuver la conduite de son lieutenant. Ce dernier, faisant connaître, à une heure, que l'avant-garde n'avait pas d'ennemis à combattre, montrait par cela même qu'il ne voulait prendre l'initiative d'aucune mesure ayant pour objet de modifier la formation de l'armée. Au lieu d'agir, il demanda des ordres. Le vice-amiral Villeneuve ne lui en donna pas, ou plutôt il les lui donna trop tard. Il était une heure cinquante minutes lorsque le *Bucentaure* signala à l'avant-garde de se présenter au feu et de virer tout à la fois. A ce moment, le centre n'offrait plus de résistance sérieuse à l'ennemi. Il était donc trop tard. Or, il appartenait au commandant en chef, aussi longtemp qu'il pouvait faire des signaux, de diriger les mouvements de l'armée. On est donc en droit de demander compte à l'amiral Villeneuve de l'inaction des dix vaisseaux qui précédaient la *Santissima-Trinidad*. Ce n'est pas à dire que la conduite de l'amiral Dumanoir doive être approuvée. Il convient au contraire de rechercher la part de responsabilité qui lui incombe. Comment, en effet, comprendre que le commandant de l'avant-garde, alors que le sort de la bataille se décidait, ait attendu, aussi longtemps, des ordres dont il reconnaissait l'indispensable nécessité puisqu'il les sollicitait lui-même? Enfin, ne devait-il pas se souvenir que Villeneuve, dans des instructions portant la date du 20 décembre 1804, avait dit: « que tout capitaine qui ne serait pas au feu, ne serait pas à son poste, et que le signal qui lui rappellerait son devoir serait une tache pour lui ». Or, il savait bien que l'avant-garde n'était pas à son poste, puisqu'il signalait qu'elle n'avait pas d'ennemis à combattre. Le contre-amiral Dumanoir a donc commis une faute grave, en ne conduisant pas, de sa propre autorité, les vaisseaux qu'il commandait, au secours du *Bucentaure*, aussitôt que ce vaisseau a été entouré. Le calme seul, dit-il dans un de ses rapports, a empêché l'avant-garde de virer plus tôt qu'elle ne l'a fait. Jusqu'au moment, écrivit-il dans un second rapport, où l'amiral signala à l'avant-garde de virer de bord tout à la fois, le calme en avait rendu l'exécution impossible. Cette explication semble difficile à admettre. Les quatorze vaisseaux qui suivaient le *Royal-Sovereing* et les dix qui venaient après le *Victory* trouvèrent assez de vent pour arriver sur le champ de bataille. Le douzième vaisseau de la colonne du nord, l'*Africa*, qui s'était séparé de l'armée anglaise pendant la nuit, put prolonger au vent toute l'avant-garde et se joindre aux bâtiments qui combattaient la *Santissima-Trinidad*. Comment ce qui était possible pour les Anglais ne l'était-il pas pour nous ?

Il semble que la fatalité se soit attachée aux mouvements de notre avant-garde. Lorsque celle-ci, après une trop longue inaction, se porta sur le champ de bataille, elle se divisa. En restant compacte, elle pouvait quelque chose ; séparée, elle s'offrait, d'elle-même, aux coups de l'ennemi. Si le contre-amiral Dumanoir avait été suivi par l'avant-garde tout entière, il y a lieu de croire qu'il aurait laissé porter sur les vaisseaux qui entouraient le *Bucentaure* et la *Santissima-Trinidad*. Dix vaisseaux, ayant à peine combattu, se présentant sur le champ de bataille, n'auraient probablement pas changé le sort de la journée, mais, à coup sûr, ils auraient infligé des pertes sérieuses à l'ennemi. C'était dans une semblable entreprise que nous aurions dû perdre le *San-Augustino*, le *Neptuno* et l'*Intrépide*. On sait que ces trois vaisseaux furent pris séparément, et en se battant contre des forces supérieures. Les deux derniers se couvrirent de gloire, mais il est regrettable que de vaillants officiers, comme les capitaines Valdès et Infernet, n'aient pas compris la nécessité, pour les vaisseaux de l'avant-garde, de rester unis. Or, ce résultat ne pouvait être obtenu qu'à la condition de suivre le contre-amiral Dumanoir. Quant au *Héros*, au *Rayo* et au *San-Francisco d'Asis*, leur conduite fut d'autant plus blâmable qu'ils ne se battirent pas. Ils se dirigèrent sur l'arrière-garde en évitant les bâtiments qu'ils rencontrèrent. « C'est avec raison, écrivit le commandant de l'avant-garde, que je me suis plaint dans mon rapport, de n'avoir pas été suivi, sur le *Formidable,* que par trois vaisseaux. L'*Intrépide*, en virant de bord, lors du signal, s'aborda avec le *Mont-Blanc* et lui déchira sa misaine. Il laissa ensuite arriver, ainsi que quatre autres vaisseaux, courant grand largue pour rejoindre les vaisseaux alliés sous le vent; mais, comme ce vaisseau marchait fort mal, il ne tarda pas à être joint par l'ennemi, et c'est alors qu'il fit cette belle défense, dont le capitaine Infernet a le droit de se glorifier. Quant au *Neptuno*, capitaine Valdès, il était chef de file de l'armée et se trouvait au vent. Après le virement de bord, il se maintint au vent, laissa arriver, revint au vent et marqua la plus grande indécision dans sa manœuvre. Il se décida ensuite, mais très tard, à me suivre. J'avais déjà dépassé l'amiral lorsqu'il prit mes eaux. Jusqu'à ce moment, il s'était toujours tenu bien au vent, n'ayant jamais approché l'ennemi autant que nous ». Réduit à quatre vaisseaux, l'amiral Dumanoir, ainsi que nous l'avons vu, n'osa pas laisser arriver sur l'ennemi.

L'attitude du commandant de l'avant-garde fut jugée sévèrement à Paris. Le contre-amiral Dumanoir, après sa rentrée en France se voyant disgracié, demanda des juges. Quelques années s'écoulèrent sans que cette satisfaction lui fût accordée. Cependant, le 13 septembre 1809, c'est-à-dire près de quatre années après la bataille de Trafalgar, le gouvernement se décida à soumettre l'examen de sa conduite à un conseil d'enquête. Ce conseil, composé des vice-amiraux Bougainville, sénateur, Rosily et Thevenard et de M. de Fleurieu, sénateur, ancien capitaine de vaisseau, eut pour mission de résoudre les quatre questions suivantes : « Le contre-amiral Dumanoir a-t-il manœuvré conformément aux signaux et à l'impulsion du devoir et de l'honneur ? Le contre-amiral Dumanoir a-t-il fait tout ce qu'il pouvait pour dégager le centre de l'armée et particulièrement le vaisseau amiral ? Le contre-amiral Dumanoir a-t-il attaqué l'ennemi corps à corps, et s'est-il suffisamment approché du feu pour prendre part au combat d'aussi près qu'il l'aurait pu ? Le contre-amiral Dumanoir n'a-t-il pas quitté le combat lorsqu'il pouvait combattre ? » Le conseil d'enquête décida, à l'unanimité : « 1° Que le contre-amiral Dumanoir avait manœuvré conformément aux signaux et à l'impulsion du devoir et de l'honneur ; 2° qu'il avait fait ce que les vents et les circonstances purent lui permettre de faire pour aller au secours du commandant en chef ; 3° qu'il avait combattu, d'aussi près qu'il avait pu, les vaisseaux qu'il avait rencontrés jusqu'au centre ; 4° enfin, qu'il n'avait personnellement quitté le combat que forcé par les avaries de tout genre de son vaisseau et particulièrement par l'impossibilité de manœuvrer dans l'état où se trouvait sa mâture. » Deux questions fort importantes semblent avoir été oubliées par le ministre. Le contre-amiral Dumanoir devait-il attendre, pour se porter au secours du centre, le signal fait, à une heure cinquante minutes, par l'amiral Villeneuve? Si, au contraire, il était de son devoir de conduire l'avant-garde au feu, aussitôt que le *Bucentaure* a été entouré, c'est-à-dire avant une heure, pouvait-il alléguer qu'il avait été dans l'impossibilité de manœuvrer? Tels étaient les deux points sur lesquels il eût été nécessaire de connaître non implicitement mais d'une manière précise l'opinion du conseil.

On ne trouve pas de documents établissant avec précision la nature du commandement que l'amiral Gravina exerçait lorsque la flotte combinée sortit de Cadix. Dans la correspondance échangée avec le ministre, avant de prendre la mer, l'amiral Villeneuve ne parle pas de l'escadre d'observation. Celle-ci apparaît, pour la première fois, dans le rapport fait après la bataille du 21 octobre. Il y a lieu de croire que l'amiral Gravina avait le commandement en chef de l'escadre de réserve. En effet, on remarque que celle-ci s'est tenue sur la droite de l'armée le 20. Elle a conservé cette position dans la soirée du même jour, quoique la flotte combinée, sur l'ordre de l'amiral Villeneuve, ait formé la ligne de bataille les amures à tribord. Enfin, le 21, à huit heures du matin, elle vint prendre poste à la tête de la ligne, mais ce fut seulement après en avoir reçu l'ordre de l'amiral Gravina. L'amiral Decrès, lorsque tous les rapports sur la bataille lui furent parvenus, écrivit: « L'escadre d'observation, commandée par l'amiral Gravina, au lieu de se porter où les événements la rendaient nécessaire, se plaça en arrière et ne rendit aucun des services de circonstance, auxquels elle était particulièrement appelée. Elle ne fit aucun mouvement, se laissa battre et prit la fuite en détail. » Comment le ministre aurait-il tenu ce langage, s'il n'avait eu la conviction que le vice-amiral Gravina exerçait, d'une manière indépendante, le commandement de l'escadre d'observation. Enfin, le conseil d'enquête, réuni, en septembre 1809, pour examiner la conduite du contre-amiral Dumanoir, blâma la conduite du vice-amiral Gravina. « L'armée combinée, fit remarquer le conseil d'enquête, virant de bord, tout à la fois, l'escadre Gravina devait se trouver naturellement au vent, et elle aurait conservé cette position, si, sans signal de l'amiral Villeneuve à l'armée d'observation, elle ne s'était pas mise en ligne sur le signal fait par monsieur Gravina ». L'escadre Gravina, qui était celle d'observation, est-il dit ailleurs, « aurait dû se maintenir dans sa position au vent de la ligne, ce qui en couvrait le centre, au lieu de se porter à l'arrière-garde pour allonger la ligne, sans en avoir reçu le signal. » Le conseil d'enquête n'aurait point eu d'opinion à émettre sur ce point, s'il n'avait pas été établi que l'amiral Gravina avait une action directe et personnelle sur l'escadre d'observation. Dans cette hypothèse, il est difficile de comprendre que cette escadre ne soit pas restée au vent de l'armée. Pourquoi, d'autre part, s'étant placé à l'arrière-garde, le vice-amiral Gravina, n'a-t-il pas, en voyant se dessiner le mode d'attaque des Anglais, ramené l'escadre d'observation au vent de la ligne de bataille? Enfin, le signal fait, à onze heures et demie, à l'arrière-garde de tenir le vent, afin de se mettre à même de couvrir le centre de l'armée, montrait que telle était l'opinion de l'amiral Villeneuve. Le major de l'escadre, le capitaine de frégate de Prigny, dit dans son rapport : « A onze heures et demie, les vents toujours faibles, on fit le signal à l'escadre d'observation (Gravina), qui se trouvait alors à l'arrière-garde et qui arrivait pour prendre les eaux de la ligne, de tenir le vent pour venir renforcer le centre de la ligne contre l'attaque de l'ennemi qui s'y portait sur deux colonnes ainsi qu'il est dit dans le rapport de l'amiral Villeneuve. » On voit que de justes reproches pouvaient être adressés à l'amiral Gravina pour sa conduite dans la journée du 21 octobre.

L'Empereur apprit, au milieu des triomphes de l'immortelle campagne de 1805, la défaite essuyée par l'escadre combinée. La bataille de Trafalgar détruisait de grands projets ; tout espoir de frapper, en Angleterre, un coup décisif disparaissait. Des dépenses considérables, des travaux poursuivis avec opiniâtreté, devenaient inutiles. Si quelque chose pouvait nous consoler du désastre subi par la marine française, c'était la vaillance ou pour parler plus exactement l'acharnement avec lequel s'étaient battus la plupart de nos vaisseaux. Les équipages n'avaient pas désespéré de la victoire. Malheureux depuis le commencement de la guerre, et elle datait de 1793, ils s'étaient montrés inaccessibles au découragement. Après la lutte héroïque, soutenue par le *Redoutable* et l'*Intrépide*, on devait citer la glorieuse défense faite par le *Bucentaure*, l'*Algésiras*, le *Berwick*, le *Fougueux*, l'*Aigle*, le *Swifsture* et enfin le malheureux *Achille*.

La Cour de Londres avait eu l'habileté d'amener l'Autriche et la Russie à nous faire la guerre. La grande armée avait levé le camp de Boulogne pour entrer en Allemagne, mais aussi longtemps que les flottes de la France, de la Hollande et de l'Espagne demeuraient intactes, le projet de descente restait comme une menace suspendue sur la tête des Anglais. On devait craindre, de l'autre côté du détroit, que nos troupes, après avoir imposé la paix à l'Europe, ne reprissent, sur les rivages faisant face à la Grande-Bretagne, les positions qu'elles avaient abandonnées. Une circonstance favorable se produisant, le but, poursuivi avec tant d'efforts, était atteint. Le désastre subi par les marines de la France et de l'Espagne déjouait ces calculs. La journée du 21 octobre représentait donc, pour l'Angleterre, plus qu'une bataille gagnée. La tranquillité de cette puissance semblait désormais assurée, et c'était seulement sur le continent, c'est-à-dire hors de chez elle, qu'elle était appelée à prendre part à la lutte. L'Angleterre se montra prodigue de récompenses envers la flotte qui l'avait délivrée du spectre de l'invasion. L'Espagne, quoiqu'elle fût loin d'avoir les mêmes motifs de satisfaction, traita, avec une extrême faveur, l'escadre qui avait succombé à Trafalgar. Le courage déployé par quelques brillants officiers, les flots de sang, répandus dans cette journée, la lutte, contre les éléments, venant après la bataille contre les hommes, avaient frappé les esprits. Tout officier, présent au combat du 21 octobre, fut avancé d'un grade. Le gouvernement accorda, en outre, des récompenses à ceux qui s'étaient distingués d'une manière particulière. En France, le silence se fit sur la bataille de Trafalgar. Cependant, tous les combattants de cette grande journée ne furent pas oubliés. Les capitaines Lucas, du *Redoutable*, Infernet, de l'*Intrépide*, mandés aux Tuileries, furent reçus par l'Empereur qui leur remit, en présence d'un nombreux état-major, la croix de commandeur de la Légion d'honneur, récompense insigne à cette époque. Le brave capitaine Cosmao, du *Pluton*, fut nommé contre-amiral.

La bataille de Trafalgar devait avoir une issue fatale pour les trois amiraux qui commandaient en chef les flottes en présence. Nelson avait perdu la vie pendant le combat. Le vice-amiral Gravina mourut des suites de ses blessures, peu après son arrivée à Cadix. Quant à l'amiral Villeneuve, les difficultés de la campagne, les contrariétés continuelles qu'il avait rencontrées, le désastre essuyé par la flotte qu'il commandait, l'avaient jeté dans un profond désespoir. Rentré en France, dans les premiers jours du mois d'avril 1806, ce brave et malheureux amiral, dont le tort le plus grand était d'avoir accepté un rôle au-dessus de ses forces, se suicida.

Le vice-amiral Rosily était arrivé, le 25 octobre, à Cadix. Parti de Paris pour prendre le commandement d'une grande flotte, il trouva huit vaisseaux, cinq français et trois espagnols, qui n'étaient même pas en état de prendre la mer. Le nouveau commandant en chef mit son pavillon sur le *Héros*. Le contre-amiral Louis, envoyé à Gibraltar, quelques jours avant la bataille du 21 octobre, pour faire de l'eau et des vivres, reparut, le 30, devant Cadix, avec les vaisseaux la *Queen* de quatre-vingt-dix-huit, le *Canopus* de quatre-vingts, le *Spencer* et le *Tigre*, de soixante-quatorze. Le vice-amiral Collingwood arbora son pavillon sur la *Queen* et il reprit le blocus de Cadix.

## V

Le contre-amiral Dumanoir, après s'être éloigné du champ de bataille, dans la soirée du 21 octobre, continua à courir les amures à tribord. Le *Formidable*, le *Scipion*, le *Mont-Blanc* et le *Duguay-Trouin* avaient d'importantes avaries à réparer. Ces quatre vaisseaux changèrent presque toutes leurs voiles, ainsi que les vergues et les mâts de hune. Les vents étaient favorables pour rentrer dans la Méditerranée, mais des bâtiments de guerre avaient été aperçus, au coucher du soleil, dans la direction du détroit. Enfin, le contre-amiral Dumanoir savait qu'une division de six vaisseaux, dont deux à trois ponts, détachés de l'armée de Nelson, quelques jours avant la bataille, avaient été envoyés à Gibraltar. Il se décida à faire route vers le nord, se réservant, suivant les circonstances, de se rendre à Rochefort, à Lorient ou à Brest. Les vents soufflèrent de l'ouest avec une extrême violence, et les quatre vaisseaux souffrirent beaucoup. Le *Formidable*, qui faisait jusqu'à sept pieds d'eau à l'heure, fut sur le point de couler. La batterie des gaillards et deux canons de vingt-quatre furent jetés à la mer. L'équipage, qui, depuis le 21 octobre, n'avait pris aucun repos, était harassé de fatigue. La situation des autres vaisseaux, sans être aussi critique, était loin d'être satisfaisante. Tous avaient des mâts jumelés, des gréements en mauvais état et faisaient beaucoup d'eau.

Le contre-amiral Dumanoir se flattait de l'espoir de rencontrer le commandant Allemand. Les neutres, interrogés, ne purent donner aucun renseignement sur la division de Rochefort. Le 2 novembre, à la hauteur du cap Finisterre, on aperçut des frégates qui ne répondirent pas aux signaux du *Formidable*. Craignant que ces navires ne fussent les éclaireurs d'une escadre ennemie, le contre-amiral Dumanoir courut, à l'entrée de la nuit, dans la direction de la terre. Les vents étaient entre l'ouest et le nord-ouest, soufflant modérément. Le contre-amiral Dumanoir se proposait de faire route pour Rochefort, alors que l'ennemi, prévenu par les frégates que nous avions vues, irait probablement le chercher sous Belle-Isle.

Le 3, huit voiles furent signalées dans le sud-ouest ; peu après, on reconnut quatre vaisseaux et quatre frégates. Ces bâtiments, qui étaient sous les ordres du commodore sir Richard Strachan, comprenaient le *Cæsar* de quatre-vingts, portant le guidon du commodore, le *Namur*, le *Hero* et le *Courageux*, de soixante-quatorze, les frégates la *Bellona*, le *Phœnix*, la *Santa-Margarita* et l'*Eolus*. Sir Richard Strachan avait été détaché, le 29 octobre, de l'escadre du canal pour se mettre à la poursuite de la division de Rochefort. La situation dans laquelle se trouvaient nos vaisseaux imposait au contre-amiral Dumanoir l'obligation d'éviter tout engagement. La journée s'écoula sans amener de changement dans la distance qui nous séparait de l'ennemi. La nuit fut claire, ce qui rendit tout changement de route impossible. Le lendemain, lorsque le jour se leva, les Anglais nous avaient gagnés et le combat était devenu inévitable. L'ennemi n'observait aucun ordre. A huit heures du matin, la *Santa-Margarita* et le *Phœnix* commencèrent à canonner le *Scipion*, serre-file de notre ligne. Ces deux frégates marchaient en avant d'un groupe formé par deux vaisseaux; puis, à quelque distance, venaient un vaisseau et deux frégates. Le quatrième vaisseau se trouvait en arrière et assez loin de ces derniers. Vers onze heures, le contre-amiral Dumanoir fit former la ligne de bataille, les amures à tribord. La division française était rangée dans l'ordre suivant: *Duguay-Trouin, Formidable, Mont-Blanc* et *Scipion*. Trois vaisseaux anglais, le *Cæsar*, le *Hero* et le *Courageux* rejoignirent les deux frégates et pressèrent très vivement le *Mont-Blanc* et le *Scipion*. A onze heures quarante-cinq minutes, la division française vira vent devant par la contre-marche pour secourir les deux vaisseaux engagés. L'amiral Dumanoir se proposait de prendre de nouveau les amures à tribord, mais les avaries de mâture, faites par le chef de file de notre ligne, le *Duguay-Trouin*, ne le lui permirent pas. Il continua cette bordée et diminua de voiles, afin de ne pas laisser le *Scipion* en arrière. La nouvelle route que nous suivions rendit plus prompt le ralliement du quatrième vaisseau anglais, le *Namur*. Ce ne fut plus alors qu'un combat d'artillerie, dans lequel le tir de l'ennemi prit immédiatement sur le nôtre une très grande supériorité. Un peu après trois heures, le *Formidable* avait deux cents hommes hors de combat, neuf pieds d'eau dans la cale et la plupart de ses canons démontés. C'était à peine s'il répondait, par quelques coups, au feu violent dirigé contre lui. Le pavillon fut amené. Le contre-amiral Dumanoir, une partie de l'état-major, les officiers et les aspirants de la majorité étaient au nombre des blessés. Le *Formidable* ayant jeté, quelques jours auparavant, une partie de son artillerie à la mer, n'avait que soixante canons. Le *Scipion*, après avoir perdu une partie de sa mâture, était tombé sous le vent; combattu par le *Courageux* et les frégates la *Bellona* et le *Phœnix*, il se rendit. Le *Scipion* avait neuf pieds d'eau dans la cale et deux cents hommes hors de combat. Le capitaine Berrenger était blessé. Le *Mont-Blanc* et le *Duguay-Trouin* eurent alors à lutter contre toute la division anglaise. Vers quatre heures, ces deux vaisseaux, hors d'état de prolonger leur héroïque résistance, amenèrent leur pavillon. Le *Mont-Blanc* avait cent quatre-vingts hommes atteints par le feu de l'ennemi et le *Duguay-Trouin* cent cinquante. Le premier de ces vaisseaux avait huit pieds d'eau dans la cale et le second était ras comme un ponton. Le capitaine Touffet, du *Duguay-Trouin*, avait été tué; le capitaine de frégate Boissard, les lieutenants de vaisseau Lavenu, Guillet, Tocqueville, Cossé, appartenant au même vaisseau, étaient au nombre des blessés. Au plus fort de l'action, le lieutenant de vaisseau Guillet, qui avait eu la joue traversée par une balle, remonta sur le pont, après avoir reçu un premier pansement, et prit le commandement du vaisseau, exercé, à ce moment, par l'enseigne de vaisseau Rigodit. Le combat finissait à peine, que les mâts, qui étaient encore debout sur les quatre vaisseaux, s'abattirent. Le *Formidable* et le *Mont-Blanc* conservèrent seuls leur mât de misaine sans vergue. Si la brise avait fraîchi, le *Formidable*, le *Mont-Blanc* et le *Scipion* n'auraient pu être maintenus à flot. Le commodore sir John Strachan fut plus heureux que l'amiral Collingwood; favorisé par un très beau temps, il put conduire ses prises à Plymouth. Le combat du cap Ortegal, ce fut le nom donné à l'affaire du 4 novembre, doit être considéré comme un des épisodes à la bataille de Trafalgar.

Le conseil d'enquête, qui avait eu à se prononcer sur la manœuvre de l'avant-garde, à la bataille de Trafalgar, fut chargé d'examiner la conduite du contre-amiral Dumanoir au combat du cap Ortegal. Le conseil émit l'avis que cet officier général avait eu tort : « 1° De n'avoir pas viré de bord, dès sept heures trente minutes du matin; 2° de s'être laissé chasser et canonner, pendant plus de quatre heures, par des frégates, au lieu de les faire attaquer et combattre, bord à bord, par les meilleurs voiliers de sa division ; 3° de n'avoir viré de bord que sous le feu des vaisseaux ennemis, lorsqu'ils avaient déjà attaqué la queue de la division. Le conseil ajouta que le contre-amiral Dumanoir avait montré trop d'indécision dans sa manœuvre. » Le conseil estima qu'il n'y avait que des éloges à donner aux capitaines pour la manière dont ils avaient combattu. Le contre-amiral Dumanoir ne voulut pas rester sous le coup du blâme qui résultait pour lui de la décision du conseil d'enquête. Traduit, sur sa demande, devant un conseil de guerre, il fut acquitté. Ce conseil, présidé par le vice-amiral Ganteaume, était composé du vice-amiral Allemand, des contre-amiraux Cosmao et Baudin et des capitaines de vaisseau Faye, Trullet, Violette et Martin. Si le contre-amiral Dumanoir, préoccupé d'éviter tout engagement, n'avait pas agi avec la fermeté et la décision nécessaires, on ne pouvait en dire autant de ses vaisseaux. Il était difficile de déployer plus d'opiniâtreté, plus de véritable courage que les capitaines, les officiers et les équipages des vaisseaux le *Formidable*, le *Mont-Blanc*, le *Scipion* et le *Duguay-Trouin*. Le moral des hommes, qui se battaient aussi héroïquement, le 4 novembre, après avoir assisté, le 21 octobre, au désastre de Trafalgar, n'avait subi aucune atteinte. L'ennemi, lui-même, proclama l'énergie de la résistance. « Les Français, écrivit le commodore sir Richard Strachan, se sont battus d'une manière admirable ; lorsqu'ils se sont rendus, leurs vaisseaux étaient dans un tel état qu'on ne pouvait plus les manœuvrer ». Quoique la division du contre-amiral Dumanoir eût combattu avec une extrême vigueur, elle était tombée tout entière entre les mains de l'ennemi. Ce triomphe si complet, les Anglais l'avaient-ils payé cher? Ils comptaient vingt-quatre tués et cent onze blessés sur huit bâtiments. Les vaisseaux de sir Richard Strachan avaient leur mâture intacte ; les nôtres étaient ras comme des pontons. Ainsi, la guerre, qui restait, pour nous, une chose fort sérieuse, était devenue un jeu pour nos adversaires (1). Le contre-amiral Dumanoir écrivit au ministre : « Après avoir relaté les malheureux résultats de cette journée, le devoir le plus cher qui me reste à remplir, Monseigneur, est de rendre compte à votre excellence, que je n'ai que des éloges à donner à la conduite méritante de chaque capitaine, à la bravoure des états-majors et des équipages, mais malheureusement, je n'ai pas à me louer de l'adresse de nos canonniers. La maladie et les deux premiers combats nous avaient enlevé les meilleurs, et la maladresse de ceux

1. Un officier de l'armée de terre, le capitaine Gemähling, embarqué sur le *Duguay-Trouin*, écrivait dans une lettre particulière : « Notre malheureux vaisseau, tout desemparé, faisant eau, était écrasé par le feu de deux vaisseaux et des frégates Ce n'était plus la guerre comme on la doit entendre, c'était une tuerie abominable. Les trois quarts de ma compagnie couchés autour de moi, mon pauvre lieutenant Le Deyeux râlant à quelques pas et tant d'autres. »

qui nous restaient a été, en grande partie, cause de notre dernière infortune, quoique, d'ailleurs, la force de l'ennemi fût très supérieure à celle de la division dont les mâts étaient jumelés, par suite des premiers combats ». Qu'on porte l'examen sur la bataille de Trafalgar, ou sur le combat du cap Ortegal, on arrive aux mêmes conclusions. Le tir de l'ennemi était excellent et le nôtre détestable ; voilà ce qu'on aurait dû savoir à Paris. C'était fort bien de demander de l'audace à nos capitaines, mais avant de vouloir des combats acharnés, il fallait mettre nos vaisseaux en état de les livrer.

Le commodore sir Richard Strachan fut très surpris d'apprendre que les bâtiments, dont il s'était emparé, venaient de Cadix. Il croyait que la fortune avait mis, sur sa route, la division de Rochefort, à la recherche de laquelle il avait été envoyé. Cette division se trouvait, le 4 novembre, loin des côtes d'Espagne. Le capitaine de vaisseau Allemand avait quitté Rochefort, le 16 août, avec le *Majestueux* de cent-vingt, qu'il commandait, les vaisseaux de quatre-vingts le *Magnanime*, le *Jemmapes*, le *Suffren*, le *Lion*, trois frégates et deux bricks. Le même jour, la corvette anglaise le *Ranger* tomba entre nos mains. La division française mouilla, dans la nuit du 17, sur la côte d'Espagne, à quelques milles de Vigo. Après avoir communiqué avec la terre et reçu les instructions que l'amiral Villeneuve avait laissées pour lui, le commandant Allemand remit à la voile. S'il ne trouvait pas la flotte combinée au Ferrol, il devait se rendre à la hauteur des Penmarck. L'amiral Villeneuve lui prescrivait d'aller à Cadix, s'il faisait des avaries ou s'il éprouvait de trop grandes contrariétés pendant le cours de sa navigation.

Ces ordres avaient été donnés, alors que Villeneuve comptait sur l'arrivée de l'escadre de Rochefort, à Vigo, vers la fin de juillet. Le commandant Allemand, sachant que l'armée franco-espagnole n'était plus au Ferrol, se dirigea sur les Penmarck. Arrivé par la latitude du rendez-vous, il se tint au large afin d'avoir des renseignements sur la position des alliés et sur celle de l'ennemi. Informé par des neutres que l'amiral Villeneuve s'était dirigé vers le sud, le commandant Allemand fit route pour le rejoindre. Il sut, par le brick le *Phœbus,* capturé le 11 septembre, qu'une escadre anglaise, forte de vingt-cinq à trente vaisseaux, se tenait devant Cadix, où était mouillée l'armée franco-espagnole. Dans ces conditions, rallier l'amiral Villeneuve était une entreprise pleine de périls; le capitaine de vaisseau Allemand, d'accord, sur ce point, avec les capitaines de sa division, ne voulut pas la tenter. Il s'établit en croisière à l'ouest du cap Lizard. Le 26, nos vigies signalèrent un convoi, escorté par le vaisseau de soixante, le *Calcutta.* Celui-ci, d'abord canonné par la frégate l'*Armide,* fut rejoint par le *Magnanime.* Après un engagement d'un quart d'heure, le vaisseau anglais amena son pavillon ; il avait six tués et six blessés. Le *Calcutta* fut adjoint à la division sous le commandement du capitaine de frégate Bérar. Le commandant Allemand fit route sur Vigo, où il comptait faire de l'eau et débarquer ses malades; parti depuis deux mois, il avait déjà douze cents hommes sur les cadres. Ayant trouvé des vents contraires, le commandant Allemand se rendit à Sainte-Croix de Ténériffe. Arrivée, le 3 novembre, la division française quitta les Canaries, le 16, et elle mouilla, le 24, sur la rade de l'île d'Aix, sans avoir aperçu l'ennemi. Cette croisière enleva aux Anglais, outre le vaisseau le *Calcutta*, une corvette, un brick, un côtre et quarante-deux navires de commerce. La division du commandant Allemand, absente pendant cent soixante et un jours, en avait passé cent quarante-huit à la mer. Le nombre des prisonniers qu'elle ramenait s'élevait à huit cents ; enfin le dommage causé à l'ennemi était évalué à huit millions de francs. Le commandant Allemand fut nommé contre-amiral.

Quelques engagements particuliers eurent lieu dans le cours de l'année 1805. La *Ville-de-Milan* de quarante, capitaine Reynaud, était partie des Antilles, le 28 janvier, avec des dépêches très pressées pour l'Europe. Cette frégate se trouvait, le 16 février, par 28 degrés de latitude nord et 69 degrés de longitude ouest. Dans la matinée, une voile fut signalée ; c'était la *Cleopatra* de trente-huit. Cette frégate fit de la toile et se dirigea sur le bâtiment français. Le capitaine Reynaud, qui avait l'ordre très précis d'éviter un combat même avantageux, afin qu'aucune avarie ne retardât sa marche, continua sa route sous toutes voiles. Le 17, au point du jour, la *Cleopatra* s'était rapprochée ; à deux heures et demie, elle envoyait ses premiers boulets. La *Ville-de-Milan* serra le vent et l'action s'engagea ; à cinq heures, la frégate anglaise amena son pavillon. Le capitaine Reynaud avait été tué. Après avoir réparé leurs principales avaries, les deux bâtiments firent route vers un port français. Le 23, par un temps brumeux, le *Leander* de cinquante, fut aperçu ; le vaisseau anglais gagna rapidement les deux frégates. Celles-ci se séparèrent. Le *Leander* captura la *Cleopatra*, à bord de laquelle il n'y avait que cinquante Français, et il joignit la *Ville-de-Milan*.

Après un court engagement, cette frégate, qui avait déjà souffert dans le premier combat, amena son pavillon.

La frégate la *Topaze* de quarante, les corvettes le *Département-des-Landes* de vingt-deux, la *Torche* de dix-huit et le brick le *Faune* de seize quittèrent la Martinique, le 16 juillet, pour rentrer en Europe. Ces bâtiments étaient placés sous le commandement du capitaine Baudin, de la *Topaze*. Le 19, la frégate anglaise de trente-six, la *Blanche*, capitaine Mudge, fut aperçue. A dix heures, l'action s'engagea. A dix heures et demie, la *Blanche*, qui était au vent, manœuvra pour passer sur l'avant de la *Topaze*. Le capitaine Baudin loffa, rasa l'arrière de la *Blanche* et lui envoya, de très près, une bordée d'enfilade. La *Topaze* continua le combat au vent ; à onze heures, la *Blanche* amena son pavillon. La frégate anglaise n'avait reçu que quelques volées des corvettes le *Département-des-Landes* et la *Torche*. Elle comptait huit tués et quinze blessés. La *Blanche* complètement désemparée, avait sept pieds d'eau dans la cale ; le capitaine Baudin la fit incendier. Dans la nuit du 1er août, le brick le *Faune* se sépara de ses conserves. Le 15 août, à cinquante lieues du cap Finisterre, la division française fut chassée par les vaisseaux de soixante-quatre le *Goliath* et le *Raisonnable*. Le commandant Baudin donna liberté de manœuvre aux corvettes. La *Torche* fut prise par le *Goliath* ; le *Département-des-Landes* parvint à s'échapper. Le 16, quelques coups de canon furent échangés, à grande distance, entre le *Raisonnable* et la *Topaze*. Le calme survint. La brise s'étant levée de l'ouest, la *Topaze* en profita la première et s'éloigna ; elle entra à Lisbonne. Bloquée par les Anglais, cette frégate dut attendre huit mois avant de trouver l'occasion de sortir. La *Topaze* mouilla, le 2 mai 1806, sur la rade de Brest, après avoir fait plusieurs prises pendant sa traversée. Le brick le *Faune* fut capturé par le vaisseau le *Goliath*, à cent lieues dans le sud-ouest d'Ouessant. La frégate la *Libre* de quarante, attaquée, le 24 décembre, par les frégates l'*Egyptienne* et la *Loire*, succomba après une très vive résistance. Pendant le cours de l'année 1805, nous eûmes aussi à regretter la perte du brick l'*Actéon* et des corvettes la *Cyane* et la *Naïade*. Ces trois bâtiments furent pris par des frégates.

Dans le courant du mois d'octobre 1805, l'amirauté britannique forma une division comprenant trois vaisseaux de soixante-quatre, un vaisseau de cinquante, deux frégates et des transports. Cinq mille hommes furent embarqués sur ces bâtiments. Ces derniers, partis séparément d'Angleterre, se réunirent à Funchal dans l'île de Madère. Après avoir touché à Bahia pour faire de l'eau, l'expédition se rendit au Cap de Bonne-Espérance. Le corps de débarquement, mis à terre, le 5 janvier 1806, marcha sur la ville du Cap. Le 9, les Anglais se trouvèrent en présence du lieutenant-général Janssens, venu à leur rencontre avec toutes les forces dont il disposait. A la suite d'un combat malheureux, les Hollandais battirent en retraite. Quelques jours après, le lieutenant-général Janssens signa une capitulation en vertu de laquelle les Anglais devinrent maîtres de toutes les possessions de la Hollande dans le sud de l'Afrique. Les troupes hollandaises devaient être transportées en Europe par les vainqueurs.

# LIVRE VI

Deux escadres, commandées l'une par le contre-amiral Willaumez et l'autre par le contre-amiral de Leissègues, sortent de Brest. — Les amiraux sir John Strachan et sir John Borlase Warren sont envoyés à leur poursuite. — La division du contre-amiral de Leissègues est prise ou détruite au combat de Santo-Domingo. Le contre-amiral Willaumez croise à la hauteur de Sainte-Hélène. Il se rend à Cayenne, aux Antilles et dans le nord du canal de Bahama. Séparation du *Vétéran*. L'escadre du contre-amiral Willaumez est dispersée par un coup de vent. L'*Impétueux* est pris. La *Valeureuse* et l'*Éole*, en relâche aux États-Unis, sont vendus. Les autres bâtiments rentrent en France séparément. Croisière du capitaine Leduc sur les côtes d'Islande, du Groenland et du Spitzberg. Le brick le *Néarque* et la frégate la *Guerrière* tombent entre les mains des Anglais. Croisière du capitaine de vaisseau l'*Hermitte* sur les côtes occidentales d'Afrique et dans les Antilles. La frégate le *Président* est prise par les Anglais. Division partie de Cadix pour ravitailler le Sénégal et Cayenne. Prise du brick le *Furet* et de la frégate le *Rhin*. Division sortie de Rochefort à destination des Antilles. Quatre frégates sont prises par l'ennemi. La corvette le *Nedley* tombe entre nos mains. Pertes éprouvées par les Français, dans quelques engagements particuliers. Combat de la *Pallas* et de la *Minerve*. Prise de la corvette la *Constance*. Ordre du conseil britannique, en date du 16 mai 1806, déclarant le blocus de toutes les côtes, ports et rivières depuis l'Elbe jusqu'à Brest. Décret de Berlin opposant le blocus continental au blocus maritime. La Hollande, l'Espagne, l'Italie, l'Allemagne, puis la Prusse et la Russie ferment leurs ports aux Anglais. Quoique le Danemark observe une stricte neutralité, la Cour de Londres forme le projet de s'emparer de sa flotte. Une escadre anglaise mouille devant Elseneur. Des troupes sont mises à terre. Bombardement de Copenhague. La ville est obligée de se rendre. Les Anglais emmènent la flotte danoise. Le Danemark s'allie à la France. Préjudice causé à l'Angleterre par le décret de Berlin. Modifications apportées par la Cour de Londres aux dispositions contenues dans l'ordre du conseil du 16 mai 1806. Décret de Milan. Immobilité de nos escadres. Développement donné aux constructions. Résultats obtenus à Anvers. Acquisition de Flessingue. Réorganisation de la flottille de Boulogne. Prise par les Anglais de la corvette la *Favorite* et du brick le *Lynx*. Offensive prise par la Grande-Bretagne et la Russie contre la Porte Ottomane. Une escadre anglaise se présente devant Constantinople. Habile conduite du général Sébastiani. L'amiral Duckwoth s'éloigne. Pertes qu'il éprouve en franchissant le détroit des

Dardanelles. Insuccès des expéditions tentées par les Anglais sur les côtes d'Egypte et dans le Rio de la Plata. Les Anglais s'emparent des îles de Madère et de Curaçao.

## I

La perte de la bataille de Trafalgar, l'abandon du projet de descente en Angleterre rendaient disponible la flotte que commandait Ganteaume. Deux divisions, destinées à des croisières lointaines, furent formées à Brest. Elles étaient placées sous les ordres des contre-amiraux Willaumez et de Leissègues. L'une comprenait six vaisseaux et l'autre cinq. Le 13 décembre, les onze vaisseaux, profitant d'un moment favorable, prirent la mer. Après être restées ensemble pendant trente-six heures, les deux divisions se séparèrent. Le contre-amiral Willaumez courut vers le sud avec le *Foudroyant* de quatre-vingts, portant son pavillon, et les vaisseaux de soixante-quatorze le *Vétéran*, le *Cassard*, l'*Impétueux*, le *Patriote* et l'*Eole*. Ces bâtiments étaient commandés par les capitaines de vaisseau Henry, Bonaparte, Faure, Leveyer Belair, Krom et Prévost Lacroix. Les frégates la *Valeureuse* et la *Volontaire* faisaient partie de cette division. Le contre-amiral Willaumez allait au Cap de Bonne-Espérance. Après un court séjour dans ces parages, il levait croiser, à la hauteur de Sainte-Hélène, sur le passage des convois revenant de l'Inde et de la Chine. L'amiral Willaumez se ravitaillait à la Martinique, enlevait les navires de commerce mouillés sur les rades des colonies anglaises et terminait sa campagne en détruisant les pêcheries de Terre-Neuve. Il avait l'ordre, si l'état de ses vivres et de ses rechanges le lui permettait, de rentrer en passant par l'Islande, le Groenland et le Spitzberg.

La division du contre-amiral de Leissègues était composée des vaisseaux l'*Impérial* de cent-vingt, l'*Alexandre* de quatre-vingts, le *Brave*, le *Diomède* et le *Jupiter* ; de soixante-quatorze. Ces bâtiments étaient commandés par les capitaines de vaisseau Bigot, Garreau, Coudé, Henry et Laignel. L'amiral avait son pavillon sur l'*Impérial*. Les frégates, la *Comète*, la *Félicité* et la corvette la *Diligente* étaient attachées à cette division. Le contre-amiral de Leissègues portait, à Santo-Domingo, mille hommes, des armes, des vivres et des munitions. Après avoir accompli cette mission, il lui était prescrit de croiser, pendant deux mois, au large de la Jamaïque. Si les Anglais avaient, dans ces parages, des forces supérieures aux siennes, il devait aller sur la Grande Sole et rentrer à Rochefort ou à Lorient après avoir épuisé ses vivres. Le ministre avait ordonné au contre-amiral de Leissègues de passer par le nord des Açores. Si cette route avait l'avantage de le mettre hors de la direction suivie par les escadres anglaises, elle l'exposait, d'autre part, dans cette saison, à des mauvais temps que des navires sortant du port et montés par des équipages inexpérimentés pouvaient difficilement supporter.

Le 15 décembre, dans l'après-midi, la frégate l'*Arethusa*, qui escortait, en compagnie de la frégate la *Boadicea* et de quelques corvettes, un convoi se rendant aux Indes Occidentales, eut connaissance des deux divisions françaises. Les Anglais étaient dans le nord des bâtiments du contre-amiral Willaumez, qu'ils apercevaient seulement du haut des mâts, et dans le nord-est de la division du contre-amiral de Leissègues, dont ils n'étaient pas très éloignés. Les vents soufflaient du nord-nord-est. Sur l'ordre du capitaine de l'*Arethusa*, qui commandait l'escorte, une partie des navires anglais fit route au sud-ouest. Les bâtiments de guerre prirent la bordée du nord-ouest, chassés par la division du contre-amiral de Leissègues. Le 16, au point du jour, nous avions peu gagné au vent; l'amiral reprit sa première route tandis que les Anglais se dirigeaient de nouveau vers le sud. Le capitaine de l'*Arethusa* chargea la *Boadicea* d'informer l'amiral Cornwallis, devant Ouessant, de la sortie des deux divisions françaises. Il expédia une corvette au Ferrol et à Cadix pour remplir la même mission auprès des bâtiments en croisière sur les côtes d'Espagne. Au moment où la frégate l'*Arethusa* avait aperçu, à toute vue, la division du contre-amiral Willaumez, celle-ci chassait un convoi escorté par le vaisseau de soixante-quatre le *Polyphemus* et la frégate le *Sirius*. La nuit interrompit la poursuite; toutefois, deux bâtiments portant des troupes, tombèrent entre nos mains. La frégate la *Volontaire* fut chargée de les escorter jusqu'à Ténériffe où les prisonniers devaient être débarqués.

La nouvelle de la sortie des divisions que commandaient les contre-amiraux Willaumez et de Leissègues parvint en Angleterre, le 24 décembre. Deux escadres reçurent immédiatement l'ordre de se tenir prêtes à appareiller. L'une, commandée par sir John Borlase Warren, était composée des vaisseaux le *London* de quatre-vingt-dix-huit, le *Foudroyant* de quatre-vingts, le *Ramillies*, le *Hero*, le *Namur*, le *Repulse* et le *Courageux*, de soixante-quatorze. La seconde escadre, à la tête de laquelle était placé sir Richard Strachan, comprenait le *Saint-George* de quatre-vingt-dix-huit, le *Cœsar* de quatre-vingts et les vaisseaux de soixante-quatorze le *Centaur*, le *Terrible*, le *Triumph* et le *Bellona*. Retenues par des vents contraires, ces deux escadres ne prirent la mer que dans la seconde quinzaine du mois de janvier. Sir John Borlase Warren avait l'ordre de toucher à Madère; de là, il allait aux Antilles, à moins qu'il n'apprît, d'une manière certaine, que les bâtiments, partis de Brest, le 13 décembre, avaient une autre destination. Si les Français ne paraissaient pas, il devait laisser quelques vaisseaux à la Jamaïque et retourner en Angleterre. Sir Richard Strachan se rendait à Sainte-Hélène. Si on ne pouvait lui donner aucun renseignement sur la marche d'une escadre française, il lui était prescrit d'aller au Cap de Bonne-Espérance.

Le 26 novembre, c'est-à-dire dix-huit jours avant le départ des amiraux Willaumez et de Leissègues, le vice-amiral sir John Duckworth, qui commandait la croisière devant Cadix, apprit qu'une escadre française, forte de six vaisseaux, trois frégates et deux corvettes, avait été vue entre Madère et les Canaries. Il supposa qu'il s'agissait de la division du commandant Allemand, comprenant six vaisseaux, cinq français et le vaisseau anglais le *Calcutta* dont elle s'était emparée. Cette division, qui avait fait le plus grand mal au commerce anglais, était activement recherchée. Le vice-amiral Duckworth, abandonnant le blocus de Cadix, se mit à sa poursuite avec le *Superb*, le *Spencer*, le *Donegal* et le *Powerful*, de soixante-quatorze, le *Canopus* de quatre-vingts, l'*Agamemnon* de soixante-quatre et les frégates l'*Acasta* et l'*Amethyst*. Sir John Duckworth toucha à Madère et communiqua avec Ténériffe; n'obtenant aucun renseignement relatif à l'escadre qu'il cherchait, il poursuivit sa route dans la direction du sud. Arrivé par la latitude du cap Vert, il se décida à revenir en arrière. Les Anglais faisaient route pour reprendre leur poste devant Cadix, lorsqu'ils rencontrèrent l'*Arethusa* et son convoi. Sir John Duckworth apprit que cette frégate avait été, le 15 décembre, en vue de deux escadres françaises, comprenant l'une six vaisseaux et l'autre cinq. Il continua à courir vers le nord, direction dans laquelle, d'après le capitaine de l'*Arethusa*, il avait quelque chance de rencontrer les Français. Le 25 décembre, l'escadre anglaise se trouvait par 31 degrés de latitude nord et 23 degrés de longitude ouest, courant au plus près, les amures à tribord, avec des vents d'est-nord-est, lorsque plusieurs voiles furent signalées dans le sud-est. C'était l'escadre de l'amiral Willaumez qui faisait route dans la direction du sud. Sir John Duckworth, laissant arriver, se mit à la poursuite des bâtiments aperçus. Le 26, au point du jour, trois vaisseaux anglais nous avaient gagnés et les trois autres étaient hors de vue. A une heure l'amiral Duckworth reprit sa première route. La situation de son escadre, au moment où il leva la chasse, était celle-ci : le vaisseau amiral, le *Superb*, se trouvait à sept milles de notre dernier vaisseau ; le *Spencer* était à quatre milles du *Superb* et l'*Agamemnon* à cinq milles du *Spencer*. Du haut des mâts de ce dernier vaisseau, on apercevait le *Powerfull*; quant aux deux autres vaisseaux, ils étaient hors de vue de l'*Agamemnon*. L'amiral Duckworth expédia une frégate en Angleterre afin de porter à la connaissance de l'amirauté la rencontre qu'il avait faite, la force de l'escadre française et la direction qu'elle suivait. N'ayant plus assez d'eau pour aller à Cadix, il fit route vers les

Antilles. Les Anglais mouillèrent, le 12 janvier, à la Barbade et, le 19, à Saint-Christophe où ils furent rejoints par les vaisseaux de soixante-quatorze le *Northumberland*, portant le pavillon du contre-amiral Cochrane, et l'*Atlas*. On n'avait aucune nouvelle de l'arrivée d'une escadre française dans la mer des Antilles. L'amiral Duckworth se disposait à rejoindre son poste, devant Cadix, lorsque, le 1$^{er}$ février, il apprit que des vaisseaux français avaient été vus se dirigeant sur Santo-Domingo. L'escadre anglaise mit immédiatement sous voiles; elle comptait sept vaisseaux, une frégate et une corvette. Le 3, elle passait devant Saint-Thomas et, le 4, elle donnait dans le passage de la Mona ; enfin, le 5, elle se trouvait à neuf lieues dans le sud-est de l'extrémité orientale de l'île de Saint-Domingue.

Nous avons vu que le contre-amiral de Leissègues, abandonnant, le 16 décembre, la poursuite de l'*Arethusa* et des navires placés sous l'escorte de cette frégate, avait reprit la route, si peu maritime, que ses instructions lui ordonnaient de suivre. Le 25, par un très gros temps, le *Jupiter* démâta de son petit mât de hune; la frégate la *Comète* et le vaisseau le *Brave* signalèrent une voie d'eau. Quelques jours après, ce dernier vaisseau et l'*Alexandre* disparurent. Craignant, s'il continuait de courir dans la même direction, que son escadre ne fut dispersée par la tempête, le contre-amiral de Leissègues renonça à passer dans l'ouest des Açores. Il mouilla, le 20 janvier, devant Santo-Domingo, avec trois vaisseaux. Les troupes, les vivres et les munitions, furent immédiatement débarqués. L'*Alexandre* et le *Brave* arrivèrent, le 25, à Santo-Domingo. L'amiral pouvait se rendre à la Havane où ses bâtiments auraient exécuté, en toute sûreté, les travaux nécessaires pour réparer leurs avaries. Mais il craignait de se trouver bloqué par les forces anglaises stationnées à la Jamaïque, et, par suite, d'être mis dans l'impossibilité de remplir sa mission. Il resta, à Santo-Domingo, supposant qu'il serait en mesure d'appareiller avant que sa présence fût connue. Le 6 février, la *Diligente*, qui était en observation au large, fut aperçue, faisant route vers le mouillage. Elle tirait du canon, et avait, en tête de mât, un signal annonçant la présence de l'ennemi. L'ordre fut donné d'appareiller en coupant les câbles et de se préparer au combat. Malheureusement nous n'étions en bonne situation ni pour mettre sous voiles ni pour combattre. Le désordre régnait à bord de nos bâtiments; les ponts et les batteries étaient encombrés d'objets de matériel. L'appareillage se fit lentement. Les vents soufflaient de l'est-nord-est; l'escadre sortit de la baie de Santo-Domingo en se dirigeant vers l'ouest. Nos bâtiments, formés en ligne de convoi, étaient rangés dans l'ordre suivant: l'*Alexandre*, l'*Impérial*, le *Diomède*, le *Jupiter* et le *Brave*. Les Anglais s'avançaient sur deux colonnes. L'une d'elles comprenait le *Superb*, le *Northumberland*, le *Spencer* et l'*Agamemnon*; l'autre, était composée du *Canopus*, du *Donegal* et de l'*Atlas*. Au moment où les deux escadres se trouvèrent à portée de canon, les Anglais étaient sans ordre. La colonne, en tête de laquelle marchait le *Canopus*, était en arrière de celle que conduisait le *Superb*. Ce dernier vaisseau, le *Northumberland* et le *Spencer* nous attaquèrent immédiatement. Le *Superb* combattit l'*Alexandre*, le *Northumberland* l'*Impérial*, et le *Spencer* le *Diomède*. L'amiral de Leissègues, croyant qu'il parviendrait à mettre, entre deux feux, les vaisseaux avancés de l'ennemi, signala de serrer le vent, les amures à babord. L'*Alexandre* fit le mouvement indiqué et passa entre le *Northumberland* et le *Spencer*. Le signal, hissé à bord de l'*Impérial*, ne fut exécuté par aucun autre bâtiment ; il eut donc pour résultat de placer l'*Alexandre* dans une position périlleuse. Le *Spencer* engagea avec ce vaisseau un combat très vif. Le *Canopus*, le *Donegal* et l'*Atlas*, passant devant ces deux bâtiments, envoyèrent à l'*Alexandre* des bordées d'enfilade qui lui firent le plus grand mal. Le *Canopus* et l'*Agamemnon* se dirigèrent sur l'*Impérial* ; le *Donegal* attaqua le *Brave*, et l'*Atlas* le *Jupiter*. Les premiers coups de canon avaient été tirés avant dix heures ; nous étions, à ce moment, à trois lieues dans l'ouest-sud-ouest de Santo-Domingo. A onze heures trente-cinq minutes, l'*Alexandre*, après une défense très vigoureuse, amena son pavillon. Son adversaire, sans se préoccuper davantage d'un ennemi qui ne pouvait s'échapper, rejoignit le *Superb*. A onze heures quarante-cinq minutes, le *Brave* se rendit au *Donegal*. Ce dernier vaisseau se porta sur le *Jupiter* que le capitaine de l'*Atlas*, se conformant aux ordres de l'amiral Duckworth, avait abandonné pour rallier les bâtiments que combattait l'*Impérial*. Le *Donegal* tomba sur le *Jupiter* dont le beaupré s'engagea dans ses haubans. Le vaisseau français amena son pavillon après un engagement de courte durée. Les capitaines du *Brave* et du *Jupiter* avaient été grièvement blessés, dès le début de l'action. Le *Donegal* prit le *Jupiter* à la remorque, et la frégate l'*Acasta* amarina le *Brave*. Six vaisseaux, le *Superb*, le *Northumberland*, le *Canopus*, l'*Atlas*, le *Spencer* et l'*Agamemnon* entourèrent l'*Impérial* et le *Diomède*. On se battait de très près ; les boulets traversaient les murailles des vaisseaux français, démontaient leurs pièces et tuaient les servants. Sur l'*Impérial,* la batterie de dix-huit, puis celle de vingt-quatre furent désemparées. L'amiral, donnant l'exemple de l'intrépidité, encourageait l'équipage à faire une résistance opiniâtre. Un peu avant midi, cinq cents hommes étaient hors de combat. Le commandant, son second, cinq officiers, étaient grièvement blessés ; deux aides de camp de l'amiral avaient été tués à ses côtés. Le grand mât et le mât d'artimon étaient abattus. L'amiral ordonna à son capitaine de pavillon de se rapprocher de la côte et d'embosser le vaisseau. Les câbles ayant été coupés par les boulets, il ne fut pas possible d'exécuter cet ordre. L'*Impérial* s'échoua, présentant le travers au large ; le mât de misaine, le seul qu'il eût conservé, tomba à la mer. Le *Diomède,* imitant la manœuvre de l'amiral, s'échoua près de lui. Dans cette position, nos bâtiments échangèrent des coups de canon avec le *Canopus* et l'*Atlas*. L'amiral Duckworth, qui avait gagné le large, ne tarda pas à rappeler ces deux vaisseaux. L'*Impérial* et le *Diomède,* échoués sur des fonds de roche, furent promptement défoncés. On s'occupa de sauver les équipages. La grosse mer, les précautions à prendre pour mettre les blessés à terre, le petit nombre de canots dont disposaient les deux bâtiments français rendirent cette opération très difficile. Le 9, elle n'était pas terminée. Ce jour-là, les Anglais se rapprochèrent ; après une courte canonnade, ils envoyèrent leurs embarcations à bord des vaisseaux français. La mer, qui était fort grosse, ne permettait pas de communiquer avec la terre. Le capitaine du *Diomède,* quelques officiers et cent hommes environ, appartenant à ce vaisseau, furent faits prisonniers. Les Anglais livrèrent l'*Impérial* et le *Diomède* aux flammes et ils s'éloignèrent avec les vaisseaux capturés; le *Brave* coula peu après son arrivée à la Jamaïque. Les Anglais eurent, dans cette affaire, soixante-quatorze tués et deux cent soixante-quatre blessés. Tout autres furent les pertes éprouvées par les Français. D'après les lettres de l'amiral Duckworth, l'*Alexandre* comptait trois cents hommes hors de combat, le *Brave* deux cent-soixante et le *Jupiter* deux cents. L'*Impérial* et le *Diomède* avaient été encore plus maltraités. Les instructions, absolument inexplicables, données par le ministère, les avaries faites aux Açores, par suite de ces mêmes instructions, le temps passé à Santo-Domingo pour les réparer, telles furent les causes qui amenèrent cette rencontre dans laquelle la France perdit cinq vaisseaux et plusieurs milliers d'hommes, tués, blessés ou faits prisonniers. Ces chiffres ne montrent que trop clairement l'insuffisance des états-majors, des équipages et surtout des hommes affectés au service de l'artillerie. En effet, dans les conditions où fut livré le combat de Santo-Domingo, il est impossible d'admettre qu'une escadre, comprenant un vaisseau de cent vingt, un de quatre-vingts et trois de soixante-quatorze, attaquée par un vaisseau de quatre-vingts, cinq de soixante-quatorze et un de soixante-quatre, puisse être prise ou détruite en totalité.

Deux divisions étaient sorties de Brest, le 13 décembre 1805. Nous savons ce qu'il était advenu de l'une d'elles; il nous reste à parler de la seconde. Le contre-amiral Willaumez devait, conformément à ses instructions, croiser sur le banc des Aiguilles afin d'intercepter les convois venant de l'Inde et de la Chine. Dans cette hypothèse, il aurait renouvelé ses vivres au Cap de Bonne-Espérance. Apprenant que cette colonie était tombée au pouvoir des Anglais, l'amiral s'établit en croisière devant Sainte-Hélène. Au mois d'avril 1806, il se rendit à Bahia pour faire des vivres et de l'eau.

Le 15 mai, l'amiral Willaumez mouilla, devant Cayenne, avec le *Foudroyant*, portant son pavillon, le *Vétéran* et la *Valeureuse* ; les autres vaisseaux, partagés en deux divisions, furent envoyés en croisière. L'amiral avait donné à ses bâtiments un rendez-vous d'où il comptait se porter sur la *Barbade*. Les mauvais temps ayant empêché cette jonction, les navires, composant son escadre, firent route isolement pour la Martinique, second rendez-vous qui leur avait été assigné. Le *Vétéran* arriva dans cette colonie, le 9 juin, l'*Eole* et l'*Impétueux*, le 17, le *Foudroyant* et la *Valeureuse*, le 21, le *Cassard* et le *Patriote*, le 24. Le *Vétéran*, à peine entré dans la baie de Fort-Royal, avait aperçu, au large, le vaisseau le *Northumberland*. L'*Eole* et l'*Impétueux* avaient été poursuivis par une division de trois vaisseaux, deux de soixante-quatorze et un de quatre-vingts; ce dernier portait le pavillon du contre-amiral Cochrane. L'arrivée de l'escadre française se trouva donc immédiatement connue. Le 1$^{er}$ juillet, le contre-amiral Willaumez mit sous voiles. Quatre navires furent capturés à Montserrat ; soixante-cinq bâtiments de commerce étaient, quelques jours auparavant, mouillés, devant cette île, dans une position qui n'était pas protégée. Prévenus de notre présence, ils avaient fait route sous le vent. L'amiral se dirigea sur l'île de Tortola ; il avait appris que trois cents bâtiments, prêts à partir pour l'Angleterre, étaient réunis sur ce point. Ce convoi considérable, dont la destruction eût été une perte très sensible pour le commerce anglais, s'était mis en sûreté.

Perdant l'espoir de faire des prises dans la mer des Antilles, le contre-amiral Villaumez continua sa route et il établit sa croisière dans le nord du canal de Bahama. Il pensait que le commandant des forces britanniques, apprenant son départ, laisserait les navires de commerce libres d'effectuer leur retour en Europe. Le 27 juillet, l'escadre chassa un convoi composé de huit bâtiments. Un seul put être atteint; la poursuite de ces navires, qui allaient à New-York, entraîna l'escadre assez loin dans le nord. Le 29 juillet, lorsque le jour se leva, le *Vétéran* n'était plus en vue. L'amiral resta plusieurs jours au point indiqué comme rendez-vous, en cas de séparation, sans y être rallié par ce vaisseau. Le *Vétéran* avait fait route vers l'Europe. Le 10 août, il rencontra un convoi de seize voiles, allant à Québec, sous l'escorte de la corvette le *Champion*. Cette corvette ne put être rejointe, mais six navires furent pris et brûlés. Le 26 août, le *Vétéran*, arrivé en vue de terre, faisait route sur Lorient lorsque trois bâtiments furent aperçus. Ces navires, le *Gibraltar* de quatre-vingts et les frégates de quarante la *Tribune* et la *Penelope*, se couvrirent de voiles et chassèrent le vaisseau français. Ce dernier, dans la position où il se trouvait, ne pouvait atteindre, sans combat que le petit port de Concarneau. Les sinuosités de la passe, l'étroitesse du chenal, le peu de profondeur de l'eau rendaient cette opération très difficile. Le *Vétéran* la tenta et il l'exécuta avec succès.

Le contre-amiral Willaumez, après avoir inutilement attendu le *Vétéran*, était venu de nouveau se placer dans le nord du canal de Bahama. Soit qu'il se fût laissé entraîner trop au nord, en chassant les navires qui allaient à New-York, soit qu'il eût perdu du temps à la recherche du *Vétéran*, les convois des Antilles étaient passés lorsqu'il reprit sa croisière. Il fit alors route sur Terre-Neuve dont il devait détruire les pêcheries. Le 19 août, par 22 degrés de latitude nord et 65 degrés de longitude ouest, un coup de vent d'une extrême violence dispersa l'escadre, qui subit, dans cette circonstance, un véritable désastre. Trois vaisseaux, le *Foudroyant*, l'*Impétueux* et l'*Eole*, furent complètement démâtés et perdirent leur gouvernail. L'*Impétueux* jeta une partie de son artillerie à la mer et l'*Eole* sa batterie des gaillards. Le *Patriote* démâta de ses mâts de hune et de son mât d'artimon. Le *Cassard* eut l'heureuse fortune de ne faire que de légères avaries; son capitaine se décida à rentrer à Brest où il arriva sans qu'aucun incident se fût produit pendant sa traversée. Le *Foudroyant* gréa quelques mâtereaux, installa un gouvernail de fortune et se dirigea sur la Havane. Le 15 septembre, à quelques lieues du port, le *Foudroyant* fut aperçu par l'*Anson* de quarante-quatre. Cette frégate, profitant de sa supériorité, au point de vue de la manœuvre, prit une position avantageuse et ouvrit le feu sur le *Foudroyant*. Celui-ci envoya à l'*Anson* quelques volées qui obligèrent ce bâtiment à s'éloigner. L'*Impétueux* était, le 15 septembre, à quelques lieues de l'entrée de la Chesapeak, lorsqu'il fut chassé par les vaisseaux le *Bellona* et le *Belleisle*, de quatre-vingt-deux, et la frégate le *Melampus*. L'*Impétueux*, ne pouvant, avec des mâts de fortune, échapper aux bâtiments qui le poursuivaient, se jeta à la côte sur le cap Henry. Etant en dedans de la limite des eaux territoriales, il supposait qu'il ne serait pas attaqué. Les

Anglais, sans se préoccuper de la neutralité des Etats-Unis, ouvrirent le feu sur le vaisseau français, s'en rendirent maîtres et le livrèrent aux flammes. Les réclamations, faites par le ministre de France, demeurèrent sans résultat; le gouvernement des Etats-Unis ne voulut pas s'apercevoir de l'injure faite à son pavillon. Le *Patriote*, l'*Eole* et la *Valeureuse* entrèrent dans la Chesapeak. Le *Foudroyant*, après s'être réparé à la Havane, rejoignit ces trois bâtiments. Aucun d'eux n'étant en état de reprendre la mer, l'amiral Willaumez se dirigea sur Brest où il mouilla, le 27 février 1807. Le *Patriote* arriva dans ce port au commencement de 1808. L'impossibilité de réparer l'*Eole* et la *Valeureuse* ayant été reconnue, ces deux navires furent vendus en Amérique.

L'amirauté britannique avait envoyé, ainsi qu'il a été dit plus haut, les amiraux sir John Borlase Warren et sir Richard Strachan, le premier avec sept vaisseaux et le second avec six, à la poursuite des bâtiments sortis de Brest, le 13 décembre 1805. Les escadres anglaises, après avoir inutilement cherché les amiraux Willaumez et de Leissègues, étaient rentrées à Portsmouth. Toutes deux en étaient reparties quelque temps après; sir Richard Strachan avait appareillé, le 19 mai, et sir John Borlase Warren, le 4 juin. Ce dernier avait mouillé, à la Barbade, le 12 juillet, avec le *Foudroyant* de quatre-vingts, portant son pavillon, cinq vaisseaux de soixante-quatorze et une frégate. Ainsi, au moment où l'amiral Willaumez établissait sa croisière en dehors des débouquements, une escadre, envoyée à sa poursuite, se présentait dans la mer des Antilles. Arrivé quelques jours plus tôt, sir John Borlase Warren aurait pu le rencontrer. Exactement renseigné, par des bâtiments neutres, sur la position que l'amiral Willaumez occupait, il se mit à sa poursuite. Dans la nuit du 18 août, l'escadre anglaise se trouvait à vingt lieues environ de la nôtre ; atteinte par le même coup de vent, elle fut dispersée mais elle ne subit aucun dommage sérieux. Les vaisseaux le *Bellona* et le *Belleisle* et la frégate le *Melampus*, qui avaient obligé l'*Impétueux* à se jeter à la côte, appartenaient à l'escadre de sir Richard Strachan Le contre-amiral Louis, avec une troisième escadre, avait été envoyé en croisière, à cinquante lieues au large de *Belleisle*, pour intercepter le contre-amiral Willaumez à son retour.

Cette campagne avait été complètement stérile. Une escadre de six vaisseaux, ayant tenu la mer pendant près de huit mois, avait pris dix-sept navires marchands.

## II

Les frégates de quarante-quatre la *Revanche* et la *Guerrière*, capitaines Leduc et Hubert, la *Sirène* de quarante, capitaine Lambert, et le brick le *Néarque*, capitaine Jourdain, reçurent l'ordre de se rendre sur les côtes d'Islande, du Groenland et du Spitzberg. Cette division, placée sous le commandement du capitaine Leduc, de la *Revanche*, était chargée de poursuivre les baleiniers anglais et russes. Elle quitta Lorient, le 3 mars 1806. Aussitôt à la mer, on s'aperçut que le

*Néarque,* marchant fort mal, ne pouvait suivre les frégates. Le capitaine Leduc continua sa route sans l'attendre. Ce brick fut capturé par la frégate la *Niobé* dans la nuit même qui suivit le départ. L'hiver s'était prolongé fort tard. La division, arrêtée par les glaces, redescendit au sud ; après avoir croisé quelque temps entre les Açores et le cap Clear, elle reprit sa route vers le nord. Le 21 mai, les frégates atteignirent la pointe sud-est de l'Islande ; le 30, par 72 degrés de latitude, elles rencontrèrent les glaces. Le 12 juin, la division française arriva en vue du Spitzberg. Nos bâtiments ne purent dépasser le soixante-seizième degré de latitude. Après une brume très épaisse, qui avait enveloppé, pendant plusieurs jours, les trois bâtiments, la *Guerrière* se trouva séparée de ses conserves.

L'amirauté britannique avait eu connaissance, au commencement du mois de juillet, de la mission confiée au capitaine Leduc. Trois frégates, la *Blanche* de trente-huit, la *Phœbe* de trente-six et le *Thames* de trente-deux, furent immédiatement désignées pour se rendre dans la mer Arctique. La *Phœbe* et le *Thames*, qui étaient à Leith, allèrent aux îles Shetland où la *Blanche* devait les rejoindre. Quand cette dernière arriva au rendez-vous, la *Phœbe* et le *Thames* étaient parties à la recherche de la *Guerrière*. La *Blanche*, ayant eu des informations très précises sur les parages où se trouvait cette frégate, se mit également à sa poursuite. Elle la joignit, le 18 juillet ; après un combat d'artillerie, qui dura environ une heure, la frégate française amena son pavillon. Elle comptait quarante hommes hors de combat ; le mât d'artimon était abattu. Un officier et deux hommes, blessés légèrement, tel était le chiffre des pertes de la *Blanche*; enfin, les avaries de cette frégate étaient insignifiantes. Le scorbut avait fait, à bord de la *Guerrière*, de grands ravages; quarante-deux hommes étaient morts et quatre-vingts se trouvaient sur les cadres. La défense de la frégate française s'était évidemment ressentie de la situation du personnel. Néanmoins, on ne peut admettre que l'équipage de la *Guerrière*, même réduit de cent vingt-deux hommes, n'ait pas fait une défense plus efficace. Il semble évident que cet équipage ne possédait aucune instruction militaire.

Après une relâche de quelques jours à Patrix Fiord, le capitaine Leduc se rendit au sud du cap Farewell afin d'intercepter les navires venant du détroit de Davis. Il revint au nord de l'Irlande où il resta jusqu'au 28 août. Les frégates firent alors route au sud et croisèrent sous le cap Clear jusqu'au 17 septembre. Le 27, elles mouillèrent à Bréhat, près de Saint-Malo; on les fit entrer dans la rivière de Pontrieux. Les équipages de la *Sirène* et de la *Revanche* avaient beaucoup souffert du scorbut. Ces deux frégates, qui avaient perdu quatre-vingt-quinze hommes, ramenaient deux cent dix-sept malades. Il n'avait pas été pris, par le département de la marine, au point de vue des vêtements, des vivres et des médicaments, des mesures suffisantes pour adoucir les rigueurs de cette pénible campagne. De là, le chiffre si élevé des morts et des malades. La *Guerrière* s'était battue contre la *Blanche* avec deux cent cinquante-huit hommes, alors qu'à son départ de France elle en avait trois cent quatre-vingts.

Pendant cette croisière, qui nous coûta une frégate et un brick, quatorze bâtiments, un russe et treize anglais, furent coulés ou brûlés. On évalua à deux millions et demi de francs le dommage fait au commerce de l'ennemi.

Le vaisseau le *Regulus* de soixante-quatorze, les frégates de quarante le *Président* et la *Cybèle* et le brick le *Surveillant* partirent de Lorient le 31 octobre. Cette division, placée sous le commandement du capitaine de vaisseau l'Hermitte, du *Regulus*, avait l'ordre de ruiner les établissements anglais sur la côte occidentale d'Afrique. Cette opération terminée, elle devait rester quelque temps en croisière dans les Antilles. Le capitaine l'Hermitte, parti de France, sans être vu par l'ennemi, exécuta, avec succès, la première partie de sa mission. Il détruisit plusieurs comptoirs anglais et prit les corvettes la *Favorite* de vingt-huit, *Otway* et *Plower*, de vingt, des bâtiments négriers et quelques navires de commerce. Après s'être ravitaillé au Brésil, le capitaine l'Hermitte se rendit dans la mer des Antilles où il fit quelques prises. Le vaisseau et les deux frégates étaient dans le nord de Saint-Domingue lorsque, le 18 août, un coup de vent d'une extrême violence les sépara. La *Cybèle*, démâtée de ses trois mâts de hune, entra dans la Chesapeak. Le *Regulus*, qui avait un grand nombre de scorbutiques, fit route vers la France. Ce vaisseau, quoique poursuivi, à son attérage, par des forces supérieures, mouilla, sur la rade de Brest, le 2 octobre 1807. Le *Président* s'était également dirigé sur nos ports. Le 27 septembre, à vingt lieues environ des côtes de France, cette frégate fut chassée par la division du contre-amiral Louis, forte de six vaisseaux. Attaquée par la corvette *Dispatch*, qui lui fit quelques avaries, et rejointe par le *Canopus* de quatre-vingts, elle amena son pavillon. La croisière du *Regulus* et des frégates la

*Cybèle* et le *Président* avait coûté à l'ennemi trois bâtiments de guerre et vingt-trois navires marchands. Le nombre des prisonniers s'élevait à cinq cent soixante-dix ; quant au dommage fait au commerce anglais, il était évalué à cinq millions de francs. La *Cybèle*, après avoir réparé ses avaries, rentra dans nos ports.

En même temps que nous employions les débris de notre marine à poursuivre le commerce britannique, nous devions nous préoccuper du ravitaillement de nos colonies. Cette tâche, par suite de la supériorité maritime de l'Angleterre, était rendue, chaque jour, plus difficile. Le 23 février, dans la soirée, les frégates l'*Hortense*, le *Rhin*, l'*Hermione* et la *Thémis*, capitaines La Marre La Meillerie, Chesneau, Mahé et Jugan et le brick le *Furet* appareillèrent de Cadix. Ces bâtiments, placés sous les ordres du commandant de l'*Hortense*, portaient des troupes, des armes et des munitions au Sénégal et à Cayenne. Après avoir accompli cette mission, le capitaine La Marre La Meillerie devait, avant de ramener sa division en France, croiser au vent des Antilles, à la hauteur des Bermudes et aux Açores. La brise, qui soufflait de l'est grand frais, avait rejeté au large l'escadre de blocus. Toutefois, la frégate l'*Hydra*, qui avait réussi à se rapprocher de la côte, aperçut nos bâtiments. Vers trois heures du matin, elle atteignit le *Furet*, resté en arrière, par suite de l'infériorité de sa marche. Le brick, après avoir envoyé une volée à l'*Hydra*, amena son pavillon. Le capitaine La Marre La Meillerie toucha au Sénégal et à Cayenne ; il partit de ce dernier point, le 7 avril, pour se rendre dans les Antilles. La division française resta quelque temps au nord de la Dominique et du débouquement d'Antigue, puis elle relâcha à Porto-Rico pour se ravitailler.

Les quatre frégates reprirent la mer à la fin du mois de mai. Après avoir croisé aux Bermudes, aux Açores et sous le cap Clear, elles firent route pour rentrer en France. Le 27 juillet, elles étaient par 49 degrés de latitude nord et 9 degrés de longitude ouest, courant sous toutes voiles, avec une jolie brise d'ouest-sud-ouest. Dans la soirée, deux bâtiments furent aperçus. Le plus rapproché était le *Mars* de quatre-vingt-deux et le second l'*Africa* de soixante-quatre. Ces navires appartenaient à la division du commodore Goodwin Keats qui bloquait le port de Rochefort avec six vaisseaux. Le *Mars* se mit immédiatement à la poursuite de la division française; ce vaisseau se trouvait en avant et à grande distance de son escadre. Il fit à l'*Africa* des signaux, que ce navire répéta, afin d'informer le commodore Goodwin Keats de la présence de nos bâtiments. Le *Mars* perdit de vue, pendant la nuit, les frégates françaises, mais il les aperçut de nouveau lorsque le jour se leva. Une d'elles, c'était le *Rhin*, se trouvait sur l'arrière et loin des trois autres ; le vaisseau anglais la gagnait rapidement. Telle était la situation lorsque le capitaine de l'*Hortense* signala au capitaine Chesneau qu'il le laissait libre de manœuvrer comme il le jugerait convenable pour la sûreté de son bâtiment. Les trois frégates continuèrent leur route couvertes de voiles. Le *Rhin* jeta des ancres et des canons à la mer, mais ses efforts pour échapper à la poursuite du vaisseau anglais furent inutiles. Cette frégate, jointe, vers trois heures de l'après-midi, par le *Mars*, amena son pavillon.

Au moment où le capitaine de l'*Hortense* avait pris la détermination d'abandonner le *Rhin*, le *Mars* était le seul bâtiment ennemi qui fût en vue. On ne peut s'expliquer la conduite du commandant de la division. Quatre frégates, ayant du dix-huit en batterie, devaient combattre un vaisseau de quatre-vingt-deux. Elles pouvaient craindre de trouver de nouveaux ennemis avant d'atteindre Rochefort, mais, d'autre part, la côte de France était proche et la rencontre qu'elles avaient faite donnait lieu de croire que l'escadre de blocus était au large. Enfin, l'honneur militaire exigeait que le *Rhin* ne fût pas livré à l'ennemi sans combat. Craignant de trouver le port de Rochefort bloqué, le capitaine de l'*Hortense* se dirigea sur la Gironde. Arrivé à l'entrée, il fit des signaux de reconnaissance auxquels la terre ne répondit pas. Les trois frégates gagnèrent le mouillage en recevant des coups de canon qui, d'ailleurs, ne leur firent aucun mal. Rien ne pouvait, ainsi que l'écrivait le capitaine de vaisseau La Marre La Meillerie au ministre, empêcher une division anglaise de mouiller sur la rade du Verdon.

Cette croisière, pendant laquelle la marine française perdit une frégate, coûta à peine quelques navires marchands au commerce anglais. Le commandant La Marre La Meillerie se défendit d'être rentré, au mois de juillet, en prétendant que ses frégates avaient des avaries. Quoi qu'il en soit, sa division ne pouvait avoir de chances sérieuses d'échapper à l'ennemi qu'en se dirigeant sur nos ports après l'équinoxe et en profitant d'un grand vent d'ouest.

Les frégates la *Gloire*, l'*Infatigable*, la *Minerve* et l'*Armide*, de quarante, et la *Thétis* de trente six, capitaines Soleil, Girardias, Collet, Langlois et Jugan, et les bricks le *Lynx* et le *Sylphe* quittèrent Rochefort le 24 septembre. Ces navires, placés sous le commandement du capitaine Soleil, portaient aux Antilles des troupes et des munitions. Vers minuit, plusieurs voiles furent aperçues dans l'ouest-nord-ouest. La division française laissa porter jusqu'au sud-sud-ouest afin de s'éloigner de ces bâtiments. Une brise fraîche soufflait du nord-nord-est. Lorsque le jour se leva, l'escadre du commodore sir Samuel Hood, qui bloquait la port de Rochefort, était en vue. Elle comprenait le *Windsor Castle* de quatre-vingt-dix-huit et les vaisseaux de soixante-quatorze le *Centaur*, l'*Achille*, le *Monarch*, le *Revenge* et le *Mars*. Le *Monarch*, qui avait pris la tête des chasseurs, commença, vers cinq heures du matin, à tirer, avec ses canons de chasse, sur l'*Armide*. A six heures, l'*Infatigable* serra le vent, tribord amures, et courut vers l'ouest. Le *Mars* se mit à sa poursuite. La Thétis et les bricks gouvernèrent sur bâbord de la route, suivis par le vaisseau le *Windsor Castle*. La *Gloire*, la *Minerve* et l'*Armide* ne se séparèrent pas.

A dix heures, le *Monarch*, arrivé à la hauteur de l'*Armide* et de la *Gloire*, engagea, avec ces deux bâtiments, un combat très vif. Vers dix heures et demie, le vaisseau anglais, très dégréé, manœuvrait difficilement lorsqu'il fut rejoint par le *Centaur*, portant le guidon du Commodore Samuel Hood. Ce vaisseau canonna la *Gloire* et l'*Armide* pendant que le *Monarch* combattait la *Minerve*. Un peu avant midi, cette frégate et l'*Armide* amenèrent leur pavillon. L'*Infatigable*, atteinte par le *Mars*, se rendit à ce vaisseau à midi et demi. La *Gloire* s'éloigna, serrant le vent, tribord amures, suivie par le *Centaur*. Le *Mars*, qui n'avait pas souffert dans son engagement avec l'*Infatigable*, chassa la frégate française et il l'atteignit à trois heures de l'après-midi. Après une courte canonnade la

*Gloire* amena son pavillon. Les Anglais n'avaient pas payé cher la prise de ces quatre frégates. Ils avaient trois tués sur le *Centaur*, et quatre sur le *Monarch* ; le nombre des blessés s'élevait à quatre sur le premier de ces bâtiments, et à vingt-cinq sur le second. Pas un homme, sur le *Mars*, n'avait été atteint par le feu de l'*Infatigable*. La *Thétis* et les deux bricks ne purent être joints ; ces trois bâtiments arrivèrent à leur destination. La *Thétis* s'empara, en revenant en France, de la corvette le *Nedley* de seize canons.

Le brick de quatorze la *Tapageuse* fut enlevé, dans la nuit du 4 avril, à l'entrée de la Gironde, par les embarcations de la *Pallas*. Le lendemain, la flûte la *Garonne* et le brick la *Malicieuse* chassés, par cette frégate, en vue de Cordouan se jetèrent à la côte ; ces deux bâtiments furent démolis par la mer. Le 14 juillet, vers dix heures du soir, douze embarcations, appartenant à la croisière anglaise, pénétrèrent dans la Gironde. Elles se dirigèrent sur les bricks le *César* et le *Teaser* qui étaient à l'ancre, à l'entrée, avec un convoi placé sous leur escorte. Le *César* de seize canons, mouillé le plus en dehors, fut entouré, pris et emmené au large. Le convoi, profitant du courant de flot, s'éloigna. Le *Teaser* et les batteries de terre ouvrirent le feu sur les embarcations ennemies ; l'une d'elles, atteinte par un boulet, coula. Les Anglais eurent, dans cette affaire, neuf hommes tués, trente-neuf blessés et ils laissèrent dix-neuf prisonniers entre nos mains.

Une escadre, commandée par le vice-amiral Thornborough, bloquait le port de Rochefort. Le 14 mai, les Anglais étant mouillés sur la rade des Basques, la *Pallas* de quarante vint, près de l'île d'Aix, pour observer nos mouvements. L'amiral Allemand prescrivit à la *Minerve* de quarante, capitaine Collet, de se porter au-devant du bâtiment ennemi avec les bricks le *Lynx* et le *Sylphe*. L'ordre fut donné aux frégates l'*Armide* et l'*Infatigable* de se tenir prêtes à mettre sous voiles. A onze heures du matin, un combat très vif s'engagea entre la *Pallas* et la *Minerve*. La frégate anglaise se rapprochant de son escadre, le capitaine Collet résolut de l'aborder. Il parvint à accrocher la *Pallas*, mais, par suite de leur vitesse, les deux bâtiments se séparèrent. Les amarres d'une des ancres de bossoir de la *Minerve* ayant été rompues, l'ancre alla au fond, entraînant le câble qui fila avec rapidité. La frégate vint debout au vent; avant que le câble eût été coupé et les voiles orientées, la *Pallas* s'était éloignée. La frégate anglaise rallia son escadre remorquée par le *King's Fisher*; la *Minerve* revint au mouillage.

Le 12 octobre, la flute la *Salamandre*, poursuivie, près de Saint-Malo, par la corvette de vingt-six canons la *Constance*, deux canonnières et un côtre, s'échoua dans la baie d'Erqui, sous la protection d'une batterie de deux pièces. Après avoir soutenu un engagement très vif, la *Salamandre* amena ses couleurs. Ne pouvant conduire ce bâtiment au large, les Anglais le livrèrent aux flammes. Peu après, la *Constance* toucha et ne pût être remise à flot. Cette corvette, souffrant beaucoup du feu de la batterie française, fut abandonnée par son équipage. Des embarcations parties de terre, déséchouèrent la *Constance* et la firent entrer à Saint-Malo.

## III

Lorsque les victoires des armées impériales, dans la mémorable campagne de 1806, livrèrent à la France les rivages de l'Allemagne, l'Angleterre voulût empêcher tout commerce des neutres avec les ports tombés entre nos mains. Elle ne pouvait atteindre ce résultat qu'en plaçant, devant chacun d'eux, une force suffisante pour en interdire l'accès. Quelle que fût l'étendue de ses ressources, cette tâche était au-dessus de ses forces. Elle ne se laissa pas arrêter par cette difficulté. Il y avait longtemps déjà que la Cour de Londres ne connaissait d'autre règle internationale que sa volonté. Enfin, depuis la bataille de Trafalgar, l'arrogance de nos adversaires n'avait plus de bornes. Un ordre du conseil britannique, en date du 16 mai 1806, déclara bloqués toutes les côtes, ports et rivières depuis l'Elbe jusqu'à Brest inclusivement. Ce blocus, purement fictif, devait être aussi rigoureusement observé par les neutres que s'il avait été réel, c'est-à-dire appuyé par des forces suffisantes pour rendre dangereux l'accès de tous les points indiqués par le cabinet de Saint-James. Ainsi, l'Angleterre pouvait, avec une simple notification, bloquer les plus vastes étendues de côtes, et, sans effort de sa part, sans aucun sacrifice, interdire tout commerce maritime à ses ennemis. L'Empereur répondit à ce nouvel abus de la force par un décret, rendu à Berlin, le 21 novembre

1806, mettant les Iles Britanniques en état de blocus. Il n'était plus permis de faire du commerce avec le Royaume-Uni ; toutes les marchandises, venant d'Angleterre ou de ses colonies, devaient désormais être confisquées. Les bâtiments, ayant touché à un point quelconque de la Grande-Bretagne ou de ses colonies, n'étaient pas admis dans nos ports. Au blocus maritime l'Empereur opposait le blocus continental.

Le décret de Berlin fut appliqué non seulement en France mais chez nos alliés et dans les pays occupés par nos troupes. La Hollande, l'Espagne, l'Italie et l'Allemagne interdirent l'entrée de leurs ports aux navires de la Grande-Bretagne. Lors de la conclusion du traité de Tilsit, les souverains de la Prusse et de la Russie prirent l'engagement d'observer les dispositions du décret de Berlin. Dans le nord de l'Europe, deux puissances, la Suède et le Danemarck, n'avaient pas adhéré au blocus continental. La Suède était, depuis la Révolution, l'ennemie de la France et l'alliée de l'Angleterre. Le Danemarck, qui avait encore le souvenir des événements de 1801, voulait rester en dehors des conflits qui agitaient l'Europe. Pendant le cours de la dernière guerre, il avait envoyé une armée sur les frontières du Holstein afin de repousser, quel que fût l'agresseur, toute violation de territoire. Ainsi, le Danemarck avait, en toute circonstance, scrupuleusement rempli les obligations attachées à sa position de puissance neutre. Néanmoins, le cabinet de Saint-James résolut de s'emparer de la flotte danoise dont il convoitait depuis longtemps la possession. Lorsque les clauses du traité de Tilsit furent connues, le gouvernement britannique hâta les derniers préparatifs de l'expédition. Vingt-cinq vaisseaux de ligne, quarante frégates et près de quatre cents bâtiments de commerce prirent la mer, à la fin du mois de juillet. Ce grand armement portait vingt mille hommes de débarquement auxquels devaient se joindre sept mille Anglais qui étaient à Stralsund.

La flotte britannique, entrée dans le Sund sans rencontrer de résistance, mouilla, au commencement du mois d'août, devant Elseneur. Elle occupa les deux Belts, afin d'empêcher toute communication entre le Holstein et les îles de Fionie et de Seeland. Le gouvernement danois fût alors sommé de livrer la forteresse de Kronembourg, le port, la ville de Copenhague et la flotte. Le prince royal de Danemarck, qui exerçait le pouvoir avec le titre de régent, ayant repoussé, avec hauteur, ces humiliantes propositions, l'armée anglaise débarqua au nord et au sud de Copenhague. Cette ville était à peu près sans défenseurs puisque les Danois, se croyant en complète sûreté du côté de la Grande-Bretagne, avaient envoyé leurs troupes sur les frontières de terre. Les Anglais élevèrent de nombreuses batteries, comprenant principalement des obusiers et des mortiers. Le 2 septembre, un feu violent fut ouvert sur Copenhague; le bombardement dura trois jours. Une partie de la ville fut détruite et plusieurs milliers d'hommes, de femmes et d'enfants périrent. Les Danois, obligés de céder à la mauvaise fortune, signèrent, le 7, une capitulation aux termes de laquelle leur flotte fut remise aux Anglais. Ceux-ci conservaient le droit d'occuper la forteresse de Kronembourg et la ville de Copenhague pendant six semaines. Aussitôt que les bâtiments danois furent en état de prendre la mer, l'armée anglaise se rembarqua et l'expédition mit à la voile, emmenant seize vaisseaux, des frégates et un immense matériel. Cet événement, qui eut, en Europe, un très grand retentissement, souleva l'indignation générale. Il amena ce que les Anglais voulaient empêcher ; le Danemarck se jeta dans les bras de la France.

L'Angleterre ne tarda pas à s'apercevoir que le décret de Berlin lui causait un grave préjudice. Si elle empêchait le commerce des neutres avec la France et ses alliés, d'autre part, elle ne vendait plus rien. Les colonies, et presque toutes lui appartenaient, n'avaient plus de débouchés et leurs produits restaient dans les magasins. Enfin, comme conséquence du blocus continental, elle ne recevait plus certains produits, tels que les bois du nord, le goudron, les cordages et autres approvisionnements nécessaires à sa marine. Le cabinet de Saint-James, ne s'appuyant sur aucun principe et n'ayant, dans ces sortes de questions, d'autre objectif que le profit, n'hésita pas à modifier les dispositions adoptées précédemment. Il imagina, pour donner satisfaction aux plaintes des négociants anglais, une nouvelle combinaison qui, d'ailleurs, n'était pas moins contraire au droit des gens que l'ordre du conseil du 16 mai 1806. Désormais, les navires marchands, appartenant à une nation qui n'était pas en guerre avec la Grande-Bretagne, pouvaient se rendre dans tel port qu'ils jugeaient convenable à la condition d'avoir touché en Angleterre, soit pour y porter des marchandises, soit pour en prendre. Enfin, il fallait que ces navires eussent acquitté, dans un port anglais, des droits de douane dont l'importance était indiquée. Par contre, tout navire, ne remplissant pas les conditions énoncées ci-dessus, était déclaré de bonne prise, s'il était rencontré se dirigeant sur un des ports considérés, par nos adversaires, comme bloqués. Ainsi, la Cour de Londres voulait bien permettre aux neutres d'user de leurs droits, mais cet acte, d'apparente justice, cachait une opération financière. Les neutres devenaient, au point de vue commercial, tributaires de l'Angleterre. Les opposants, s'il y en avait, étaient exclus de la combinaison et par suite des bénéfices. Les représailles, que devait amener un pareil abus de la force, ne se firent pas attendre. Le 17 décembre, par un décret, daté de Milan, l'Empereur déclara les Iles Britanniques en état de blocus sur mer comme sur terre. Conformément aux dispositions du décret de Milan, tout bâtiment neutre, qui se soumettait aux conditions imposées par la couronne d'Agleterre, perdait la garantie de son pavillon et était déclaré de bonne prise.

Au commencement de l'année 1807, nous avions sept vaisseaux à Brest, deux à Lorient, cinq à Rochefort et trois à Toulon. Le vice-amiral Rosily, qui était à Cadix avec cinq vaisseaux, et le contre-amiral Allemand, commandant l'escadre de Rochefort, reçurent l'ordre de prendre la mer aussitôt qu'une occasion favorable se présenterait ; ils devaient l'un et l'autre se rendre à Toulon. La présence continuelle des croisières anglaises devant Cadix et Rochefort retint ces deux escadres au mouillage. L'escadre de Brest et les divisions de Lorient et de Toulon restèrent immobiles. Les principaux efforts de la marine se portèrent sur les constructions ; celles-ci furent poussées avec la plus grande activité non seulement en France mais en Hollande et en Italie. L'Empereur pressait l'Espagne de suivre cet exemple, mais il était difficile d'obtenir quelque chose d'un gouvernement dont les finances étaient en désordre et qui n'avait aucune autorité. L'arsenal d'Anvers prenait, chaque jour, un nouveau développement; nous avions cinq vaisseaux de soixante-quatorze à flot, et, sur les chantiers, trois qui étaient presque achevés. Flessingue, dans l'île de Walcheren, nous avait été cédé par la Hollande. C'était] dans ce port que les vaisseaux, construits à Anvers, complétaient leur armement.

Les ports de Boulogne, de Wimereux et d'Ambleteuse étaient ensablés de plusieurs pieds. D'autre part, un grand nombre de bâtiments, prames, chaloupes canonnières, bateaux-canonniers péniches, construits avec du bois vert, ne pouvaient plus naviguer sans danger. Enfin, les bateaux destinés au transport, anciens caboteurs achetés au commerce, étaient complètement hors de service. En présence de cet état de choses, il était urgent de prendre un parti. La flottille hollandaise fut renvoyée dans le Texel; une partie du personnel passa sur les vaisseaux que nous avions à Flessingue. Dans la flottille française, trois ou quatre cents bâtiments, choisis parmi les meilleurs, furent réparés. On expédia, à Brest, un certain nombre d'hommes destinés à former les équipages de nouveaux vaisseaux mis en armement dans ce port. La flottille de Boulogne, ainsi réorganisée, était en mesure de porter soixante mille hommes et trois ou quatre mille chevaux. S'il se présentait jamais une occasion favorable pour faire l'expédition d'Angleterre, on supposait que nous trouverions en Hollande et en France les ressources nécessaires pour transporter le reste de l'armée d'invasion. L'Empereur voulait réunir, dans nos ports et dans ceux de nos alliés, de grands moyens maritimes et militaires. L'obligation de surveiller nos mouvements, sur une aussi grande étenduc de côtes, devait nécessiter, de la part de l'Angleterre, un grand déploiement de forces. Enfin, avec ces dispositions, il suffisait d'un ordre pour diriger, sur un point quelconque de la Grande-Bretagne ou de ses colonies, des troupes et des bâtiments.

La corvette la *Favorite* et le brick le *Lynx* furent pris, en 1807, la *Favorite* par les embarcations de la frégate la *Galatea* et le *Lynx* par la frégate le *Jason*.

## IV

Au commencement de l'année 1807, la marine anglaise subit, dans la Méditerranée, un échec qui fut vivement ressenti à Londres. L'insuccès de nos adversaires eut, pour cause principale, la conduite habile et énergique du général Sébastiani, notre ambassadeur à Constantinople. Les Cours de Londres et de Saint-Pétersbourg, après d'inutiles efforts pour détacher la Porte de l'alliance française, s'étaient décidées à employer la force pour arriver à ce résultat. Pendant qu'une armée russe franchissait le Dniester, la marine anglaise se disposait à attaquer Constantinople et Alexandrie. Le 19 février, sir John Duckworth quitta le mouillage de Ténédos avec sept vaisseaux, deux frégates, des corvettes et des bombardes. L'escadre anglaise, poussée par une fraîche brise de sud, franchit les Dardanelles, sans éprouver d'autre perte que celle de six hommes tués et de cinquante et un blessés. Soit négligence, soit trahison, les fortifications qui défendaient le détroit, avaient été laissées dans un état à peu près complet d'abandon. Les Anglais aperçurent, près du cap Nagara, une division turque, composée d'un vaisseau de soixante-quatre, de quatre frégates et de quelques corvettes. Ces bâtiments occupaient un mouillage qui n'était protégé par aucune batterie ; il semblait qu'on eût voulu les livrer à l'amiral Duckworth. Les navires turcs, abandonnés par une partie de leurs équipages, se jetèrent à la côte et furent incendiés par les Anglais auxquels cette affaire ne coûta que trente hommes hors de combat, quatre tués et vingt-six blessés.

Le 24 février, sir John Duckworth arriva devant Constantinople. Sir Charles Arbuthnot, ambassadeur de la Grande-Bretagne auprès de la Porte ottomane, se trouvait sur le vaisseau amiral. Il adressa, le jour même, au Divan un ultimatum extrêmement pressant. Sir Charles demandait le renvoi de notre ambassadeur, une déclaration de guerre immédiate à la France, la remise de la flotte turque à la marine britannique et l'occupation des détroits des Dardanelles et du Bosphore par les Anglais et les Russes. Si la Porte n'acceptait pas ces conditions, sir John Duckworth bombarderait Constantinople. En attendant une réponse à cette hautaine sommation, les Anglais se rendirent au mouillage des Iles des Princes, sur la côte d'Asie.

Le général Sébastiani déployait, depuis le commencement de cette crise, une très grande énergie. Par son habileté, sa décision, il ranima le courage du Sultan qui prit la détermination de résister aux exigences de l'Angleterre. Pendant qu'on traînait les négociations en longueur afin de gagner du temps, la plus grande activité régnait à Constantinople. Sur tous les points favorables, s'élevaient des batteries. Le général Sébastiani, entouré de quelques officiers français du génie et de l'artillerie, dirigeait les travaux avec l'autorité la plus entière. Ses ordres étaient exécutés avec une ardeur enthousiaste par la population, heureuse de savoir qu'elle allait combattre les Anglais. Lorsque le Sultan se crut assez fort pour repousser la flotte britannique, il rompit les négociations entamées avec sir Charles Arbuthnot.

L'amiral Duckworth ne pouvait se dissimuler les difficultés de sa position. S'il mettait à exécution les menaces faites à la Porte, il courait au-devant d'un échec; d'autre part, si ses vaisseaux sortaient d'une attaque contre Constantinople avec de graves avaries, parviendrait-il à repasser les Dardanelles? Enfin, il voyait non moins clairement qu'il s'exposait, s'il retardait trop longtemps son départ, à trouver le détroit sérieusement défendu. Après avoir pesé ces diverses considérations, l'amiral Duckworth se décida à la retraite. Il mouilla, le 2 mars, à l'entrée de la mer de Marmara. Le 3, l'escadre anglaise mit sous voiles, avec une fraîche brise de nord, pour franchir de nouveau les Dardanelles. Quelques officiers français, envoyés par le général Sébastiani, avaient déployé le plus grand zèle pour organiser la défense, mais leur œuvre n'était pas achevée lorsque l'ennemi se présenta. Ils ne disposaient pas, d'ailleurs, des ressources nécessaires pour remplacer le matériel d'un autre âge, oublié, depuis longtemps déjà, par les Turcs, sur les deux côtés du détroit. Toutefois, l'amiral Duckworth put s'apercevoir que les choses avaient changé de face; son escadre, lorsqu'elle fut hors de portée de canon des batteries turques, comptait vingt-neuf tués et cent trente-huit blessés.

Les Anglais firent une descente sur les côtes d'Égypte ; après avoir remporté quelques avantages, ils furent battus par les Turcs, qui avaient reçu des renforts, et contraints de se rembarquer. Dans le mois de juillet 1807, les troupes britanniques entrèrent à Buenos-Ayres et à Montevideo. Un Français, M. de Liniers, qui était au service de l'Espagne, rallia les troupes et la population, battit les Anglais et leur imposa une capitulation à la suite de laquelle ils regagnèrent les bâtiments de l'expédition. L'entrée des Français en Portugal permit à l'Angleterre de s'emparer de l'île de Madère. Cette prise de possession eut lieu, le 26 décembre 1807 ; le 1er janvier de la même année, nos adversaires avaient occupé l'île de Curaçao, appartenant à la Hollande.

# LIVRE VII

Le contre-amiral Allemand sort de Rochefort. Il mouille au Golfe-Juan. Départ de l'amiral Ganteaume pour Corfou. Son retour à Toulon. Position critique du contre-amiral Rosily à Cadix. Combat des 6 et 10 juin. L'escadre française amène ses couleurs. Engagements particuliers. Les Anglais s'emparent de Marie-Galante et de la Désirade. Evénements survenus dans l'Inde depuis l'arrivée de l'amiral Linois à l'Isle-de-France en 1803. Prises faites dans le détroit de Malacca. La division française, après avoir touché à Batavia, se rend dans les mers de Chine. Rencontre d'un convoi venant de Canton. L'amiral Linois s'éloigne. Importance attachée en Angleterre à cette affaire. Mécontentement de l'Empereur. Le *Marengo*, la *Belle-Poule* et l'*Atalante* devant Visigapatam. Après une glorieuse défense, la *Psyché*, capitaine Bergeret, est prise par le *San-Fiorenzo*. Capture du vaisseau de la Compagnie des Indes, le *Brunswick*, par le *Marengo* et la *Belle-Poule*. Rencontre, faite par ces deux bâtiments, d'une flotte de la compagnie, escortée par le *Bleinheim*. Le *Marengo*, la *Belle-Poule* et l'*Atalante* se rendent au Cap de Bonne-Espérance. L'*Atalante* est jetée à la côte. L'amiral Linois croise sur la côte occidentale d'Afrique. Le *Marengo* et la *Belle-Poule*, faisant route vers l'Europe, tombent dans l'escadre de l'amiral sir John Borlase Warren. Après une très belle défense, ces deux bâtiments amènent leur pavillon. Combat de la frégate la *Canonnière* et du vaisseau le *Tremendous*. La *Canonnière* et la *Volontaire* au Cap de Bonne-Espérance. Croisières faites par la *Sémillante*, la *Canonnière*, la *Manche* et la *Caroline* en station à l'Isle-de-France.

## I

Au commencement de l'année 1808, l'Empereur renouvela l'ordre déjà donné aux amiraux Rosily et Allemand de se rendre à Toulon. A la demande du gouvernement français, six vaisseaux espagnols, placés sous le commandement de l'amiral Valdès, reçurent la même destination. Cette division, qui n'était pas observée par les Anglais, mit sous voiles, aussitôt que le vent fut favorable, mais elle fit route sur les Baléares et entra à **Mahon** d'où elle ne sortit plus. L'amiral Rosily, étroitement bloqué **par les Anglais, pouvait difficilement prendre la mer**. L'amiral Allemand, saisissant une occasion favorable, appareilla, le 17 janvier, avec les vaisseaux le *Majestueux* de cent-vingt, portant son pavillon, l'*Ajax*, le *Suffren*, le *Lion* et le *Magnanime*, de quatre-vingts, capitaines Brouard, Petit, Louvel, Bonamy et Jugan. Trois frégates anglaises furent aperçues ; deux firent route au sud-ouest, direction dans laquelle elles comptaient trouver l'escadre de blocus, et la troisième suivit nos mouvements. Lorsque la nuit fut venue, les bâtiments français qui, jusque-là, avaient couru dans le nord, mirent le cap à l'ouest. La brise, qui soufflait très fraîche de l'est, nous permit de gagner rapidement le large. Le lendemain, nous n'avions pas un navire en vue.

Le 26 janvier, les vents soufflaient de l'ouest grand frais, avec apparence de coup de vent. A quatre heures du soir, l'escadre, formée sur deux colonnes, donna dans le détroit. Le vaisseau amiral était en tête de la colonne de droite, c'est-à-dire de celle qui devait être la plus rapprochée de la côte d'Afrique. Nos bâtiments, qui étaient en branle-bas de combat, avaient, d'autre part, pris les dispositions nécessaires pour mouiller si les circonstances l'exigeaient. A six heures, l'escadre, filant dix nœuds sous une voilure réduite, n'avait pas encore vu la terre. Le vent devenait plus fort et des grains violents se succédaient. « Si j'avais été moins près de la côte, écrivit au ministre l'amiral Allemand que nous laisserons raconter, lui-même, son entrée dans le détroit, j'aurais mis à la cape, mais le vent m'y portait. Je trouvais cependant bien périlleux de donner dans le détroit sans voir la terre. Quelque risquable que fût ce parti, il me parut le meilleur; je fis donc route en conséquence. A dix heures du soir, je découvris le cap Spartel à une petite lieue devant moi. Je manœuvrai pour l'éviter et donner dans le détroit, faisant, sous les huniers sur le ton, dix à douze nœuds. A deux heures, j'étais par le travers de Gibraltar. Il se pourrait que j'aie été aperçu, car on brûla des amorces dans la baie. Les vents passèrent au nord-ouest, et, au jour, j'étais à onze lieues dans l'est-quart-sud-est de Gibraltar. Cette entrée dans le détroit, par un vent affreux et l'obscurité de la nuit, sera longtemps gravée dans la mémoire des marins qui composent l'escadre. » L'amiral Allemand mouilla quelques jours après au golfe Jouan.

Le vice-amiral Ganteaume avait pris, le 1er février, le commandement de l'escadre de Toulon, comprenant le *Commerce-de-Paris* de cent-dix, sur lequel il avait son pavillon, le *Robuste* de quatre-vingt-deux, portant le pavillon du contre-amiral Cosmao Dumanoir, le *Génois*, l'*Annibal* et le *Borée*, de quatre-vingts. Ces bâtiments étaient commandés par les capitaines de vaisseau Violette, Montalan, l'Hermitte, Infernet et Senez. Ganteaume appareilla, le 10, rallia l'amiral Allemand, qui l'attendait, depuis vingt-quatre heures, en dehors de la rade, et il fit route sur les îles Ioniennes. Une escadre anglaise, croisant sur les sept îles, interrompait nos communications avec l'Italie. L'amiral Ganteaume devait surprendre l'escadre de blocus, débarquer des troupes, des armes et des munitions à Corfou et permettre, par sa présence, l'arrivée des convois, retenus, dans les ports d'Italie, par la crainte de l'ennemi. Le lendemain de son appareillage, le vent soufflant en tempête, l'escadre mit à la cape. Le *Commerce-de-Paris* démâta de ses deux mâts de hune et cassa ses basses vergues. Enfin, quatre vaisseaux, le *Robuste*, le *Génois*, l'*Annibal* et le *Borée* se séparèrent de l'escadre. Le *Commerce-de-Paris* fut pris à la remorque par le *Magnanime*. L'escadre, réduite à six vaisseaux, mouilla, le 23 février, sur la rade de Corfou, sans avoir aperçu l'ennemi. Le 25, l'amiral Ganteaume, laissant le *Commerce-de-Paris* au mouillage pour lui permettre de réparer ses avaries, mit son pavillon sur le *Magnanime* et il appareilla avec les cinq vaisseaux de Rochefort. On remarquera que l'escadre du contre-amiral Allemand était restée tout entière auprès du vaisseau amiral. Le commandant en chef, arrivé en vue du cap Santa-Maria, dernier rendez-vous assigné à l'escadre, ne trouva pas les vaisseaux qu'il cherchait. Ceux-ci, réunis sous le pavillon de l'amiral Cosmao, avaient relâché à Tarente. Le 13 mars, l'escadre, qui se dirigeait de nouveau vers Corfou, était à six milles du mouillage lorsqu'elle rencontra le *Robuste*, le *Génois*, l'*Annibal* et le *Borée*. Quelques jours après, l'amiral, informé par le roi de Naples que dix-sept vaisseaux anglais avaient été vus à Palerme, mit sous voiles. L'escadre française mouilla, le 10 avril, sur la rade de Toulon.

Le contre-amiral Cosmao-Dumanoir prit la mer, le 24 avril, avec cinq vaisseaux et deux frégates, conduisant, à Barcelone, vingt transports chargés d'approvisionnements pour l'armée. Après avoir fait entrer son convoi dans le port, il revint à Toulon où sa division mouilla le 30. Le 1ᵉʳ octobre, le contre-amiral Allemand fut envoyé à l'île d'Elbe avec cinq frégates. Il mouilla, le 9, devant Porto-Ferrajo, embarqua des troupes que sa division devait porter en Espagne et partit immédiatement pour se rendre à sa destination. Ayant rencontré des grands vents de nord-ouest, le contre-amiral Allemand relâcha aux Iles d'Hyères où il reçut l'ordre de mettre les troupes à terre et de revenir à Toulon.

L'entrée des armées françaises en Espagne, suivie presque immédiatement du soulèvement général de la population, rendit très critique la position de l'amiral Rosily à Cadix. Les habitants, s'assemblant tumultueusement, demandèrent la destruction de l'escadre française. Le capitaine général, don Thomas de Morla, n'ignorait pas qu'il s'exposerait à de graves dangers s'il tentait de résister à la volonté populaire ; d'autre part, il ne disposait pas de moyens suffisants pour attaquer notre escadre avec la certitude de la détruire. Quant à l'amiral Rosily, prévenu de la marche du général Dupont en Andalousie, il attendait, chaque jour, l'arrivée des troupes françaises. Toute effusion de sang lui semblait non seulement inutile mais préjudiciable à nos intérêts. Ainsi, des deux côtés, on voulait gagner du temps. L'amiral Rosily, après quelques pourparlers avec le capitaine général, se sépara des vaisseaux espagnols avec lesquels les nôtres avaient été mêlés jusque-là et il prit position au fond de la rade. Plusieurs jours s'écoulèrent pendant lesquels il ne reçut aucune nouvelle de l'armée française. Les Espagnols installèrent des canons ou des mortiers sur tous les points d'où l'on pouvait battre nos bâtiments. Des canonnières, portant une ou deux pièces de vingt-quatre, et des bombardes sortirent du port. L'amiral Rosily voulut entrer à la Caraque où il pensait que ses vaisseaux seraient en mesure de repousser toute attaque. L'escadre était arrivée à un demi-mille environ de cet arsenal, lorsque les vents, favorables jusque-là, passèrent au sud-est. Ils soufflèrent de cette direction pendant plusieurs jours, ce qui permit aux Espagnols de couler des bâtiments dans les passes.

Le 9, les Espagnols avaient en batterie vingt-cinq mortiers et huit canons. Vingt et une canonnières et deux bombardes s'étaient placées dans l'est de nos bâtiments; vingt-cinq canonnières et douze bombardes, appuyées par un vaisseau de quatre-vingts, le *Prince des Asturies*, avaient pris position du côté de Cadix. A trois heures de l'après-midi, le feu fut ouvert sur l'escadre française qui riposta avec vigueur. Quinze canonnières furent coulées ou détruites et douze bombardes éprouvèrent de graves avaries. On cessa de tirer à dix heures et demie. L'action recommença, le lendemain, et dura depuis huit heures du matin jusqu'à trois heures du soir. Nos pertes s'élevèrent, pour ces deux engagements à treize tués et quarante-six blessés. Le capitaine général somma l'escadre française de se rendre. L'amiral Rosily demanda soit d'attendre dans la position qu'il occupait, et sans qu'il fût commis, de part et d'autre, aucun acte d'hostilité, que les événements militaires eussent décidé du sort de Cadix, soit de prendre la mer. Dans cette dernière hypothèse il voulait que le commandant de la croisière anglaise engageât sa parole de ne pas le poursuivre pendant quatre jours. Don Thomas de Morla, déclarant qu'il n'avait pas qualité pour traiter, transmit les propositions de l'amiral à la Junte de Séville. En attendant la réponse de cette assemblée, qui avait pris la direction du mouvement insurrectionnel dans le midi de l'Espagne, de nouveau moyens d'attaque furent réunis contre nous. L'amiral Rosily eut la pensée de se jeter sur l'escadre espagnole, mouillée à l'entrée de la rade, et de sortir. La croisière anglaise, immédiatement accourue, nous eût écrasés, mais peut-être quelques navires se seraient-ils échappés ; quoi qu'il fût advenu, nous aurions succombé avec honneur. Les Espagnols, comme s'ils eussent soupçonné l'intention de l'amiral, coulèrent des bâtiments dans l'ouest de la position que nous occupions ; de plus, ils couvrirent leurs vaisseaux par une estacade composée de mâts amarrés sur des corps morts. Des sondages, exécutés pendant la nuit, firent découvrir un chenal par lequel notre escadre pouvait gagner l'entrée de la rade. L'amiral, décidé à sortir, donna des ordres, dans ce sens, à ses capitaines. Les vents, en passant à l'ouest, rendirent impossible l'exécution de ce projet. Le 14 juin, le capitaine général fit connaître que la Junte de Séville exigeait la reddition pure et simple de l'escadre. L'amiral Rosily ne pouvait conserver l'espoir d'être secouru, puisque le général Dupont, entré, le 7, à Cordoue, n'avait pas encore paru devant Cadix. Pensant avoir assez fait pour l'honneur des armes, et voulant, d'autre part, sauver la vie de quatre mille marins, il se rendit. Tel fut le sort des cinq vaisseaux échappés au désastre de Trafalgar. L'*Atlas*, resté à Vigo, eut le sort des vaisseaux de Cadix. Disons immédiatement que la conduite de l'amiral Rosily fut approuvée par l'Empereur.

## II

Après avoir indiqué les principaux événements maritimes, survenus pendant le cours de l'année 1808, nous devons maintenant parler des engagements particuliers. Les frégates l'*Italienne* de quarante-quatre et la *Sirène* de quarante-deux, capitaines Méquet et Duperré, quittèrent Lorient, le 17 janvier, pour aller aux Antilles où elles portaient quelques soldats et des approvisionnements. Après avoir rempli leur mission, elles prirent la mer pour rentrer en France. Le 23 mars, vers quatre heures de l'après-midi, les deux frégates, qui avaient attéri sur Belle-Ile, étaient arrivées à petite distance de l'île de Groix, lorsqu'elles furent chassées par les vaisseaux l'*Impétueux* et le *Saturne* et les frégates de quarante le *Narcissus* et l'*Aigle*. La brise, qui soufflait fraîche du nord-ouest, tomba près de terre, alors qu'elle conservait encore de la force au large. L'ennemi s'approchant, les capitaines Méquet et Duperré résolurent de se placer sous la protection des batteries de l'île de Groix. L'*Italienne*, qui marchait en tête des deux bâtiments, prit son mouillage ; la *Sirène* n'était pas encore en position de laisser tomber son ancre lorsqu'elle fut atteinte par l'*Impétueux* et l'*Aigle*. Le capitaine Duperré riposta avec vigueur à ses deux adversaires ; serrant la terre de près afin de maintenir les bâtiments ennemis au large, il mouilla à la pointe des Chats, non loin d'une forte batterie qui avait déjà ouvert le feu sur les Anglais. L'*Impétueux* et l'*Aigle* s'éloignèrent. La mer baissant, la *Sirène* s'échoua; elle fut remise à flot, le lendemain, et, quelques jours après, les deux frégates entrèrent à Lorient. La *Sirène* avait eu deux tués et quelques blessés dont trois grièvement. La frégate anglaise fut obligée de changer son beaupré et son mât de misaine; elle comptait vingt-deux blessés, au nombre desquels figuraient le capitaine et un officier. L'*Italienne* et la *Sirène* avaient capturé, pendant leur campagne, deux bâtiments de commerce anglais ainsi que deux corsaires ayant chacun seize canons et quatre-vingt-trois hommes d'équipage.

Les frégates l'*Hermione* et l'*Hortense*, après avoir rempli la même mission que l'*Italienne* et la *Sirène*, rentrèrent à Rochefort, ayant capturé quinze bâtiments de commerce. Les frégates la *Thémis* et la *Pénélope*, pendant une croisière de soixante-cinq jours, prirent ou coulèrent dix-sept navires marchands. Le 17 mars, le brick le *Griffon*, chassé, près de la Martinique, par trois frégates, jeta l'ancre sur la rade du Marin. Le 27, plusieurs bâtiments ennemis se présentèrent devant la baie et canonnèrent le brick français. Ne pouvant réduire au silence les batteries qui défendaient le mouillage, les Anglais les firent attaquer par un détachement de matelots et de soldats de marine. Ces batteries, qui n'étaient occupées que par un petit nombre d'hommes, furent évacuées. Les embarcations anglaises se dirigèrent alors sur le *Griffon*, mais ce brick, par un feu bien dirigé, les obligea à prendre le large avec des pertes très sensibles.

Les bricks le *Palinure* et le *Pilade*, capitaines Jance et Cocherel, armés de quatorze caronades de vingt-quatre et de deux canons de six, furent chassés, le 22 avril, près de Marie-Galante, dans la mer des Antilles, par une corvette et un brick. La corvette portait dix-huit canons de six et huit caronades de douze, et le brick deux canons de douze et douze caronades de dix-huit. Vers dix heures du matin, le *Palinure* et le *Pilade* engagèrent, avec la corvette, un combat très vif. Le brick anglais s'approchant et plusieurs navires se montrant à l'horizon, nos bâtiments s'éloignèrent, laissant leur adversaire avec de graves avaries. Dans l'après-midi, le *Pilade* échangea quelques boulets avec le brick, mais les deux navires français, ne voulant pas s'exposer à être pris par une frégate et un second brick, qui étaient à peine éloignés de quelques milles, firent route pour les Saintes où ils mouillèrent à six heures du soir. Le *Palinure* avait quatre hommes tués et quinze blessés et le *Pilade* quatre hommes tués et six blessés. Le capitaine du *Palinure* était au nombre des blessés. La corvette anglaise, qui avait surtout été atteinte dans sa mâture, ne comptait qu'un homme tué et quatre blessés.

La corvette le *Département-des-Landes*, capitaine Raoul, portant seize caronades de vingt-quatre et douze canons de six, rencontra, le 29 septembre, en vue de la Guadeloupe, le brick anglais, la *Maria*, armé de douze caronades de dix-huit et de deux canons de quatre. Le capitaine anglais se porta, avec beaucoup de hardiesse, au-devant de la corvette française. Après un engagement très court, à portée de pistolet, le brick, complètement désemparé, amena son pavillon. Il avait perdu, outre son capitaine, cinq hommes ; neuf autres étaient blessés. L'officier qui prit le commandement de la *Maria* courut sur la terre et se mit au plain. Le navire anglais était sur le point de couler; toutefois, il put être relevé et conduit à Fort-de-France. La corvette le *Département-des-Landes* toucha à la Martinique et rentra dans nos ports.

Le 3 octobre 1808, le brick le *Palinure*, capitaine Jance, portant quatorze caronades de vingt-quatre et deux canons de six, croisait, à soixante lieues, dans le nord-est de la Martinique lorsqu'il rencontra le brick anglais la *Carnation*, armé de seize caronades de trente-deux et de deux canons de six. Le combat s'engagea immédiatement. Après une canonnade qui dura une heure et demie, le *Palinure* aborda le brick anglais et l'enleva. Le capitaine Jance, malade de la fièvre jaune, s'était fait porter sur le pont; incapable d'agir, il avait été remplacé par l'enseigne de vaisseau Simon Huguet. La *Carnation* avait dix tués et vingt-neuf blessés dont quinze mortellement. Les pertes du *Palinure* étaient de quinze hommes tués ou blessés. Le brave capitaine Jance mourut le lendemain du glorieux combat livré par son bâtiment. Le *Palinure* et sa prise jetèrent l'ancre sur la rade du Marin, à la Martinique. Quelques jours après, le *Palinure* faisait route sur la baie de Fort-de-France, avec une mâture de fortune, lorsqu'il fut aperçu par la *Circe*. Avant qu'il eût eu la possibilité de se placer sous la protection d'une batterie établie à la pointe Salomon, il fut joint par cette frégate. Le capitaine Huguet ne recula pas devant une lutte aussi disproportionnée. Il comptait que la brise, en se levant, lui permettrait de s'approcher de la terre. Cette espérance ne se réalisant pas, il fit amener le pavillon. Sur soixante-dix-neuf hommes dont se composait, à ce moment, l'équipage du *Palinure*, sept furent tués et huit blessés. La *Circe* eut un homme tué et un blessé. L'enseigne de vaisseau Huguet méritait un meilleur sort.

A quelque temps de là, les événements de la guerre remirent l'équipage de la *Carnation* entre les mains des Anglais. Une cour martiale fut réunie, à la fin de l'année 1809, pour juger les survivants de ce combat dont l'issue avait blessé très vivement l'amour-propre de nos adversaires. Le lieutenant de vaisseau Gregory, qui commandait la *Carnation*, avait été tué et ses officiers blessés avant la reddition de ce bâtiment. Le conseil accorda un juste tribut d'éloges à la mémoire du capitaine Gregory et il acquitta honorablement les officiers. L'équipage, accusé de ne pas avoir fait son devoir, n'eut pas la même fortune. Un sergent d'infanterie de marine et trente et un marins ou soldats furent déclarés coupables ; le conseil condamna ces derniers à quatorze années de transportation à Botany-Bay et le sergent à la peine capitale. Ce sous-officier fut pendu à la vergue de misaine de l'*Ulysse*, bâtiment appartenant à la station des Antilles.

La frégate de quarante, la *Thétis*, capitaine Pinsum, sortit de Lorient, le 10 novembre, vers six heures du soir, se rendant à la Martinique où elle portait quelques soldats, des vivres et des munitions. Aussitôt qu'elle eut doublé la pointe nord de l'île de Groix, elle fut aperçue par la frégate de quarante l'*Amethyst*. Celle-ci se mit à sa poursuite en lançant des fusées afin d'indiquer à ses conserves la direction qu'elle prenait. A neuf heures et demie, les deux bâtiments s'attaquèrent, à portée de pistolet, avec beaucoup de vivacité. A dix heures, le mât d'artimon de l'*Amethyst* tomba, brisant le gouvernail et couvrant le gaillard d'arrière de ses débris. La *Thétis* s'était à peine éloignée que son mât d'artimon s'abattait.

L'*Amethyst* rejoignit la *Thétis* et le combat recommença. Des dispositions d'abordage furent prises à bord de la frégate française, mais le tir à mitraille de l'ennemi, en faisant de grands ravages parmi les hommes rassemblés sur le pont, rendit impossible l'exécution de ce projet. A minuit et demi, la *Thétis* amena ses couleurs ; au même moment son grand mât et son mât de misaine tombèrent par-dessus le bord. Il était difficile de pousser plus loin la résistance. La *Thétis* comptait cent trente-quatre morts et cent deux blessés. Le capitaine Pinsum, tué pendant l'action, avait été remplacé par le lieutenant de vaisseau Dédé. Tous les officiers, à l'exception de trois, étaient au nombre des morts. Peu après la reddition de la frégate française, le vaisseau le *Triumph* et la frégate le *Shannon* arrivèrent sur le lieu du combat. L'*Amethyst* avait dix-neuf tués et cinquante et un blessés ; ses avaries étaient considérables. La *Thétis* portait vingt-huit canons de dix-huit, six de huit et six caronades de trente-six. L'*Amethyst* était armée de vingt-six canons de dix-huit, quatre de neuf et douze caronades de trente-deux.

Le 10 novembre, les frégates la *Junon* et l'*Amphitrite* et les bricks le *Papillon* et le *Cygne* partirent de Cherbourg pour se rendre aux Antilles. Le lieutenant de vaisseau Menouvrier Defrénes, commandant le *Cygne*, se sépara de sa division. Le 11 décembre, surpris par le calme, après avoir atterri sur la Martinique, il jeta l'ancre dans l'anse du Céron. Le 12, une frégate et plusieurs bricks prirent position à l'ouvert de la baie. Trois embarcations, appartenant à ces bâtiments, se dirigèrent, à force de rames, sur le *Cygne* et l'abordèrent avec résolution. Le résultat ne répondit pas à la bravoure des assaillants. Une embarcation fut prise et une autre coulée; la troisième, quoique très endommagée, réussit à gagner le large. L'ennemi eut dix-huit hommes tués ou noyés, vingt-deux blessés et il laissa dix-sept prisonniers entre nos mains. Le lendemain, au point du jour, le *Cygne* fit route sur la rade de Saint-Pierre, en suivant la terre de très près ; mal dirigé par son pilote, il toucha sur un banc de roches et se défonça. Le capitaine Menouvrier Defrénes, ne pouvant renflouer son bâtiment, exposé au feu de plusieurs navires ennemis, gagna la terre avec son équipage. Dans ces deux engagements qui firent le plus grand honneur au capitaine Menouvrier Defrénes, à ses officiers et à son équipage, le *Cygne* ne perdit pas un homme. Des embarcations ennemies abordèrent le brick français et le livrèrent aux flammes. La *Junon*, l'*Amphitrite* et le *Papillon*, partis de France en même temps que le *Cygne*, arrivèrent à leur destination.

Le brick de seize, le *Griffon*, capitaine Gauthier, fut pris, le 11 mai, près de Cuba, par la corvette la *Bacchante*, portant dix-huit caronades de trente-deux et deux canons de neuf. Les bricks le *Serpent*, le *Requin*, le *Sylphe* et l'*Espiègle* tombèrent entre les mains de l'ennemi. Chacun de ces bâtiments fut pris par une frégate ; un vaisseau captura le brick le *Pilade*.

Les Anglais s'emparèrent, au mois de mars 1808, de *Marie-Galante* et de la *Désirade*. Ils échouèrent dans une attaque dirigée, le 3 juillet, contre la partie de l'île Saint-Martin qui nous appartenait.

## III

Le contre-amiral Linois, parti de Pondichéry, dans la nuit du 12 juillet 1803, ainsi qu'on l'a vu plus haut, était arrivé à l'Ile-de-France le 16 août. Il reçut, à la fin du mois de septembre, par la corvette le *Berceau*, la nouvelle de la reprise des hostilités. La frégate l'*Atalante* fut envoyée en mission dans le golfe Persique. Le 8 octobre, l'amiral Linois prit la mer avec le *Marengo* qui portait son pavillon, les frégates la *Belle-Poule*, la *Sémillante* et la corvette le *Berceau*. Il se rendait à Batavia avec des troupes destinées à la défense des Indes Néerlandaises. Dès le début de la traversée, plusieurs navires, richement chargés, tombèrent entre nos mains. L'amiral Linois doubla la pointe d'Achem, entra dans le détroit de Malacca et se présenta devant Bencoolen. Plusieurs bâtiments de commerce anglais étaient sur la rade; soupçonnant notre véritable nationalité, ils coupèrent leurs câbles et firent route sur le port de Sellabar, situé à deux lieues environ dans le sud. La *Sémillante* et le *Berceau* les suivirent. Huit navires furent jetés à la côte et incendiés par leurs équipages; deux furent pris. La division française continua sa route et arriva, le 10 décembre, à Batavia. Le 28, l'amiral Linois se dirigea vers les mers de Chine, avec l'intention d'intercepter le convoi qui devait quitter Canton au commencement de l'année 1804. Le 15 janvier, la division française, composée du

*Marengo*, capitaine Vrignault, portant le pavillon de l'amiral Linois, des frégates la *Belle-Poule* et la *Sémillante*, capitaines Bruilhac et Motard, de la corvette le *Berceau*, capitaine Halgan, et d'un brick hollandais, se trouvait en vue de Poulo-Aor. Quelques bâtiments furent capturés. L'amiral Linois apprit que le convoi des mers de Chine, comprenant vingt-trois navires à trois mâts et un brick, était sur le point de partir de Macao.

Le 14 février, au point du jour, des voiles furent aperçues ; peu après on compta vingt-sept bâtiments. Cinq se détachèrent pour nous observer. L'amiral Linois était au mouillage avec le *Marengo*, le *Berceau* et le brick hollandais ; les frégates, entraînées par le courant, étaient à deux lieues sous le vent. A une heure, les navires, envoyés pour nous reconnaître, rejoignirent leur flotte qui prit immédiatement des dispositions de combat. Seize bâtiments formèrent une ligne de bataille, sous le vent de laquelle se placèrent les autres navires. L'amiral Linois mit sous voiles, rallia les frégates et tint le vent. A cinq heures du soir, il prévint ses capitaines que, voulant éviter un engagement de nuit, il attendrait le lendemain pour attaquer le convoi. Les Anglais passèrent la nuit en panne ; trois bâtiments conservèrent leurs feux allumés. Le 15, au point du jour, il faisait calme. Les navires, qu'on apercevait rangés en ligne de bataille, avaient deux batteries. Trois d'entre eux semblaient plus forts que les autres. A sept heures et demie, le convoi hissa ses couleurs ; trois bâtiments et le brick arborèrent le pavillon bleu.

L'amiral Linois, depuis la rencontre du convoi, manœuvrait avec une extrême circonspection. Il ne parvenait pas à se rendre compte de la force réelle des bâtiments qu'il avait devant lui. On lui avait annoncé vingt-quatre navires et il en voyait vingt-sept. Il se demandait si, dans les bâtiments à deux batteries, il n'y avait pas des vaisseaux de ligne destinés à servir d'escorte. A huit heures du matin, la flotte marchande fit route au sud, les amures à tribord, avec une faible brise d'ouest, conservant une bonne contenance. Elle était formée sur deux colonnes, celle du vent comprenant les bâtiments à batterie. L'amiral Linois gouverna sur la tête de la ligne en se couvrant de voiles; le vent ayant refusé, il ne put porter que sur le centre. Vers midi, il fit calme; peu après, la division française, profitant d'une légère brise d'ouest qui venait de se lever, laissa arriver sur la queue du convoi. Les Anglais, virant de bord, vent devant, par la contre-marche, se dirigèrent sur notre division. L'amiral Linois, craignant d'être pris entre deux feux, tint le vent et se porta à la rencontre des vaisseaux qui avaient viré. A midi, le *Marengo* tira le premier coup de canon. Le combat durait depuis trente minutes environ lorsque l'amiral Linois se persuada qu'il était en présence de forces supérieures manœuvrant pour l'envelopper. Il vira de bord et fit route à l'est. Nous avions un blessé et les Anglais un tué et un blessé.

Dans le convoi qui s'éloignait, il n'y avait pas un navire de guerre. Les bâtiments à deux batteries appartenaient à la Compagnie des Indes ; du port de douze à treize cents tonneaux, ils avaient vingt-six canons de dix-huit en batterie et dix caronades de dix-huit sur le pont. L'équipage ne dépassait pas cent soixante hommes, et, dans ce nombre, figuraient des Chinois et des Indiens. Enfin, les ponts et les batteries de ces bâtiments étaient encombrés, et, dans les dispositions intérieures, la question commerciale primait la question militaire. L'amiral Linois se serait certainement rendu maître si ce n'est de la totalité, au moins de la plus grande partie de cette flotte marchande, s'il avait pris la détermination de l'attaquer. La bonne attitude des navires de la Compagnie, leur apparence militaire, le pavillon bleu, arboré à bord des trois plus grands, tandis que les autres avaient hissé le pavillon rouge, la vue de vingt-sept navires, alors que vingt-quatre seulement étaient annoncés, telles étaient les circonstances qui avaient influencé son jugement. L'amiral Linois demeura convaincu que, dans cette flotte marchande, il y avait des vaisseaux de ligne. Il ne voulut pas admettre qu'un convoi de cette importance eût été expédié sans escorte. Enfin, la vue de quelques-uns de ces bâtiments, faisant feu de leurs deux batteries, le confirma dans cette opinion. La croisière, sur ce point, n'offrant plus d'intérêt, l'amiral se rendit à Batavia. Il avait été rejoint, quelques jours auparavant, par la frégate l'*Atalante*. L'amiral Hartrinck, avec deux vaisseaux et une frégate, était sur la rade de Batavia. L'amiral Linois lui demanda d'unir leurs forces et de tenter quelque opération contre l'ennemi. L'amiral hollandais déclina cette proposition. Après avoir fait, en cinq jours, son eau et six mois de vivres, la division française reprit la mer. L'amiral, laissant les frégates l'*Atalante* et la *Belle-Poule* en croisière, se dirigea sur l'Ile-de-France où il arriva, le 1$^{er}$ avril, avec la *Sémillante* et le *Berceau*. Il fut rallié, le 18 mai, par la *Belle-Poule* et l'*Atalante* qui amenèrent une prise, l'*Althea* évaluée à cinq millions de francs.

La rencontre du 15 février 1804 fut célébrée, en Angleterre, comme une victoire. Le capitaine Dance, de la Compagnie des Indes, qui commandait le convoi de Chine en vertu de son ancienneté, fut l'objet des plus grandes faveurs. Le roi l'anoblit ; une épée d'honneur lui fut offerte. Enfin, il reçut, de la Compagnie et de plusieurs sociétés commerciales, de fortes sommes d'argent. La Compagnie des Indes ne dépensa pas moins de cinquante mille livres sterling, en gratifications distribuées aux capitaines, officiers, maîtres et matelots des bâtiments du convoi.

Le gouverneur général de l'Ile-de-France et de la Réunion, le général Decaen, transmit au ministre le rapport que l'amiral Linois lui avait adressé sur sa croisière. Il l'accompagna d'une lettre dans laquelle la conduite du commandant de la division navale était jugée sévèrement. Après avoir pris connaissance de ces documents et entendu les observations du ministre de la marine, disposé à défendre l'amiral Linois, l'Empereur se prononça contre ce dernier. Il était, en outre, mécontent que l'amiral n'eût pas conservé, avec lui, l'*Atalante*. Il lui reprochait de ne pas avoir fait observer au capitaine général Decaen que c'était un petit navire et non une frégate qu'il convenait de désigner pour se rendre dans le golfe Persique. Or, avec une frégate de plus, l'amiral se serait peut-être décidé à attaquer le convoi de Chine. « Toutes les expéditions sur mer, écrivit l'Empereur au vice-amiral Decrès, qui ont été entreprises depuis que je suis à la tête du gouvernement, ont toujours manqué parce que les amiraux voient double et ont trouvé, je ne sais où, qu'on peut faire la guerre sans courir aucune chance. Le moindre reproche qu'on puisse faire à l'amiral Linois, ajoutait-il dans une autre lettre, c'est d'avoir mis beaucoup trop de prudence dans la conservation de sa croisière. Des vaisseaux de guerre ne sont pas des vaisseaux marchands. C'est l'honneur que je veux qu'on conserve et non quelques morceaux de bois et quelques hommes. » Enfin, dans une dernière lettre, relative à cette affaire, il disait au vice-amiral Decrès : « Ecrivez à Linois, faites-lui sentir toute la force de sa faute ; combien est erronée son opinion qu'il est la ressource de la marine aux Indes. Vous lui direz qu'il a manqué de courage d'esprit, courage que j'estime le plus dans un chef, qu'il s'en faut de beaucoup qu'il ait perdu dans mon esprit sous le point de vue de son courage physique, que j'espère qu'il trouvera, avant de rentrer en France, l'occasion de rendre à son pavillon quelque éclat. Quant au général Decaen, vous ne discuterez que des objets d'administration avec lui. Ne parlez de Linois que pour lui reprocher d'avoir détaché, sans raison, une frégate de sa croisière. » Le capitaine de vaisseaux Larue, commandant le *Marengo*, était arrivé en France, chargé d'une mission pour le ministre de la marine. L'Empereur, trouvant que ce service aurait été convenablement rempli par un officier de l'état-major de l'amiral Linois, refusa de recevoir ce capitaine de vaisseau et il donna au ministre l'ordre de le renvoyer immédiatement dans l'Inde.

L'amiral Linois s'était trompé en supposant qu'il y avait des navires de guerre dans la flotte marchande devant laquelle il était retiré. Lorsqu'il apprit que le convoi de Chine n'avait pas d'escorte, il allégua, pour sa défense, que les marins les plus expérimentés ne pouvaient, à portée de canon, distinguer un vaisseau de guerre d'un bâtiment à deux batteries de la Compagnie des Indes. Il est juste de dire que des erreurs de ce genre avaient déjà été commises.

Le 20 juin 1801, le contre-amiral Linois reprit la mer avec le *Marengo*, l'*Atalante* et la *Sémillante*. Il resta quelque temps en croisière près des Comores, des Maldives et au sud de Ceylan. Dans ces différents parages, nos bâtiments firent des prises. Au commencement du mois de septembre, la division française entra dans le golfe du Bengale ; le 18, elle parut devant la rade de Visigapatnam. Le vaisseau de soixante le *Centurion* et deux grands bâtiments de commerce se trouvaient au mouillage. Les deux frégates et le *Marengo* canonnèrent le vaisseau anglais qui risposta immédiatement, soutenu par une batterie de côte. Un des navires marchands fut amariné ; l'autre se mit au plain. Le combat durait depuis quelque temps, lorsque le *Centurion*, appareillant avec ses focs et ses voiles goélettes, s'échoua sous la protection de la batterie. Il devenait difficile de s'emparer de ce vaisseau, alors même que notre feu eût acquis sur le sien une très grande supériorité. L'amiral, estimant que, dans ces conditions, il n'y avait aucun avantage à prolonger la lutte, ordonna de cesser le feu. Il se dirigea sur l'Ile-de-France où il arriva, le 31 octobre, après avoir fait quelque prises pendant la traversée. Le *Marengo* et la *Sémillante* furent abattus en carène. Le vaisseau avait une voie d'eau ; quant à la *Sémillante* son doublage était en mauvais état.

Nos forces navales, dans l'Inde, s'augmentèrent d'un bâtiment, la frégate de trente-six, la *Psyché ;* c'était un ancien corsaire, acheté par le général Decaen pour le compte de l'Etat. Le commandement de cette frégate fut donné au capitaine de vaisseau Bergeret, l'ancien commandant de la *Virginie* au combat du 17 juin 1795. La *Psyché*, envoyée en croisière dans le golfe du Bengale, se trouvait, le 14 février 1805, près de Ganjam, avec deux bâtiments de commerce dont elle s'était emparée quelques jours auparavant. Ces navires, que le capitaine Bergeret se disposait à expédier à l'Ile-de-France, achevaient leurs préparatifs de départ lorsqu'une voile fut signalée C'était la frégate anglaise de quarante-deux, le *San-Fiorenzo*. Un des bâtiments capturés se dirigea vers la terre, tandis que la *Psyché* courait au large, accompagnée du second. Celui-ci, appelé le *Pigeon*, était placé sous le commandement du lieutenant de vaisseau Olivier; il avait trente-quatre hommes d'équipage et était armé de six caronades et de quatre canons. A huit heures du soir, le *San-Fiorenzo* ouvrit le feu avec ses canons de chasse. Peu après, les deux frégates commencèrent, à portée de pistolet, un combat, soutenu, de part et d'autre, avec une extrême vigueur. Une heure après le début de l'action, le capitaine Bergeret, voyant que le feu de l'ennemi acquérait une grande supériorité, voulut tenter l'abordage. Quoique le gréement fut haché, les voiles en pièces et les manœuvres coupées, il réussit à jeter sa frégate sur le *San-Fiorenzo*. L'équipage français, arrêté par un feu violent de mousqueterie, ne put passer à bord du navire ennemi. Les deux frégates se séparèrent et le combat d'artillerie reprit avec un nouvel acharnement. Malheureusement, la lutte, sous ce rapport, n'était pas égale. Le *San-Fiorenzo* avait vingt-six canons de dix-huit, quatorze caronades de trente-deux et deux canons de neuf. L'armement de la *Psyché* consistait en vingt-six canons de douze, six de six et quatre caronades de trente-six. A onze heures, la frégate anglaise s'éloigna pour réparer les avaries les plus urgentes; vers minuit, elle se rapprocha de la *Psyché*. Celle-ci avait plus de la moitié de son équipage hors de combat et toutes ses pièces, à l'exception de deux, étaient démontées; enfin le *Pigeon* avait disparu. Le capitaine Bergeret envoya, à bord du *San-Fiorenzo*, un officier porteur des propositions suivantes. Il consentait à rendre sa frégate, mais il demandait que les officiers eussent la liberté de conserver leurs armes et les matelots leurs effets; il voulait, en outre, passer la nuit, avec son équipage, à bord de la *Psyché* afin de donner des soins aux blessés. Ces conditions ayant été acceptées, le pavillon de la frégate française fut amené. Les pertes du *San-Fiorenzo* étaient de douze tués et de vingt-six blessés. La *Psyché* avait trente-sept tués, dont trois officiers, et quatre-vingt-sept blessés.

Les frégates l'*Atalante* et la *Belle-Poule*, envoyées en croisière par l'amiral Linois, rentrèrent à l'Ile-de-France à la fin du mois d'avril 1805. La frégate la *Sémillante* avait été expédiée, un mois auparavant, aux Philippines pour annoncer au gouverneur général que l'Espagne était en guerre avec l'Angleterre. L'amiral Linois reprit la mer, le 22 mai 1805, avec le *Marengo* et la *Belle-Poule*. L'*Atalante*, qui avait besoin de réparations, devait le rejoindre à False-Bay, à la fin du mois de septembre. Le *Marengo* et la *Belle-Poule* visitèrent successivement les rades de Madagascar, l'entrée de la mer Rouge et les Maldives. Le 11 juillet, près de l'île de Ceylan, la division s'empara du navire de la Compagnie des Indes, le *Brunswick*, du port de quinze cents tonneaux et armé de trente-six canons. L'amiral Linois, apprenant que les Anglais avaient des forces considérables dans ces parages, fit route vers le Cap de Bonne-Espérance. Le 6 août, la division française se trouvait par 19 degrés de latitude sud et 81 degrés de longitude ouest, courant les amures à bâbord, avec des vents d'est. Vers quatre heures de l'après-midi, par un temps couvert, des voiles furent aperçues à quelques milles de distance. C'était un convoi de dix vaisseaux de la compagnie des Indes, escorté par un vaisseau de soixante-quatorze, le *Blenhein*, portant le pavillon de l'amiral Toubridge. Cette flotte marchande se dirigeait vers le nord. Le *Marengo* et la *Belle-Poule*, changeant de route, prolongèrent, sous le vent, les bâtiments anglais. Après un court engagement avec le *Blenhein*, l'amiral Linois, pensant qu'il ne pourrait tirer aucun avantage de cette rencontre, s'éloigna. Il se rendit au Cap de Bonne-Espérance où il fut rejoint par l'*Atalante*. A la fin du mois d'octobre, les trois bâtiments mouillèrent à False-Bay pour embarquer des vivres. Le 3 novembre, un coup de vent d'une extrême violence jeta l'*Atalante* à la côte. Le 10, l'amiral Linois quitta le Cap de Bonne-Espérance avec le *Marengo* et la *Belle-Poule*. Le capitaine Gaudin Beauchêne, de l'*Atalante*, avait l'ordre, s'il ne pouvait réarmer sa frégate, de demander au gouverneur un vaisseau hollandais de cinquante canons qui était au cap sans équipage. L'amiral ne lui laissant que cent soixante hommes, il devait compléter son personnel avec des matelots hollandais et des étrangers.

Le *Marengo* et la *Belle-Poule* croisèrent sur la côte occidentale d'Afrique et au large de Sainte-Hélène. L'amiral, apprenant, à la fin du mois de janvier 1806, par un navire neutre, que le Cap de Bonne-Espérance était tombé entre les mains des Anglais, se décida à rentrer en France. Le 17 février, il passa la ligne pour la douzième fois depuis son départ de Brest, au mois de mars 1803. Le 13 mars, dans la nuit, alors que le *Marengo* et la *Belle-Poule* se trouvaient par 26 degrés de latitude nord et 33 degrés de longitude ouest, plusieurs voiles furent aperçues. Au jour, sept vaisseaux, deux frégates et une corvette, commandés par l'amiral sir John Borlase Warren, étaient en vue. Le *Marengo* et la *Belle-Poule* avaient rencontré une des deux escadres envoyées à la recherche des bâtiments sortis de Brest, le 13 décembre 1805, sous le commandement des amiraux de Leissègues et Willaumez. A cinq heures et demie, le *London* de quatre-vingt-dix-huit, capitaine sir Harry Neale, arriva à portée de canon. Le *Marengo* diminua de voiles et attendit le vaisseau anglais ; peu après, un combat très vif, à portée de pistolet, s'engagea entre ces deux vaisseaux. L'amiral Linois donna à son capitaine de pavillon l'ordre d'aborder le *London*, mais sir Harry Neale, devinant cette intention, s'éloigna. La *Belle-Poule*, placée sur l'avant du *London*, prenait part au combat. Voulant éviter à cette frégate le sort que la fortune des armes réservait au *Marengo*, l'amiral Linois rendit la manœuvre de la *Belle-Poule* indépendante. Celle-ci ne put profiter de l'autorisation qui lui était accordée de faire de la toile. La frégate l'*Amazon* de quarante-huit, doublant, sous le vent, le *Marengo*, se dirigea sur la *Belle-Poule* qu'elle atteignit à huit heures du matin. A neuf heures trente minutes, le *Marengo* était sur le point d'être entouré par l'escadre de sir Borlase Warren ; déjà, le *Ramillies* lui envoyait des boulets. A dix heures, l'amiral Linois fit amener les couleurs ; un quart d'heure après, la *Belle-Poule* se voyait contrainte de se rendre. L'honneur du pavillon sortait sauf de cette affaire. La mâture et la coque du *Marengo*, criblées de coups de canon, la plus grande partie des pièces démontées, des pertes en hommes considérables témoignaient de l'opiniâtreté de la défense. Le *Marengo* avait soixante-trois tués, dont deux officiers, et quatre-vingt-deux blessés parmi lesquels figuraient l'amiral, le capitaine de pavillon et cinq officiers. Les pertes de la *Belle-Poule* étaient relativement moindres. Cette frégate comptait six tués et vingt-quatre blessés. Quant à l'ennemi, nous n'étions pas parvenus à lui faire beaucoup de mal. Le *London* avait dix tués et vingt-deux blessés et la frégate l'*Amazon* quatre tués et cinq blessés.

La frégate l'*Atalante*, qui s'était jetée à la côte, sur la rade de Table-Bay, quelques jours avant le départ du *Marengo* et de la *Belle-Poule*, avait été remise à flot; de nombreuses voies d'eau s'étant déclarées, il fallut renoncer à l'espoir de réarmer cette frégate. Dans cette hypothèse, prévue par l'amiral Linois, l'*Atalante* devait, ainsi que nous l'avons dit, être remplacée par un petit vaisseau hollandais. On reconnut, après un examen attentif, que ce dernier bâtiment n'était pas en état d'aller à la mer. Le capitaine Gaudin Beauchène envoya un officier à l'Ile-de-France pour informer le gouverneur général de sa situation. Il attendait au Cap, avec le reste de son équipage, les instructions du général Decaen, lorsque l'on apprit l'arrivée de l'expédition anglaise. Officiers et matelots prirent part à la défense de la colonie ; tous firent vaillamment leur devoir. Sur les cent-soixante hommes dont le détachement français était composé, quarante furent tués ou blessés.

## IV

Des quatre navires, partis de France, en 1803, avec l'amiral Linois, il ne restait que la *Sémillante*; cette frégate, expédiée aux Philippines, au mois de mars 1805, arriva à Manille le 30 mai. Cédant aux demandes instantes du gouverneur général, qui n'avait, à sa disposition, aucun bâtiment de guerre espagnol, le capitaine Motard consentit à aller à Acapulco pour y prendre des piastres dont la colonie des Philippines était complètement dépourvue. Ayant appris, quelques jours après son appareillage, que des croiseurs anglais se trouvaient dans ces parages, il mouilla sur la rade de *San-Yacintho*, dans l'île Ticao. Le 1$^{er}$ août, le *Phaeton* de trente-huit et la corvette le *Harrier* de dix-huit furent aperçus. Le capitaine Motard embossa sa frégate près de terre, sous la protection d'une batterie établie à la pointe sud de la baie. Après un engagement de plusieurs heures avec la *Sémillante*, les bâtiments ennemis s'éloignèrent. Le capitaine Motard fit élever une seconde batterie avec des canons pris sur son bâtiment. Les Anglais, pensant probablement qu'une nouvelle attaque ne présenterait aucune chance de succès, disparurent. Le *Phaeton* et le *Harrier* avaient éprouvé de sérieux dommages dans leurs coques et dans leurs mâtures, mais, sur chacun de ces bâtiments, on ne comptait que deux blessés. Nos pertes s'élevaient à quatre morts et dix blessés. Renonçant, par suite des avaries de son bâtiment, au voyage d'Acapulco, le capitaine Motard revint à l'Ile-de-France.

La *Sémillante* sortit, le 27 janvier 1806, avec la *Bellone*, corsaire de trente-quatre canons, pour combattre le *Pitt* qui croisait sur la côte. N'ayant pas rencontré cette frégate, les deux bâtiments se rendirent à l'île de la Réunion d'où ils ramenèrent à l'Ile-de-France plusieurs navires de commerce et des prises que la crainte de l'ennemi retenait au mouillage. Quelques mois après, le capitaine Motard, revenant d'une nouvelle croisière, fut informé que Port-Louis était bloqué par des forces supérieures. Il jeta l'ancre sur la rade de Saint-Paul, dans l'île de la Réunion. Ce mouillage, protégé par des batteries, fut attaqué, sans succès, le 11 novembre, par le *Sceptre* de soixante-quatorze et le *Cornwallis* de quarante. Ces deux bâtiments ayant quitté la croisière, la *Sémillante* mit sous voiles pour se rendre à l'Ile-de-France. Le capitaine Motard arriva, le 24 novembre, au Port-Louis, avec ses prises, après avoir échangé, sur sa route, quelques boulets avec la *Dédaigneuse*.

Au mois de juin 1807, la *Sémillante* fut envoyée en croisière dans le golfe du Bengale. Elle revint au Port-Louis, au mois de novembre, avec plusieurs prises. Le capitaine Motard appareilla de nouveau, au mois de février 1808. Le 15 mars, il se trouvait à vingt lieues environ dans le sud de Ceylan lorsque la *Terpsichore* de quarante fut aperçue. Après un engagement qui dura plus d'une heure, le feu cessa et les deux frégates exécutèrent les réparations les plus urgentes. Le capitaine Motard, blessé grièvement, avait été remplacé par son second, le lieutenant de vaisseau Duburquois. Le gréement, les mâts et les vergues de la *Sémillante* avaient de graves avaries ; le mât d'artimon était sur le point de tomber. Le nouveau commandant, pensant que l'action, en se prolongeant, tournerait à notre désavantage, manœuvra pour s'éloigner. Pendant quelques jours, les deux frégates restèrent en vue l'une de l'autre. Le 21, dans la nuit, profitant d'un temps couvert, la frégate française fit une fausse route ; au jour, la *Terpsichore* avait disparu. Pendant le combat, le feu s'était déclaré à bord de la frégate anglaise et des explosions de gargousses avaient fait un certain nombre de victimes. Aussi le chiffre des morts, sur la *Terpsichore*, était-il de vingt et celui des blessés de vingt-deux. A bord de la frégate française, on comptait vingt-deux hommes hors de combat. L'armement de la *Terpsichore* consistait en vingt-six canons de dix-huit, quatre de six et dix caronades de trente-deux. Les Anglais disent que, par suite des avaries de ce bâtiment, toutes les pièces du pont, à l'exception de deux, avaient été laissées à terre. La *Sémillante* portait vingt-six canons de douze, dix de six, et quatre caronades de trente-six. Cette frégate opéra son retour à l'Ile-de-France ; jugée hors d'état de continuer la campagne, elle fut vendue à des armateurs qui l'expédièrent en France avec un chargement de denrées coloniales. La *Sémillante* parvint heureusement à sa destination.

La frégate de quarante, la *Canonnière*, capitaine Bourayne, était arrivée à l'Ile-de-France, au commencement de l'année 1806. Ne trouvant pas l'amiral Linois, le capitaine Bourayne fit route vers le cap de Bonne-Espérance où il pensait rencontrer le commandant de la division. Le 21 avril, la *Canonnière* se trouvait à la hauteur du cap Natal, sur la côte orientale d'Afrique. A six heures du matin, les vigies de la frégate découvrirent plusieurs voiles. Les vents soufflaient du nord-est ; les bâtiments signalés restaient au vent et à grande distance. La *Canonnière*, qui courait au sud-sud-ouest, serra le vent pour les reconnaître. On ne tarda pas à distinguer treize navires ; c'était un convoi de la Compagnie des Indes, escorté par deux vaisseaux de ligne, l'*Hindostan* de cinquante et le *Tremendous* de soixante-quatorze. Ce dernier se porta au-devant de la frégate française. Après lui avoir fait des signaux de reconnaissance, auxquels celle-ci ne répondit pas, il continua la poursuite. La *Canonnière* prit chasse en se dirigeant vers le large. Le vaisseau avait un grand avantage de marche sur la frégate française ; à trois heures trente minutes de l'après-midi, il était dans ses eaux et à portée de canon. Le combat étant devenu inévitable, le capitaine Bourayne résolut de le commencer immédiatement. La frégate serra le vent ; le vaisseau ayant imité sa manœuvre, les deux bâtiments se trouvèrent par le travers l'un de l'autre. L'action s'engagea avec beaucoup de vivacité. Une heure après, les mâts et les voiles du vaisseau anglais avaient subi de sérieux dommages. La vergue du petit hunier était coupée, et le mât de misaine, atteint par plusieurs projectiles, menaçait de tomber. Le *Tremendous* laissa arriver. Son capitaine espérait qu'une volée heureuse, envoyée en poupe de la *Canonnière*, mettrait cette frégate dans l'impossibilité de résister plus longtemps. Cette espérance ne se réalisa pas ; la bordée du *Tremendous* fit peu de mal à la *Canonnière*. Celle-ci, profitant du mouvement d'arrivée du vaisseau, serra le vent ; ayant moins d'avaries dans sa voilure que son adversaire, elle s'éloigna rapidement. A six heures, la frégate française était au vent et hors de portée de canon du *Tremendous*. Le convoi s'était rapproché ; un des bâtiments les plus avancés tira, à grande distance, quelques volées à la *Canonnière* qui ne prit pas la peine de riposter. Dans la nuit, on perdit les Anglais de vue. Le *Tremendous* n'eut pas un homme atteint par notre feu ; quarante-cinq hommes, sur la *Canonnière*, furent mis hors de combat. Un boulet pénétra dans le grand mât et coupa la mèche. La vergue de misaine, une grande ancre et une caronade de trente-deux furent mises hors de service ; enfin, la frégate reçut vingt boulets dans sa coque.

On ne saurait trop louer le sang-froid, la hardiesse du capitaine Bourayne. En présence du puissant adversaire que lui donnaient les circonstances, il ne désespéra pas de la fortune. Il entama résolument la lutte, manœuvra avec habileté et se tira glorieusement de cette rencontre. Mais on doit ajouter que, si les canonniers de la frégate française n'avaient pas tiré avec justesse et célérité, les qualités déployées par le commandant n'auraient pu empêcher cette affaire d'avoir une issue désastreuse ; que le *Tremendous* fût en état de suivre la canonnière et celle-ci succombait dans ce combat inégal. Le capitaine Bourayne donna les plus grands éloges à la conduite de son état-major. Il cita particulièrement son second, le lieutenant de vaisseau Dubuisson, les enseignes Geoffroy et Belet et l'aspirant Frédéric Bernard. L'enseigne de vaisseau Prenat et l'aspirant Duplantes, blessés grièvement, étaient remontés sur le pont, après avoir reçu un premier pansement. « Il est impossible, écrivit le capitaine Bourayne au ministre, d'avoir un équipage plus complètement brave que celui de la frégate que j'ai l'honneur de commander. » Il n'oublia pas les canonniers dont il loua l'habileté.

Le capitaine Bourayne se dirigea sur le Cap de Bonne-Espérance et il mouilla, le 30, sur la rade de Simon's Bay. Aussitôt que l'ancre fut au fond, un canot, commandé par un officier, quitta la frégate. Au moment où l'embarcation française arriva à terre, le pavillon anglais remplaça les couleurs hollandaises sur les forts, les batteries et les édifices publics et un feu très vif fut dirigé sur la frégate française. La *Canonnière* coupa son câble, mit sous voiles et sortit de la baie; les projectiles de l'ennemi ne lui avaient fait que des avaries sans importance.

Dans les mêmes circonstances, une frégate française ne fut pas aussi heureuse. La *Volontaire*, attachée à l'escadre de l'amiral Willaumez, avait été expédiée, ainsi qu'on l'a vu plus haut, à Sainte-Croix de Ténériffe pour y déposer des prisonniers. Chassée par l'ennemi et entraînée sous le vent, elle ne put remplir sa mission ni se trouver au rendez-vous qui lui avait été assigné, à la hauteur des Canaries. Le capitaine Bretel fit route sur le Cap de Bonne-Espérance, et il mouilla, le 4 mars, sur la rade de Table-Bay. Les couleurs hollandaises flottaient sur les forts et à l'arrière de plusieurs grands bâtiments. Aussitôt que la *Volontaire* eut laissé tomber son ancre, le pavillon anglais fut arboré à terre et en rade et les forts ainsi que les bâtiments ouvrirent le feu sur la frégate française. Le vent n'étant pas favorable pour gagner le large, la *Volontaire* amena ses couleurs; deux cent dix-sept soldats anglais, prisonniers sur cette frégate, recouvrèrent ainsi leur liberté.

En quittant le Cap de Bonne-Espérance, la *Canonnière*

se rendit à l'Ile-de-France et de là aux Philippines. Sur les très vives instances du gouverneur général, le capitaine Bourayne consentit à remplir la mission à laquelle la *Sémillante* avait été obligée de renoncer. La *Canonnière* arriva, le 21 juillet 1807, à Acapulco; elle en repartit, le 23 octobre, et mouilla, le 24 décembre, sur la rade de Manille. Cette frégate, partie de Manille, le 28 mars 1808, arriva à l'Ile-de-France le 13 juillet. Le 12 septembre, la *Canonnière* sortit de Port-Louis pour combattre le *Laurel* de trente-deux qui croisait en vue de la rade. Après un engagement très vif, le bâtiment anglais amena son pavillon. Le *Laurel* était une petite frégate, portant vingt-deux canons de neuf, quatre de six et six caronades de dix-huit. Ce bâtiment, qui ne pouvait plus manœuvrer, à la fin du combat, par suite des avaries de sa mâture, n'avait que neuf blessés. Nos pertes étaient plus grandes; elles s'élevaient à cinq tués et dix-neuf blessés. La *Canonnière* et le *Laurel*, sous le commandement du capitaine Bourayne, furent envoyés en croisière. Après une absence de sept mois, ces deux frégates rentrèrent, n'ayant fait qu'une seule prise, la petite corvette le *Discovery*. Le gouverneur général, ne disposant pas des moyens nécessaires pour remettre la *Canonnière* et le *Laurel*, qui avaient un besoin pressant de réparations, en état de reprendre la mer, vendit ces deux frégates au commerce.

La *Piémontaise* de quarante, capitaine Epron, arrivée à l'Ile-de-France, au commencement de 1806, fut envoyée en croisière dans le nord de l'île. Le 21 juin, elle captura le *Warren Hastings*, vaisseau de la Compagnie des Indes, qu'elle conduisit au Port-Louis. La *Piémontaise* reprit la mer et revint à l'Ile-de-France qu'elle quitta de nouveau, au mois de décembre 1807, pour aller en croisière. Le 6 mars 1808, cette frégate, qui se trouvait à petite distance dans le sud de Ceylan, chassait trois vaisseaux de la Compagnie des Indes lorsqu'une voile fut signalée. C'était la frégate le *San-Fiorenzo*, l'ancien adversaire de la *Psyché*; après avoir échangé quelques volées, pendant la nuit, les deux frégates se séparèrent. Le 7, au point du jour, elles s'attaquèrent avec beaucoup de vivacité. Deux heures après, le feu cessa et les combattants travaillèrent à réparer leurs avaries. Le 8, après un nouvel engagement, la *Piémontaise*, désemparée, ayant un grand nombre d'hommes hors de combat, amena son pavillon. Le *San-Fiorenzo* avait treize tués et vingt-cinq blessés, tandis que les pertes de la frégate française s'élevaient à quarante-neuf tués et quatre-vingt-douze blessés. Cinquante hommes, sur la *Piémontaise*, avaient été détachés à bord des bâtiments capturés. En conséquence, l'effectif de cette frégate, au moment de sa reddition, se trouvait diminué de cent-quatre-vingt-onze hommes. D'autres causes avaient contribué à l'issue malheureuse de ce combat. Un procès-verbal, relatif à la prise de la *Piémontaise*, signé par tous les officiers de cette frégate, contenait ce qui suit : « Les platines des pièces furent presque toutes démontées au commencement de la troisième action ; la mèche à canon était extrêmement mauvaise ainsi que les étoupilles, au point qu'on ne pouvait s'en servir qu'avec de très grandes difficultés, motifs qui ont considérablement ralenti le feu et donné une fausse direction aux coups, lesquels n'ont malheureusement porté que dans le gréement et les voiles de notre adversaire. » Le rapport du commandant disait, en outre, que la *Piémontaise* n'avait plus de boulets de dix-huit ni de huit. L'armement de la *Piémontaise* consistait en vingt-huit canons de dix-huit, quatre de huit et quatorze caronades de trente-six. Le *San-Fiorenzo*, ainsi qu'on l'a vu dans son combat avec la *Psyché*, portait vingt-six canons de dix-huit, deux canons de neuf et quatorze caronades de trente-deux.

Les frégates la *Manche* et la *Caroline*, capitaines Dornaldeguy et Billiard, étaient arrivées à l'Ile-de-France, en 1808, la première, le 6 mars, et la seconde le 13 avril. Ces frégates furent envoyées en croisière. La *Caroline* se présenta, le 30 octobre, pendant la nuit, devant le Grand-Port. Prévenu, par les signaux de la côte, que ce point était bloqué par des forces supérieures, le capitaine Billiard fit route vers l'île de la Réunion. Il mouilla, le 3 novembre, sur la rade de Saint-Paul, où la *Manche* arriva le même jour. Les deux frégates entrèrent, le 1er décembre 1808, à deux heures du matin, au Port-Louis, en échangeant quelques coups de canon avec le *Raisonnable* de soixante-quatre et la corvette l'*Otter* de dix-huit. La corvette l'*Iéna*, appartenant à la station de l'Ile-de-France, fut capturée, dans le golfe du Bengale, par une frégate.

## LIVRE VIII

L'am.ral Willaumez sort de Brest, passe devant Lorient et mouille à Rochefort. Combat des frégates l'*Italienne*, la *Cybèle* et la *Calypso* et de la division du contre-amiral Stopford. L'amiral Allemand commande l'escadre de Rochefort. L'amiral Gambier sur la rade des Basques. Préparatifs faits par les Anglais pour incendier notre escadre. Dispositions prises par l'amiral Allemand. Attaque du 11 avril. Neuf vaisseaux et trois frégates se jettent à la côte. Attaque du 12 avril. L'*Aquilon*, la *Ville-de-Varsovie* et le *Calcutta* tombent entre les mains des Anglais. Le *Tonnerre* est livré aux flammes. Abandon momentané du *Tourville*. Canonnade échangée entre les Anglais et quelques-uns de nos bâtiments. L'*Indienne* est évacuée et brûlée. Les vaisseaux rentrent dans la Charente. Lord Gambier est accusé de ne pas avoir tiré un parti suffisant de la victoire. Jugé par une cour martiale, il est acquitté. Les capitaines Lafon, Clément Laroncière, Proteau, La Caille sont traduits devant un conseil de guerre. Sentences rendues par ce conseil. Départ du commandant Troude pour les Antilles. Prise du vaisseau le *D'Hautpoult* et des frégates la *Félicité* et la *Furieuse*. Les frégates la *Topaze*, la *Junon* et le *Niémen* tombent entre les mains de l'ennemi. Prise de la frégate anglaise la *Junon*. La *Seine* et la *Loire* sont évacuées et incendiées. Expédition des Anglais dans l'Escaut. Prise de Flessingue. Retraite de l'armée expéditionnaire. Abandon de Flessingue. Prise de la frégate anglaise la *Pauline*. Sortie du contre-amiral Baudin. Le *Robuste* et le *Lion* sont évacués et livrés aux flammes. Bâtiments pris par les Anglais. Colonies tombées au pouvoir de l'ennemi. Les frégates l'*Éliza* et l'*Amazone* sont évacuées et incendiées. Ecoles spéciales de marine établies à Brest et à Toulon.

1

Au commencement de l'année 1809, nous avions, à Lorient, une division de trois vaisseaux, à la tête de laquelle était placé le commandant Troude. Le capitaine Bergeret, qui remplaçait, à titre provisoire, le contre-amiral l'Hermitte, tombé malade, se trouvait à Rochefort avec quelques vaisseaux. Lord Gambier, qui bloquait Brest, avait envoyé, devant Lorient, le capitaine

Beresford avec trois vaisseaux. Quatre vaisseaux, sous le commandement du contre-amiral Stopford, surveillaient le port de Rochefort. Le contre-amiral Willaumez, qui commandait l'escadre de Brest, reçut l'ordre de prendre la mer aussitôt qu'une occasion favorable se présenterait. Il devait débloquer Lorient, rallier la division du commandant Troude, si cette jonction pouvait être faite sans aucune perte de temps, et se porter sur Rochefort. Le contre-amiral Willaumez, immédiatement rejoint par la division mouillée sur la rade de l'île d'Aix, serait parti pour les Antilles ; des troupes et des approvisionnements étaient embarqués sur les vaisseaux de Brest, Lorient et Rochefort.

Le 21 février, au point du jour, le contre-amiral Willaumez sortit de Brest avec l'*Océan* de cent vingt, sur lequel il avait son pavillon, le *Foudroyant* de quatre-vingt-six, portant le pavillon du contre-amiral Gourdon, et les vaisseaux de quatre-vingt-deux le *Cassard*, le *Tonnerre*, le *Jean-Bart,* le *Regulus*, le *Tourville* et l'*Aquilon*. Notre escadre fut aperçue par le vaisseau le *Revenge* qui fit immédiatement route vers le sud. Dans l'après-midi, la division de l'amiral Gourdon chassa les vaisseaux qui bloquaient Lorient ; le capitaine Beresford, prévenu de notre présence par les signaux du *Revenge*, courait, sous toutes voiles, dans la direction de l'ouest. L'amiral Willaumez, se rendant compte de l'inutilité de la poursuite, rappela ses bâtiments. Au lieu de continuer sa route, ainsi que le lui prescrivaient ses instructions, l'amiral Willaumez se tint près de l'île de Groix, attendant la division de Lorient. Celle-ci ne paraissant pas, il se dirigea, le 22, dans la soirée, sur Rochefort. A dix heures du soir nos bâtiments furent aperçus par l'*Amethyst*; informée de notre présence par les signaux de cette frégate, l'escadre de blocus gagna le large. Le 24, au point du jour, l'amiral Willaumez paraissant sur la rade des Basques, donna l'ordre à la division, mouillée sur la rade de l'île d'Aix, de le rallier. Celle-ci resta immobile. Peu après, un aviso apporta à l'amiral une lettre du capitaine Bergeret contenant le passage suivant : « Je vais maintenant mettre sous voiles le plus promptement possible pour me ranger sous votre pavillon, mais ce ne pourra être que plus lentement que je ne le voudrais, car, une épidémie affreuse ayant atteint l'escadre depuis un mois, elle est presque entièrement désarmée ». On conçoit la surprise de l'amiral Willaumez, prévenu par le ministre que l'escadre de Rochefort, tenue en appareillage, mettrait sous voiles aussitôt qu'il paraîtrait. L'amiral Willaumez jeta l'ancre sur la rade des Basques. Le contre-amiral Stopford, qui avait repris son poste d'observation, expédia la *Naïad* devant Ouessant afin d'informer lord Gambier de l'arrivée, à Rochefort, de l'escadre de Brest. Cette frégate à peine éloignée de quelques milles, fit connaître, par signal, qu'elle apercevait trois bâtiments venant du nord. L'amiral Stopford, laissant deux frégates pour surveiller les mouvements de l'amiral Willaumez, se couvrit de voiles pour rallier la *Naïad*.

Les 21 et 22 février, l'eau ne s'était pas élevée à une hauteur suffisante, dans les passes de Lorient, pour permettre à des vaisseaux de prendre la mer. Le 23, au point du jour, le commandant Troude fit appareiller l'*Italienne*, la *Cybèle* et la *Calypso*, de quarante-quatre, capitaines Jurien, Jacob et Cocault. Ayant reconnu l'impossibilité de sortir avec ses vaisseaux, il donna aux trois frégates, qui l'attendaient au large, l'ordre de se rendre à leur destination. Le capitaine de vaisseau Jurien, de l'*Italienne*, qui avait le commandement de cette division, fit route sur Rochefort en se tenant près de terre. Il eut connaissance, dans la journée, de la division du capitaine Beresford qui se dirigeait sur Lorient. Une frégate et une corvette, sorties de la baie de Quiberon, se tinrent, à petite distance, en arrière de la *Cybèle*, placée à la queue de la ligne. Le 24, les trois frégates étaient arrivées en vue de la tour de la Baleine lorsque la division du contre-amiral Stopford, appelée, ainsi qu'on l'a vu plus haut, par les signaux de la *Naïade*, apparut. Ainsi la route de Rochefort était barrée; d'autre part, en revenant en arrière, les frégates françaises devaient rencontrer les vaisseaux du capitaine Beresford. Le commandant Jurien se dirigea sur la rade des Sables-d'Olonne. La *Cybèle*, restée un peu en arrière, était sur le point d'être coupée par la frégate et la corvette qui nous observaient, lorsque l'*Italienne*, virant de bord, la dégagea. A neuf heures et demie, les trois frégates, laissant tomber l'ancre sur la rade des Sables, prirent les dispositions nécessaires pour présenter le travers à l'ennemi. La division française était suivie de près par le *Cæsar* de quatre-vingts, portant le pavillon de l'amiral Stopford, le *Defiance* et le *Donegal*, de soixante-quatorze, et la frégate l'*Amelia*. Le capitaine du *Defiance*, avec une hardiesse qui aurait pu avoir, pour son bâtiment, de graves conséquences, mouilla, à portée de pistolet, par le bossoir de l'*Italienne*. Le *Cæsar* et le *Donegal*, se tenant sous voiles, attaquèrent le premier la *Cybèle* et le second la *Calypso*. Une action très vigoureuse commença immédiatement entre nos bâtiments et les trois vaisseaux anglais auxquels vint bientôt se joindre la frégate l'*Amelia*. On se battait de si près que les valets du *Defiance* mirent plusieurs fois le feu à bord de l'*Italienne*; la position de cette frégate eût été fort critique si son adversaire avait eu un meilleur tir, mais la plupart des coups du vaisseau anglais portaient dans les mâts. Une heure après le début de l'action, les frégates, dont les câbles avaient été coupés par les projectiles de l'ennemi, furent portées à la côte; ayant conservé, en s'échouant, une position favorable, elles purent continuer leur feu. A midi, la mer commençant à baisser, la division anglaise se retira. Le *Defiance*, obligé, pour appareiller, de filer son embossure, vint à l'appel de son cable et présenta l'arrière à nos bâtiments. Il reçut, en poupe, plusieurs volées qui lui firent de graves avaries; ses pièces de retraite, les seules dont il pût se servir dans la position qu'il occupait, cessèrent de tirer. La corne d'artimon, coupée par les boulets, ayant entraîné le pavillon dans sa chute, des cris répétés de vive l'Empereur se firent entendre. Le commandant de l'*Italienne* était sur le point d'expédier un canot à bord du *Defiance* pour prendre le capitaine, lorsque ce vaisseau rehissa ses couleurs. Le *Defiance*, qui manœuvrait pour rallier sa division, se trouva, pendant un moment, dans une position fort critique. S'il abattait du côté de terre, il s'échouait et restait, selon toute probabilité, entre nos mains; le *Cæsar*, le *Donegal* et l'*Amelia*, qui étaient déjà loin, ne pouvaient plus le protéger. Son petit hunier, dont la drisse venait d'être coupée par un boulet, étant retombé sur le chouque, les équipages des trois frégates firent entendre de nouvelles acclamations. Il semblait que le bâtiment anglais dût fatalement succomber; mais la fortune n'abandonna pas le hardi capitaine du *Defiance*. Ce vaisseau abattit du côté du large, laissa tomber sa misaine et s'éloigna, après avoir envoyé à la *Calypso* une volée très bien dirigée. Nos pertes s'élevaient à vingt-quatre tués et cinquante et un blessés. L'*Italienne* avait six tués et dix-sept blessés ; la *Calypso* dix tués et dix-huit blessés et la *Cybèle* huit tués et seize blessés. D'après les rapports anglais, le *Cæsar* éprouva de graves dommages dans sa coque et dans sa mâture, mais il ne perdit pas un homme ; le *Donegal* eut un homme tué et six blessés et le *Defiance* deux tués et vingt-cinq blessés. Les batteries de terre avaient tiré quelques coups de canon, mais, servies par un personnel inexpérimenté, elles n'avaient fait aucun mal à l'ennemi. Les frégates ne pouvaient rester sur la rade des Sables d'Olonne qui ne leur offrait aucun abri contre les vents du large ; d'autre part, les avaries qu'elles avaient éprouvées, pendant le combat, ne leur permettaient pas d'appareiller. L'*Italienne* et la *Cybèle*, après s'être allégées, entrèrent dans le petit port des Sables ; la *Calypso*, qui s'était jetée à la côte, ne put être relevée. Le contre-amiral Stopford, rallié, le lendemain, par le capitaine Beresford, s'établit en croisière en dehors de Chassiron.

L'amiral Willaumez, ainsi qu'il a été dit plus haut, avait mouillé, le 24, sur la rade des Basques ; il fut rejoint, le même jour, à huit heures du soir, par la division du capitaine Bergeret, comprenant le *Patriote*, le *Cassard* et le *Jemmapes*. La plus grande partie du personnel avait été embarquée dans la journée, et, sur aucun de ces vaisseaux, il n'existait de rôle de combat. En raison du temps qui s'était écoulé depuis son départ de Brest, l'amiral supposa qu'il trouverait, sur sa route, les forces réunies de lord Gambier, du contre-amiral Stopford et du capitaine Beresford. Dans ces conditions, il lui sembla imprudent de sortir avec onze vaisseaux, sur lesquels, trois, ceux de Rochefort, n'étaient pas en état de combattre. Il prit, en conséquence, la détermination de ne pas aller aux Antilles; craignant, d'autre part, s'il restait sur la rade des Basques, d'être attaqué par des forces supérieures, il conduisit ses vaisseaux sur la rade de l'île d'Aix. En faisant ce mouvement, le *Jean-Bart* se jeta sur les Palles et ne put être relevé.

## II

Le 10 mars 1809, le contre-amiral Allemand, qui servait en sous ordre, dans l'escadre de Toulon, fut appelé au commandement en chef des bâtiments mouillés sur la rade de l'île d'Aix. Arrivé, le 15, à Rochefort, nommé vice-amiral, le 16, il prit, le 17, le commandement de l'escadre et mit son pavillon sur l'*Océan*. Le contre-amiral Willaumez et le capitaine de vaisseau Bergeret, commandant le premier l'escadre de Brest et le second la division de Rochefort, furent appelés, à Paris, pour y rendre compte de leur conduite. L'amiral Allemand fit mouiller son escadre sur deux lignes, séparées par un intervalle de deux cent cinquante mètres; dans chaque ligne, la direction était nord-quart-nord-est et sud-quart-sud-ouest. La distance entre les vaisseaux était d'une encablure. Le *Calcutta* et l'*Elbe*, qui étaient placés en tête, le *Calcutta* de la première ligne et l'*Elbe* de la seconde, relevaient l'île d'Aix, dans le nord, à trois encablures et demie. Nos bâtiments avaient deux ancres à la mer, une dans le nord-ouest et la seconde au sud-est. Trois frégates étaient mouillées à sept cents mètres au large de la première ligne. En conséquence, l'escadre se trouvait rangée ainsi qu'il suit :

*Indienne.     Hortense.     Pallas.*

*Foudroyant.   Varsovie.   Océan.   Regulus.   Cassard.   Calcutta.
Tonnerre.   Patriote.   Jemmapes.   Aquilon.   Tourville.   Elbe.*

La seconde ligne était très rapprochée des bas-fonds. Tous les vaisseaux, en s'embossant, étaient en situation de prêter le travers aux bâtiments venant du large. Dans ces conditions, appuyée sur les fortifications de l'île d'Aix, placée trop près de terre pour être tournée, l'escadre était surtout en mesure de repousser une attaque de vive force.

Le jour où l'amiral Allemand avait pris le commandement de l'escadre de Rochefort, c'est-à-dire le 17 mars, lord Gambier était arrivé sur la rade des Basques avec treize vaisseaux. Quelques jours après, le *Defiance*, qui avait figuré dans le combat des Sables d'Olonne, et le *Triumph*, chargé de l'escorter, partirent pour l'Angleterre. L'escadre ennemie était à neuf milles environ de la nôtre. Lord Gambier, craignant que l'amiral Allemand n'eût la pensée d'incendier ses vaisseaux, établit une surveillance très active ; deux embarcations, par bâtiment, destinées à écarter les brûlots, furent envoyées, chaque soir, à bord du commandant de l'avant-garde. Les navires anglais avaient l'ordre de se tenir prêts à appareiller en filant leurs câbles, sur lesquels des bouées étaient disposées. Quelques jours avant de mouiller sur la rade des Basques, lord Gambier avait écrit en Angleterre qu'une attaque, dirigée contre l'escadre française, avec des brûlots, lui semblait présenter les plus grandes chances de succès. Cette opinion était partagée par le gouvernement anglais qui, depuis les premiers jours de mars, faisait des préparatifs pour tenter cette opération. Douze navires, transformés en brûlots, cinq bombardes et un bâtiment, portant des fusées à la Congréve, étaient sur le point de partir pour la rade des Basques. Lord Cochrane, qui commandait la frégate l'*Impérieuse*, consulté par le premier lord de l'amirauté sur la possibilité de détruire l'escadre de Rochefort à l'aide de brûlots et de machines incendiaires, se déclara le partisan convaincu de ce projet. Désigné pour coopérer à son exécution, il fit route, avec sa frégate, pour rallier lord Gambier. Cet amiral devait, aussitôt après avoir été rejoint par les bâtiments qu'on disposait en Angleterre, attaquer l'escadre de Rochefort. Toute liberté d'action lui était laissée ; il pouvait agir soit avec la flotte, soit avec les brûlots, ou en employant ces deux moyens. Le choix de l'amiral Gambier était fait ; une attaque de vive force ne lui semblait présenter aucune chance favorable. En attendant l'arrivée des bâtiments annoncés par l'amirauté, il fit transformer en brûlots le *Mediator*, frégate armée en flûte, ainsi que huit transports, pris parmi les trente qui, à ce moment, accompagnaient son escadre. Trois bâtiments, destinés à faire explosion, furent disposés sous la direction particulière de lord Cochrane.

Le vice-amiral Allemand, commençant à se rendre compte des dangers que courait son escadre, écrivit au ministre, à la date du 23 : « Je pourrais être bien inquiété si les Anglais m'envoyaient plusieurs brûlots à la fois. »

Dans la même lettre, il informait l'amiral Decrès qu'il se proposait de couvrir ses vaisseaux par une estacade et de réunir une flottille « pouvant se porter à la rencontre des brûlots et les détourner. » L'amiral Allemand adressa au préfet maritime de Rochefort, le vice-amiral Martin, une première demande d'objets de matériel, ancres, grelins, bois flottants, le 24 mars, et une seconde, le lendemain 25. Le 31 mars, il n'avait rien reçu ; fort inquiet, pressentant les dangers qui le menaçaient, il écrivit à l'amiral Martin : « Pour l'intérêt de l'escadre de Sa Majesté, monsieur le préfet, veuillez réitérer vos ordres. Ma position nécessite que je vous prie d'ordonner que le port ne dorme pas, que tout me soit expédié ; il me faudra aussi du temps pour tout mettre en place et le pourrai-je bien actuellement avec une marée aussi forte que celle-ci. Aidez-moi donc des moyens du port. Si vous pouviez installer, à la hâte, un couple de bombardes, elles me seraient utiles. » Le 3 avril, l'amiral Allemand reçut cinq ancres, des grelins et une partie des bois et ferrements bruts destinés à l'installation des canons, caronades et pierriers dans les embarcations. Or, la demande, à laquelle se rapportait cet envoi de matériel, était du 24 mars. Le 8 avril, l'estacade, formée de grelins soutenus par des bouées, fut terminée ; placée à huit cents mètres sur l'avant de notre première ligne, elle s'étendait sur une longueur de seize cents mètres. L'amiral Allemand écrivit au ministre, le 9, qu'il demandait au préfet maritime de Rochefort le matériel nécessaire pour établir une seconde estacade en dedans de la première. La flottille comprenait soixante-treize embarcations ; le port n'ayant fourni qu'une très faible partie des objets de matériel qui lui avaient été demandés, l'amiral Allemand avait eu recours à l'escadre. Les vaisseaux et les frégates avaient donné des ancres et presque toutes leurs embarcations; les chaloupes des vaisseaux portaient un canon de trente-six, une caronade de même calibre et quatre pierriers. Les grands canots étaient armés d'une caronade de trente-six et de quatre pierriers; les autres embarcations avaient quatre espingoles. L'amiral Allemand fit dépasser les mâts de perroquet, caler les mâts de hune et déverguer les voiles inutiles; seules les frégates d'avant-garde conservèrent toute leur mâture. Dans l'hypothèse d'une attaque, faite avec des brûlots, la position de l'escadre française présentait des points très faibles. Notre mouillage s'étendant de l'extrémite sud de l'île d'Aix à la pointe nord des Palles, le courant de flot et les vents de nord-ouest devaient pousser les bâtiments incendiaires sur l'escadre. Des barils de goudron enflammés, que les Anglais avaient abandonnés, au moment où le courant de flot était dans toute sa force, étaient arrivés sur nos vaisseaux. Or, ceux-ci, qui étaient affourchés sud-est et nord-ouest, c'est-à-dire suivant le sens du courant, pouvaient culer mais non s'effacer. L'amiral ayant fait caler les mâts de hune et déverguer une partie des voiles, toute pensée d'appareillage disparaissait. Les vaisseaux et les frégates, ayant donné leurs grandes embarcations pour l'organisation de la flottille, et une partie de leurs ancres pour l'installation de l'estacade, se trouvaient privés de moyens d'action importants. Enfin, l'*Indienne*, l'*Hortense* et la *Pallas*, placées en tête de l'escadre, devaient gêner le tir des vaisseaux sur les bâtiments incendiaires dirigés contre nos lignes.

Lord Gambier, successivement rallié par différents bâtiments, frégates, corvettes, bombardes et canonnières, avait, sous ses ordres, à la date du 9 avril, le *Caledonia* de cent vingt, le *Cæsar*, le *Gibraltar* et le *Hero*, de quatre-vingts, le *Donegal*, la *Résolution*, le *Theseus*, le *Valiant*, l'*Illustrious*, le *Bellona* et le *Revenge*, de soixante-quatorze, les frégates l'*Indefatigable*, l'*Impérieuse*, l'*Aigle*, l'*Emerald*, l'*Unicorn* et la *Pallas*, cinq canonnières, deux bombardes, six bricks, une goëlette et deux côtres.

Le 10 avril, les douze brûlots, attendus d'Angleterre, ayant mouillé sur la rade des Basques, lord Gambier prit ses dispositions pour une attaque immédiate. Dans la journée du 11, la frégate l'*Impérieuse*, que commandait lord Cochrane, jeta l'ancre à petite distance de la roche Boyard. Les frégates l'*Aigle*, l'*Unicorn* et la *Pallas*, chargées de recevoir les équipages des brûlots, mouillèrent dans le nord-ouest de l'*Impérieuse*. La bombarde l'*Etna* prit position dans le nord-ouest de l'île d'Aix, sous la protection de la frégate l'*Indefatigable* et de la corvette le *Foxhound*. L'escadre anglaise mit sous voiles, mais n'ayant pu se maintenir en bon ordre, par suite de la force du courant, elle reprit son mouillage. A huit heures et demie du soir, deux heures après le commencement du flot, l'ordre fut donné aux brûlots d'appareiller; ceux-ci, au nombre de vingt et un, coupèrent leurs câbles et se dirigèrent sur l'estacade, précédés par les trois navires destinés à faire explosion. Le temps était sombre et à grains, le vent très fort et la mer grosse. L'amiral Allemand avait prescrit, dans l'après-midi, à deux divisions de la flottille de se trouver à l'estacade à huit heures du soir, et, à cinq heures quarante-cinq minutes, il avait fait à l'armée le signal de liberté de manœuvre. Une première explosion, à laquelle d'autres succédèrent rapidement, se fit entendre vers neuf heures et demie. L'estacade fut rompue et les brûlots, entrant en rade, s'avancèrent vers notre escadre, poussés par le vent et le courant. L'amiral Allemand signala aux chaloupes et canots de déborder « pour crocher les brûlots, les éloigner et les couler ». Au moment où il donnait cet ordre, chaque vaisseau avait déjà envoyé la plus grande partie de ses canots à l'estacade. Nos embarcations, surchargées d'artillerie, étaient, d'ailleurs, hors d'état de lutter contre le vent, la mer et le courant. Les frégates, placées sur l'avant des vaisseaux, qui commençaient à tirer sur les brûlots, mirent sous voiles. L'*Océan*, ayant, devant lui, deux brûlots qui étaient sur le point de s'engager dans son beaupré, fila son câble du nord-ouest et mit son perroquet de fougue sur le mât. Comme il ne s'éloignait pas assez vite, l'ordre fut donné de couper le câble; peu après, l'*Océan*, abordé par un brûlot en flammes, coupa son second câble. Le vaisseau amiral eût été dans une position fort critique, si l'enseigne de vaisseau Allary, qui commandait une embarcation du *Tonnerre*, n'était pas parvenu à remorquer ce brûlot au large. L'*Océan* se dirigea vers l'entrée de la Charente sous ses focs et sa misaine, mais cette voilure étant insuffisante pour maîtriser le courant, il s'échoua, à dix heures, sur les Palles. Un commencement d'incendie se déclara à bord du *Regulus* qui avait été accroché par un brûlot en flammes. Le capitaine Lucas parvint à se dégager, mais les deux câbles ayant été successivement coupés, le vaisseau, entraîné par le vent et le courant, se rapprocha de terre. Il se trouvait, au moment où il mouilla, sur le banc des Palles; la mer baissant rapidement, le *Regulus* s'échoua avant qu'une ancre eût été élongée. Le *Cassard* coupa ses câbles, mais ayant laissé tomber une ancre très promptement, il resta à flot ; le capitaine Faure fit immédiatement guinder les mâts, croiser les vergues et enverguer les voiles. Les brûlots passèrent au large du *Foudroyant;* le contre-amiral Gourdon prescrivit à son capitaine de pavillon de se tenir prêt à appareiller. La *Ville-de-Varsovie*, menacée par les brûlots, coupa ses câbles, puis elle laissa tomber une ancre. Obligé, par l'approche d'un nouveau brûlot, de couper encore une fois son câble, le capitaine Cuvillier mouilla aussitôt que son vaisseau fut hors de danger ; se trouvant près des bancs, il guinda sa mâture, envergua ses voiles et appareilla à deux heures du matin. Peu après avoir levé son ancre, la *Ville-de-Varsovie* toucha et resta échouée. Le *Calcutta*, qui était mouillé en tête des bâtiments de la première ligne, coupa son câble du nord-ouest, à dix heures du soir, et celui du sud-est peu après ; entraîné par le vent et le courant, il toucha, vers onze heures, sur les Palles. Le capitaine Lafon laissa tomber une ancre de bossoir. La chaloupe étant en réparation et les grandes embarcations ayant été envoyées à l'estacade, il ne fut pas possible de porter une ancre au large. La mer montait encore ; lorsque le navire flotta, le capitaine Lafon appareilla sous les focs, les voiles d'étai du grand mât, le perroquet de fougue et l'artimon. Il prit les amures à tribord avec des vents du nord au nord-nord-est, se dirigeant sur la rade. A peine ce mouvement était-il commencé que le navire revint dans le vent, masqua et s'échoua plus avant sur le banc que la première fois. Après avoir mouillé, le capitaine Lafon donna l'ordre d'alléger le *Calcutta*.

Ainsi, des six vaisseaux composant la première ligne, quatre étaient échoués sur les Palles. Le *Tonnerre*, capitaine Clément Laroncière, coupa son câble du nord-ouest afin d'éviter l'*Océan* qui était sur le point de l'aborder ; peu après, il coupa le câble du sud-est pour se dégager du *Patriote* et de l'*Océan* qui étaient tombés sur lui. A onze heures, le *Tonnerre* toucha sur les Palles ; ce vaisseau, n'ayant pas une seule embarcation, ne put élonger une ancre pour se touer au large. Le *Jemmapes*, ayant des brûlots devant lui, coupa ses câbles, puis il mouilla ; ce vaisseau manœuvrait pour entrer dans la Charente lorsqu'il s'échoua sur les Palles. L'*Aquilon*, capitaine Maingon, coupa ses câbles pour éviter le *Regulus* ; il laissa tomber une ancre lorsqu'il fut hors de danger, mais ayant appareillé, dans la nuit, pour s'éloigner de terre, il s'échoua. Le *Patriote* coupa ses câbles pour se dégager de l'*Océan* et du *Tonnerre* avec lesquels il] était abordé ; entraîné par le courant, il s'échoua sur les Palles. Le *Tourville*, abordé par l'*Indienne*, menacé par plusieurs brûlots, coupa le câble du nord-ouest ; peu après il coupa celui du sud-est pour éviter le *Regulus* et il s'échoua sur les Palles. Les frégates partagèrent le sort de la plupart des vaisseaux. L'*Elbe* s'échoua à dix heures du soir ; cette frégate mouilla, s'allégea rapidement, mit sous voiles et atteignit le port des Basques dans la nuit. L'*Hortense* et la *Pallas* s'échouèrent près de l'île Madame, la première, à dix heures du soir, et la seconde, à trois heures du matin. Quant à l'*Indienne*, elle se jeta à la côte, près de l'île d'Ennette, à dix heures et demie du soir.

Il est difficile de se prononcer sur la conduite des capitaines français dans la nuit du 11 avril. Il faudrait, avant d'émettre un jugement, connaître, avec exactitude, les difficultés qu'ils ont rencontrées On est disposé à croire que la plupart d'entre eux ont trop tardé à mouiller; mais, en présence des événements, on hésite à maintenir cette observation. Comment, en effet, être surpris que des bâtiments, obligés de couper leurs câbles pour éviter les brûlots ennemis, se soient échoués, alors que l'escadre avait été, avec intention, mouillée près des bancs.

### III

Lorsque le jour se leva, le *Foudroyant* et le *Cassard* étaient seuls en rade. Les brulôts, échoués sur divers points, achevaient de se consumer ; pas un de nos navires n'avaient été atteint. Quoique ce résultat constituât un échec pour les Anglais, notre situation n'en restait pas moins grave. Trois frégates et neuf vaisseaux étaient à la côte; la plupart de ces bâtiments étaient loin de l'île d'Aix, c'est-à-dire de tout soutien. Si l'ennemi, manœuvrant avec la hardiesse qui lui était habituelle, entrait en rade, l'escadre française courait de sérieux dangers. Il fallait donc mettre la plus grande hâte à renflouer nos bâtiments, mais déjà l'organisation imparfaite de la défense se faisait sentir. Des vaisseaux attendaient encore leurs chaloupes, envoyées, la veille, à l'estacade ; d'autres n'avaient plus d'ancres. A six heures du matin, l'amiral Allemand signala qu'il laissait chaque capitaine libre de sa manœuvre pour la sûreté de son bâtiment. L'escadre anglaise mit sous voiles, le 12, dans la matinée; le vent soufflait très frais du nord et le flot était dans toute sa force. L'amiral Gambier, renonçant à attaquer nos vaisseaux, mouilla à trois milles environ du mât de pavillon de l'île d'Aix. Toutefois, il donna l'ordre à la bombarde l'*Etna* et aux canonnières l'*Insolent*, le *Conflict* et le *Growler* d'entrer en rade et d'ouvrir le feu sur les navires échoués. Le *Valiant*, le *Bellona* et le *Revenge*, les frégates et les corvettes jetèrent l'ancre entre le gros de la flotte anglaise et les vaisseaux français échoués sur les Palles. Pendant que l'ennemi opérait ces divers mouvements, l'*Océan*, le *Regulus*, le *Patriote* et le *Jemmapes* parvenaient à se renflouer. En présence de l'attaque que préparaient les Anglais, il semble que l'amiral Allemand aurait dû rejoindre le *Foudroyant* et le *Cassard* avec les quatre vaisseaux déséchoués. S'il rentrait dans la Charente, il abandonnait à l'ennemi les bâtiments qui n'avaient pas encore réussi à se renflouer. Ce fut à ce dernier parti qu'il s'arrêta. En conséquence, le *Foudroyant* et le *Cassard* reçurent l'ordre d'appareiller; arrivés dans les passes, ces deux vaisseaux s'échouèrent. Cette mauvaise fortune fut partagée par l'*Océan*, le *Regulus*, le *Patriote* et le *Jemmapes* ; néanmoins ces six vaisseaux se rapprochèrent de l'entrée.

 La frégate l'*Impérieuse* était mouillée près de la roche Boyard; son capitaine, lord Cochrane, suivait nos mouvements avec la plus grande attention. Il était surpris que le commandant en chef de la flotte britannique ne profitât pas de la mauvaise position dans laquelle se trouvaient nos vaisseaux pour leur porter un coup décisif. Lord Cochrane mit sous voiles, quoique lord Gambier ne lui en eût pas donné l'ordre, et il se dirigea vers l'*Etna*, l'*Insolent*, le *Conflict* et le *Growler*, les seuls navires qui fussent entrés dans la rade de l'île d'Aix. Peu après son appareillage, lord Cochrane fit à l'amiral Gambier les signaux suivants : « L'ennemi met sous voiles ; l'ennemi est supérieur aux chasseurs ; enfin, les chasseurs demandent du secours : » A deux heures, l'*Impérieuse* commença à canonner le *Calcutta*, sur lequel l'*Etna* et les canonnières avaient ouvert le feu. Lord Gambier fit soutenir l'*Impérieuse* par les frégates, les corvettes et les petits bâtiments de la flotte britannique. Le *Valiant*, le *Revenge* et le *Theseus*, passant hors de portée des batteries de l'île d'Aix et de la pointe du Saumonard, mouillèrent lorsqu'ils furent en position de combattre le *Calcutta*, l'*Aquilon* et la *Ville-de-Varsovie*. Seize navires anglais, rangés sur une ligne courbe, en forme de croissant, concentrèrent leur feu sur ces trois vaisseaux. L'arrivée de l'ennemi ne permit pas aux capitaines Lafon, Cuvillier et Maingon de poursuivre les travaux qu'ils avaient commencés pour remettre leurs navires à flot. L'*Aquilon* et la *Ville-de-Varsovie*, ayant l'avant du côté de la terre, ripostèrent avec leurs canons de retraite ; le *Calcutta*, qui présentait l'avant au large, répondit avec ses pièces de chasse au feu de l'ennemi. Le capitaine de la *Ville-de-Varsovie*, prévoyant qu'il ne pourrait prolonger longtemps sa résistance, se préoccupa de sauver son équipage ; vers trois heures et demie, il expédia à terre ses canots chargés de monde. Ce commencement d'évacuation produisit à bord du *Calcutta*, le bâtiment le plus rapproché de l'ennemi, un très grand découragement. Les matelots, passant par les sabords et les porte-haubans, se jetèrent dans les canots ; déjà ils poussaient au large, lorsque survinrent des officiers, envoyés par le commandant, qui leur intimèrent l'ordre de remonter à bord du *Calcutta*. L'équipage persistant dans l'intention de gagner la terre, le capitaine Lafon s'embarqua dans son canot afin de contraindre les embarcations qui s'éloignaient à revenir en arrière. Il avait avec lui son second, le lieutenant de vaisseau Sergent, qui passa dans la chaloupe pour y rétablir l'ordre. Voyant le moral de ses hommes atteint, et croyant, d'autre part, qu'il ne pourrait résister aux forces supérieures avec lesquelles son vaisseau était engagé, le capitaine Lafon prit la détermination d'abandonner son bâtiment. Son second rémonta à bord du *Calcutta*, le fit évacuer et y mit le feu. Blessé à la cuisse et au bras, le capitaine Lafon ne quitta pas son canot. Lorsque le lieutenant de vaisseau Sergent fut de retour, annonçant que les ordres, donnés par le capitaine, étaient exécutés, les embarcations du *Calcutta* rallièrent le vaisseau de l'amiral Allemand. Nous avons vu que le capitaine de la *Ville-de-Varsovie* avait envoyé ses canots à terre avec une partie de son équipage. A cinq heures, les embarcations de ce vaisseau n'étaient pas de retour. La *Ville-de-Varsovie* avait beaucoup souffert; l'arrière était démoli et le côté de bâbord criblé par les projectiles. Le pavillon fut amené. L'*Aquilon* demeurait seul exposé au feu des Anglais. Les canots de ce vaisseau, après avoir pris autant d'hommes qu'ils pouvaient en porter, se dirigèrent vers la terre. Lorsqu'ils se furent éloignés, le capitaine Maingon fit amener le pavillon. Trois cents hommes restaient encore sur l'*Aquilon*. Le *Tonnerre* s'était échoué dans la nuit du 11 au 12 avril. S'il avait pu mouiller une ancre au large, il se serait facilement remis à flot; malheureusement aucune de ses embarcations n'était de retour. Le 12, à sept heures du matin, il n'y avait que sept pieds et demi d'eau autour de ce vaisseau. La chaloupe étant revenue, le capitaine Clément Laroncière fit élonger des ancres et il prit les dispositions nécessaires pour remettre son navire à flot. Vers huit heures, le *Tonnerre* se creva et fut envahi par l'eau. La prise successive des vaisseaux le *Calcutta*, la *Ville-de-Varsovie* et l'*Aquilon* permettait aux Anglais de diriger leur feu sur le *Tonnerre* dont ils ne s'étaient pas occupés jusque-là. A cinq heures et demie, le capitaine Clément Laroncière demanda, par signal, au commandant en chef l'autorisation d'évacuer l'équipage et d'abandonner son vaisseau. L'*Océan* répondit à ce signal par l'aperçu. Les hommes débarquèrent sur la pointe de roches qui communique, à basse mer, avec l'île Madame, et le vaisseau fut livré aux flammes. Le *Tonnerre* fit explosion à sept heures et demie et le *Calcutta* une heure après. Une embarcation de l'*Impérieuse* s'était rendue à bord de ce dernier vaisseau, peu après son abandon, et elle avait hissé le pavillon anglais.

Les pertes de l'ennemi furent très faibles; elles ne portèrent que sur deux bâtiments le *Revenge* et l'*Impérieuse*. Le premier eut trois tués et quinze blessés et le second trois tués et onze blessés. Les Anglais attribuèrent les pertes du *Revenge* au feu des batteries de l'Ile d'Aix. L'*Aquilon* perdit peu de monde; son commandant avait eu la précaution d'envoyer, dans le faux pont et dans la cale, les hommes qui n'étaient pas nécessaires à l'armement des pièces. Le capitaine Maingon venait de quitter l'*Aquilon* dans la canot de lord Cochrane, à côté duquel il était assis, lorsqu'il eut la tête emportée par un boulet, parti probablement du *Tonnerre* qui était en feu à ce moment. Les Anglais disent que le nombre des tués et des blessés, à bord de la *Ville-de-Varsovie* ne s'éleva pas à moins de cent. Le *Calcutta* avait douze blessés; son équipage était de deux cent trente hommes. Dans la nuit, les Anglais livrèrent aux flammes la *Ville-de-Varsovie* et l'*Aquilon*. Le nombre des prisonniers faits sur ces deux vaisseaux était de six cent cinquante.

Le vaisseau le *Tourville* n'avait pu se renflouer dans la journée du 12 avril. Disposant d'un petit nombre d'embarcations, et craignant, d'autre part, de se trouver dans l'embarras, si la nécessité d'évacuer promptement le vaisseau se présentait, le capitaine La Caille envoya à terre son équipage; il conserva les timoniers, les gabiers, les canonniers et la garnison, c'est-à-dire les gens les plus aguerris et les plus utiles. Vers deux heures et demie du matin, dans la nuit du 12, le capitaine La Caille fut prévenu par l'officier de service qu'on apercevait deux brûlots; plusieurs vaisseaux, au nombre desquels était l'*Océan*, tiraient sur ces bâtiments. Ceux-ci étaient au vent du *Tourville* et il semblait qu'ils dussent l'aborder. Le capitaine La Caille croyant que la confusion, résultant d'un pareil événement, ne lui permettrait pas de sauver l'équipage, forma le projet d'abandonner momentanément le vaisseau. Les officiers consultés se déclarèrent partisans de cette mesure qui reçut l'approbation de l'ancien commandant du *Jean-Bart*, le capitaine de vaisseau Le Bozec, passager sur le *Tourville*. Les bâtiments anglais étaient mouillés à grande distance, et, de l'avis de tous, il n'y avait pas lieu de craindre que l'ennemi vînt s'emparer du vaisseau. L'évacuation eut lieu immédiatement. Les embarcations devaient se maintenir à petite distance du *Tourville*, mais, poussées par le vent et la mer, elles allèrent jusqu'au port des Barques. On s'aperçut alors que l'on avait pris pour des brûlots l'*Aquilon* et la *Ville-de-Varsovie* incendiés par les Anglais. Le capitaine La Caille revint, à son bord, avec le personnel, officiers et matelots, qu'il avait conduit à terre deux heures auparavant. Quatre hommes n'avaient pas quitté le *Tourville*. Trois, au moment du départ des embarcations, dormaient dans quelque partie reculée du vaisseau. Le quatrième, un second chef de timonerie, prétendit être resté volontairement à bord du *Tourville*; il déclara, en outre, que pendant l'absence de l'équipage, il avait échangé des coups de fusil avec une péniche ennemie. Le *Tourville* étant, ce jour-là, loin des Anglais et en dehors de leur sphère d'action, cette assertion ne semblait pas exacte. Le 13, au point du jour, les vaisseaux le *Valiant*, le *Revenge*, le *Theseus*, suivis des frégates l'*Impérieuse*, l'*Aigle*, l'*Unicorn* et l'*Emerald*, sortirent de la rade.

A onze heures du matin, la flottille anglaise canonna le bâtiment français échoué le plus au large, l'*Océan*, qui répondit au feu de l'ennemi avec ses pièces de retraite; l'action cessa à quatre heures et demie. Le 14, dans la matinée, l'*Océan* atteignit le port des Anglais. L'amiral Allemand, informé que lord Gambier préparait de nouveaux brûlots, organisa une flottille pour les détourner Le 15, le *Tourville*, le *Patriote*, le *Jemmapes* et le *Cassard* entrèrent dans la Charente. Le *Regulus* et le *Foudroyant* étaient les seuls navires qui fussent assez au large pour que l'ennemi pût les attaquer; le 17, le *Foudroyant* gagna un mouillage sûr. La frégate l'*Indienne* s'était échouée dans la nuit du 11 au 12 sur les vases de la pointe de l'Aiguille. Cette frégate, privée de sa chaloupe qui avait été envoyée à l'estacade dans la soirée du 11, ne put élonger qu'une ancre à jet; lorsque l'*Indienne* flotta, on vira sur cette ancre qui ne tint pas. Le capitaine Proteau adressa, sans succès, au commandant de l'escadre la demande d'une chaloupe. Plusieurs jours s'écoulèrent pendant lesquels le vent et la mer portèrent la frégate plus à terre. Le 16, l'*Indienne*, qui avait son flanc sur les roches se défonça. Le capitaine Proteau assembla les officiers et les maîtres en conseil; conformément à l'avis général, la frégate fut évacuée et brûlée. Le 20, plusieurs bâtiments de la flottille anglaise canonnèrent le *Regulus*; ce vaisseau eut à subir, le 24, une nouvelle attaque, à laquelle prirent part des bombardes, des canonnières et des embarcations lançant des fusées à la Congrève. Le 25 avril, le *Regulus* entra dans la Charente. Le même jour, lord Gambier fit route pour l'Angleterre.

Le 12 avril, dans la matinée, neuf vaisseaux français, échoués sur les Palles, étaient à la merci de nos adversaires. Lord Gambier avait onze vaisseaux, sur lesquels huit de soixante-quatorze; disposant d'un grand nombre de transports, il lui était facile, en allégeant ces vaisseaux, de diminuer leur tirant d'eau. Il ne mit en mouvement que trois soixante-quatorze, et encore ces vaisseaux parurent-ils trop tard sur la rade de l'île d'Aix. Par sa lenteur, son extrême circonspection, le chef de la flotte britannique nous permit de sauver cinq vaisseaux. L'opinion publique, de l'autre côté de la Manche, accueillit, d'abord, avec une vive satisfaction, la nouvelle du succès remporté sur l'escadre de Rochefort. Lorsque les faits furent mieux connus, on blâma l'amiral de ne point avoir tiré un meilleur parti des forces placées sous son commandement. Le capitaine de l'*Impérieuse*, lord Cochrane, qui avait joué, dans cette affaire, un rôle d'une très grande hardiesse, était membre du parlement. Il prévint le premier lord de l'amirauté, lord Mulgrave, qu'il s'opposerait à toute proposition ayant pour but de voter des remerciements à lord Gambier. Celui-ci, informé de cet incident par lord Mulgrave, demanda des juges; un conseil de guerre fut réuni. De l'examen des journaux de bord et des livres de signaux appartenant aux divers navires mouillés sur la rade des Basques, il semblait résulter, disait l'acte d'accusation, que, le 12 avril, lord Gambier, prévenu de la possibilité de détruire les bâtiments français qui étaient échoués sur les Palles, avait pris trop tard les mesures nécessaires pour mettre ce projet à exécution. Les débats, commencés le 26 juillet, durèrent jusqu'au 4 août. Le conseil déclara que la preuve des faits reprochés à lord Gambier n'avait pu être établie; le conseil ajouta que ledit amiral, depuis le 17 mars jusqu'au 29 avril, s'était montré actif, zélé, intelligent et uniquement préoccupé de conformer sa conduite aux véritables intérêts du service de Sa Majesté. Après le prononcé du jugement, les deux chambres votèrent des remerciements à l'amiral, aux capitaines, officiers, matelots et soldats de marine de l'escadre qui avait opéré contre les forces françaises réunies sur la rade de l'île d'Aix. Si les Anglais n'avaient pas obtenu tous les avantages qu'ils pouvaient espérer, ils étaient néanmoins parvenus à nous faire beaucoup de mal. Sur les onze vaisseaux, dont se composait l'escadre de Rochefort, quatre avaient été détruits par nous ou par l'ennemi ; quant aux sept vaisseaux entrés dans la Charente, tous avaient de graves avaries et de longs mois devaient s'écouler avant qu'ils fussent en état de prendre la mer. En réalité, l'escadre de Rochefort, qui constituait une menace contre le commerce de la Grande-Bretagne et ses colonies, n'existait plus.

## IV

Le ministre de la marine, après avoir fait connaître à l'Empereur les événements qui s'étaient passés sur la rade de l'île d'Aix, lui demanda l'autorisation de traduire les capitaines Lafon, Clément Laroncière et Proteau devant un conseil de guerre « pour être jugés sur leur conduite relativement à la perte des bâtiments qu'ils avaient l'honneur de commander ». Le ministre ajoutait : « Il est aussi de mon devoir d'exposer à Votre Majesté que le capitaine de vaisseau La Caille, commandant le *Tourville*, est prévenu, par le texte même de son propre journal, d'avoir abandonné volontairement son vaisseau en présence de l'ennemi, pendant plusieurs heures, et j'ai l'honneur de proposer également à Votre Majesté de traduire cet officier par devant le même conseil de guerre... » L'Empereur, qui était alors au camp d'Ebersdorff, près de Vienne, rendit à la date du 2 juin, un décret portant convocation, au port de Rochefort, d'un conseil de guerre appelé à juger les capitaines Clément Laroncière, du *Tonnerre*, Lafon, du *Calcutta*, Proteau, de l'*Indienne*, et La Caille, du *Tour-*

*ville*. Le conseil était composé du contre-amiral Bedout, président, des capitaines de vaisseau Maureau, Krohm, Barbier, Polony, Tourneur, Lebesque et des capitaines de frégate Lévêque, Robert et Leblond Plassan. Le contre-amiral L'Hermitte était désigné pour remplir les fonctions de rapporteur. Les 1$^{er}$, 2, 3, et 4 septembre, les accusés furent interrogés et les témoins entendus. Le 5, le contre-amiral L'Hermitte présenta ses conclusions. Parlant d'abord du vaisseau le *Tonnerre*, il déclara que le capitaine Clément Laroncière n'était pas coupable de la perte de son bâtiment. Toutefois, il lui reprocha de ne pas avoir fait des efforts suffisants pour sauver « les effets du gouvernement ». Il dit enfin qu'il aurait dû, avant de brûler son vaisseau, prendre les ordres de l'amiral. Le capitaine Proteau, dans l'opinion du contre-amiral L'Hermitte, n'avait fait aucune faute contre l'honneur, mais il avait apporté, dans la destruction de sa frégate, une trop grande précipitation. Avant de s'arrêter à ce parti, il convenait qu'il rendît compte de sa situation à l'amiral et qu'il attendît ses ordres. Le contre-amiral L'Hermitte aborda alors un sujet plus grave. Après avoir rappelé que le commandant du *Tourville*, revenu à son bord, était parvenu à sauver son vaisseau, il ajouta : « Il n'en est pas moins coupable d'avoir abandonné son vaisseau, de ne l'avoir pas quitté le dernier dans une circonstance critique, lorsqu'il se croyait menacé par des bâtiments enflammés, crus brûlots ennemis. » Le rapporteur demanda que le capitaine La Caille fût condamné à la peine capitale.

Le *Calcutta*, attaqué à une heure et demie, avait cessé son feu entre trois heures et demie et quatre heures. L'évacuation avait été faite avec précipitation et le capitaine n'avait pas quitté son bâtiment le dernier. Enfin, le feu ayant été mis avec négligence, l'ennemi était monté à bord du *Calcutta* qui avait brûlé sous pavillon anglais. Après avoir ainsi exposé la situation, le contre-amiral L'Hermitte dit que le capitaine Lafon, n'ayant pas défendu l'honneur du pavillon, ainsi qu'il était de son devoir de le faire, méritait la mort. Le jugement fut rendu, le 8 septembre. A la majorité de huit voix contre une, le conseil déclara que le capitaine Clément Laroncière n'était pas coupable de la perte du vaisseau le *Tonnerre* qu'il commandait dans la journée du 12 avril. Le capitaine Proteau fut déchargé, à l'unanimité, de l'accusation portée contre lui. Néanmoins, le conseil, à la majorité de cinq voix contre quatre, le condamna à trois mois d'arrêts simples dans sa chambre. Le capitaine La Caille, à la majorité de six voix contre trois, fut condamné à deux années de détention ; il devait, en outre, être rayé de la liste des officiers de marine et dégradé de la Légion d'honneur. Enfin, le capitaine Lafon fut reconnu coupable, par cinq voix contre quatre, « d'avoir lâchement abandonné le vaisseau le *Calcutta*, en présence de l'ennemi ». Le conseil le condamna à la peine de mort. Le capitaine Lafon fut fusillé, le lendemain, 9 septembre, à quatre heures de l'après-midi, sur l'avant du vaisseau l'*Océan*.

Le sentiment public était loin d'être d'accord sur la manière d'envisager les événements de la nuit du 11 avril. Les divergences d'opinion, existant au dehors, se manifestèrent dans le sein du conseil. Alors que cinq voix sur neuf condamnaient à mort le capitaine Lafon, un des membres de la minorité demandait que le capitaine du *Calcutta* fût interdit de ses fonctions pendant une année. Un autre juge condamnait le capitaine Lafon à six mois d'arrêts forcés ; il ajoutait que ce dernier, à l'expiration de sa peine, serait renvoyé du service. La même observation doit être faite pour le capitaine La Caille ; les membres de la minorité ne voulaient pas qu'il fût dégradé. Le vice-amiral Allemand, écrivait, le 12 mai, au ministre : « Je pense, monseigneur, que le capitaine La Caille a besoin d'indulgence. Si Votre Excellence veut bien lui en accorder, eu égard à son âge et à ses anciens services, il sentira sans doute tout ce qu'il vous devra. Toutefois, il sera nécessaire de le remplacer dans son commandement. » Le 27 juin, le contre-amiral L'Hermitte écrivait à Paris qu'il serait obligé, en présence du texte de la loi, de requérir la peine capitale contre les capitaines Lafon et La Caille ; mais il implorait, à l'avance, la clémence du ministre auquel il faisait remarquer que le capitaine du *Tourville*, retourné à son bord, peu après son départ, avait sauvé son bâtiment. Le vaisseau du capitaine Lafon, ajoutait l'amiral L'Hermitte, « était sans ressources quand il a été abandonné ». Le ministre de la marine, écrivait, le 30 juin, à l'Empereur : « Ce ne fut point un de ces événements de guerre auxquels l'habitude et la prévoyance ont préparé ; trente masses foudroyantes et embrasées les environnaient. Au milieu des flammes, de la fumée et des explosions de toute espèce, le raisonnement leur faillit un instant..... Cependant le capitaine La Caille retourna bientôt à son poste et sauva son vaisseau. Celui du capitaine Lafon était sans ressources lorsqu'il le quitta ». On doit conclure de ce qui précède que les capitaines Lafon et La Caille, coupables aux yeux de la loi, trouvèrent l'opinion indulgente à leur égard.

## V

Le commandant Troude, profitant de l'absence de la croisière anglaise, sortit de Lorient, le 26 février, avec les vaisseaux de quatre-vingts le *Courageux*, sur lequel il avait son guidon, le *Polonais* et le *D'Hautpoult*, capitaines Méquet et Le Duc, et les frégates armées en flûte la *Furieuse* et la *Félicité*. Cette division portait des troupes, des vivres et des munitions à la Guadeloupe et à la Martinique. Le commandant Troude, ayant appris, à la mer, que cette dernière colonie était tombée au pouvoir des Anglais, se dirigea sur les Saintes où il mouilla, le 29 mars, dans la matinée. Il expédia immédiatement une pirogue pour informer le général de division Ernouf, capitaine général de la Guadeloupe, de son arrivée. Quelques heures après, des voiles furent aperçues. Le commandant de la station anglaise, l'amiral Cochrane, prévenu, par ses découvertes, de notre présence, au mouillage des Saintes, arrivait avec cinq vaisseaux, cinq frégates et quelques bâtiments de rang inférieur. L'ennemi surveilla toutes les passes ; des embarcations se tinrent, près de terre, pendant la nuit, afin d'indiquer, à l'aide de signaux, les mouvements de nos bâtiments. Le 12 avril, un convoi, venant de la Martinique avec trois mille soldats, sous le commandement du général Maitland, rallia l'amiral Cochrane. Les troupes britanniques s'emparèrent des hauteurs qui dominaient la rade et travaillèrent à y élever des batteries. Menacé d'une destruction complète, le commandant Troude résolut de prendre la mer avec le *Courageux*, le *D'Hautpoult* et le *Polonais*. Il supposait qu'il entraînerait, à sa suite, la plupart des bâtiments anglais ; les deux frégates transports devaient profiter de cette circonstance pour se rendre à la Guadeloupe. On débarqua les troupes, les vivres et les munitions qui se trouvaient sur les vaisseaux. L'heure de l'appareillage fut fixée à dix heures du soir ; les trois vaisseaux avaient à peine commencé leurs préparatifs que des fusées furent lancées par les embarcations chargées de nous observer. La division française mit promptement sous voiles et sortit de la rade ; la brise, qui soufflait très fraîche de l'est, lui permit de prendre un peu d'avance sur l'ennemi. Le 15, au point du jour, trois vaisseaux, dont un à trois ponts, et plusieurs frégates étaient en vue. Le *D'Hautpoult* restait un peu de l'arrière ; un brick, sur lequel ce dernier vaisseau tirait avec ses canons de retraite, était le seul navire qui fût à portée de canon. Le commandant Troude prévint le *Polonais* et le *D'Hautpoult* qu'il mettrait, à huit heures du soir, le cap à l'ouest-nord-ouest, et que le *D'Hautpoult* serait, à la même heure, libre de manœuvrer comme il le jugerait convenable. Quand le moment fut venu, le *Courageux* et le *Polonais* mirent le cap à la route indiquée tandis que le *D'Hautpoult* gouvernait plus au nord. Le 16, lorsque le jour se fit, le *Courageux* et le *Polonais*, qui n'apercevaient plus l'ennemi, poursuivirent leur route vers la France. Le 23 mai, à quinze lieues environ dans le sud des Penmarck, plusieurs vaisseaux furent aperçus. Le commandant Troude prit chasse vers le nord ; le lendemain, les navires ennemis avaient disparu. Quelques jours après, profitant d'une grande brise de nord-ouest, les deux vaisseaux français entrèrent dans la Manche ; ils mouillèrent, le 29 mai, sur la rade de Cherbourg.

Le capitaine Leduc, profitant de la liberté de manœuvre qui lui avait été donnée, le 15 avril, s'était, ainsi que nous l'avons dit, dirigé plus au nord que le *Courageux* et le *Polonais*. Le *D'Hautpoult* fut suivi par une partie de la division anglaise ; atteint, le 17, dans la nuit, par la frégate de trente-huit le *Castor* et le *Pompée* de soixante quatorze, il combattit avec vigueur ces deux bâtiments. Au jour, dix navires ennemis dont trois vaisseaux étaient en vue. Le *D'Hautpoult* amena son pavillon. Nos pertes s'élevaient à trente-six hommes tués et quarante blessés ; le *Pompée* avait neuf tués et trente blessés, et le Castor un tué et six blessés.

Les frégates armées en flûte, la *Félicité* et la *Furieuse*, capitaines Lemarant Kerdaniel et Bayot, qui étaient restées au mouillage des Saintes, lors de l'appareillage du *Courageux*, du *Polonais* et du *D'Haupoult*, prirent la mer, le 15 avril, pour se rendre à la Guadeloupe. Elles mouillèrent sur la rade de la Basse-Terre, poursuivies, jusque sous le feu des forts, par le vaisseau de soixante-quatre l'*Intrépide*. Les Anglais lancèrent, pendant la nuit, contre la *Félicité* et la *Furieuse*, un bâtiment converti en brûlot ; celui-ci, détourné par nos embarcations, sauta, à petite distance des deux frégates, sans leur faire aucun mal. Le 14 juin, dans la nuit, la *Félicité* et la *Furieuse* mirent à la voile pour effectuer leur retour en France ; aperçues, peu après leur appareillage, elles furent suivies par la croisière anglaise. Le 17, les deux frégates se séparèrent. Le 18, la *Félicité*, atteinte par la frégate la *Latona* de quarante-huit, amena son pavillon après un engagement de courte durée. Le bâtiment français comptait deux tués et dix-huit blessés ; la *Latona* n'avait subi aucune perte. L'armement de la *Félicité* consistait en quatorze canons de douze. Le 5 juillet, la *Furieuse*, qui était alors par 42 degrés de latitude nord et 36 degrés de longitude ouest, fut chassée par la corvette la *Bonne-Citoyenne*. Le combat s'engagea, le lendemain, à neuf heures et demie du matin. La *Furieuse* avait deux canons de dix-huit et douze caronades de trente-six ; la *Bonne-Citoyenne* portait dix-huit caronades de trente-deux et deux canons de neuf. Le capitaine Lemarant Kerdaniel, gravement blessé, fut remplacé par le lieutenant de vaisseau Riouffe. A quatre heures et demie, la *Furieuse*, ayant épuisé toutes ses munitions, amena ses couleurs ; son mât de misaine et son mât d'artimon étaient sur le point de tomber et elle avait quatre pieds d'eau dans la cale. Sur un équipage de cent soixante-neuf hommes, la *Furieuse* comptait dix-sept tués et trente-six blessés. La *Bonne-Citoyenne*, moins endommagée que la *Furieuse* dans sa coque et dans sa mâture, n'avait qu'un homme tué et cinq blessés. Dans cette affaire, ni l'énergie ni la ténacité ne nous avaient manqué, puisque le combat avait duré sept heures. La *Félicité* avait six canons de moins que la *Bonne-Citoyenne* ; mais, d'autre part, son artillerie était supérieure, au point de vue du calibre. Comment, dans ces conditions, n'avions-nous pas fait plus de mal à l'ennemi ? On est obligé de conclure que les braves gens, qui montaient cette frégate, n'avaient aucune instruction militaire. Le commandant Troude, rendant compte au ministre de sa traversée de Lorient aux Antilles, disait :

« J'ai beaucoup à me plaindre de la manière dont plusieurs officiers commandant ont manœuvré. Je ne puis en excepter que le vaisseau le *Polonais*, commandé par M. Méquet. Je suis on ne peut plus mécontent de mon équipage dans lequel je comprends les chefs de pièce militaires, la garnison et notamment des maîtres de manœuvre. »

Plusieurs bâtiments, expédiés pour ravitailler nos colonies, n'eurent pas une meilleure fortune que le *D'Hautpoult,* la *Furieuse* et la *Félicité*. La *Topaze* de quarante-quatre, capitaine Lahalle, était sortie de Brest, le 7 décembre 1808, se rendant à Cayenne, où elle portait cent soldats et un chargement de farine. Dans la nuit qui suivit son départ, les vents soufflant du nord-nord-est, bon frais, cette frégate démâta de ses deux mâts de hune. Le capitaine Lahalle rendit compte au ministre de cette avarie dans les termes suivants : « Par inexpérience des timoniers qui, malgré les ordres réitérés du capitaine et d'un officier, placé pour faire gouverner, lancèrent plusieurs fois au vent, au point de mettre les voiles entièrement en ralingue et enfin finirent par nous faire démâter... » Arrivé, le 13 janvier, devant Cayenne, le capitaine Lahalle aperçut trois bâtiments de guerre qui étaient à l'ancre devant l'entrée du port. Voulant se renseigner sur la situation de la colonie, il envoya, lorsque la nuit fut venue, un canot à terre avec le chef de bataillon Bernard. Cet officier, qui était aide de camp du gouverneur, venait reprendre son poste, après avoir rempli une mission en France. Le 14, la *Topaze* fut chassée par un vaisseau ; lorsque la poursuite cessa, elle était sous le vent de Surinam. Le capitaine Lahalle se décida à faire route pour les Antilles ; il atterrit, dans la nuit du 21, sur la pointe nord-ouest de la Guadeloupe. Au jour, le *Jason* de quarante-huit, la *Cleopatra* de quarante et deux corvettes furent aperçus. La *Topaze*, sur le point d'être atteinte par ces bâtiments, s'embossa, près de la pointe Noire, sous la protection d'une batterie dans laquelle malheureusement il n'y avait qu'une pièce en état de tirer. Après quelques heures d'un combat très vif, le capitaine Lahalle, se voyant dans l'impossibilité de prolonger sa résistance, voulut évacuer son bâtiment et l'incendier. Les canots, envoyés à terre avec une partie de l'équipage, ne revenant pas, le pavillon fut amené ; il restait cent cinquante-neuf hommes à bord de la *Topaze*.

La *Junon* de quarante, capitaine Rousseau, était partie de Cherbourg, dans le mois de novembre 1808, pour se rendre aux Antilles. Cette frégate, qui était heureusement arrivée à sa destination, quitta les Saintes, le 7 février 1809, pour rentrer en France. Le 8, elle fut aperçue par deux bricks anglais qui la suivirent en tirant du canon. Le 10, un des bricks avait disparu ; mais deux frégates de quarante-six, l'*Horatio* et la *Latona*, étaient en vue. A midi et demi, le combat s'engagea entre l'*Horatio* et la *Junon*. A deux heures quarante minutes, la frégate anglaise était démâtée de son mât de perroquet de fougue et de son grand mât de hune. La *Latona* se dirigeant, sous toutes voiles, sur le lieu du combat, la *Junon*, qui n'avait perdu que sa vergue de petit hunier, s'éloigna de l'*Horatio* afin de réparer les avaries les plus urgentes. Elle envoya des boulets à la corvette et au brick qui la suivaient en la harcelant. Un peu après trois heures, la *Latona* arriva par le travers de la *Junon* et un nouveau combat commença. A quatre heures, la frégate française, complètement démâtée, n'ayant plus que cinq pièces en état de tirer, amena son pavillon. Le nombre des morts était de vingt-cinq et celui des blessés de soixante. Le capitaine Rousseau, blessé pendant le combat, mourut le lendemain. La vigoureuse défense de la *Junon* faisait le plus grand honneur au capitaine Rousseau, à son second, le lieutenant de vaisseau Emeric, aux officiers et à l'équipage de cette frégate. L'*Horatio* avait sept tués et vingt-six blessés, dont dix-sept grièvement ; la *Latona* six blessés et la corvette le *Driver* un blessé.

Le 4 avril, la frégate de quarante-quatre le *Niemen*, capitaine Dupotet, sortit de la Gironde pour se rendre à l'Ile-de-France. Le 5, cette frégate, qui courait à l'ouest nord-ouest, avec des vents frais d'est-nord-est, manœuvra pour s'écarter de deux voiles suspectes. Vers onze heures et demie du soir, une frégate, l'*Amethyst* de quarante-six, fut aperçue à petite distance. Un quart d'heure après, le combat s'engagea, à portée de pistolet, entre les deux bâtiments. Le capitaine Dupotet tenta plusieurs fois, mais sans succès, d'aborder son adversaire. A deux heures et demie, le mât d'artimon de la frégate française s'abattit et le feu prit dans le bastingage de bâbord ; l'on se rendit maître de l'incendie et le combat reprit avec une nouvelle vigueur. Un peu après trois heures du matin, le grand mât et le mât d'artimon de l'*Amethyst* tombèrent à la mer ; cette frégate, n'obéissant plus à son gouvernail, arriva vent arrière et reçut, dans cette position, quelques volées auxquelles elle ne répondit pas. On crut, à bord du *Niemen*, que l'*Amethyst* avait amené ses couleurs et le capitaine Dupotet se disposait à envoyer un officier à bord de ce bâtiment lorsque l'*Arethusa* de quarante-huit apparut. Un nouveau combat commença. A quatre heures et demie, le feu prit dans la grande hune du *Niemen*, et, peu après, le grand mât s'abattit. Le pavillon de la frégate française fut amené. « La valeur qu'ont montrée, dans cette action, les officiers et l'équipage du *Niemen*, écrivit le capitaine Dupotet au ministre, est au-dessus de mes éloges, et je me borne à prier Votre Excellence de vouloir bien, en fixant, sur leur conduite, l'attention de l'Empereur, leur procurer la récompense qu'ils ambitionnent davantage. » Le *Niemen* portait vingt-huit canons de dix-huit, huit de huit et huit caronades de trente-six. Son premier adversaire, l'*Amethyst*, avait vingt-six canons de dix-huit, deux de neuf et dix-huit caronades de trente-deux; l'armement de l'*Arethusa* consistait en vingt-huit canons de dix-huit et vingt caronades de trente-deux. Le *Niemen* avait quarante-quatre tués et cinquante blessés dont vingt-deux grièvement. On comptait, sur l'*Amethyst*, huit tués et trente-sept blessés; l'*Arethusa* n'avait subi aucune perte.

Le 15 novembre, les frégates de quarante la *Renommée* et la *Clorinde*, capitaines Roquebert et de Saint-Cricq, accompagnant les flûtes la *Seine* et la *Loire*, firent route pour la Guadeloupe. Cette division était placée sous les ordres du capitaine Roquebert, de la *Clorinde*. Le 13 décembre, à vingt lieues environ de la *Désirade*, deux bâtiments furent aperçus; l'un d'eux était la frégate la *Junon* de quarante-six et l'autre le brick l'*Observateur*. Le combat s'engagea immédiatement. Après une courte canonnade, la *Junon* fut abordée, à tribord, par la *Clorinde*, et, à bâbord, par la *Renommée;* la frégate anglaise laissa tomber sa misaine et s'éloigna. Rejointe par la *Clorinde* et abordée de nouveau, elle amena son pavillon; le combat n'avait pas duré plus de quarante minutes. La *Junon*, désemparée, coulant bas d'eau, fut livrée aux flammes. L'*Observateur* envoya quelques boulets aux deux frégates, puis il fit de la toile et s'échappa. Quatre-vingt-dix hommes avaient été mis hors de combat sur la frégate anglaise ; la *Renommée* avait quinze tués et vingt-trois blessés et la *Clorinde* six tués et quinze blessés. Les frégates françaises, après avoir réparé, à la hâte, leurs avaries, se dirigèrent sur la Guadeloupe. Le 15, le capitaine Roquebert fit route au nord pour s'écarter de plusieurs voiles suspectes; pendant la nuit, la terre ayant été aperçue sur l'avant, la division serra le vent, les amures à tribord. Le temps était à grains et la brise soufflait très fraîche de l'est-nord-est. Vers onze heures, les deux frégates s'échouèrent; la *Seine* et la *Loire* prirent immédiatement les amures à l'autre bord. La *Renommée* et la *Clorinde*, jetant des canons et des boulets à la mer, parvinrent à se déséchouer. Lorsque le jour se fit, les deux transports n'étaient plus en vue; le capitaine Roquebert supposa que ces bâtiments avaient fait route pour leur destination. Estimant qu'il ne pouvait plus leur être d'aucun secours, il se décida à rentrer en France ; les deux frégates mouillèrent, sur la rade de Brest, le 23 janvier 1810. La *Seine* et la *Loire*, qui avaient fait route sur la Guadeloupe, furent aperçues et chassées, le 17, par plusieurs bâtiments ennemis. Reconnaissant l'impossibilité d'atteindre la Basse Terre, les deux frégates entrèrent dans l'Anse à la Barque et elles s'occupèrent immédiatement de mettre leur chargement à terre. Le 18, l'ennemi parut en force devant la baie et ouvrit le feu sur les deux transports. Ceux-ci ripostèrent avec vigueur, appuyés par une batterie de quatre pièces qui défendait le mouillage, mais la lutte était trop inégale pour durer longtemps. Les deux frégates furent évacuées et livrées aux flammes.

## VI

Depuis quelque temps déjà, les Anglais faisaient les préparatifs d'une expédition destinée à opérer dans l'Escaut. Le gouvernement britannique se proposait de détruire le port de Flessingue et l'escadre que commandait l'amiral Missiessy. Celle-ci, composée de dix vaisseaux de soixante-quatorze, se trouvait, presque tout entière, au commencement du mois de mars 1809, dans le port de Flessingue. Aucun plan de campagne ne pouvait être plus populaire en Angleterre, où les prodiges accomplis dans l'arsenal d'Anvers, soulevaient les craintes les plus vives. Nos adversaires ne redoutaient pas seulement la création d'une grande flotte, ils se demandaient si, dans l'avenir, l'Escaut ne serait pas le point de départ d'une expédition militaire dirigée contre la Grande-Bretagne. La sortie du port de Flessingue était, pour des vaisseaux de soixante-quatorze, une opération lente et difficile. La profondeur du chenal, dans les grandes marées, ne dépassait pas dix-huit ou dix-neuf pieds. Or, même sans artillerie, nos vaisseaux ne tiraient pas moins de dix-sept pieds et demi à l'arrière; allégés pour quitter le port, ils complétaient leur armement en rade. La position de notre escadre, enfermée dans Flessingue, eût donc été très critique si les Anglais, se présentant inopinément avec une force navale considérable, avaient, en même temps, débarqué des troupes. Cette place, attaquée par terre et par mer, aurait difficilement résisté à un bombardement exécuté à l'aide de puissants moyens. La prise de Flessingue mettait, entre les mains de l'ennemi, nos vaisseaux et cinq à six mille matelots ; mais pour obtenir ces importants résultats, il fallait agir avec promptitude afin de ne pas donner à l'amiral Missiessy le temps de sortir de Flessingue. Les Anglais laissèrent passer le moment favorable ; à la fin du mois de mars, l'amiral Missiessy était dans l'Escaut avec ses dix vaisseaux.

Après le désastre éprouvé par l'escadre de Rochefort, l'amiral Decrès, effrayé de la responsabilité qui pesait sur lui et craignant, d'autre part, que les préparatifs, faits en Angleterre, n'eussent l'Escaut pour objectif, demanda à l'Empereur, le 15 avril 1809, que l'escadre retournât à Flessingue. L'amiral Missiessy était opposé à ce projet ; il trouvait imprudent de lier le sort de ses bâtiments à celui de cette place. L'escadre, enfermée dans le port, occupant un espace étroit, était exposée à souffrir beaucoup d'un bombardement ; sa présence seule appelait l'attention de l'ennemi et devait le décider à agir dans l'Escaut. Enfin, l'exécution des ordres du ministre entraînait une opération fort délicate dont il fallait prévoir les conséquences. Les vaisseaux entrant dans le port, un à un, après avoir débarqué leurs canons, quelle serait la situation de ceux qui resteraient les derniers sur la rade ; sans artillerie, ne pouvant être secourus, ils seraient livrés à toutes les entreprises de l'ennemi. L'amiral Missiessy, appelé à Paris pour se concerter avec le ministre sur les mesures à prendre dans le cas où l'expédition qu'on préparait dans les ports d'Angleterre se dirigerait sur l'Escaut, exposa ces diverses considérations au ministre qui en reconnut la justesse. L'ordre, envoyé à l'escadre d'entrer à Flessingue, fut rapporté. L'amiral Decrès écrivit, le 27 avril, à l'Empereur, une lettre dans laquelle on lisait : « J'ai trouvé que l'entrée de l'escadre à Flessingue serait un témoignage de timidité et de faiblesse dont il ne fallait pas donner le spectacle. Ces considérations se sont renforcées de la conviction que j'ai acquise qu'il serait plus facile à l'ennemi de nuire à l'escadre de Votre Majesté par le bombardement de Flessingue que par l'envoi de ses infernalités sur l'Escaut, parce que l'escadre le remontera, s'il le faut, jusqu'à Lillo. Cette opinion a été partagée par le vice-amiral Missiessy qui est à Paris pour deux jours et avec lequel je concerte les mesures et les détails de prévoyance que les circonstances exigent. » Cette lettre prouve, contrairement à l'opinion généralement admise, que l'expédition des Anglais dans l'Escaut, lorsqu'elle eut lieu au mois de juillet, ainsi que nous le verrons plus loin, ne put causer aucune surprise au gouvernement français.

L'amiral Missiessy, libre de ses mouvements, manœuvra dans le bas Escaut, mais il se tint, le plus souvent, à Warden, à huit ou neuf lieues environ, en suivant les sinuosités du fleuve, au-dessus de Flessingue. Les Anglais devaient désormais avoir pour objectif Anvers, où il était évident que l'escadre française se réfugierait, si elle était menacée par des forces supérieures. L'expédition que projetait le gouvernement britannique prenait donc de très grandes proportions. Quoique l'Autriche battue à Wagram, eût demandé la paix, le cabinet de Saint-James ne renonça pas à ses projets. Il supposa que les troupes, mises en mouvement pour repousser l'armée anglaise, seraient battues avant que le gouvernement français eût eu la possibilité de leur envoyer des renforts. Vers le milieu du mois de juillet les préparatifs furent terminés. La flotte expéditionnaire comprenait trente-neuf vaisseaux, vingt-cinq frégates, trente et une corvettes, cinq bombardes, vingt-trois canonnières, cinquante-neuf navires de rang inférieur et quatre-vingt-deux chaloupes canonnières. Le nombre des bâtiments de transport était de quatre à cinq cents, portant quarante mille hommes, plusieurs milliers de chevaux, l'artillerie, les munitions, le matériel et les vivres. La flotte était placée sous les ordres de sir John Strachan; lord Chatham, le frère aîné du célèbre ministre, commandait en chef les forces de terre et de mer. L'expédition était sur le point de partir lorsqu'on apprit, à Londres, que l'amiral Missiessy était devant Flessingue ; on crut qu'il se proposait de défendre l'entrée de l'Escaut. Lord Gardner, avec douze vaisseaux, fut chargé d'attaquer notre escadre ; d'autre part, une division de la flotte mit à la voile avec l'ordre de débarquer les douze mille hommes qu'elle portait dans la partie septentrionale du sud Beveland. Ces troupes devaient s'emparer des batteries établies sur le bord de l'Escaut occidental et les occuper. Maîtres de ces positions, les Anglais auraient pu incommoder l'escadre française, se retirant, sur Anvers, devant les forces de l'amiral Gardner. Les instructions remises à sir John Strachan lui prescrivaient d'opérer un double débarquement, le premier dans l'île de Valcheren et le second dans l'île de Cadzand. Les Anglais comptaient prendre très rapidement Flessingue ; le détachement débarqué sur l'île Cadzand était chargé d'enlever les batteries établies sur la rive gauche de l'Escaut. La flotte expéditionnaire, devenue ainsi maîtresse de l'Escaut occidental, serait remontée jusqu'à Sant-Vliet, sur la rive droite de l'Escaut, où elle aurait rencontré les troupes débarquées dans le sud Beveland ou ayant passé par l'Escaut oriental. Le 29 juillet, le gros de l'expédition se présenta devant les Bouches de l'Escaut ; il ventait une forte brise du large et la mer était grosse. Les vaisseaux, les frégates et tous les bâtiments à grand tirant d'eau restèrent au large. Les navires, portant les troupes destinées à l'expédition de Walcheren, doublèrent cette île par le nord, cherchant un point favorable pour opérer le débarquement. Un grand nombre de bâtiments, passant par les canaux qui séparent l'île de Walcheren des îles nord et sud Beveland, mouillèrent en attendant que les progrès de l'armée et de la flotte leur permissent de remonter sans danger l'Escaut occidental. Les Anglais, se trompant sur le nombre de troupes que nous avions dans l'île de Cadzand, perdirent du temps pour effectuer le débarquement. Le 31, lord Chatham prescrivit de diriger sur l'Escaut oriental les troupes destinées à cette opération.

L'amiral Missiessy n'avait jamais eu la pensée de défendre Flessingue ; il s'était rapproché des Bouches de l'Escaut afin que ses bâtiments eussent plus d'espace pour manœuvrer. La nouvelle de l'arrivée de l'ennemi lui parvint le 29 juillet. Apprenant, le 30, que les Anglais avaient paru dans le nord de l'île de Walcheren et de l'île du sud Beveland, il se décida à remonter l'Escaut. Le 31, dans l'après midi, l'escadre jeta l'ancre à Warden ;

le 1ᵉʳ août elle était au-dessus de Lillo. La manœuvre, faite par les Anglais pour gêner notre retraite, avait échoué. L'amiral Missiessy envoya des soldats, provenant des garnisons de ses vaisseaux, et des canons dans les forts de Lillo et Liefkenshoek. Ces deux forts, qui défendaient les approches d'Anvers contre toute tentative d'attaque faite par une flotte, étaient en mauvais état; on travailla, en toute hâte, à les réparer. Les Anglais entrèrent, le 2 août, dans le fort de Batz, abandonné par la garnison. L'Escaut oriental n'étant praticable que pour les petits navires, et seulement jusqu'à Berg Op Zoom, ils devaient, avant d'aller plus loin, attendre que la flotte expéditionnaire pût naviguer librement dans l'Escaut occidental.

Quinze mille hommes avaient débarqué, le 31 juillet, à la hauteur d'Ooost Capelle, dans le nord de l'île de Walcheren. Repoussant facilement les faibles détachements envoyés à leur rencontre, les Anglais occupèrent Middlebourg, la capitale de l'île, et ils mirent le siège devant Flessingue. Quoique le général Monnet, qui commandait la garnison, eût fait couper les digues près du fort Rameskens, il ne pénétra pas assez d'eau dans l'île pour incommoder les Anglais. Le 13, les assiégeants ouvrirent le feu sur la ville avec cinquante-huit bouches à feu de gros calibre; les batteries de terre furent appuyées par des divisions de bombardes et de canonnières. Le 14, sept vaisseaux de soixante-quatorze jetèrent l'ancre devant Flessingue et prirent part au bombardement. Le 16, le général Monnet signa la reddition de la place. La marine anglaise n'avait éprouvé que des pertes sans importance; on comptait deux tués et dix-huit blessés, à bord des vaisseaux, et sept tués et vingt blessés sur la flottille.

Les Anglais, n'ayant rien à craindre des batteries de la rive gauche, purent, dès lors, se considérer comme maîtres de la navigation de l'Escaut occidental. Déjà un grand nombre de bâtiments, qui étaient passés par le Weere-gat et le Sloe, étaient arrivés à Batz. Le 23 août, il y avait, sur ce point, huit vaisseaux, seize frégates, dix-huit corvettes, trente-huit bricks, quarante-deux côtres ou canonnières, huit bombardes, dix brûlots et cent soixante-quatre transports, soit trois cent quatre bâtiments.

Nos adversaires, qui n'avaient obtenu jusqu'ici d'autre avantage que la prise de Flessingue, touchaient au moment difficile de leur entreprise. Ils devaient abandonner les îles, passer en terre ferme et marcher sur Anvers; or, la situation était bien changée depuis le jour où la flotte expéditionnaire avait paru devant les Bouches de l'Escaut. Anvers, devenu le quartier général du maréchal Bernadotte, voyait, chaque jour, des soldats de toutes armes arriver dans ses murs. L'escadre de l'amiral Missiessy était en sûreté. Une estacade avait été construite à la hauteur des forts de Lillo et de Liefkenshoek, puis une autre plus près d'Anvers; derrière la première se tenaient les bâtiments de flottille et en arrière de la seconde les vaisseaux. L'air insalubre des marais de Walcheren et des îles de la Zélande et la mauvaise qualité de l'eau exerçaient de très grands ravages dans l'armée anglaise. Le nombre des malades augmentait, chaque jour, dans des proportions inquiétantes. Un conseil de guerre, réuni par lord Chatham pour examiner la situation, exprima l'avis que la retraite de l'armée était impérieusement commandée par les circonstances. Le gouvernement anglais, immédiatement avisé, se vit contraint, quels que fussent ses regrets, d'approuver cette résolution. Lord Chatham partit, laissant, à Flessingue, douze mille hommes que les fièvres décimèrent rapidement. Le gouvernement britannique prit la détermination d'abandonner cette place au moment où nous nous disposions à la reprendre. Les Anglais se retirèrent, au mois de décembre 1809, après avoir fait sauter les ouvrages militaires et détruit, de fond en comble, l'arsenal maritime. Nos adversaires avaient payé cher ce résultat. Les dépenses de la campagne dépassaient vingt-cinq millions de livres sterling; l'armée anglaise avait eu quatorze mille malades, sur lesquels quatre mille avaient succombé. Les survivants devaient rester, pendant longtemps, impropres au service militaire. Telle fut l'issue de cette expédition, aussi mal conçue que mal dirigée.

## VII

Le 28 février, les frégates de quarante la *Pénélope* et la *Pomone*, capitaines Dubourdieu et Montfort, sortirent de Toulon pour donner la chasse à la frégate la *Proserpine*, chargée, en l'absence de l'escadre anglaise, de surveiller nos mouvements. Après quelques heures d'une poursuite inutile, nos frégates revinrent au mouillage; lorsque la nuit fut close, la *Pénélope* et la *Pauline* mirent de nouveau sous voiles, suivies, à quelque distance, par deux vaisseaux. Le lendemain, à quatre heures du matin, près du cap Sicié, la *Proserpine* fut jointe par les deux frégates. Après un engagement très court, le bâtiment anglais amena son pavillon ; il comptait onze tués et quinze blessés. Aucun homme sur la *Pénélope* et la *Pomone* n'avait été atteint par le feu de la *Proserpine*.

Le contre-amiral Baudin, commandant une division de l'escadre de Toulon, reçut l'ordre de conduire un convoi à Barcelone. Il appareilla, le 21 octobre, avec les vaisseaux le *Robuste*, sur lequel il avait son pavillon, le *Borée* et le *Lion et* les frégates la *Pauline* et l'*Amélie*. Le 23, vers midi, à la hauteur du cap Saint-Sébastien, des voiles furent signalées. L'amiral, après avoir prescrit aux bâtiments de transport d'entrer dans la baie de Roses, prit le bord du large, le cap à l'est-sud-est, avec des vents de nord-est. A trois heures et demie, on aperçut, dans la direction du sud, quinze voiles qui furent perdues de vue à cinq heures. Les vents ayant hâlé l'est puis le sud-est, l'escadre vira de bord. Le temps étant devenu mauvais pendant la nuit, il fallut prendre des ris ; cette manœuvre, mal exécutée, fit tomber nos bâtiments sous le vent. Le 24, l'amiral Baudin, reconnaissant l'impossibilité d'atteindre la baie de Marseille, fit route vers l'ouest. Il mouilla, à sept heures et demie du soir, à Aigues-Mortes, avec les trois vaisseaux et la *Pauline ;* la frégate l'*Amélie* avait disparu pendant la nuit. Le 25, au point du jour, la division française mit sous voiles et se tint à petite distance de la côte, afin de ne pas être vue par l'ennemi ; l'amiral se proposait de mouiller, devant Cette, sous la protection des forts. Dans la matinée, six vaisseaux anglais furent aperçus. Vers midi, le *Borée*, le *Robuste* et le *Lion* touchèrent ; le premier se dégagea, mais les deux autres restèrent échoués. L'amiral ayant donné l'ordre au *Borée* et à la *Pauline* de continuer leur route, ces deux bâtiments se dirigèrent sur Cette, en échangeant des boulets avec les vaisseaux anglais, le *Tigre* et le *Leviathan*, qui s'étaient mis à leur poursuite. L'enseigne de vaisseau Villat, venu à la rencontre des deux navires français, fit entrer le *Borée* dans le port de Cette. « Aucun pilote, écrivit l'amiral Baudin, n'eût osé le tenter. » La *Pauline* ayant imité la manœuvre du *Borée*, ces deux bâtiments se trouvèrent en sûreté. Les Anglais, craignant sans doute de partager la mauvaise fortune du *Lion* et du *Robuste*, restèrent en observation au large. Les deux vaisseaux français, qui s'étaient échoués sur un fond dur, ne tardèrent pas à se défoncer ; le 26, l'amiral Baudin donna l'ordre de les évacuer et de les livrer aux flammes. Le *Borée* et la *Pauline*, profitant d'un moment favorable, firent route sur Toulon où ils arrivèrent le 19 novembre. On sembla surpris, à Paris, que l'amiral Baudin eût viré de bord dans la soirée du 23 octobre. S'il avait conservé les amures à bâbord et que, le lendemain, il se fût trouvé au milieu de la flotte anglaise, aperçue le 22, à la fin du jour, dans la direction du sud, on lui aurait plus justement reproché d'avoir couru au large. La frégate l'*Amélie*, continuant la bordée de tribord, avait atteint Marseille où les trois vaisseaux et la *Pauline* seraient également arrivés, si ces quatre bâtiments n'étaient pas tombés sous le vent en prenant des ris. Cette manœuvre, exécutée par un personnel inexpérimenté, avait duré trop longtemps ; les équipages, composés de conscrits, faisaient des exercices en rade, mais, à la mer, et surtout avec du mauvais temps, ils ne savaient plus rien. Dans le cours de l'année 1809, la marine perdit les corvettes l'*Hébé*, l'*Iris*, le *Milan* et la *Mouche* et les bricks le *Bougainville*, le *Fanfaron*, le *Basque* et le *Béarnais* et les transports le *Var* et la *Champenoise*. Tous ces bâtiments furent pris par des forces supérieures.

Les bâtiments, expédiés pour porter des secours dans nos colonies, tombaient presque tous entre les mains de l'ennemi. La mort et les maladies faisaient, dans les rangs des troupes coloniales, des vides qu'on ne parvenait pas à combler. Les garnisons étaient non seulement insuffisantes au point de vue du nombre, mais les hommes, considérés comme valides, étaient, pour la plupart, hors d'état de supporter les fatigues de la guerre. Les Anglais, instruits de cette situation, résolurent de se rendre maîtres de nos possessions d'outre-mer. Le 12 janvier 1809, une expédition anglo-portugaise s'empara de Cayenne. Le 30 janvier, l'amiral Cochrane parut devant la Martinique, avec une flotte nombreuse, portant dix mille hommes. Les Anglais débarquèrent sans trouver de résistance ; plusieurs postes, confiés à des détachements de la milice, avaient été abandonnés. Le gouverneur général, le vice-amiral Villaret Joyeuse, disposait à peine de deux mille quatre cents soldats. Les 1ᵉʳ et 2 février, nos troupes rencontrèrent l'ennemi, auquel elles infligèrent des pertes très sensibles ; trop peu nombreuses pour tenir la campagne, elles se retirèrent dans le fort Desaix avec les marins, à la tête desquels fut placé le capitaine de vaisseau Denis de Trobriand qui commandait l'*Amphitrite*. Cette frégate et les bâtiments mouillés dans les différents ports de la colonie, furent incendiés, à l'exception de la *Diligente*, prise par l'ennemi sur la rade de Saint-Pierre. L'amiral Villaret, assiégé dans le fort Desaix, signa, le 24 février, une capitulation en vertu de laquelle la colonie passa sous la domination de l'Angleterre. Le général Ferrand avait maintenu son autorité sur la partie orientale de Saint-Domingue jusqu'au moment où était parvenue, dans la colonie, la nouvelle de l'entrée des Français en Espagne. Une insurrection, fomentée par le gouverneur de Porto-Rico, ayant éclaté, il voulut la réprimer, quoiqu'il ne disposât que de forces insuffisantes. Le 7 novembre 1808, le général, qui s'était avancé dans l'intérieur avec cinq cents soldats, fut enveloppé par l'ennemi. Ne pouvant rallier ses troupes, qui avaient été mises en désordre, voyant ses plus braves officiers tués, sur le point d'être fait prisonnier, il se suicida. Son successeur le général Barquier soutint, dans Santo-Domingo, un siège de huit mois. Au commencement de juillet 1809, n'ayant plus de vivres, il entra en pourparlers, avec le commandant en chef des troupes de la Grande-Bretagne, le général Carmichaël. Le 7, une capitulation, en vertu de laquelle nos braves soldats devaient être transportés en France, livra Santo-Domingo aux Espagnols. Le Sénégal fut occupé, le 14 juillet, par les troupes britanniques. Le 28 janvier 1810, les Anglais débarquèrent, à la Guadeloupe, un corps d'environ dix mille hommes; ils se rendirent facilement maîtres d'une île, défendue par une faible garnison, composée d'hommes épuisés, pour la plupart, par un long séjour dans cette colonie. Les Anglais s'étant emparés, à la même époque, des îles de Saint-Eustache, de Saint-Martin et de Saba, les Français et les Hollandais ne possédèrent plus une seule colonie dans la mer des Antilles.

Il n'y eut, pendant le cours de l'année 1810, aucun

mouvement d'escadre. Dans la mer du Nord, sir John Richard Strachan surveillait la flotte de l'amiral Missiessy ; l'amiral sir Charles Cotton croisait, devant Toulon, où nous avions onze vaisseaux, commandés par l'amiral Allemand. Quelques vaisseaux, mouillés à Cherbourg, Brest et Lorient, étaient observés par des détachements de l'escadre du canal. Les frégates de quarante-quatre, l'*Éliza* et l'*Amazone*, capitaines Louis Freycinet et Rousseau, achevaient au Havre leur armement ; ces frégates avaient l'ordre de saisir la première occasion favorable pour se rendre à Cherbourg. Le 10 novembre, un coup de vent obligea la division qui surveillait les deux frégates à s'éloigner. Le 12, les vigies n'ayant signalé, au large, qu'une petite corvette, les chefs du port, qui appartenaient non à la marine mais à l'administration, décidèrent que l'ennemi n'avait pu rallier la côte depuis que le mauvais temps avait cessé. « L'autorité administrative, écrivit, quelques jours après, le capitaine de l'*Éliza* au ministre, fit, dans l'après-midi, jeter, à bord des deux frégates, une corvée des mêmes hommes qui nous avaient été donnés à la précédente marée. C'étaient ou des hommes infirmes ou des enfants très faibles, seule ressource malheureusement que pouvait offrir le port ; et le capitaine Rousseau et moi ne les eussions pas reçus si nous n'eussions craint d'être taxés de désobéissance et de mauvaise volonté. Enfin, monseigneur, malgré nos pressantes réclamations sur l'espèce de composition et l'excessive faiblesse des équipages, sur l'incertitude du vent qui, soufflant du nord-est dans le port, ne nous paraissait être, à la mer, que nord-nord-est et même nord, nous reçûmes publiquement de monsieur le commissaire principal un ordre si formel d'appareiller, que nous dûmes l'exécuter sur-le-champ. » Les deux frégates, sorties du Havre à onze heures du soir, prirent les amures à tribord avec des vents de nord-nord-est qui refusèrent et passèrent au nord. A minuit et demi, deux bâtiments furent aperçus un peu en arrière et sous le vent. Vers cinq heures du matin, les capitaines Rousseau et Freycinet, reconnaissant l'impossibilité de doubler les îles Saint-Marcouf, prirent les amures à l'autre bord. « Nous eûmes beaucoup de peine, écrivit le capitaine Freycinet, à exécuter ce mouvement. Nos équipages étaient mourants du mal de mer. Je voulus faire armer ma batterie, cela me fut impossible. » Les deux frégates se dirigèrent sur le mouillage des îles Saint-Marcouf, poursuivies par les bâtiments anglais dont elles reçurent plusieurs volées auxquelles elles ne répondirent pas. Après avoir jeté l'ancre, à six heures du matin, entre les îles Saint-Marcouf et la terre, l'*Amazone* et l'*Éliza* mirent sous voiles, à onze heures, et gagnèrent le mouillage de la Hougue. Elles se placèrent près de terre et prirent les dispositions nécessaires pour s'embosser si l'ennemi venait les attaquer. Le 14, l'*Éliza* chassa et s'échoua sur un fond dur; il fallait alléger très promptement la frégate. « Ce sont des hommes, écrivit le capitaine Freycinet, qui me manquent; je n'ai que de trop jeunes gens qui, depuis trois jours et trois nuits, succombent de fatigue. » L'*Éliza* fut remise à flot. Les deux frégates, appuyées par les forts, repoussèrent plusieurs attaques de l'ennemi. Le 27 novembre, l'*Amazone*, profitant de l'éloignement de la croisière anglaise, mit sous voiles et gagna le Havre. L'*Éliza* travailla à se mettre en état de prendre la mer; le 22 décembre, à six heures du soir, elle fit route sur Cherbourg sous la direction des deux meilleurs pilotes de ce port. Les vents soufflaient grand frais du sud-ouest et la mer était grosse. Une heure après son appareillage, l'*Éliza* se jeta à la côte dans l'anse de Réville. Cet événement semblait si extraordinaire qu'on se demanda, quelque invraisemblable que cela pût paraître, s'il n'y avait pas eu trahison ; une enquête, sur les causes qui avaient amené l'échouage de l'*Éliza*, fut ordonnée. « Nous eûmes la triste conviction, écrivit le capitaine Freycinet, que les timoniers avaient porté au vent de la route qui leur avait été donnée. » Le ministre de la marine, dans son rapport à l'Empereur, écarta d'abord toute pensée de préméditation, puis il ajouta : « Les coupables sont les chefs et seconds chefs de timonerie. Le pilote leur a dit nord-est et ils ont couru au nord-ouest. Ils assurent, et j'y crois, qu'ils ont véritablement entendu nord-ouest. Il n'en est pas moins vrai que cela annonce un défaut de discernement dans le chef de timonerie et peut-être quelque défaut d'organisation dans le service de la manœuvre. » Les détails qui précèdent, et dans lesquels il nous a paru nécessaire d'entrer, donnent une idée, malheureusement trop exacte, de notre marine, à cette époque. L'*Amazone*, qui était retournée au Havre, le 27 novembre, quitta ce port le 23 mars 1811. Cette frégate se dirigeait sur Cherbourg lorsqu'elle toucha sur un fond de roches et démonta son gouvernail. Le capitaine Rousseau ne pouvant continuer sa route, mouilla dans une anse, près de Barfleur. Le 24, dans la journée, l'*Amazone* fut canonnée par le *Berwick* de soixante-quatorze, l'*Amelia* et la *Niobe*, de quarante-huit. La frégate française eut, dans cette affaire, deux hommes tués et dix blessés grièvement ; l'*Amazone*, qui s'était défoncée en talonnant, avait, le 26, treize pieds d'eau dans la cale. Reconnaissant l'impossibilité de sauver son bâtiment, le capitaine Rousseau le fit évacuer et livrer aux flammes.

L'année 1810 vit rétablir une institution détruite vingt ans auparavant. En vertu d'un décret impérial, portant la date du 27 septembre, deux écoles spéciales pour la marine furent créées, l'une à Brest, sur le vaisseau *l'Ulysse* qui prit le nom de *Tourville*, et l'autre, à Toulon, sur un vieux vaisseau russe qu'on appela le *Duquesne*. Chacun de ces bâtiments devait recevoir trois cents élèves, âgés de treize à quinze ans. Le cours des études théoriques et pratiques était de trois ans. Pendant leur séjour à l'école, les élèves, remplissant certaines conditions indiquées dans le décret du 27 septembre devenaient élèves de deuxième classe, à l'expiration de la première année, et de première, à l'expiration de la seconde. A la fin de la troisième année, les élèves, appartenant à cette dernière catégorie, étaient nommés aspirants de première classe. Les élèves, parvenus à la deuxième classe, qui ne subissaient pas, avec succès, les examens nécessaires pour arriver à la première, quittaient l'école comme aspirants de deuxième classe. On est surpris que le gouvernement ait attendu aussi longtemps pour rétablir les écoles.

# LIVRE IX

Événements survenus dans l'Inde depuis l'année 1809. — L'*Entreprenant* est envoyé à Manille. — Croisière de la *Vénus*, de la *Manche* et de la *Bellone*. — L'île de la Réunion est prise par les Anglais. — Combat du Grand Port. — Les Anglais perdent quatre frégates. — Sortie du capitaine Bouvet avec l'*Iphigénie* et l'*Astrée*. — Prise de l'*Africaine*. — Combat de la *Vénus* et du *Ceylan*. — Combat de la *Vénus* et de la *Boadicea*. — Prise de l'Ile-de-France. — Combat de la *Néréide*, de la *Renommée* et de la *Clorinde* contre l'*Astræa*, la *Phœbe*, la *Galatea* et le *Race Horse*. — Combat d'une division franco-italienne contre quatre frégates anglaises. — Prise de l'*Alacrity* par l'*Abeille*. — Combat de la *Pomone*, de la *Pauline* et de la *Persane* contre l'*Alceste*, l'*Active* et l'*Unité*. — Prise du brick le *Teaser*. — Le *Pluvier* est incendié par les Anglais. — Prise de cinq péniches anglaises. — L'amiral Allemand se rend de Lorient à Brest. — L'*Ariane* et l'*Andromaque* sont évacuées et incendiées par leurs équipages. — Combat du *Rivoli* et du *Victorious*. — Combat du *Renard* et du *Swallow*. — Croisière de la *Gloire*. — Combat de l'*Aréthuse* et de l'*Amelia*. — Combat du *Romulus*. — Désarmement de l'escadre de Toulon. — Les équipages de l'amiral Missiessy défendent Anvers et les forts de l'Escaut. — Le *Regulus* est incendié dans la Gironde. — Frégates envoyées en croisière. — Fin des hostilités. — Traité de paix signé le 30 mai 1814. — Reprise des hostilités. — Nouveau traité de paix signé le 20 novembre 1815.

## I

Un petit bâtiment, la goélette la *Mouche* n° 6, parti de France, dans le mois de juillet 1808, apporta, à l'Ile-de-France, la nouvelle de l'entrée des Français en Espagne. Il était urgent de connaître le parti que prendrait le gouverneur général des Philippines lorsqu'il serait informé de ce grave événement. La *Mouche* n° 6 fut envoyée à Manille avec des dépêches du général Decaen. Celui-ci demandait, avec les plus vives instances, que la colonie des Philippines gardât la neutralité dans un conflit qui divisait les Espagnols eux-mêmes. Malheureusement les habitants s'étaient déjà déclarés pour Ferdinand VII; l'état-major et l'équipage du bâtiment français furent mis en prison. Le général Decaen apprit, en mai 1809, les victoires remportées par nos troupes, à la fin de l'année 1808, et la rentrée de Joseph à Madrid. Croyant le moment favorable pour faire une nouvelle démarche, il expédia l'*Entreprenant*, capitaine Bouvet, à Manille. Comme il ignorait ce qu'il était advenu de la *Mouche* n° 6, il recommanda au lieutenant de vaisseau Bouvet d'agir avec circonspection. L'*Entreprenant* captura, près du détroit de Malacca, la *Clyde*, navire richement chargé, et le shooner de guerre anglais la *Marguerite*. Le capitaine Bouvet apprit, par ce dernier bâtiment, quel était l'état des esprits aux Philippines. Malgré ces renseignements défavorables, le capitaine Bouvet continua sa route et il arriva, le 29 août, devant Manille. Après avoir obtenu, par son attitude énergique, que l'état-major et l'équipage de la *Mouche* n° 6 lui fussent remis, il se dirigea sur l'Ile-de-France. L'*Entreprenant* captura, près de Poolo-Tinguy, un brick anglais de trois cents tonneaux, chargé de cordages ; cette prise constituait une ressource très précieuse pour notre station navale.

La *Vénus* de quarante-quatre, arrivée à l'Ile-de-France au commencement de 1809, la frégate la *Manche* et la goélette la *Créole* prirent la mer au mois d'avril. Cette division, placée sous les ordres du capitaine Hamelin, de la *Vénus*, après avoir ravitaillé le poste de Tamatave, s'établit en croisière ; elle prit, le 25 juillet, le brick l'*Orient*, près des îles Nicobar, et un trois-mâts sur la côte occidentale de Sumatra. Le 19 novembre, trois bâtiments de la compagnie des Indes, le *Charlestown*, l'*United Kingdom* et le *Windham* furent aperçus ; après un engagement très court, les deux premiers amenèrent leur pavillon. Le *Windham*, poursuivi par la *Vénus*, se rendit, le 22, à cette frégate ; ce bâtiment, s'étant séparé de la *Vénus*, pendant un coup de vent, fut repris par les Anglais. La *Bellone* de quarante-quatre, capitaine Duperré, arrivée à l'Ile-de-France, le 14 mai 1809, quitta la colonie, au mois d'août, pour croiser dans le golfe du Bengale. Cette frégate, après avoir capturé, le 2 novembre, la corvette le *Victor*, s'empara, le 23 du même mois, après un combat très vif, de la frégate portugaise la *Minerve* de quarante-huit. La *Caroline* avait pris, le 31 mai 1809, dans le golfe de Bengale, deux navires de la Compagnie des Indes, le *Straestham* et l'*Europe*. Apprenant que les ports de l'Ile-de-France étaient surveillés par l'ennemi, le capitaine Billiard mouilla sur la rade de Saint-Paul, où il fut immédiatement bloqué par le commandant de la station anglaise, le commodore Rowley. Celui-ci, rallié, le 21 septembre, par un convoi parti de l'île Rodrigue avec des troupes, opéra un débarquement près de la ville. Repoussant le faible détachement qui occupait Saint-Paul, l'ennemi s'empara des batteries dont il dirigea le feu sur la *Caroline* et ses prises ; attaqués par terre et par mer, les trois bâtiments amenèrent leur pavillon. Le gouverneur de la Réunion, le général Desbrulys, venu, en toute hâte, à Saint-Paul, fut entouré par la population qui le supplia de ne pas exposer la ville à un bombardement. Cédant aux prières des habitants, il ne permit pas qu'on attaquât les Anglais. Effrayé à la pensée des conséquences que cette détermination pouvait avoir pour lui, le général, dont l'esprit était troublé par les événements, se suicida. Les Anglais se rembarquèrent, le 7 octobre, mais ils revinrent, le 7 juillet 1810, avec des forces considérables. Le colonel

Sainte-Suzanne, qui avait remplacé le général Desbrulys, disposait à peine de quelques centaines de soldats ; d'autre part, il ne pouvait compter que sur une très faible partie de la garde nationale. Après quelques engagements contre des forces supérieures, les détachements français battirent en retraite. Une capitulation, signée le 9 juillet, fit tomber la colonie au pouvoir des Anglais.

Au commencement de l'année 1810, la frégate l'*Astrée* de quarante-quatre, capitaine Lemarant, vint renforcer la station de l'Ile-de-France. Le capitaine Bouvet, de l'*Entreprenant*, promu au grade de capitaine de frégate, fut désigné par le général Decaen pour commander la *Minerve*. Le 14 mars 1810, la *Bellone*, la *Minerve* et le *Victor* prirent la mer, sous le commandement du capitaine Duperré. Le 3 juillet, près de l'île Mayotte, trois vaisseaux de la Compagnie des Indes, le *Ceylan*, le *Windham* et l'*Atzell*, furent aperçus. Ces bâtiments se formèrent immédiatement en ligne de bataille ; chacun d'eux était armé de trente pièces de vingt-quatre et avait, outre son équipage, composé de cent-soixante hommes, trois cents soldats passagers. La *Minerve*, qui était seule en position de combattre, attaqua avec la plus grande vigueur les trois vaisseaux de la Compagnie. Cette frégate avait perdu son grand mât de hune et son mât de perroquet de fougue, lorsque la *Bellone*, qui forçait de voiles, arriva sur le champ de bataille. Vers sept heures et demie du soir, les trois bâtiments anglais amenèrent leur pavillon. L'*Atzell*, profitant de l'obscurité de la nuit, fit de la toile et s'éloigna ; le *Victor*, qui s'était mis à sa poursuite, croyant voir, à bord de la *Bellone*, le signal de ralliement, leva la chasse. Le capitaine Duperré, après avoir fait, à l'île d'Anjouan, les réparations les plus urgentes, se dirigea sur l'Ile-de-France.

Dans la nuit du 13 au 14 août, le capitaine Willoughby, de la frégate la *Néréide*, en croisière devant le Grand Port, s'empara, par surprise, de l'île de la Passe, située à trois milles de terre. Le 17, un détachement anglais débarqua sur la côte et enleva la batterie qui défendait la passe nord de la rade. L'ennemi, avant de se rembarquer, encloua les canons, brûla les affûts et fit sauter le magasin à poudre. Tel était l'état des choses lorsque, le 20, au point du jour, le capitaine Duperré, parti de l'île d'Anjouan, ainsi qu'on l'a vu plus haut, pour se rendre à l'Ile-de-France, parut au large du Grand Port. Les couleurs françaises flottaient à bord de la frégate la *Néréide* et sur l'île de la Passe ; les vigies annonçaient que l'ennemi croisait au nord de l'île. La *Bellone* fit des signaux de reconnaissance auxquels le navire, mouillé sous l'île de la Passe, ne répondit pas. On crut que ce bâtiment était l'ancienne frégate la *Sémillante*, devenue le *Charles*, depuis qu'elle avait été cédée au commerce. Le capitaine Duperré poursuivit sa route. Lorsque le *Victor*, qui marchait en tête de la division, arriva à la hauteur de la *Néréide*, cette frégate et l'île de la Passe, arborant les couleurs britanniques, ouvrirent, sur ce bâtiment, un feu très vif ; le *Victor* amena ses voiles et mouilla. Le commandant Duperré, supposant que toute cette partie de l'île était au pouvoir des Anglais, fit le signal de serrer le vent. Cet ordre ne pouvait plus être exécuté par les bâtiments qui le précédaient ; la *Minerve* et le *Ceylan*, poussés par une fraîche brise de l'arrière, étaient déjà engagés dans le chenal. Ces deux bâtiments, qui s'étaient mis rapidement en branle-bas de combat, répondirent au feu de l'île de la Passe et de la *Néréide*. Le capitaine Bouvet ordonna au capitaine du *Victor* de couper son câble et de le suivre. Le commandant Duperré, ne voulant pas abandonner les bâtiments de sa division, continua sa route, ayant, en tête de mât, le signal d'imiter sa manœuvre. La *Bellone,* après avoir envoyé une bordée à la *Néréide*, rejoignit la *Minerve,* le *Ceylan* et le *Victor* mouillés près de l'embranchement des deux passes. Le *Windham,* se conformant au premier ordre, donné par le commandant de la division, avait tenu le vent. Lorsque parut le second signal, l'officier, qui commandait cette prise, ne se décida pas immédiatement à suivre son chef ; peu après, il se trouva à grande distance de la *Bellone.* Craignant alors de s'exposer seul au feu de la *Néréide* et du fort, il s'éloigna ; le *Windham* fut capturé, le lendemain, à l'entrée de la rivière Noire, par le *Sirius.* Le capitaine de ce dernier bâtiment expédia sa prise à Bourbon pour informer le commodore Rowley des événements survenus, la veille, devant l'île de la Passe, puis il força de voile pour rallier la *Néréide*.

Le capitaine Duperré eut la satisfaction d'apprendre que l'île de la Passe était le seul point tombé au pouvoir des Anglais. Ses bâtiments prirent position, près de terre, dans l'ordre suivant : le *Victor,* la *Bellone,* le *Ceylan* et la *Minerve*. Les quatre navires s'embossèrent présentant bâbord au large. La division, par suite de l'armement des prises et des pertes faites pendant la campagne, avait des effectifs très réduits. Un renfort de soixante hommes, provenant des bâtiments qui étaient au port Napoléon, fut envoyé au capitaine Duperré par le général Decaen. D'autre part, la division Hamelin, composée des frégates la *Vénus*, la *Manche* et l'*Astrée*, reçut l'ordre de se rendre immédiatement au Grand Port. Le 22, le *Sirius* rallia la *Néréide*. Les capitaines de ces bâtiments, comptant sur une facile victoire, mirent sous voiles pour nous attaquer. Les deux frégates étaient encore loin de notre ligne lorsque le *Sirius* se jeta sur un récif ; toute la nuit fut employée à le tirer de cette position. Le 23, on aperçut la *Magicienne* et l'*Iphigénie* qui vinrent mouiller près de la *Néréide* et du *Sirius*. L'arrivée de ces deux bâtiments donnait à l'ennemi une très grande supériorité puisque nous n'avions à lui opposer que deux frégates, une petite corvette et un navire de la Compagnie des Indes. La brise était fraîche et soufflait de l'arrière ; cette circonstance, qui semblait favorable, constituait une difficulté pour les capitaines anglais, obligés de manœuvrer dans des passes étroites qu'ils ne connaissaient pas. Si un échouage survenait, il pouvait avoir, par suite de la vitesse, de graves conséquences. Enfin, la brise, en soulevant un peu de mer dans la baie, ne permettait pas d'apercevoir les récifs cachés sous l'eau. Il eût donc été préférable d'attendre jusqu'au lendemain et de choisir, pour appareiller, le moment où la brise du large commencerait à souffler. Il était d'autant plus nécessaire, pour les Anglais, d'agir avec prudence qu'un seul bâtiment, la *Néréide*, avait un pilote. Les diverses considérations que nous venons d'exposer n'arrêtèrent pas nos adversaires ; dans l'après-midi, les quatre bâtiments, ayant en tête la *Néréide*, se dirigèrent sur la ligne française. La *Néréide* s'embossa par le bossoir de bâbord de la *Bellone*, à la distance d'une encâblure ; le *Sirius*, qui la suivait, s'échoua, à portée de canon, présentant l'avant à nos bâtiments. La *Magicienne*, s'écartant de la route prise par cette frégate, la dépassa, mais en manœuvrant pour prendre son poste, elle s'échoua. Le capitaine de l'*Iphigénie*, que la mauvaise fortune du *Sirius* et de la *Magicienne* rendait circonspect, jeta l'ancre, à grande portée de canon de notre ligne. Le feu commença à cinq heures et demie. Une heure après, les amarres du *Ceylan* et de la *Minerve* furent coupées ; poussés par le vent, ces deux navires s'échouèrent en dedans de la *Bellone*. Il n'y avait plus que neuf pièces sur le *Ceylan* et quatre sur la *Minerve* qui fussent en position de tirer sur l'ennemi. Des hommes et des munitions, provenant de la *Minerve*, furent envoyés à bord de la *Bellone*. A dix heures et demie, le commandant Duperré ayant été blessé, le capitaine Bouvet passa sur la *Bellone*, laissant le commandement de sa frégate au lieutenant de vaisseau Roussin. A onze heures, l'ennemi ne tirait plus que par intervalles ; une heure après, le feu cessa de part et d'autre. On apprit, dans la nuit, par un Français, qui s'était échappé de la *Néréide* à la nage, que cette frégate, encombrée de morts et de mourants, avait amené son pavillon. Le 24, lorsque le jour se leva, quelques coups de canon, tirés sur la *Néréide*, firent amener un yacht anglais qui flottait encore à bord de cette frégate. L'*Iphigénie* se halait au large tandis que le *Sirius* et la *Magicienne* travaillaient à se déséchouer. Renonçant à renflouer la *Magicienne*, les Anglais évacuèrent cette frégate et la livrèrent aux flammes ; elle sauta à onze heures du soir. Le 25, le *Sirius* fut abandonné, comme l'avait été la *Magicienne*, et incendié. L'*Iphigénie*, qui avait continué à se haler dans la direction de l'île de la Passe, était hors de portée de canon.

Le 27, la *Vénus*, la *Manche* et l'*Astrée* parurent au large. Le capitaine de l'*Iphigénie*, ne pouvant lutter contre ces trois bâtiments, rendit sa frégate et l'île de la Passe à la division Hamelin. Tel fut le combat du Grand Port. Cette brillante affaire nous coûta trente-sept tués et cent-douze blessés ; parmi les premiers se trouvaient trois officiers et un aspirant. Les pertes des Anglais étaient considérables. Deux cent trente hommes furent mis hors de combat sur la *Néréide*, dix-sept sur l'*Iphigénie* et vingt-huit sur la *Magicienne*. Le *Sirius*, qui s'était échoué loin de la ligne française, n'avait pas eu un homme atteint par notre feu.

Il fallait tirer un parti immédiat de la désorganisation des forces anglaises. Le capitaine Bouvet, qui avait pris le commandement de l'*Iphigénie*, appareilla, ayant, sous ses ordres, la frégate l'*Astrée*, la corvette le *Victor* et le brick l'*Entreprenant*. Il expédia le *Victor* au port Napoléon, pour y prendre divers objets de matériel et des approvisionnements nécessaires à sa division. Quelques jours s'étant écoulés sans que cette corvette reparût, l'*Entreprenant* fut laissé au rendez-vous assigné au *Victor* et les deux frégates s'éloignèrent. Le commandant Bouvet devait visiter les rades de l'île Bourbon et enlever les navires qu'il y rencontrerait. Le 12 septembre, au point du jour, l'*Astrée* et l'*Iphigénie* eurent connaissance de l'*Africaine* de quarante, capitaine Corbett, qui se dirigeait sur la rade de Saint-Denis. Les frégates françaises étaient arrivées à petite distance de ce bâtiment, lorsque la *Boadicea*, qui portait le guidon du commodore Rowley, le corvette l'*Otter* et le brick le *Staunch* furent aperçus, sortant de la rade de Saint-Paul. Le commandant Bouvet courut au nord-ouest, espérant trouver, au large, l'occasion de combattre ses adversaires séparément. L'*Africaine*, restée quelque temps en panne sur la rade de Saint-Denis, embarqua un détachement de troupes pour renforcer son équipage. Des officiers de la garnison vinrent comme volontaires, à bord de ce bâtiment, pour assister, ils le croyaient du moins, à la prise des frégates françaises.

Au coucher du soleil, l'*Africaine* était en arrière et au vent de nos frégates, à grande portée de canon, et la *Boadicea* à deux lieues environ dans nos eaux. L'*Otter* et le *Staunch* avaient disparu. Dans la nuit, qui fut obscure, nos bâtiments perdirent plusieurs fois l'ennemi de vue. A trois heures du matin, dans une éclaircie, l'*Africaine* fut aperçue, à une demi-portée de canon, par le travers de l'*Astrée*, placée derrière l'*Iphigénie*. Le capitaine Corbett, supposant que la *Boadicea* n'était pas éloignée, et craignant, d'autre part, que les frégates françaises ne parvinssent à gagner un port de l'Ile-de-France, prit le parti de nous attaquer. Il envoya sa bordée à l'*Astrée* qui riposta immédiatement. Le capitaine Corbett, blessé mortellement, dès le début de l'action, remit le commandement de sa frégate à son premier lieutenant. Au même moment, l'*Astrée*, qui avait des avaries dans sa voilure, fit de la toile et se tint sous le vent de l'*Iphigénie* pour les réparer. Les hommes qui étaient sur le pont de l'*Africaine* poussèrent des hurrahs, bientôt répétés par tout l'équipage. L'officier, qui avait remplacé le capitaine Corbett, regardant déjà l'*Astrée* comme réduite, se dirigea sur l'*Iphigénie*, en se plaçant dans ses eaux. Les canons, à bord de la frégate anglaise, avaient été pointés, à l'avance, en chasse extrême. Lorsque l'*Africaine* toucha, avec sa civadière, le couronnement de la frégate française, elle lança dans le vent et envoya sa bordée à son adversaire. C'était le moment que le commandant Bouvet attendait ; d'après ses ordres, les canons avaient été pointés en belle et à l'horizon. Aussitôt que le bâtiment anglais eut prononcé son mouvement d'oloffée, il fit mettre la barre sous le vent et coiffer les voiles de l'arrière. « Surprise ainsi, vergue à vergue, écrivit plus tard le commandant Bouvet, sous le feu direct et roulant des vieux canonniers de la *Minerve* et de la *Bellone* qui armaient ma batterie, cette frégate, ayant à ramener en belle ses canons qu'elle avait déchargés obliquement, ne put jamais y réussir complètement. » Bientôt convaincu que ce combat d'artillerie tournerait à son désavantage, le capitaine de l'*Africaine* tenta plusieurs fois d'aborder l'*Iphigénie*. Le commandant Bouvet, jugeant, par la vigueur des feux de mousqueterie, que la frégate anglaise avait un nombreux personnel, déjoua ce calcul. A quatre heures et demie du matin, l'*Africaine* amena son pavillon. Cette frégate, qui était complètement démâtée, comptait quarante-neuf tués et cent-quatorze blessés ; l'*Iphigénie* avait neuf tués et trente-trois blessés et l'*Astrée* un tué et deux blessés.

Lorsque le jour se fit, la *Boadicea* était en vue à petite distance. Le commodore Rowley ne crut pas prudent de nous attaquer ; il se maintint au vent, hors de portée de canon, attendant l'*Otter* et le *Staunch*. Dans l'après-midi, rallié par ces deux bâtiments, il se rapprocha de nos frégates. L'*Astrée* n'avait pas encore exécuté l'ordre, donné par le capitaine Bouvet, de prendre l'*Africaine* à la remorque. L'*Iphigénie*, tombée sous le vent, réparait, à la hâte, les avaries de sa mâture ; d'autre part, sortie du Grand Port avec des approvisionnements incomplets, elle n'avait plus une quantité suffisante de boulets pour entamer un nouveau combat. Dans cette situation, le commandant Bouvet signala à l'*Astrée* d'abandonner l'*Africaine* et de le rallier. Les deux frégates mouillèrent, le 22 septembre, au Port nord-ouest ; elles avaient capturé, à l'atterrage, l'*Aurora*, corvette de seize, appartenant à la Compagnie des Indes. La frégate l'*Africaine*, qui venait de subir un aussi grand désastre, était partie d'Angleterre, depuis quelques mois, pour se rendre dans l'Inde. Apprenant, à l'île Rodrigue, où il avait relâché pour faire de l'eau, les différentes péripéties du combat du Grand Port, le capitaine Corbett s'était hâté de prendre la mer pour rallier le commodore Rowley.

Le 17 septembre, un grand bâtiment ayant été aperçu au large de Port-Louis, la *Vénus* et le *Victor* mirent sous voiles. Le navire en vue était le *Ceylan* de quarante, expédié de Madras pour renforcer la division du commodore Rowley. Le général Abercombry, venu de l'Inde pour commander l'expédition que les Anglais se proposaient de diriger sur l'Ile-de-France, se trouvait sur cette frégate. Un peu après minuit, la *Vénus*, laissant le *Victor* en arrière, rejoignit le bâtiment ennemi et l'attaqua à portée de pistolet. A cinq heures du matin, le *Ceylan*, entièrement désemparé, amena son pavillon. Il ne restait à cette frégate que des tronçons de bas mâts ; la *Vénus* avait perdu son mât d'artimon et ses mâts de hune. Le *Victor*, arrivé près des combattants, prit la frégate anglaise à la remorque. Au point du jour, les trois bâtiments furent aperçus par la *Boadicea* qui était mouillée sur la rade de Saint-Denis. Le commodore Rowley appareilla, en toute hâte, suivi de l'*Otter* et du *Staunch*. La *Vénus*, dans l'état où elle se trouvait pouvait difficilement soutenir un nouveau combat. Voulant sauver le *Victor*, le capitaine Hamelin donna l'ordre à ce bâtiment de larguer la remorque du *Ceylan* et de faire route pour l'Ile-de-France. Aussitôt que le *Victor* se fut éloigné, la *Vénus* se porta à la rencontre de la *Boadicea*; après un engagement d'un peu moins d'une heure, la frégate française amena son pavillon.

Le 29 novembre, une flotte nombreuse parut à la vue de l'Ile-de-France; elle comprenait un vaisseau, douze frégates, des corvettes, des avisos, des transports formant un total de soixante-dix navires, sur lesquels se trouvait un corps de débarquement d'environ dix mille hommes. Les troupes britanniques furent mises à terre, le 29, à douze milles dans le nord-est de Port-Louis. Les forces dont disposait le gouverneur général ne dépassaient pas quatre mille hommes, sur lesquels deux mille appartenaient à la garde nationale. Un bataillon de cinq cents marins fut formé avec les équipages des bâtiments désarmés. Après avoir eu, avec l'ennemi, plusieurs engagements, dans lesquels soldats, matelots et miliciens firent bravement leur devoir, le général Decaen dut battre en retraite. Craignant d'être forcé dans Port-Napoléon, et ne voulant pas, d'autre part, exposer les habitants aux conséquences d'une prise d'assaut, le général entra en pourparlers avec l'ennemi. Le 2 décembre, il signa une capitulation en vertu de laquelle les Anglais prirent possession de la colonie. Nos troupes, conservant leurs armes et leurs drapeaux, devaient être transportées en France aux frais du gouvernement britannique; le même traitement était appliqué aux officiers et aux équipages des navires de guerre et des corsaires. Toutefois, les bâtiments, qu'ils appartinssent à l'Etat ou au commerce, devinrent la propriété des vainqueurs. C'est ainsi que la France perdit une colonie d'où étaient partis, pendant tant d'années, des navires de guerre et des corsaires qui avaient infligé au commerce anglais des dommages considérables.

## II

Le 3 février 1811, les frégates de quarante-quatre la *Renommée*, la *Néréide* et la *Clorinde*, capitaines Roquebert, Lemaresquier et de Saint-Cricq, partirent de Brest pour se rendre à l'Ile-de-France. Chacun de ces bâtiments portait deux cents soldats et des approvisionnements. Le capitaine Roquebert, de la *Renommée*, qui avait le commandement des trois frégates, devait aller à Batavia, s'il apprenait, à son arrivée, que l'Ile-de-France était tombée au pouvoir des Anglais. La division française parut, le 6 mai, dans l'après-midi, en vue du Grand Port. L'île de la Passe, sur laquelle flottait le pavillon tricolore, ne répondit pas aux signaux de nos bâtiments. Lorsque la nuit fut venue, deux embarcations furent envoyées à terre. L'une d'elles, en accostant à la plage, se brisa ; l'autre revint en annonçant que les Anglais étaient maîtres de l'île. Le 7, la division française chassa les frégates la *Phœbe* et la *Galatea* et le brick le *Race Horse*. Les bâtiments anglais ayant été perdus de vue, le 9, le capitaine Roquebert se dirigea sur l'île Bourbon avec l'intention de tenter un coup de main sur un poste de la côte qu'il supposait faiblement défendu. Les trois frégates arrivèrent à leur destination dans la nuit du 11. Des officiers envoyés en reconnaissance, ayant déclaré que l'état de la mer rendait tout débarquement impossible, les bâtiments français se dirigèrent sur Madagascar. Ils mouillèrent, le 19 mai, devant Tamatave, tombé, depuis quelques mois, au pouvoir des Anglais ; la garnison ennemie se rendit prisonnière et le fort fut occupé par un détachement français. Le 20, les frégates l'*Astræa* de quarante-quatre, la *Phœbe* et la *Galatea*, de trente-huit, et le brick le *Race Horse* de dix-huit, placés sous les ordres du capitaine Shomberg, de l'*Astræa*, furent aperçus. Les frégates françaises mirent sous voiles et se portèrent au-devant de l'ennemi. La brise, qui était faible et variable avec des alternatives de calme, rendait toutes les manœuvres difficiles. Lorsque le combat s'engagea, vers quatre heures de l'après-midi, la *Néréide*, qui avait devancé ses conserves, se trouva, pendant un moment, exposée au feu de la division anglaise. A huit heures du soir, cette frégate, dont la mâture était très endommagée, tomba sous le vent. Elle avait soixante-dix-sept hommes hors de combat. La *Renommée* et la *Clorinde* s'étant rapprochées de la *Néréide*, sans être suivies par les bâtiments anglais, le feu cessa. Le capitaine Roquebert, après avoir prescrit au lieutenant Ponée, qui avait remplacé le capitaine Lemaresquier, tué pendant le combat, de se tenir près de terre, s'éloigna avec sa frégate et la *Clorinde*. A neuf heures et demie, ce dernier bâtiment mit en travers pour sauver un homme qui était tombé à la mer. Le capitaine Roquebert, ayant continué sa route, sans se préoccuper de sa conserve, se trouva, vers dix heures, en présence de l'*Astræa*, de la *Phœbe* et du *Race Horse*. Après un combat très vif, qui dura une demi-heure environ, la

*Renommée* amena son pavillon. Cette frégate avait quatre-vingt treize hommes hors de combat ; le capitaine Roquebert et l'aspirant Lalonde étaient au nombre des morts. La *Clorinde* s'était hâtée, en entendant le canon, de rehisser ses canots et de faire de la toile, mais, à son arrivée sur le théâtre de l'action, le feu avait cessé. L'*Astræa* et la *Phœbe*, s'étant mises en mouvement pour joindre son bâtiment, le capitaine de Saint-Cricq s'éloigna ; le lendemain au jour, n'apercevant aucune voile, il se dirigea sur les Seychelles où la *Clorinde* mouilla, le 30 mai. Cette frégate avait eu, dans la journée du 20, un homme tué et six blessés. Dix-huit hommes avaient été mis hors de combat sur l'*Astræa*, trente et un sur la *Phœbe* et soixante-deux sur la *Galatea*.

La *Néréide* était restée près de terre, dans la nuit du 20, ainsi qu'elle en avait reçu l'ordre du commandant de la *Renommée*. Au jour, les bâtiments français et anglais n'étant plus en vue, le lieutenant Ponée jeta l'ancre sur la rade de Tamatave pour faire les réparations les plus urgentes. Après la reddition de la *Renommée* et la disparition de la *Clorinde*, le capitaine Shomberg se dirigea, lui aussi, sur ce point. Le 24, dans la soirée, il apprit par le *Race Horse* que la *Néréide* était à Tamatave. Les Anglais arrivés, le 25, en vue de la frégate française, sommèrent le capitaine Ponée de rendre son bâtiment et le fort. Cet officier répondit en proposant une capitulation aux termes de laquelle officiers, marins et soldats devaient être renvoyés en France aux frais du gouvernement anglais. Quoiqu'il se considérât comme certain du résultat, si l'action s'engageait, le capitaine Shomberg ne méconnaissait pas les difficultés que présentait l'entrée de la rade sous le feu de la *Néréide* et du fort. Il accepta les conditions du capitaine de la *Néréide*.

Au lieu de se rendre à Batavia, ainsi que le lui prescrivaient ses instructions, le capitaine de Saint-Cricq fit route sur Brest en quittant les Seychelles. La *Clorinde* donna dans l'Iroise, le 24 septembre, suivie de très près par un vaisseau de soixante-quatorze. Fort heureusement, pour cette frégate, le bâtiment anglais démâta de son grand mât de hune et de son mât de perroquet de fougue dans un grain. La *Clorinde* mouilla, le même jour, sur la rade de Brest. Le 18 mars 1812, le capitaine de la *Clorinde*, traduit devant un conseil de guerre, « fut déclaré coupable de désobéissance aux ordres de son commandant, cassé, déclaré indigne de servir et condamné à la détention pendant trois ans et à la dégradation de la Légion d'honneur. »

Les frégates de quarante-quatre la *Favorite*, la *Danaé* et la *Flore*, capitaines Dubourdieu, Villon et Péridier, les frégates italiennes, la *Corona*, la *Carolina* et la *Bellona*, capitaines Pasqualino, Dodero et Buratowich, un brick, deux goélettes et un chebeck sortirent d'Ancone, le 11 mars 1811. Cette division, placée sous les ordres du capitaine Dubourdieu, de la *Favorite*, portait des troupes de débarquement commandées par un aide de camp du vice-roi d'Italie, le colonel Gifflenga. Cette expédition avait pour but la conquête de l'île de Lissa, devenue le centre de station des forces navales de l'Angleterre dans l'Adriatique. Le 12, au point du jour, la division franco-italienne était à petite distance du port Saint-George lorsque l'*Active* de quarante-huit, l'*Amphion*, le *Cerberus* et le *Volage*, de quarante, furent aperçus. Le capitaine Dubourdieu se dirigea sur ces frégates en se couvrant de voiles. La *Favorite*, qui marchait très bien, arriva à portée de canon de l'ennemi, avant que les autres bâtiments de la division franco-italienne fussent en mesure de la soutenir ; elle se trouva, pendant quelque temps, exposée seule au feu de la ligne anglaise. Le capitaine Dubourdieu voulut sortir de la fâcheuse position dans laquelle il s'était placé en abordant l'*Amphion*. La *Favorite* était à petite distance de cette frégate lorsqu'elle reçut une bordée à mitraille qui mit un grand nombre d'hommes hors de combat. Le capitaine Dubourdieu fut tué. Une nouvelle tentative d'abordage, faite peu après par son second, le capitaine de frégate Lamarre La Meillerie, n'eut pas plus de succès. Les bâtiments français et italiens étant entrés successivement en ligne, l'action devint générale. Les deux divisions couraient au plus près, les amures à tribord, les Français au vent des Anglais. La route qu'elles suivaient les conduisaient sur la terre dont elles étaient fort proches. Vers dix heures du matin, les Anglais virèrent de bord lof pour lof tout à la fois ; les Français imitèrent cette manœuvre, à l'exception de la *Favorite* qui ne put y parvenir par suite des avaries de sa mâture. Continuant à courir les amures à tribord, cette frégate s'échoua. Les bâtiments anglais étaient bien formés et manœuvraient avec précision, tandis qu'aucun ordre ne régnait dans la division franco-italienne. Vers midi, la *Bellona* amena son pavillon ; peu après, la *Flore* s'éloigna du champ de bataille, suivie par la *Danaé* et la *Caroline*. La *Corona*, atteinte par deux frégates ennemies, amena son pavillon. La *Favorite* fut évacuée et livrée aux flammes ; l'équipage s'empara d'un petit bâtiment sur lequel il rejoignit la *Flore*, la *Danaé* et la *Caroline* qui étaient mouillées à Lesina. Les pertes de la division franco-italienne étaient considérables. La *Favorite* avait cent-trente hommes hors de combat ; la *Flore* cent-quarante et la *Danaé* soixante-quinze. Les bâtiments italiens n'avaient pas été moins maltraités que les nôtres. Le nombre des morts, sur les quatre bâtiments anglais, était de cinquante, et celui des blessés de cent-cinquante.

Le grave échec que nous venions de subir était le résultat de la conduite irréfléchie du capitaine Dubourdieu. Celui-ci, très brave de sa personne, n'avait montré aucune des qualités nécessaires pour diriger les bâtiments qu'il commandait. Aussitôt qu'il vit l'ennemi, il l'attaqua avec sa frégate, sans se préoccuper de ce qui se passait derrière lui. Or, les bâtiments de sa division étaient en désordre et séparés les uns des autres par un assez grand intervalle. Le capitaine Dubourdieu, auquel le commandant des troupes, le colonel Gifflenga, demandait s'il ne serait pas préférable d'attendre, avant de se porter sur l'ennemi, que la division fût bien ralliée et en ligne, répondit au commandant : « C'est la plus belle journée de notre vie. Deux de ces bâtiments doivent nous appartenir ; si nous tardons, ils s'en iront. » « Quelques fautes qu'ait faites le capitaine Dubourdieu, écrivit le colonel Gifflenga au vice-roi d'Italie, sa perte est vivement regrettée. On ne pouvait être ni plus courageux officier, ni plus habile marin, mais la vue de l'ennemi l'avait mis hors de lui-même. » La mauvaise fortune devait poursuivre les bâtiments de cette division. A quelque temps de là, la *Flore* se perdit à Chioggia, et, dans ce malheureux événement, soixante-douze hommes périrent. La *Danaé* sauta sur la rade de Trieste, au mois de septembre de l'année 1812 ; le seul homme qui fut sauvé ne put donner de renseignements sur la cause de ce sinistre.

Le brick l'*Abeille*, après avoir rempli une mission en Corse, retournait à Livourne, lorsque, le 26 mars, il rencontra le brick anglais l'*Alacrity*. Aussitôt que les deux bâtiments furent à portée de canon, l'action s'engagea. Après trois quarts d'heure d'un combat très vif, à portée de pistolet, l'*Alacrity* amena son pavillon. Le brick anglais avait quinze tués et vingt blessés parmi lesquels se trouvaient le capitaine et tous les officiers ; le nombre des tués sur l'*Abeille* était de sept et celui des blessés de douze. L'armement de l'*Abeille* consistait en vingt caronades de vingt-quatre ; l'*Alacrity* portait vingt caronades de trente-deux. Cette affaire fit beaucoup d'honneur au jeune officier, l'enseigne de vaisseau de Mackau, qui commandait l'*Abeille* à titre provisoire. Le 27 juin, le brick de dix-huit la *Tactique*, capitaine Hurtel, sortit de Port-Vendres pour se porter au-devant du brick de seize, la *Guadeloupe*, qu'on apercevait au large. Après un engagement de deux heures, le brick anglais s'éloigna, abandonnant le champ de bataille à son adversaire. Les avaries de mâture, que la *Tactique* avait éprouvées, ne lui permirent pas de suivre le bâtiment ennemi. La *Tactique* avait sept tués et quelques blessés ; on comptait, sur le brick anglais, un homme tué et treize blessés dont dix grièvement. La felouque française la *Linotte*, qui était en vue pendant l'engagement des deux bricks, n'avait pu rallier la *Tactique* en temps opportun pour prendre part à l'action.

Le 29 novembre, dans la matinée, les frégates de quarante-quatre la *Pauline* et la *Pomone*, capitaines Montfort et Rosamel, et la flûte la *Persane* de vingt-quatre, capitaine Satie, qui se rendaient de Trieste à Corfou, furent chassées par les frégates de quarante l'*Alceste*, l'*Active* et l'*Unité*. La *Persane*, ayant demandé et obtenu liberté de manœuvre, se sépara des deux frégates ; elle fut suivie par l'*Unité*. L'*Alceste*, devançant l'*Active*, engagea la *Pomone* qui était derrière la *Pauline*. Dès les premières volées, le grand mât de hune de la frégate anglaise s'abattit, masquant, de ses débris, une partie de la batterie. Le capitaine de la *Pauline* ne jugea pas à propos de profiter de cette situation pour se porter sur l'*Alceste* ; il continua sa route, tirant de loin sur ce bâtiment. Au moment où l'*Active* rejoignait sa conserve, un nouvel ennemi, la corvette le *King's Fisher*, fut aperçu. L'*Alceste* et l'*Active*, placées l'une à tribord et l'autre à bâbord de la *Pomone*, combattirent ce bâtiment à portée de pistolet. La frégate française se défendit avec la plus grande énergie, mais, après une lutte de trois heures contre ces deux adversaires, elle fut contrainte d'amener son pavillon. La *Pauline* n'avait pris qu'une très faible part au combat engagé entre la *Pomone* et les deux frégates ennemies ; passant au vent et assez loin des bâtiments anglais, elle s'éloigna. La *Pomone* comptait quarante-huit hommes hors de combat ; elle avait quatre pieds d'eau dans la cale, la roue du gouvernail brisée et tous ses mâts coupés à la hauteur du pont. Les pertes des Anglais s'élevaient à huit tués et vingt-cinq blessés sur l'*Active*, et à sept tués et treize blessés sur l'*Alceste*. La flûte la *Persane*, atteinte, à quatre heures du soir, par la frégate l'*Unité*, amena son pavillon, après l'échange de quelques bordées. La *Pauline* mouilla à Brindisi. Le capitaine Monfort, accusé d'avoir abandonné la *Pomone*, comparut devant un conseil de guerre qui le déclara incapable de commander. Par un décret, en date du 24 décembre 1812, il fut rayé des listes de la marine.

Le 24 août, un convoi, placé sous l'escorte du brick de douze le *Teaser*, était mouillé à l'entrée de la Gironde, un peu en dedans de la pointe de la Coubre. Deux frégates furent aperçues ; elles hissèrent le pavillon tricolore et tirèrent un coup de canon. Le capitaine du *Teaser*, le lieutenant de vaisseau Papineau, leur envoya des pilotes dans une de ses embarcations. Les bâtiments signalés, qui n'étaient autres que les frégates anglaises la *Diana* et la *Sémiramis*, laissèrent tomber l'ancre entre Cordouan et la pointe de Grave. Lorsque la nuit fut venue, les deux frégates détachèrent leurs embarcations pour capturer les navires de commerce, mouillés près du stationnaire de Royan, le brick de seize le *Pluvier*. Plusieurs heures après leur départ, les embarcations anglaises, qui luttaient contre le courant, avaient fait peu de chemin. Craignant de ne pas terminer son opération avant le jour, l'officier qui commandait l'expédition revint à bord des frégates. Celles-ci mirent sous voiles, le lendemain, à six heures du matin. Quoique le canot du *Teaser*, expédié la veille, ne fût pas revenu, le lieutenant de vaisseau Papineau restait persuadé qu'il était en présence de deux frégates françaises. Le capitaine du *Pluvier*, le lieutenant de vaisseau Dubourg, non moins confiant, se rendit à bord de la *Diana*, et ce fut seulement en mettant le pied sur le pont de cette frégate qu'il reconnut son erreur. La *Diana*, hissant les couleurs anglaises, aborda le *Teaser* et jeta, à bord de ce brick, un détachement qui s'en rendit maître. Au même moment, la *Sémiramis* s'approchait du *Pluvier*. L'officier, qui commandait ce brick, en l'absence du capitaine Dubourg, fit couper les câbles; le *Pluvier*, poursuivi par les boulets de la *Sémiramis*, s'échoua à un demi-mille environ d'une de nos batteries. Des embarcations ennemies se dirigèrent, à force de rames, sur ce brick ; le feu de la batterie de terre et celui du *Pluvier* ne les arrêtèrent pas. Le brick français fut évacué; après avoir inutilement tenté de le déséchouer, les Anglais l'incendièrent. La *Sémiramis* et la *Diana* sortirent de la Gironde avec le *Teaser*.

Le 27 décembre 1811, un convoi, poursuivi par cinq péniches appartenant à la division qui bloquait le port de Rochefort, se réfugia dans le fond de la baie comprise entre la Rochelle et l'île d'Aix. Le vent soufflait très frais du nord-ouest et la mer commençait à monter. Le capitaine de vaisseau Jacob, qui commandait la division de Rochefort, laissa les embarcations anglaises s'avancer vers la terre ; quand elles lui parurent suffisamment compromises, il expédia trois canonnières, commandées par le lieutenant de vaisseau Duré, et quatre canots, sous les ordres de l'enseigne de vaisseau Constantin, pour leur couper la retraite. L'ennemi détacha un vaisseau, une frégate et un brick pour protéger le retour de ses embarcations. Le canot, que montait l'enseigne de vaisseau Constantin, aborda une péniche anglaise et s'en empara ; une seconde péniche fut capturée par les canonnières. Les trois autres, atteintes par nos projectiles et sur le point de couler, se jetèrent à la côte. Cette affaire coûta aux Anglais cent-dix-huit hommes, tués, blessés ou faits prisonniers.

Le 2 mars 1811, le contre-amiral Émériau, nommé peu après vice-amiral, fut placé à la tête de l'escadre de

Toulon. Son prédécesseur, l'amiral Allemand, appelé à commander une escadre que le gouvernement se proposait de réunir à Brest, reçut l'ordre de conduire, dans ce dernier port, quatre vaisseaux qui se trouvaient à Lorient. L'amiral Allemand appareilla, dans la nuit du 8 mars 1812, avec les vaisseaux l'*Eylau*, sur lequel il avait son pavillon, le *Golymen*, le *Marengo* et le *Vétéran*. Après être restée quelques jours au large, la division de Lorient se dirigea sur Brest où elle mouilla, le 29, dans la soirée. Les Anglais, prévenus de son appareillage, avaient mis en mouvement plusieurs escadres entre lesquelles elle était heureusement passée. La surveillance, exercée par l'ennemi sur nos côtes, rendait, chaque jour, plus difficile la rentrée des bâtiments qui parvenaient à gagner le large. Le 22 mai, dans la matinée, les frégates de quarante-quatre l'*Ariane* et l'*Andromaque* et le brick le *Mameluck*, qui effectuaient leur retour en France, après une croisière aux Açores et aux Bermudes, reconnurent les Penmark. Elles se dirigeaient sur Lorient lorsqu'un grand bâtiment, le vaisseau de quatre-vingts le *Northumberland*, fut aperçu. La division française continua sa route. L'*Andromaque*, à bord de laquelle se trouvait un officier qui se croyait en état de piloter les frégates, prit la tête de la ligne. Liberté de manœuvre fut donnée au *Mameluck*. Le combat s'engagea, vers trois heures de l'après-midi, entre les deux frégates et la vaisseau anglais ; il durait depuis une heure lorsque l'*Andromaque* s'échoua sur la partie nord du récif dit la base Grasie. L'officier qui dirigeait les frégates avait été tué. L'*Ariane*, quoiqu'elle eût manœuvré avec promptitude pour s'écarter de la route suivie par sa conserve, talonna et resta échouée ; enfin, le *Mameluck*, qui continuait à courir vers Lorient, se jeta à la côte. Le vaisseau le *Northumberland* et le brick le *Growler* mouillèrent et ouvrirent un feu très vif sur les frégates. La mer baissant, celles-ci se défoncèrent et se remplirent d'eau. Le préfet maritime de Lorient, venu sur les lieux, donna l'ordre de les évacuer et de les livrer aux flammes. Le *Mameluck*, remis à flot, entra à Lorient. Les capitaines Férétier et Morice, de l'*Ariane* et de l'*Andromaque*, traduits devant un conseil de guerre, furent déclarés incapables de commander.

Le vaisseau le *Rivoli*, de quatre-vingts, construit à Venise, ayant terminé son armement, reçut l'ordre de se rendre à Ancône. Le 21 février 1812, ce vaisseau, soulevé sur des chameaux, appareilla de la rade de Spignon, remorqué par des embarcations. A cinq heures du soir, il laissa tomber l'ancre en dehors des bancs. Le commandant du *Rivoli*, le capitaine de vaisseau Barré, ne pouvait arriver à sa destination qu'en dérobant sa marche aux forces supérieures que les Anglais, instruits de son prochain départ, maintenaient dans le golfe. Aussitôt débarrassé des chameaux, le *Rivoli* fit ses préparatifs d'appareillage ; il mit sous voiles, le 22, à six heures du matin, avec les bricks italiens le *Mercure* de seize, le *Mameluck* et l'*Iéna*, de huit, qui étaient chargés d'éclairer sa route. Dans la nuit, vers trois heures du matin, le *Victorious* de quatre-vingts et le brick le *Weazel* de dix-huit furent aperçus ; ce dernier bâtiment joignit le *Mercure* et l'attaqua. L'engagement durait depuis trois quarts d'heure lorsque le *Mercure* sauta ; l'équipage périt à l'exception de trois hommes qui furent sauvés par le *Weazel*. A trois heures et demie du matin, le combat commença entre le *Rivoli* et le *Victorious*. Un incendie, qui se déclara à bord du vaisseau français, fut promptement éteint ; à huit heures, deux pièces de la batterie basse éclatèrent, mettant un grand nombre d'hommes hors de combat. Le mât d'artimon avait été abattu par les projectiles de l'ennemi et le grand mât et le mât de misaine étaient sur le point de tomber. Le gréement haché, les voiles en lambeaux, la roue du gouvernail brisée, ne permettaient plus de manœuvrer. Le *Weazel*, dont la mâture était intacte, avait pris position sur l'avant du vaisseau français que le *Victorious* combattait par la hanche de bâbord. On comptait, sur le *Rivoli*, cent-cinquante tués et deux cent-huit blessés ; le capitaine Barré fit amener le pavillon. Tandis que nos pertes étaient aussi considérables, le *Victorious* n'avait que vingt-cinq tués et quatre-vingt-dix blessés ; le *Weazel* n'avait pas un homme hors de combat. Le peu de succès de la défense s'expliquait facilement ; outre que le *Rivoli* sortait du port, la plus grande partie de son équipage avait été formée avec des conscrits des Etats Romains, des marins de Trieste et des Bouches de Cattaro et des Illyriens.

Le brick le *Renard* et la goélette le *Goéland*, commandés pas les lieutenants de vaisseau Baudin et Saint-Bélin, quittèrent Gênes, le 11 juin, escortant quatorze bâtiments qui portaient des munitions navales à Toulon. Le 15 juin, le convoi fut chassé, au large des îles Sainte-Marguerite, par le vaisseau l'*America*, la frégate le *Curaçao* et le brick de dix-huit le *Swallow*. Le lendemain, le vaisseau et la frégate se trouvaient à grande distance, tandis que le brick s'était rapproché. Le capitaine Baudin, après avoir donné l'ordre aux bâtiments de commerce d'entrer à Saint-Tropez, se porta sur le *Swallow*, suivi du *Goéland*. Le combat s'engagea, à une heure de l'après-midi, bord à bord. Le *Goéland*, ayant eu son gouvernail démonté, dès les premières volées, ne put prendre qu'une très faible part à l'action. L'engagement, soutenu, de part et d'autre, avec une extrême vigueur, durait depuis quarante-cinq minutes, lorsque le brick anglais, laissant arriver vent arrière, se dirigea sur sa division. Le capitaine Baudin ne pouvait le poursuivre sans se compromettre. Il fit route sur Saint-Tropez qu'il put atteindre, malgré le mauvais état de sa mâture ; le *Goéland* l'accompagna dans ce port. Le *Renard* avait quatorze hommes tués et vingt-huit blessés ; le *Goéland* un tué et trois blessés et le brick anglais six tués et dix-sept blessés. Le *Renard* portait quatorze caronades de vingt-quatre et deux canons de huit, le *Goéland* quatre canons de six et quatre obusiers de douze, et le *Swallow* vingt-quatre caronades de trente-deux. Le capitaine Baudin terminait le rapport qu'il adressait au ministre, sur le combat du 16 juin, en disant : « J'espère que Votre Excellence ne me taxera pas d'une témérité déplacée. Nos ennemis ne nous fournissent jamais d'occasion de les combattre à forces égales ; il faut les arracher..... Mon équipage était singulièrement excité. Deux fois déjà, depuis six semaines, nous avions inutilement tenté d'engager ce même brick sans que le vaisseau qui l'accompagnait eût la générosité de nous laisser combattre seul à seul. »

La *Gloire* de quarante-quatre, capitaine Roussin, sortie du Havre, le 16 décembre 1812, mouilla, le 27 février, sur la rade de Brest. Le capitaine Roussin avait pris treize bâtiments de commerce, deux bricks de guerre, le *Spy* de dix et le *Linnet* de seize, et fait deux cent quatre-vingts prisonniers. Les frégates de quarante-quatre l'*Aréthuse* et le *Rubis*, capitaines Bouvet et Ollivier, parties de France, à la fin du mois de novembre 1812, croisèrent à la hauteur de Madère et des îles du Cap Vert. De là, le capitaine Bouvet, qui avait le commandement des deux bâtiments, se rendit aux îles de Loss, un peu au nord de la rivière de Sierra-Leone. A l'atterrage, un brick, le *Daring,* envoya un canot à bord des frégates qu'il prenait pour des bâtiments de sa nation. Ne voyant pas revenir son embarcation et n'obtenant pas de réponse aux signaux qu'il faisait, le capitaine anglais jeta son bâtiment au plain sur l'île Tamara et le livra aux flammes. Après s'être ravitaillées, les frégates françaises mirent à la voile. Le 1$^{er}$ février, elles louvoyaient pour gagner le large, lorsque l'*Aréthuse* toucha sur un haut fond et démonta son gouvernail. Les frégates laissèrent tomber l'ancre ; un vent violent s'étant élevé pendant la nuit, toutes deux chassèrent. Le capitaine Bouvet installa un gouvernail de fortune, s'écarta de la terre et mouilla. Lorsque le jour se leva, on apprit que le *Rubis* s'était perdu sur la pointe nord de l'île Tamara ; ce bâtiment ne pouvant être remis à flot, fut incendié. Le capitaine Ollivier et son équipage s'embarquèrent sur une prise, la *Serra*, faite quelques jours auparavant. Le 6 février, on terminait, à bord de l'*Aréthuse,* la réparation du gouvernail lorsque la frégate anglaise l'*Amelia* de quarante-huit, capitaine Irby, fut aperçue. L'*Aréthuse* mit sous voiles et se porta à la rencontre de l'ennemi. Le capitaine Irby, prévenu, par le capitaine du *Daring,* de la présence, sur la côte, de deux frégates françaises, se dirigeait vers le large afin d'éloigner l'*Aréthuse* de sa conserve. Le temps étant devenu très brumeux, on cessa de voir l'*Amelia,* qui fut aperçue de nouveau, le lendemain, dans la matinée. A la chute du jour, la frégate anglaise laissa porter et gouverna sur l'*Aréthuse*. Le combat commença, à sept heures quarante-cinq minutes, bord à bord. « Nos bâtiments, écrivit le capitaine Bouvet, semblaient liés par une colonne de feu. Nous avons été abordés pendant plusieurs minutes et, pendant une heure et demie, les deux bâtiments sont restés à portée de pistolet, travers à travers. Il y eut des écouvillons arrachés et des coups de sabre donnés par les sabords. » A onze heures, l'*Amelia* se trouvant hors de portée de canon, le feu cessa ; la brume, qui survint, déroba les deux bâtiments à la vue l'un de l'autre. Le 8, au point du jour, on aperçut la frégate anglaise qui s'éloignait sous toutes voiles. Le capitaine Bouvet, l'ayant inutilement poursuivie dans la journée, revint vers les îles de Loss, pour recueillir l'équipage du *Rubis*. Le nombre des tués, sur l'*Aréthuse*, était de vingt et celui des blessés de quatre-vingt-huit ; l'*Amelia* avait cinquante et un morts et cent quarante et un blessés. L'*Amelia* portait vingt-huit canons de dix-huit et vingt caronades de trente-deux. Le capitaine Bouvet ayant fait mettre dans la cale deux canons de dix-huit, placés sur l'avant de la batterie, dans une position telle qu'il n'était pas possible de s'en servir, l'armement de l'*Aréthuse*, le jour du combat, consistait en vingt-six canons de dix-huit, deux de huit et quatorze caronades de vingt-quatre. Le capitaine de l'*Aréthuse* pouvait considérer le succès qu'il venait de remporter comme son œuvre personnelle. Parti de Nantes, quelques mois auparavant, avec un équipage, ainsi qu'il le dit dans ses Mémoires, « composé en majorité de conscrits chétifs et mal disposés », il avait transformé ce personnel et fait de sa frégate un bâtiment militaire. Plein de confiance dans un pareil chef, le jeune équipage de l'*Aréthuse* avait abordé l'ennemi avec l'espoir de vaincre. On peut regarder comme certain que l'*Amelia* eût été capturée si l'*Aréthuse* avait pu la joindre. Le capitaine Bouvet entra à Saint-Malo, le 19 avril 1813, n'ayant plus que dix jours de vivres.

## III

Depuis plusieurs années, les efforts du gouvernement français tendaient à augmenter le nombre des vaisseaux composant les escadres réunies sur nos rades. Outre l'escadre du Texel, forte de sept vaisseaux, nous avions, dans l'Escaut, à la fin de 1812, dix-huit vaisseaux, sur lesquels quatre étaient montés par des Danois. Le contre-amiral Troude commandait deux vaisseaux à Cherbourg et le contre-amiral Hamelin cinq à Brest. La division de Rochefort, placée sous les ordres du capitaine de vaisseau Jacob, comptait cinq vaisseaux et l'escadre de Toulon, à la tête de laquelle était l'amiral Émériau, dix-neuf. Ces bâtiments, dont les équipages se composaient de conscrits, étaient exercés sur les rades. On conçoit le peu de valeur de bâtiments ayant un tel personnel et instruits dans ces conditions ; mais la supériorité de la marine anglaise, d'une part, et, d'autre part, la disparition des matelots des classes ne nous permettaient pas, à moins de renoncer à avoir une marine, d'agir autrement. Cet état de choses ne put être maintenu en 1813. La lutte, que nous soutenions contre l'Europe coalisée, obligeait le gouvernement à consacrer toutes les ressources de la France à l'armée de terre. Les quatre régiments d'artillerie de marine furent mis à la disposition du ministre de la guerre ; dans l'Escaut, on désarma sept vaisseaux au nombre desquels se trouvèrent compris ceux qui étaient montés par des équipages danois.

Le 5 novembre, douze vaisseaux, sous la conduite de l'amiral Emériau, sortirent de Toulon pour faire des exercices. Le gros de l'armée anglaise était au large ; l'escadre légère, qui se tenait près de terre, se retira devant nous. Au moment où l'amiral Emériau faisait route pour reprendre son mouillage, l'avant-garde de l'ennemi se trouva, par suite d'une saute de vent, en position de canonner notre arrière-garde. Le serre-file de notre ligne, l'*Agamemnon* de soixante-quatorze, répondait à peine au feu des Anglais. Le contre-amiral Cosmao, qui avait son pavillon sur le trois-ponts le *Wagram*, voyant la position critique de ce vaisseau, laissa porter et le dégagea. L'*Agamemnon*, conservant, sur le pont, le nombre d'hommes nécessaires à la manœuvre, n'avait pu envoyer qu'une centaine d'hommes dans ses batteries. Le contre-amiral Cosmao appareilla de Toulon, le 12 février 1814, avec les vaisseaux de quatre-vingts le *Sceptre*, sur lequel il avait son pavillon, le *Trident* et le *Romulus* et les frégates de quarante-quatre la *Médée*, l'*Adrienne* et la *Dryade*. La division française se portait au-devant du vaisseau le *Scipion*, attendu de Gênes ; le lendemain au point du jour, elle se trouvait à dix-huit milles environ dans le sud du cap Bénat, lorsque les vigies signalèrent quinze voiles dans l'ouest-sud-ouest. Les vents soufflaient de l'est. Le contre-amiral Cosmao fit immédiatement route pour rentrer à Toulon en passant par les îles d'Hyères. A onze heures et demie, le *Sceptre*, chef de file de la ligne française, parut hors de la petite passe ; il était suivi de la *Médée*, de la *Dryade*, du *Trident*, de l'*Adrienne* et du *Romulus*. A midi trente minutes, les vaisseaux avancés de l'escadre anglaise commencèrent à échanger des boulets avec les nôtres. Le *Boyne* de cent dix, traversant notre ligne entre l'*Adrienne* et le *Trident*, se plaça par le travers de notre serre-file le *Romulus*. Le commandant de ce dernier bâtiment, le capitaine de vaisseau Rolland, menacé d'être combattu des deux bords, ce qui eût rendu sa position fort critique, vint immédiatement sur tribord et il continua sa route, serrant la terre de très près. Le *Boyne* et un second trois-ponts le *Caledonia* canonnèrent le *Romulus* qui répondit avec vigueur au feu de ses deux adversaires. A la hauteur du cap Brun, les vaisseaux anglais, rappelés par l'amiral Pellew, abandonnèrent la poursuite. Il y avait trois quarts d'heure que l'action était engagée. Le *Boyne*, dont la mâture était fort endommagée, fut pris à la remorque par une frégate ; ce trois-ponts avait deux tués et quarante blessés. Le *Caledonia* n'avait pas perdu un homme et ses avaries étaient sans importance. Le vaisseau français, dont le gréement était haché et les voiles en lambeaux, avait son côté de bâbord criblé par les boulets. Le capitaine Rolland, blessé dès le début de l'action, avait été remplacé par le capitaine de frégate Biot.

Le *Romulus* avait dix-sept tués, dont un officier, l'enseigne de vaisseau Tissot, et soixante-sept blessés ; le

*Trident* un tué ; l'*Adrienne* un tué et sept blessés ; la *Médée* deux tués et deux blessés. Parmi les blessés du *Romulus* figuraient quatre officiers et un aspirant ; deux officiers, le lieutenant de vaisseau Poucel et l'enseigne Infernet, moururent des suites de leurs blessures. Au moment où le *Romulus* était sur le point d'être coupé par l'avant-garde de l'armée anglaise, il y avait dix-sept vaisseaux, à l'ancre, sur la rade de Toulon. Nous devons ajouter que ces vaisseaux, après avoir fourni des détachements pour compléter les effectifs de la division Cosmao, étaient restés à peu près sans équipages. D'après le rapport du commandant de l'escadre, les forts de Carqueiranne et de Sainte-Marguerite avaient pris part à cette affaire ; le fort du cap Brun avait ouvert le feu aussitôt que les Anglais s'étaient trouvés à portée.

L'amiral Emériau reçut l'ordre de former quatre régiments de quinze cents hommes et de débarquer mille hommes pour armer les forts de la côte. Peu après, ses vaisseaux furent désarmés et les équipages mis à la disposition du gouverneur de Toulon. L'amiral Missiessy détacha une partie de ses équipages à Berg-op-Zoom, Flessingue, et Breskens et dans les forts qui protégeaient le fleuve entre Lille et Anvers. Au commencement du mois de février 1814, cette dernière place fut investie par le corps d'armée du général Bulow et la division du général Graham. L'ennemi éleva des batteries dirigées contre la partie du rempart qui couvrait le bassin dans lequel se trouvaient réunis les vaisseaux et les bâtiments de flottille. L'enceinte, sur ce point, fut armée par les marins qui restaient encore à bord des vaisseaux de l'amiral Missiessy. Les ouvrages de l'ennemi ayant été plusieurs fois détruits par notre feu, le corps anglo-prussien convertit le siège en blocus. Les événements militaires obligèrent le capitaine de vaisseau Régnauld, qui commandait une division dans la Gironde, de livrer aux flammes le vaisseau le *Regulus*, trois bricks et quelques petits bâtiments. La division de Rochefort remonta dans la Charente. Les contre-amiraux Troude et Hamelin restèrent sur les rades de Cherbourg et de Brest. Un des vaisseaux appartenant à l'escadre de Brest, le *Golymen*, surpris par le calme, en revenant au mouillage, après avoir été reconnaître un bâtiment au large, se perdit sur la Basse-Goudre, située entre la Roche-Maingan et les Feuillettes.

L'envoi de quelques navires en croisière fut le dernier effort du département de la marine. Deux frégates sortaient ensemble avec l'ordre de faire à l'ennemi autant de mal qu'elles le pourraient. L'officier, auquel était dévolu le commandement des deux bâtiments, avait le choix des points de croisière; il restait, à la mer, le temps qu'il jugeait convenable et il rentrait dans le port qui lui semblait, suivant le temps et les circonstances, le plus accessible. L'*Iphigénie* et l'*Alcmène* de quarante-quatre, capitaines Emeric et Ducrest de Villeneuve, furent chassées, le 16 janvier, près des Canaries, par le *Venerable* de soixante-quatorze. Lorsque la nuit vint, les deux frégates cessèrent de s'apercevoir. A six heures et demie, le *Venerable*, arrivé par la hanche de tribord de l'*Alcmène*, somma cette frégate de se rendre. Le capitaine Bougainville, profitant de sa position au vent, fit une brusque arrivée; il espérait briser le beaupré du *Venerable* et mettre ainsi ce vaisseau dans l'impossibilité de le suivre. Le capitaine anglais ayant donné l'ordre d'imiter la manœuvre de l'*Alcmène*, les deux bâtiments se trouvèrent bord à bord; la frégate française fut enlevée à l'abordage. Le 19, dans la journée, l'*Iphigénie* aperçut de nouveau le *Venerable* qui se mit à sa poursuite. Le temps était sombre et à grains. L'*Iphigénie* pouvait s'échapper à la faveur de la nuit, mais à la condition de manœuvrer avec célérité et de faire de la toile. « J'en avais peu les moyens, écrivit le capitaine Emeric dans son rapport, avec un équipage composé de novices ou de conscrits et d'une centaine de Hollandais, Hambourgeois et Flamands qui, dans l'après-midi, se sont précipités dans l'entrepont pour faire leurs sacs et que mes officiers, aspirants et maîtres ont été obligés de faire monter à coups de sabre. » Le 20, lorsque le jour se fit, le *Venerable* s'était rapproché et bientôt il fut à portée de canon. L'*Iphigénie*, venant en travers, lui envoya plusieurs fois des volées entières « sans succès apparent, écrivit le capitaine Emeric, tant nos canonniers avaient peu d'expérience. C'étaient de jeunes matelots ayant six mois de service ». L'*Iphigénie*, jointe, bord à bord, par le vaisseau anglais, amena son pavillon.

Les frégates la *Clorinde* et la *Cérès*, capitaines Denis Lagarde et Bougainville, avaient quitté Brest au commencement du mois de décembre 1813; chassées, le jour de leur sortie, par des forces supérieures, elles s'étaient séparées. Le 5 janvier 1814, la *Cérès* fut aperçue, près des Iles du Cap-Vert, par les frégates anglaises le *Niger* et le *Tagus*. Après une chasse, pendant laquelle les trois frégates firent quatre-vingts lieues, la *Cérès* fut jointe et attaquée par le *Tagus*. Le combat durait depuis une heure lorsque le pavillon français fut amené; le *Niger*, qui arrivait sous toutes voiles, était sur le point d'ouvrir le feu sur la *Cérès*. Cette frégate avait quelques hommes blessés légèrement. Le capitaine Denis Lagarde passa quelque temps en croisière dans les parages des Açores et des Iles du Cap-Vert; une voie d'eau et des avaries de mâture le décidèrent à rentrer en France. Le 25 février, la *Clorinde* était à cent trente milles dans l'ouest des Penmark, avec des vents qui soufflaient très frais du sud-ouest, lorsque l'*Eurotas* de quarante-huit fut aperçu. A quatre heures et demie, le combat s'engagea, à portée de pistolet, entre les deux frégates. Un peu avant sept heures, le navire anglais, ras comme un ponton, cessa de combattre. Au moment où la *Clorinde*, qui avait déjà perdu son petit mât de hune et son perroquet de fougue, s'efforçait de se rapprocher de la frégate anglaise, son grand mât s'abattit, entraînant le mât d'artimon dans sa chute. Telle était la situation lorsque deux bâtiments apparurent se dirigeant sur le lieu du combat. Le capitaine Denis Lagarde laissa arriver vent arrière et il fit immédiatement travailler à l'installation de quelques voiles sur les débris de sa mâture. Le lendemain, au point du jour, la *Clorinde* fut jointe par la *Dryad* de quarante-deux et le brick de dix-huit l'*Achates* ; après un engagement très court, elle amena son pavillon. Le capitaine Denis Lagarde avait été blessé. Dans son combat avec l'*Eurotas*, la *Clorinde* avait eu vingt-trois tués et cinquante-neuf blessés; à bord de la frégate anglaise, le nombre des tués était de vingt et celui des blessés de quarante.

L'*Etoile* et la *Sultane* de quarante-quatre, capitaines Philibert et Dupetit-Thouars, étaient en relâche à l'île Mayo lorsque les frégates de quarante-deux, la *Créole* et l'*Astræa*, furent aperçues. Les frégates françaises mirent sous voiles et se portèrent au-devant de l'ennemi; la *Sultane* engagea la *Créole* et l'*Etoile* combattit l'*Astræa*. Deux heures après le début de l'action, la *Créole* cessa son feu et s'éloigna suivie par l'*Astræa*. Les frégates françaises, qui avaient de graves avaries, retournèrent à l'île Mayo pour les réparer. La *Sultane* était démâtée de son petit mât de hune, de son grand mât et de son mât d'artimon; elle avait dix-neuf tués et trente-deux blessés. Les capitaines Philibert et Dupetit-Thouars, informés de la présence, à la Praya, d'un vaisseau et de plusieurs frégates, mirent sous voiles aussitôt que leurs navires furent en état de prendre la mer. L'*Etoile* et la *Sultane* faisaient route pour rentrer en France lorsque, le 26 mars, par un temps brumeux, à douze lieues environ de l'île de Bas, un vaisseau de quatre-vingts, l'*Hannibal*, une frégate de quarante-deux, l'*Hebrus*, et un brick de seize, le *Sparrow* furent aperçus. Le capitaine Philibert fit le signal de liberté de manœuvre à sa conserve et il s'éloigna, suivi par l'*Hebrus* et le *Sparrow*. La *Sultane*, atteinte par l'*Hannibal*, envoya plusieurs volées à ce vaisseau; ne parvenant pas à le dégréer, elle amena son pavillon. Vers trois heures du matin, la frégate l'*Hebrus* se trouvait à petite distance de l'*Etoile*. Le capitaine Philibert ignorait sa position; ne voulant pas courir le risque de se jeter à la côte, il se porta sur le bâtiment ennemi. Après deux heures et demie d'un combat opiniâtre, l'*Etoile*, qui était sur le point de couler, amena son pavillon. Les pertes, qu'elle avait éprouvées dans les combats des 24 janvier et 27 mars, s'élevaient à quarante-sept hommes tués et quatre-vingts blessés. Le capitaine Philibert se plaignit de la conduite des Hollandais, Hambourgeois et Prussiens qu'il avait à son bord. La conduite des capitaines de la *Clorinde*, de l'*Etoile*, de la *Sultane* montre que, jusqu'au dernier jour de la guerre, l'esprit des officiers resta inaccessible au découragement.

Le comte d'Artois, nommé lieutenant général du royaume de France, conclut, le 23 avril 1814, avec les souverains alliés, une convention qui mit fin aux hostilités. Le traité de paix définitif fut signé le 30 mai. L'île de Malte et ses dépendances appartinrent à la Grande-Bretagne. Les colonies, comptoirs et établissements, que la France possédait au 1$^{er}$ janvier 1792, lui furent restitués, à l'exception des îles Tabago, Sainte-Lucie, l'Ile-de-France, l'île Rodrigue et les Seychelles qui devinrent la propriété de l'Angleterre. La partie est de Saint-Domingue, cédée à la France, lors de la paix de Bâle, fut rendue à l'Espagne. Le droit de pêche des Français sur le grand banc de Terre-Neuve, sur les côtes de l'île de ce nom et dans le golfe de Saint-Laurent fut remis sur le même pied qu'en 1792. Les bâtiments, munitions, matériaux de construction et d'armement, trouvés dans les places maritimes rendues aux alliés, devaient être partagés entre la France et les nouveaux possesseurs dans la proportion de deux tiers pour la France. De ce partage étaient exceptés les vaisseaux et le matériel naval, existant dans les places maritimes qui étaient tombées au pouvoir des alliés avant le 23 avril.

Napoléon, parti de l'île d'Elbe, le 26 février 1815, débarqua à Cannes, le 1$^{er}$ mars, traversa la France et arriva, le 20, à Paris. A la suite du traité, signé, le 25 mars, entre l'Autriche, l'Angleterre, la Prusse et la Russie, la Cour de Londres donna à sa marine l'ordre d'attaquer les bâtiments français. Le 30 avril 1815, la *Melpomène* de quarante-quatre, capitaine Collet, fut aperçue, à l'entrée de la baie de Naples par le vaisseau de quatre-vingts le *Rivoli*. Le combat s'engagea entre ces deux bâtiments; après une très honorable défense, la frégate amena son pavillon. La *Dryade* de quarante-quatre, capitaine Senez, chassée, près d'Ischia, par un vaisseau, une frégate et un brick, put entrer à Gaëte. Un nouveau traité de paix contenant, en ce qui concernait la marine, les mêmes clauses que celui du 30 mai 1814, fut signé, à Paris, le 20 novembre 1815, entre la France et les puissances coalisées.

# LIVRE X

La marine francaise de 1793 à 1815. — Causes de nos désastres. — Conclusion.

## I

Après la guerre de l'Indépendance américaine, le gouvernement fit de grands efforts pour développer nos forces navales et mettre la France en mesure de balancer encore une fois, sur mer, la fortune de sa rivale. La Révolution arriva. Les événements de cette époque atteignirent profondément la marine. Des désordres éclatèrent dans les ports et sur les bâtiments. L'état-major brave et expérimenté, qui avait fait la guerre d'Amérique, disparut. On dit encore, aujourd'hui, que les officiers de l'ancienne marine, en abandonnant leurs bâtiments, amenèrent les désastres que subirent nos escadres. Les historiens qui soutiennent cette thèse commettent une grave erreur. Au début de la Révolution, les officiers, très attachés à leur carrière, ne voulaient pas s'éloigner, on les y obligea. Là est la vérité. L'Assemblée constituante, en présence des troubles qui éclatèrent dans les ports, resta calme, presque indifférente; elle traita, de la même manière, M. d'Albert de Rions et les hommes qui avaient traîné ce chef d'escadre en prison. Les mêmes paroles de bienveillance banale s'appliquèrent à l'officier général qui avait fait son devoir, à la municipalité qui était sortie de ses attributions, à la garde nationale qui n'avait rien empêché et aux habitants et ouvriers parmi lesquels se trouvaient les coupables. La crise que traversait la France avait, sans nul doute, affaibli les ressorts du gouvernement ; mais, ce serait une erreur de croire que l'Assemblée n'avait pas, à ce moment, la force nécessaire pour imposer sa volonté. Les troupes auraient fait leur devoir, si elles avaient reçu une impulsion énergique. Lors des événements survenus à Toulon, à la fin de l'année 1789, il fut dit que les officiers de l'armée de terre avaient abandonné leurs camarades de la marine. Non seulement ces derniers protestèrent contre cette accusation, mais le chef d'escadre d'Albert de Rions, dans un document qui fut livré à la publicité, rendit hommage aux sentiments de dévouement et de discipline des officiers et des soldats de la garnison. La faiblesse que montra l'Assemblée, lorsqu'elle se trouva dans l'obligation de se prononcer sur les événements arrivés à Toulon, en décembre 1789, eut des conséquences désastreuses. Les municipalités et les clubs, un moment intimidés, reprirent leur marche en avant pour s'emparer du pouvoir ; partout les hommes de désordre continuèrent leur œuvre. Après les actes d'indiscipline, commis, en 1790, par les équipages de l'escadre de Brest, les officiers découragés, se sentant impuissants, envoyèrent au ministre une adresse dans laquelle leur situation était exposée en termes très dignes. Ils demandaient, non dans leur intérêt mais au nom de l'honneur et de la sécurité de la France, que le gouvernement prît les mesures nécessaires pour rétablir l'ordre sur nos flottes. Ils étaient prêts, s'ils ne possédaient pas la confiance des équipages, à remettre en d'autres mains « les moyens d'honneur et de gloire auxquels l'espoir de se rendre utiles à la patrie les tenait fortement attachés ». La Constituante ne fit aucun effort pour rétablir la discipline. Dans cette situation et alors qu'on ne répondait aux ordres qu'ils donnaient que par des injures et des menaces, que devaient faire les chefs d'escadre, les capitaines et les officiers ? Il ne suffit pas de dire que l'ancien état-major déserta son poste, il faut mettre, en regard de cette accusation, la position dans laquelle se trouvèrent les officiers qui prirent ce parti. Si les chefs d'escadre d'Albert de Rions et de Souillac quittèrent le commandement de l'escadre de Brest, Bougainville refusa le grade de vice-amiral qu'on lui offrait. Cependant, il n'est encore venu à l'esprit de personne d'attaquer le patriotisme de Bougainville. Aucune considération ne justifie le décret, rendu, par la Constituante, le 29 avril 1791. Comment cette Assemblée pouvait-elle avoir la pensée de détruire un état de choses qui avait amené les glorieux résultats de la guerre de l'Indépendance américaine ? La Constituante avait pour mission de concilier le respect des droits antérieurs avec les nécessités du présent. Les Français étant, en vertu de la Constitution, admissibles à tous les emplois civils et militaires, son rôle, dans les questions relatives à l'organisation de l'état-major de la flotte, était nettement indiqué. Tout en maintenant des institutions qui avaient contribué à la grandeur du pays, elle veillait à ce que tous les jeunes gens, sans distinction de classe, remplissant les conditions déterminées par les règlements, fussent admis comme élèves de la marine. Dans ces conditions nouvelles, le grade de sous-lieutenant de vaisseau, n'ayant plus de raison d'être, disparaissait.

La situation des anciens officiers, à mesure que la révolution avançait, s'aggrava. Après les événements survenus à Toulon, le 1er décembre 1789, les officiers des ports de Brest et de Rochefort avaient demandé la prompte punition des coupables, comprenant très bien que si le gouvernement montrait quelque faiblesse, au début d'une crise dont il était facile de prévoir la gravité, la cause de la discipline était perdue. Les officiers du port de Toulon, à l'exception du capitaine de vaisseau de Flotte qui avait remplacé le chef d'escadre d'Albert de Rions comme commandant de la marine, s'étaient associés à la démarche de leurs camarades. La municipalité toulonnaise, qui n'avait pas encore la mesure exacte de sa force, était intimidée. Un peu rassurée par la conduite du nouveau commandant de la marine, elle écrivit au ministre une lettre dans laquelle on lisait : « Monsieur le comte de Flotte a donné, en cette rencontre, une preuve signalée de prudence et de maturité que lui assure à jamais la confiance et l'amour des habitants. C'est par de tels procédés que le calme, la subordination et l'harmonie règnent et ont succédé aux orages excités par une raideur mal entendue. » La fin tragique du contre-amiral de Flotte, en 1792, montra ce que valaient ces protestations dictées par l'intérêt. Le tribunal révolutionnaire de Brest inaugura son installation en envoyant à l'échafaud le lieutenant de vaisseau de Rougemont et deux jeunes gens, les enseignes Le Dall de Kéréon et Louis de Monteclerc, âgés le premier de dix-neuf ans et le second de dix-huit. Ces trois officiers se trouvaient aux Antilles, en 1792, sur les bâtiments du commandant Rivière ; loin de partager les sentiments de leur chef, ils s'étaient séparés de lui aussitôt que cela avait été en leur pouvoir. Libres de rester à l'étranger, ils étaient revenus en France. Arrivés à Brest au commencement de 1793, ils n'avaient été, de la part du ministre de la marine, l'objet d'aucune mesure particulière. Leur innocence était évidente; cependant rien ne put les sauver (1).

Nous avons indiqué le traitement infligé par les représentants Bréard, Tréhouart et Jean-Bon-Saint-André au vice-amiral Morard de Galle et à des officiers de tous grades de la flotte de Brest, appartenant depuis longtemps à la marine militaire. Le 7 février 1794, le vice-amiral Grimoard, un des officiers les plus distingués de l'ancienne marine, périssait sur l'échafaud. Il avait été appelé, à la demande des habitants, aux fonctions de commandant des armes à Rochefort; sa conduite avait toujours été très correcte et aucun reproche ne pouvait lui être adressé. Les représentants Lequinio, Laignelot et leurs amis, qui tenaient particulièrement à faire tomber la tête de ce vice-amiral, l'accusèrent d'avoir persécuté les patriotes pendant une campagne, qu'il avait faite, à Saint-Domingue, quelques années auparavant. A quelques jours de là, le contre-amiral Truguet, dans une lettre qu'il adressait au Comité de salut public, parlait, avec une franchise qui l'honorait, de

---

1. Ce jugement frappa la ville de stupeur et d'effroi. Les rues, nous ont souvent dit des contemporains, furent plusieurs jours désertes, et on n'y voyait circuler que les membres de la société populaire, mêlés aux soldats du bataillon de la Montagne, tous chantant en chœur le *Ça ira* et la *Carmagnole*. Après l'exécution, ce cortège, grossi des tricoteuses, fidèles habituées des séances de la société populaire, appela à grands cris Laignelot et Tréhouart qui durent venir sur la terrasse de l'hôtel de la Marine, où ils logeaient, mêler leurs voix à celles de ces tigres et de ces mégères leurs dignes compagnes. (Levot, *Histoire de la ville et du port de Brest pendant la Terreur.*)

la situation des anciens officiers, restés en France avec l'intention de servir leur pays. Il ne craignait pas de dire qu'ils étaient persécutés, destitués arbitrairement, traînés dans les cachots. Il ajoutait, ce qui n'était pas sans quelque mérite à cette époque, que si le patriotisme était la première de toutes les vertus, la justice était un devoir. Enfin, il invoquait l'intérêt de la patrie pour décider le comité à rappeler, sur nos vaisseaux, des officiers « qui n'avaient pas été remplacés et qui ne pouvaient pas l'être ».

Les Conventionnels n'avaient, à aucun degré, le sentiment des difficultés que présente la guerre sur mer. Un navire marchand, de nationalité grecque, était au mouillage de Brégançon, dans les Iles d'Hyères, lorsqu'il fut attaqué par des embarcations anglaises. Un Français, le capitaine de commerce Trullet, passager à bord de ce bâtiment, se conduisit d'une manière très énergique. La Convention le nomma « capitaine d'un vaisseau de guerre » par un décret portant la date du 8 janvier 1794. Le ministre envoya le capitaine Trullet, à Toulon, avec un brevet d'enseigne de vaisseau non entretenu. A la séance de la Convention du 29, un député N. (il est ainsi désigné au *Moniteur*) fit une sortie très violente contre le ministre de la marine qui avait donné à Trullet un brevet d'enseigne non entretenu, alors que la volonté expresse de la Convention était que ce capitaine eût le commandement d'un vaisseau de guerre. Bourdon de l'Oise dit que Dalbarade avait très bien compris ce que voulait la Convention, mais qu'il s'était fait un jeu de lui désobéir. Le ministre entrait, à ce moment, dans la salle de la Convention. Interpellé par le président, l'ancien corsaire ne se mit pas en frais d'éloquence ; il répondit qu'il n'avait pas attaché au décret le sens que lui donnait l'assemblée. La discussion, qui, jusque-là, n'avait porté que sur la forme, c'est-à-dire sur la prétendue désobéissance de Dalbarade, s'engagea alors sur le fond. Jean-Bon-Saint-André déclara qu'on ne pouvait, sans compromettre les intérêts de la République, interpréter le décret de l'Assemblée comme le voulait Bourdon. Il lui semblait, d'ailleurs, inadmissible que la Convention eût voulu donner immédiatement à Trullet, sur la capacité duquel elle n'avait aucun renseignement, le commandement d'un vaisseau de ligne. Legendre, qui avait été marin, appuya Jean-Bon-Saint-André.» J'ai commencé, par être mousse, dit-il, et je suis devenu matelot. J'applaudis à l'action courageuse qui a mérité une récompense au citoyen Trullet; mais comment le faire passer du commandement d'un vaisseau marchand à celui d'un vaisseau de guerre ; c'est comme si d'un mousse vous faisiez un maître d'équipage ». Cette opposition ramena Bourdon à la tribune ; plus violent et plus agressif qu'il ne l'avait été au début de la séance, il déclara que l'Assemblée ne devait faire aucune concession. Jean-Bon-Saint-André répliqua, mais cette nouvelle tentative, faite pour éclairer l'Assemblée, demeura sans résultat. La Convention, par un nouveau décret, nomma le citoyen Trullet capitaine de vaisseau et elle enjoignit au ministre de désigner le vaisseau, dont le commandement devait lui être confié. Toute ambiguïté disparaissait et Dalbarade n'avait plus qu'à obéir. A mesure que la Révolution avançait, le niveau des officiers de marine, sous le rapport moral et intellectuel, descendait. A l'ignorance venaient se joindre la bassesse, l'intrigue et la jalousie. C'était l'opinion d'un homme qui n'était pas suspect, nous voulons parler de Jean-Bon-

Saint-André. Ce représentant, éclairé par l'exercice du pouvoir, indigné des passions basses qui s'agitaient autour de lui, fatigué des dénonciations, dont les officiers, qu'ils fussent de l'ancienne ou de la nouvelle marine, étaient l'objet, tint aux états-majors de l'escadre de Brest ce sévère langage : « Il faut extirper de tous les cœurs le germe des passions qui nuisent au bien public. De nombreuses pétitions nous ont été présentées pour nous demander de l'avancement ; on nous parle de passe-droit, d'ancienneté. Chacun vante ses talents et son expérience. Chacun veut commander ; nous nous demandons où sont ceux qui ont le courage d'obéir..... Et que résulte-t-il de cette basse jalousie qui fait regarder comme un affront l'élévation d'un de nos camarades ? L'oubli de tous les devoirs, la négligence dans le service, le relâchement de la discipline, les défaites malheureuses, la honte et l'opprobre. »

Le vice-amiral Villaret, auquel le ministre se plaignait, en 1795, du peu de valeur de nos officiers, répondait en ces termes : « Ignorance, intrigues, prétentions, apathie pour le service, basse jalousie, ambition de grade, non pour avoir occasion de se distinguer, mais bien parce que l'emploi donne plus d'argent, voilà malheureusement le tableau trop fidèle des dix-neuf vingtièmes des officiers. » Lorsque la situation intérieure se détendit, non seulement on mit en liberté les officiers impliqués dans les affaires dites de Quiberon et de Toulon, mais ils reprirent, dans la marine, les positions qu'ils occupaient avant leur incarcération. Les officiers de tous grades, qui avaient péri sur l'échafaud révolutionnaire, n'étaient pas plus coupables que ceux auxquels le Comité de salut public rendait cette tardive justice.

La population des côtes, laissée dans le dénûment par

suite de la cessation du commerce maritime, ne pouvait vivre qu'en servant sur les navires de l'Etat ou sur les bâtiments armés en course. Au début des hostilités, les gens de mer obéirent avec empressement à la loi qui les appelait au service; mais on ne comprit pas, à Paris, la nécessité de s'occuper de ce personnel. L'Etat s'appropria ce que possédait la caisse des gens de mer, dont le fonctionnement ne tarda pas à cesser, puisque le gouvernement ne payait ni la solde des matelots ni les délégations consenties par eux en faveur de leurs familles. La caisse des invalides fut vidée comme l'avait été celle des gens de mer; il est inutile d'ajouter qu'elle ne se remplit pas. Le commerce maritime n'existant plus, il n'y avait pas de gages de marins passibles de la retenue réglementaire; en conséquence, toutes les sources qui alimentaient habituellement cette caisse furent taries. La suppression des pensions qu'elle payait, des secours qu'elle donnait à des vieillards, à des femmes et à des enfants livra à la misère et au désespoir les habitants des côtes. Les parts de prise, provenant de la vente des navires de commerce enlevés à l'ennemi, auraient procuré quelque argent aux familles des marins; mais ni les capteurs ni la caisse des Invalides ne recevaient ce qui leur était dû. Les matelots disparurent. Les uns naviguèrent en Allemagne, en Suède, en Danemark et sous les pavillons des villes Anséatiques; d'autres restèrent en France, mais ils se cachèrent. On forma les équipages avec des conscrits. Les administrateurs remplacèrent les officiers dans le service des ports. Comme on ne voulait rien conserver du passé, l'ancienne organisation ne fonctionna plus; tout fut réglé par les décrets de la Convention, les arrêtés des représentants, quelquefois par de simples lettres ministérielles. Il en résulta une confusion et un désordre inexprimables. La présence des représentants, envoyés en mission dans nos ports ou sur nos escadres, devint un nouvel élément de troubles et de difficultés. La plupart d'entre eux n'avaient que des notions très vagues sur le service qu'ils devaient diriger. Cependant, aucune résolution n'était prise sans leur assentiment. Ils tranchaient dictatorialement des questions absolument spéciales, concernant la manœuvre, l'artillerie ou la construction. Le Comité de salut public aussi bien que les représentants en mission sur nos flottes voulaient évidemment la victoire ; on doit même croire qu'ils étaient convaincus de l'excellence des moyens qu'ils employaient. Cependant, leur administration n'eut d'autre résultat que de consommer la ruine de l'ancien édifice maritime, encore debout au début de la guerre. La rébellion paralysa les mouvements de l'escadre commandée par Morard de Galle, en même temps qu'elle devint une nouvelle cause de désorganisation. L'escadre de Brest, après avoir subi les changements ordonnés par Jean-Bon-Saint-André, reprit la mer ; nous avons vu qu'elle était rentrée, laissant sept vaisseaux entre les mains de l'ennemi. S'il était permis de donner, comme explication de la sortie de l'amiral Villaret Joyeuse, l'obligation de protéger l'arrivée du convoi escorté par Vanstabel, que pouvait-on dire pour justifier la croisière du grand hiver ? L'irréflexion et l'ignorance des choses maritimes présidaient, dans la Méditerranée comme dans l'Océan, à nos décisions. Le Comité de salut public se proposait tantôt de reprendre la Corse, tantôt de chasser la marine anglaise de la Méditerranée. Ces projets étaient excellents, mais encore convenait-il de savoir si nous avions les moyens de les réaliser ; c'est ce dont on ne se préoccupait pas.

Le Directoire, animé du très vif désir de réorganiser la marine, tenta de mettre un peu d'ordre dans ce chaos. Malheureusement, il rencontra, dans les Conseils, où étaient entrés d'anciens Conventionnels, une très vive opposition. Les institutions relatives à la préparation de nos forces navales ne furent pas modifiées. L'amiral Truguet apporta quelque amélioration dans la composition des cadres de l'état-major de la flotte; mais le nouveau gouvernement, ne tenant pas un compte suffisant de notre situation, voulut trop entreprendre. Les témoignages contemporains nous montrent le sentiment général de la marine ouvertement hostile à l'expédition d'Irlande. Les officiers généraux, les capitaines, c'est-à-dire les hommes les plus autorisés, se refusaient à croire qu'une entreprise aussi sérieuse pût être tentée, au plus fort de l'hiver, avec cette réunion de bâtiments, armés de la veille, encombrés de troupes et dont les équipages étaient composés presque en totalité de conscrits. Au commencement de 1798, la conquête de Malte et l'expédition d'Egypte furent résolues. Malgré les difficultés de cette entreprise, le plus grand obstacle devait venir de notre propre situation, c'est-à-dire de l'épuisement de nos ressources. Il restait quelques bâtiments dans les ports, mais nous n'avions ni matelots ni approvisionnements. Le 6 mai 1798, l'ordonnateur de la marine écrivait au ministre, en lui adressant l'état des vaisseaux, frégates et autres bâtiments composant l'expédition : « Vous remarquerez, sans doute, dans cet état, un déficit assez considérable en gens de mer..... Il est, au surplus, une observation que je dois faire, et qui me paraît rassurante, c'est que, lorsque, le 14 mars 1796, le vaisseau de la République, le *Ça-Ira*, rendit, dans la Méditerranée, un combat contre six vaisseaux de guerre anglais, il n'avait, à son bord, que centquatre-vingt-sept matelots et quatre cent quatre-vingt-seize soldats... Tous les vaisseaux de l'escadre, aux ordres du vice-amiral Brueys, ont, respectivement à leur rang, un nombre de matelots égal au moins à celui du *Ça-Ira*, qui était de quatre-vingts canons, et ils auront, en outre, un nombre plus considérable de troupes. » Comment un intendant, c'est-à-dire un fonctionnaire étranger à la pratique de la marine, pouvait-il être chargé de traiter des questions aussi graves? Le *Moniteur* inséra, le 31 mai 1798, une correspondance de Toulon, dans laquelle on disait: « Jamais flotte n'a été aussi bien approvisionnée, dans si peu de temps et avec aussi peu de moyens qu'on avait sous la main. Rien ne lui manque et cependant on entendait continuellement des plaintes et des menaces de la part de gens qui connaissent toujours tout excepté leur état. » Or, nous savons par les lettres de l'amiral Brueys que l'escadre était partie, n'ayant que très peu de vivres et complètement démunie d'approvisionnements. C'est à cette situation que nous avaient conduits ceux qui, depuis le commencement de la Révolution, ne cessaient de dire qu'il fallait mettre les officiers hors de toutes les opérations des ports. S'il est légitime de juger les institutions par les résultats, on se rend facilement compte de ce que valaient les nôtres. On voit non moins clairement que, de 1793 à 1799, nous sommes vaincus par nous-mêmes, avant de l'être par l'ennemi. Dans de telles conditions, pouvions-nous lutter contre la marine anglaise, dirigée, dans les conseils comme sur les champs de bataille, par ses chefs les plus illustres?

## II

Sous le Consulat et l'Empire, l'ordre et la discipline régnèrent à bord de nos bâtiments et dans nos arsenaux.

La marine eut, ce qui lui avait toujours manqué depuis 1793, de l'argent, mais elle prit un développement qui dépassait ses forces. La faiblesse du personnel et le mauvais état du matériel rendirent, le plus souvent, impraticables des plans de campagne, excellents en théorie. L'amiral Ganteaume fut envoyé en Égypte avec sept vaisseaux, portant des troupes et des approvisionnements. La *Régénérée* avait mouillé, à Alexandrie, le 2 mars ; cette frégate s'était trouvée, la veille, au milieu de la flotte de l'amiral Keith qui se dirigeait alors sur la baie d'Aboukir. Le contre-amiral Ganteaume, étant depuis quatre jours, dans la Méditerranée, lorsque la *Régénérée* avait quitté Rochefort, devait précéder cette frégate à Alexandrie, et, par conséquent arriver, sur ce point, avant le retour de l'amiral Keith. Il aurait, il est vrai, rencontré la division du contre-amiral Bickerton, mais celle-ci ne comptait que quelques vaisseaux. Enfin, cette division abandonnait souvent la croisière devant Alexandrie pour se porter sur d'autres points de la côte. Il est donc exact de dire que le contre-amiral Ganteaume avait les chances les plus sérieuses d'arriver en Égypte. Que l'amiral Ganteaume ait ou n'ait pas montré une hardiesse suffisante, ce que l'on ne peut décider facilement, on doit reconnaître que les dispositions prises, au départ de Brest, ne tenaient aucun compte des difficultés attachées à sa mission. La même observation s'applique, avec plus de force, aux navires expédiés isolément à Alexandrie, tels que l'*Africaine* et la *Sans-Pareille*. On se rappelle que le premier de ces bâtiments, dans son engagement avec la *Phœbé*, eut cent vingt-sept tués et cent soixante-seize blessés, alors que son adversaire ne comptait que deux tués et douze blessés. Quant à la corvette la *Sans-Pareille*, elle ne put tirer un coup de canon parce que son équipage avait le mal de mer. L'heureuse issue du combat d'Algésiras, livré le 6 juillet 1801, causa, en France, une légitime satisfaction. L'habileté des chefs, la belle conduite des équipages amenèrent ce résultat ; mais la prise du *Saint-Antoine* et l'explosion des deux trois-ponts espagnols, survenues quelques jours après, montrèrent, une fois de plus, qu'on ne peut compter sur des succès durables avec des navires insuffisamment préparés pour le combat.

Après les secours à porter en Égypte, vint la descente en Angleterre. On créa la flottille de Boulogne ; son organisation fut remarquable. L'œuvre ne dépassait pas nos forces. La marine put donner à chaque navire un nombre suffisant de matelots ; des exercices répétés familiarisèrent le personnel auxiliaire avec la manœuvre. La flottille de Boulogne présenta le spectacle, rare, à cette époque, dans la marine française, de bâtiments pouvant diriger sur l'ennemi des feux d'artillerie efficaces. Diverses circonstances, telles que la mort de La Touche-Tréville et la rentrée de Villeneuve à Toulon, amenèrent l'Empereur à modifier, plusieurs fois, le plan de campagne, imaginé pour amener une de nos escadres dans la Manche. Enfin, Villeneuve sortit de la Méditerranée ; ralliant les Espagnols devant Cadix, il se rendit à la Martinique. A la nouvelle de l'arrivée de Nelson, l'escadre combinée fit route vers l'Europe. La lenteur avec laquelle s'effectua cette traversée fut la cause première des malheurs de la campagne. Si nous nous étions éloignés plus rapidement des Antilles, l'incident du *Curieux* ne se serait pas produit. L'amirauté britannique, ne recevant aucune information particulière sur la route suivie par Villeneuve, ne donnait pas à Cornwallis l'ordre de lever le blocus de Rochefort et du Ferrol. Le combat du cap Finisterre n'ayant pas lieu, d'importantes avaries étaient épargnées à nos bâtiments, et nous ne perdions pas les journées des 23 et 24 juillet à poursuivre les Anglais. Cette dernière circonstance était d'autant plus regrettable que les vents soufflaient, à ce moment, d'une direction favorable pour aller au Ferrol. D'autre part, la question des vivres, de l'eau et des malades, qui conduisit l'escadre à Vigo, n'aurait pas eu d'importance. L'escadre combinée, ralliée par les vaisseaux des amiraux Gourdon et Grandellana et par la division de Rochefort, se serait dirigée immédiatement sur Brest. Les forces que commandait Nelson n'auraient pu intervenir, puisque cet amiral, arrivé, le 19 juillet, à Gibraltar, ne parut, devant Ouessant, que le 15 août. La flotte alliée aurait compté trente-quatre vaisseaux, et cinquante-six si Villeneuve était parvenu à opérer sa jonction avec Ganteaume. Cornwallis, placé entre les deux amiraux français, se serait trouvé à la tête de vingt-deux vaisseaux et de vingt-sept, si nous avions laissé Calder se retirer intact. Telle eût été la situation, si l'escadre combinée avait eu une marche nous ne dirons pas supérieure mais ordinaire. Ainsi, le premier obstacle que rencontrait le plan, tracé par l'Empereur, venait de la mauvaise marche de l'*Atlas* et de cinq vaisseaux espagnols. L'amiral Villeneuve, s'il avait été heureusement inspiré, aurait laissé ces bâtiments à la Martinique. Partant des Antilles avec quatorze vaisseaux, il en trouvait quatorze au Ferrol et cinq à Rochefort. L'escadre combinée, il est inutile de le dire, ne rencontrait pas Calder au large du cap Finisterre ; elle devait, au contraire, surprendre cet amiral qui était chargé de bloquer le Ferrol. Quittant les Antilles, le 8 juin, avec une escadre marchant bien, Villeneuve ralliait les amiraux Gourdon et Grandellana au commencement de juillet, si on en juge par la traversée du *Curieux*, arrivé à Portsmouth, le 9 juillet, après avoir quitté Nelson le 12 juin, et il faisait route sur Brest avec trente-trois vaisseaux, vingt-trois français et dix espagnols. Quel eût été le dénouement? Il est difficile de le savoir, mais, dans les conditions énoncées plus haut, nous aurions joué la partie engagée avec des chances très sérieuses de la gagner.

L'amiral Villeneuve mouilla à Cadix le 20 août. Ce même amiral, qui avait osé, malgré des ordres très précis, venir dans ce port, devenu, deux mois après, le jouet de la fatalité, prit la mer, contrairement au sentiment général de son armée et au sien propre, pour courir au-devant de cette bataille dont il voyait, depuis si longtemps, les graves conséquences. Ses fautes et celles que commirent les amiraux Gravina et Dumanoir et plusieurs capitaines de l'armée combinée exercèrent une influence regrettable sur les événements, mais on se tromperait si on leur attribuait la perte de la bataille de Trafalgar. L'infériorité du personnel et le mauvais état du matériel, bien plus que les erreurs des chefs de la flotte franco-espagnole, amenèrent ce funeste résultat. L'amiral Nelson déploya, dans cette journée, les talents d'un grand général, mais son audace le servit moins que sa connaissance profonde de la valeur des vaisseaux anglais et des nôtres. Depuis le début de la guerre, tout avait été modifié, perfectionné chez nos adversaires. Les Anglais tiraient vite et bien, comprenant que, dans une affaire navale, le dernier mot devait rester au canon. Nous avons vu le *Royal-Sovereing* s'avancer seul sur notre ligne, la traverser, combattre vergue à vergue la *Santa-Ana* et rester, près d'un quart d'heure, seul au milieu de plusieurs bâtiments de l'arrière-garde, souffrant peu de ce feu mal dirigé. Le *Victory*, sur lequel le *Bucentaure*, la *Santissima-Trinidad*, le *Héros* et plusieurs bâtiments de l'avant-garde tirèrent pendant un temps très long, ne subit que des pertes insignifiantes. Une escadre, incapable, par suite de l'infériorité de son artillerie, d'arrêter les vaisseaux qui marchaient en tête des colonnes de Nelson et de Collingwood, se trouvait, par cela même, hors d'état de se défendre contre une flotte bien organisée. On ne saurait trop insister sur ce point. Des fautes ont été commises par les alliés. L'escadre d'observation, maintenue au vent, coupait la colonne de Collingwood, et l'avant-garde, repliée à temps sur le centre, prenait part au combat; nos pertes eussent été moins grandes et le mal fait à l'ennemi plus considérable. Tout cela est certain, mais les efforts de l'amiral Villeneuve, placé en face d'un adversaire actif, habile, ayant une armée solide, instruite, étaient à l'avance frappés de stérilité.

Trafalgar marqua la fin des grandes rencontres sur mer. Le gouvernement prit la détermination d'envoyer de petites escadres en croisière, mais il était trop tard pour que ce système de guerre pût amener des résultats. La marine anglaise avait pris un tel développement que nos escadres, partout où elles paraissaient, se trouvaient en présence de forces supérieures. L'amiral de Leissègues vit détruire les bâtiments qu'il commandait non par l'escadre, envoyée à sa recherche, mais par l'amiral Duckworth qui avait abandonné le blocus de Cadix pour se mettre à la poursuite de la division de Rochefort. L'amiral Willaumez était sur le point d'être rejoint par sir John Strachan lorsque ses bâtiments furent dispersés par la tempête; enfin, une escadre croisait au large du cap Finisterre pour l'intercepter à son retour. Notre activité se porta sur les constructions. En attendant le moment de reparaître sur mer, c'était en battant les alliés de l'Angleterre sur le Continent que nous comptions obliger cette puissance à demander la paix. La flottille de Boulogne fut réorganisée ; on établit des camps dans le voisinage de nos escadres. Nous nous proposions d'aller, suivant les circonstances, en Egypte, dans les colonies anglaises, en Irlande et peut-être en Angleterre. Le soulèvement du Portugal et de l'Espagne fit évanouir ces espérances. Les vaisseaux de l'amiral Rosily, à Cadix, et l'Atlas, à Vigo, tombèrent au pouvoir des Espagnols. L'ennemi redoubla d'ardeur pour atteindre les débris de notre marine. L'escadre de l'île d'Aix fut détruite ou réduite à l'impuissance. En remontant aux causes qui amenèrent ce désastre, on retrouve la faiblesse dans le conseil et le manque de fermeté dans l'action qui caractérisent la plupart des affaires maritimes de cette époque. Notre infériorité, sous le rapport du personnel et du matériel, était manifeste. Cet état de choses exigeait, de notre part, des dispositions maritimes extrêmement étudiées ; soit indécision, soit ignorance nous laissions les choses aller au hasard.

Le ministre, prévenu par des renseignements particuliers, venus d'Angleterre, et par les lettres de l'amiral Allemand des préparatifs de l'ennemi, ne fit rien pour assurer la sécurité des bâtiments mouillés sur la rade de l'île d'Aix. Il abandonna cette tâche au commandant de l'escadre et au préfet maritime. Le 3 avril, l'amiral Allemand, en butte à des difficultés continuelles, lui écrivit : « Je suis arrêté, tous les jours, par des refus, quoiqu'il s'agisse de demandes de peu de valeur et néanmoins bien nécessaires. » Le 8 avril, le ministre prescrivit au préfet maritime : « de ne se refuser, en général, à rien de ce qui pourrait assurer la défense de l'escadre de l'île d'Aix. » Cette lettre, dont les termes mesurés n'étaient évidemment pas à la hauteur des circonstances, arriva trop tard. De même que le ministre avait compté sur le préfet et sur le commandant de l'escadre pour faire face aux difficultés que soulevait la présence de l'amiral Gambier sur la rade des Basques, le vice-amiral Martin se reposa sur le directeur du port du soin de satisfaire aux demandes de l'escadre. Ce fut par une lettre de l'amiral Allemand qu'il apprit, le 31 mars, qu'aucun objet de matériel n'était arrivé à l'île d'Aix. Il écrivit alors au directeur du port : « Il est bien étonnant que, depuis le 24 de ce mois, que vous avez reçu l'ordre de faire parvenir à l'île d'Aix les objets nécessaires pour y former une estacade, ces objets n'y soient pas encore arrivés. Les circonstances actuelles prescrivent impérieusement que ces objets partent sur-le-champ. Je vous préviens que vous deviendrez personnellement responsable des retards qui occasionneraient quelque événement qu'on doit prévoir, d'après l'avis dont je vous ai donné connaissance. » Ainsi, du 24 mars au 31 rien n'avait été fait et le préfet maritime l'ignorait. L'Angleterre nous porta un dernier coup en s'emparant de nos colonies. La marine française ne fut plus alors représentée, sur mer, que par quelques rares navires envoyés à la poursuite du commerce ennemi.

L'amiral Decrès, pendant sa longue carrière ministérielle, s'occupa de l'administration avec une extrême sollicitude. Il fit de consciencieux efforts pour introduire l'ordre et l'économie dans les divers services de son département; mais il négligea la partie la plus importante de sa charge, l'organisation maritime et militaire de la flotte. Nos navires, quoiqu'ils fussent en général bien construits, parvenaient rarement à se dérober à la poursuite de l'ennemi. Les mâtures mal assujetties, le peu de solidité des gréements, la médiocrité des installations relatives à la manœuvre faisaient disparaître les avantages que pouvaient donner les formes des carènes. Il arrivait fréquemment que des navires, prenant la mer, démâtaient de leurs mâts de hune. L'escadre de Toulon, d'après les rapports de l'amiral Emériau, sortait rarement pour évoluer au large, sans faire des avaries.

L'instruction des états-majors était très faible, celle des équipages au-dessous du médiocre ; on s'occupait un peu de la manœuvre, mais le service de l'artillerie était complètement négligé. L'Empereur écrivait au vice-amiral Decrès, le 23 mai 1806 : « Les canonniers de la marine ne sont pas exercés. L'opinion de tout le monde est qu'ils devraient être exercés à tirer en rade sur une vieille coque de bâtiment. C'est une exercice que je ne cesse de recommander et qu'on n'exécute pas..... La marine ne sait que se plaindre de ce que l'expérience manque à ses marins sans se donner la peine de les exercer. »

En résumé, de 1793 à 1815, la marine n'est pas propre à faire la guerre ; une qualité essentielle lui manque, elle n'est pas militaire. Les états-majors sont braves, les équipages déploient une énergie et un courage dignes des plus grands éloges, mais ni les uns ni les autres ne savent se battre. Des exceptions existent, mais elles ne peuvent infirmer la règle. Dans les combats, nos pertes sont considérables, celles de l'ennemi presque nulles. Si, par notre opiniâtreté, par un grand sacrifice d'hommes, nous sauvons l'honneur du pavillon, nous ne faisons pas de mal à l'ennemi. Ce n'est pas là la guerre.

La préparation des flottes et l'organisation du personnel, officiers et équipages, sont l'œuvre du temps. Quand vient le moment de combattre, il est trop tard pour toucher aux institutions. C'est pourquoi il faut s'appliquer, sans relâche, à les perfectionner pendant la paix.

# TABLE DES MATIÈRES

### LIVRE PREMIER

Nouvelle organisation du service des ports. — Reconstitution de l'état-major de la flotte. — Tentatives faites par le gouvernement consulaire pour ravitailler l'île de Malte et envoyer des renforts en Egypte. — Prise du vaisseau le *Généreux*. — Combat du *Guillaume-Tell*. — Capitulation de l'île de Malte. — Prise des frégates la *Désirée*, la *Médée*, la *Concorde* et la *Pallas*. — Les Anglais dans la baie de Quiberon, au Ferrol et devant Cadix. — La corvette la *Danaé* se rend aux Français. — Incendie de la *Queen-Charlotte*. — Naufrage des vaisseaux le *Repulse* et le *Malborough*. — Combat de la *Vengeance* et de la *Constellation*. — Combat de la corvette le *Berceau* et de la frégate le *Boston*. — Traité du 30 septembre 1800 qui met fin au différend existant entre la France et les Etats-Unis d'Amérique. — Les îles de Gorée et de Curaçao sont prises par les Anglais. — Violences commises par la marine britannique à l'égard des neutres. — Attaque de la frégate danoise la *Freya* par une division anglaise. — La *Freya* et le convoi placé sous son escorte sont capturés. — La Cour de Londres, loin d'accueillir les réclamations du Danemark, demande des réparations pour l'insulte faite à son pavillon. — Mission de lord Withworth à Copenhague. — Solution provisoire du différend existant entre l'Angleterre et le Danemark. — Affaire de la goélette suédoise la *Hofnung*. — Navire prussien arrêté par un corsaire anglais. — Convention de neutralité armée de 1800. — Envoi d'une escadre anglaise devant Copenhague. — Combat du 2 avril. — Conclusion d'un armistice entre l'Angleterre et le Danemark. — Mort de Paul 1er. — Traité du 17 juin entre la Russie et l'Angleterre. — Accession de la Suède et du Danemark à ce traité. . . . . . . . . 1

### LIVRE II

Mesures prises pour secourir l'armée d'Egypte. — Bâtiments expédiés de nos ports et des ports de la côte d'Italie. — Le contre-amiral Ganteaume sort de Brest avec une division de sept vaisseaux pour se rendre en Egypte. — Combat de la frégate française la *Bravoure* et de la frégate anglaise la *Concorde*. — Prise du cutter le *Sprithly* et de la frégate le *Success*. — Entrée du contre-amiral Ganteaume à Toulon. — Cet officier général se dirige de nouveau sur Alexandrie. — La division française revient à Toulon. — Troisième sortie du contre-amiral Ganteaume. — La division française paraît devant l'île d'Elbe. — Renvoi des vaisseaux le *Formidable*, l'*Indomptable*, le *Desaix* et de la frégate la *Créole* à Toulon. — Le contre-amiral Ganteaume poursuit sa route vers l'Egypte avec quatre vaisseaux. — Il mouille sur la côte, à l'ouest d'Alexandrie, afin de débarquer les troupes passagères. — L'arrivée de l'ennemi l'oblige à appareiller. — Prise du vaisseau le *Swiftsure*. — Retour du contre-amiral Ganteaume à Toulon. — Combat de l'*Africaine* et de la *Phœbe*. — Prise de la corvette la *Sans-Pareille*. — Le contre-amiral Linois appareille de Toulon avec les vaisseaux le *Formidable* et l'*Indomptable*, de quatre-vingts, le *Desaix* de soixante-quatorze et la frégate la *Muiron* de trente-six. — Prise du brick le *Speedy*. — Combat d'Algésiras. — Prise du vaisseau anglais l'*Hannibal*. — Arrivée d'une division franco-espagnole à Algésiras. — L'escadre combinée fait route sur Cadix. — Appareillage de l'escadre anglaise. — Incendie des vaisseaux le *Real-Carlos* et le *San-Hermenegilde*. — Prise du vaisseau français le *Saint-Antoine*. — Combat du *Formidable*. — Le *Venerable* désemparé s'échoue. — Entrée du *Formidable* à Cadix. — Arrivée de l'escadre franco-espagnole dans ce port. — Récompenses accordées à l'escadre de l'amiral Linois. — La corvette le *Bull Dog* est reprise par les Anglais. — L'armée d'Egypte, ne recevant aucun secours, est contrainte de capituler. — Construction de bâtiments de flottille. — Leur réunion à Boulogne. — L'amiral Nelson devant ce port, les 3 et 15 août. — La paix est signée avec l'Angleterre. . . . . . . . . . . . . . . 37

## LIVRE III

Expédition de Saint-Domingue. — Rapides progrès faits par nos troupes. — Arrestation de Toussaint-Louverture. — Les fatigues et les maladies détruisent notre armée. — L'île de la Guadeloupe rentre dans le devoir. — Rupture de la paix d'Amiens. — Bâtiments pris par les Anglais. — Combat de la *Poursuivante* et de l'*Hercule*. — Nous perdons Tabago, Sainte-Lucie et les îles Saint-Pierre et Miquelon. — Pondichéry reste entre les mains des Anglais. — Le général Rochambeau, qui a remplacé le général Leclerc dans le commandement de l'armée de Saint-Domingue, est obligé de capituler. — Projet de descente en Angleterre. — Construction de bateaux spécialement affectés à l'exécution de cette entreprise. — Travaux faits dans les ports appelés à recevoir des bâtiments de la flottille. — Sommes offertes au gouvernement pour la construction de bâtiments de tout rang ou l'achat de matières navales. — Mesures prises par l'Angleterre pour repousser l'invasion. — Engagements des divisions

Saint-Houen et Pévrieu. — Dispositions prises pour assurer le prompt embarquement des troupes. — Pertes éprouvées par la croisière anglaise. — Combats livrés par les divisions de la flottille ralliant Boulogne. — Combinaison imaginée par l'Empereur pour amener une escadre française dans la Manche. — Désastre causé par un coup de vent sur la rade de Boulogne. — Les Anglais bombardent le Havre. — Inauguration de l'arsenal d'Anvers et de la digue de Cherbourg. — Nouveaux engagements de bâtiments de la flottille avec la croisière anglaise. — Latouche-Tréville à Toulon, son activité, son énergie, sa mort. — L'amiral Villeneuve est appelé à le remplacer. — Rôle que doivent jouer les escadres de Toulon, de Rochefort et de Brest. — Les Anglais tentent d'incendier les bâtiments de la flottille mouillés devant Boulogne. — Attaque du fort Rouge devant Calais. . . . . . . . . . . 77

## LIVRE IV

La Cour de Madrid déclare la guerre à l'Angleterre. — Alliance étroite de la France et de l'Espagne. — Les amiraux Missiessy et Villeneuve prennent la mer. — L'amiral Villeneuve, après avoir essuyé un violent coup de vent, ramène ses vaisseaux à Toulon. — Découragement de cet amiral. — Mécontentement de l'Empereur. — Les dispositions, arrêtées précédemment, pour les mouvements de nos flottes sont modifiées. — Nelson à la recherche de l'escadre française. — Villeneuve appareille le 30 mars. — Il débloque Cadix et fait route pour les Antilles, suivi de l'*Aigle* et de l'escadre de l'amiral Gravina. — Envoi de nouvelles instructions à l'amiral Villeneuve. — Arrivée de l'escadre franco-espagnole à la Martinique. — L'amiral Missiessy aux Antilles. — Son retour en Europe. — Prise du rocher le Diamant. — Nelson se dirige sur les Antilles. — L'*Algésiras*, l'*Achille* et la *Didon* mouillent à Fort-de-France. — Projet d'attaque sur la Barbade. — On apprend l'arrivée d'une escadre anglaise dans la mer des Antilles. — La flotte combinée fait route vers l'Europe. — On termine, dans la Manche et dans la mer du Nord, les préparatifs de l'expédition d'Angleterre. — Ordres donnés à l'escadre de Rochefort. — Mort de Bruix. — Concentration de la flottille batave à Ambleteuse. — Engagements avec la croisière anglaise. — Nelson, apprenant le départ de la flotte combinée, se dirige sur le détroit de Gibraltar. — Arrivée du *Curieux* à Portsmouth. — Ordres donnés par l'amirauté britannique. — Arrivée de Villeneuve sur les côtes d'Espagne. — Combat du cap Finisterre. — Deux vaisseaux espagnols tombent entre les mains de l'ennemi. — Les Anglais manœuvrent pour éviter un second combat. — Calder est traduit devant un conseil de guerre. — Villeneuve mouille à Vigo, puis à la Corogne. — Il reçoit l'ordre très pressant de se diriger sur Brest. — On achève, à Boulogne, les derniers préparatifs de l'expédition. — Villeneuve appareille. — Il trouve au large des vents de nord-est frais. — Plusieurs bâtiments font des avaries. — La flotte franco-espagnole se rend à Cadix. — Profond mécontentement de l'Empereur — La grande armée se dirige sur l'Allemagne. — Dispositions prises pour la flottille. . . . . . . . . . . . . . . . . . . . . . . . . . . . . . . 125

## LIVRE V

Lenteurs apportées, à Cadix, à la réorganisation de la flotte combinée. — L'amiral Rosily est désigné pour en prendre le commandement. — Instructions données à cet amiral. — Les mêmes instructions sont envoyées à l'amiral Villeneuve. — L'escadre anglaise devant Cadix. — Arrivée de Nelson. — Villeneuve appareille. — Les deux armées sont en présence. — La flotte franco-espagnole est en désordre. — Formation de l'ennemi sur deux colonnes perpendiculaires à notre ligne de bataille. — Conduite héroïque de plusieurs vaisseaux français et espagnols. — Immobilité de notre avant-garde. — Perte de la bataille. — Dix-sept vaisseaux, huit français et neuf espagnols, sont capturés. — L'*Achille* fait explosion. — Onze vaisseaux, sous Gravina, rentrent à Cadix ; quatre sous Dumanoir, s'éloignent du champ de bataille. — Le vent souffle avec violence poussant les navires à la côte. — Situation critique des navires capturés. — Quelques-uns, repris par leurs équipages, rentrent à Cadix ; d'autres, entraînés par le vent et la mer, se perdent sur la côte. — Une division franco-espagnole sort de Cadix et oblige l'ennemi à abandonner le *Neptune* et la *Santa-Ana*. — Les Anglais s'emparent du Rayo. — Des vaisseaux français et espagnols se perdent dans la baie de Cadix. — Les Anglais brûlent plusieurs prises. — De tous les vaisseaux capturés, quatre seulement restent entre les mains de l'ennemi. — Pertes subies par les Espagnols, les Français et les Anglais. — Inaction de l'avant-garde. — Responsabilité incombant, à cet égard, aux amiraux Villeneuve et Dumanoir. — Examen de la conduite de l'amiral Gravina. — L'amiral Rosily prend le commandement des débris de l'escadre combinée. — Collingwood bloque Cadix. — Le contre-amiral Dumanoir se dirige vers le nord. — Il rencontre la division du commodore sir Richard Strachan. — Combat du cap Ortegal. — Malgré leur héroïque résistance, les quatre vaisseaux de l'amiral Dumanoir sont capturés. — Examen de la conduite du contre-amiral Dumanoir par un conseil d'enquête. — Cet amiral, traduit devant un conseil de guerre, est acquitté. — Croisière de la division du commandant Allemand. — Sa rentrée à Rochefort. — Engagements particuliers. . 187

## LIVRE VI

Deux escadres, commandées l'une par le contre-amiral Willaumez et l'autre par le contre-amiral de Leissègues, sortent de Brest. — Les amiraux sir John Strachan et sir John Borlase Warren sont envoyés à leur poursuite. — La division du contre-amiral de Leissègues est prise ou détruite au combat de Santo-Domingo. — Le contre-amiral Willaumez croise à la hauteur de Sainte-Hélène. — Il se rend à Cayenne, aux Antilles et dans le nord du canal de Bahama. — Séparation du *Vétéran*. — L'escadre du contre-amiral Willaumez est dispersée par un coup de vent. — L'*Impétueux* est pris. La *Valeureuse* et l'*Eole*, en relâche aux Etats-Unis, sont vendus. — Les autres bâtiments rentrent en France séparément. — Croisière du capitaine Leduc sur les côtes d'Islande, du Groenland et du Spitzberg. — Le brick le *Néarque* et la frégate la *Guerrière* tombent entre les mains des Anglais. — Croisière du capitaine de vaisseau l'*Hermitte* sur les côtes occidentales d'Afrique et dans les Antilles. — La frégate le *Président* est prise par les Anglais. — Division partie de Cadix pour ravitailler le Sénégal et Cayenne. — Prise du brick le *Furet* et de la frégate le *Rhin*. — Division sortie de Rochefort à destination des Antilles. — Quatre frégates sont prises par l'ennemi. — La corvette le *Nedley* tombe entre nos mains. — Pertes éprouvées par les Français, dans quelques engagements particuliers — Combat de la *Pallas* et de la *Minerve*. — Prise de la corvette la *Constance*. — Ordre du conseil britannique, en date du 16 mai 1806, déclarant le blocus de toutes les côtes, ports et rivières depuis l'Elbe jusqu'à Brest. — Décret de Berlin opposant le blocus continental au blocus maritime. — La Hollande, l'Espagne, l'Italie, l'Allemagne, puis la Prusse et la Russie ferment leurs ports aux Anglais. — Quoique le Danemark observe une stricte neutralité, la Cour de Londres forme le projet de s'emparer de sa flotte. — Une escadre anglaise mouille devant Elseneur. — Des troupes sont mises à terre. — Bombardement de Copenhague. — La ville est obligée de se rendre. — Les Anglais emmènent la flotte danoise. — Le Danemark s'allie à la France. — Préjudice causé à l'Angleterre par le décret de Berlin. — Modifications apportées par la Cour de Londres aux dispositions contenues dans l'ordre du conseil du 16 mai 1806. — Décret de Milan. Immobilité de nos escadres. — Développement donné aux constructions. — Résultats obtenus à Anvers. — Acquisition de Flessingue. — Réorganisation de la flottille de Boulogne. — Prise par les Anglais de la corvette la *Favorite* et du brick le *Lynx*. — Offensive prise par la Grande-Bretagne et la Russie contre la Porte Ottomane. — Une escadre anglaise se présente devant Constantinople. — Habile conduite du général Sebastiani. — L'amiral Duckworth s'éloigne. — Pertes qu'il éprouve en franchissant le détroit des Dardanelles. — Insuccès des expéditions tentées par les Anglais sur les côtes d'Egypte et dans le Rio de la Plata. — Les Anglais s'emparent des îles de Madère et de Curaçao. . . . . . . . 245

## LIVRE VII

Le contre-amiral Allemand sort de Rochefort. — Il mouille au Golfe-Juan. — Départ de l'amiral Ganteaume pour Corfou. — Son retour à Toulon.

— Position critique du contre-amiral Rosily à Cadix. — Combats des 6 et 10 juin. — L'escadre française amène ses couleurs. — Engagements particuliers. — Les Anglais s'emparent de Marie-Galante et de la Désirade. — Evénements survenus dans l'Inde depuis l'arrivée de l'amiral Linois à l'Isle de France en 1803. — Prises faites dans le détroit de Malacca. — La division française, après avoir touché à Batavia, se rend dans les mers de Chine. — Rencontre d'un convoi venant de Canton. — L'amiral Linois s'éloigne. — Importance attachée en Angleterre à cette affaire. — Mécontentement de l'Empereur. — Le *Marengo*, la *Belle-Poule* et l'*Atalante* devant Visigapatam. — Après une glorieuse défense, la *Psyché*, capitaine Bergeret, prise par le *San-Fiorenzo*. — Capture du vaisseau de la Compagnie des Indes, le *Brunswick*, par le *Marengo* et la *Belle-Poule*. — Rencontre, faite par ces deux bâtiments, d'une flotte de la Compagnie, escortée par le *Bleinheim*. — Le *Marengo*, la *Belle-Poule* et l'*Atalante* se rendent au Cap de Bonne-Espérance. — L'*Atalante* est jetée à la côte. — L'amiral Linois croise sur la côte occidentale d'Afrique. — Le *Marengo* et la *Belle-Poule*, faisant route vers l'Europe, tombent dans l'escadre de l'amiral sir John Borlase Warren. — Après une très belle défense, ces deux bâtiments amènent leur pavillon. — Combat de la frégate la *Canonnière* et du vaisseau le *Tremendous*. — La *Canonnière* et la *Volontaire* au Cap de Bonne-Espérance. — Croisières faites par la *Sémillante*, la *Canonnière*, la *Manche* et la *Caroline* en station à l'Ile-de-France . . . . . . . . . . . . . . . 281

## LIVRE VIII

L'amiral Willaumez sort de Brest, passe devant Lorient et mouille à Rochefort. — Combat des frégates l'*Italienne*, la *Cybèle* et la *Calypso* et de la division du contre-amiral Stopford. — L'amiral Allemand commande l'escadre de Rochefort. — L'amiral Gambier sur la rade des Basques. — Préparatifs faits par les Anglais pour incendier notre escadre. — Dispositions prises par l'amiral Allemand. — Attaque du 11 avril. — Neuf vaisseaux et trois frégates se jettent à la côte. — Attaque du 12 avril. — L'*Aquilon*, la *Ville-de-Varsovie* et le *Calcutta* tombent entre les mains des Anglais. — Le *Tonnerre* est livré aux flammes. — Abandon momentané du *Tourville*. — Canonnade échangée entre les Anglais et quelques-uns de nos bâtiments. — L'*Indienne* est évacuée et brûlée. — Les vaisseaux rentrent dans la Charente. — Lord Gambier est accusé de ne pas avoir tiré un parti suffisant de sa victoire. — Jugé par une cour martiale, il est acquitté. — Les capitaines Lafon, Clément Laroncière, Proteau, La Caille sont traduits devant un conseil de guerre. — Sentences rendues par ce conseil. — Départ du commandant Troude pour les Antilles. — Prise du vaisseau le *D'Hautpoult* et des frégates la *Félicité* et la *Furieuse*. — Les frégates la *Topaze*, la *Junon* et le *Niémen* tombent entre les mains de l'ennemi. — Prise de la frégate anglaise la *Junon*. — La *Seine* et la *Loire* sont évacuées et incendiées. — Expédition des Anglais dans l'Escaut. — Prise de Flessingue. — Retraite de l'armée expéditionnaire. — Abandon de Flessingue. — Prise de la frégate anglaise la *Pauline*. — Sortie du contre-amiral Baudin. — Le *Robuste* et le *Lion* sont évacués et livrés aux flammes. — Bâtiments pris par les Anglais. — Colonies tombées au pouvoir de l'ennemi. — Les frégates l'*Éliza* et l'*Amazone* sont évacuées et incendiées. — Écoles spéciales de marine établies à Brest et à Toulon. . . . 317

## LIVRE IX

Événements survenus dans l'Inde depuis l'année 1809. — L'*Entreprenant* est envoyé à Manille. — Croisière de la *Vénus*, de la *Manche* et de la *Bellone*. — L'île de la Réunion est prise par les Anglais. — Combat du Grand-Port. — Les Anglais perdent quatre frégates. — Sortie du capitaine Bouvet avec l'*Iphigénie* et l'*Astrée*. — Prise de l'*Africaine*. — Combat de la *Vénus* et du *Ceylan*. — Combat de la *Vénus* et de la *Boadicea*. Prise de l'Ile-de-France. — Combat de la *Néréide*, de la *Renommée* et de la *Clorinde* contre l'*Astræa*, la *Phœbe*, la *Galatea* et le *Race Horse*. — Combat d'une division franco-italienne contre quatre frégates anglaises. — Prise de l'*Alacrity* par l'*Abeille*. — Combat de la *Pomone*, de la *Pauline* et de la *Persane* contre l'*Alceste*, l'*Active* et l'*Unité*. — Prise du brick le *Teaser*. — Le *Pluvier* est incendié par les Anglais. — Prise de cinq péniches anglaises. — L'amiral Allemand se rend de Lorient à Brest. — L'*Ariane* et l'*Andromaque* sont évacuées et incendiées par leurs équipages. — Combat du *Rivoli* et du *Victorious*. — Combat du *Renard* et du *Swallow*. — Croisière de la *Gloire*. — Combat de l'*Aréthuse* et de l'*Amelia*. — Combat du *Romulus*. — Désarmement de l'escadre de Toulon. — Les équipages de l'amiral Missiessy défendent Anvers et les forts de l'Escaut. — Le *Regulus* est incendié dans la Gironde. — Frégates envoyées en croisière. — Fin des hostilités. — Traité de paix signé le 30 mai 1814. — Reprise des hostilités. — Nouveau traité de paix signé le 20 novembre 1815. . . . . . . . . . . . 371

## LIVRE X

La Marine Française de 1793 à 1815. — Causes de nos désastres. — Conclusion. . . . . . . . . . . . . . . . . . . . . . . . . . 411

Imp. de la Soc. de Typ. - NOIZETTE, 8, r. Campagne-Première. Paris.

Imp. de la Soc. de Typ. - NOIZETTE, 8, r. Campagne-Première, Paris.

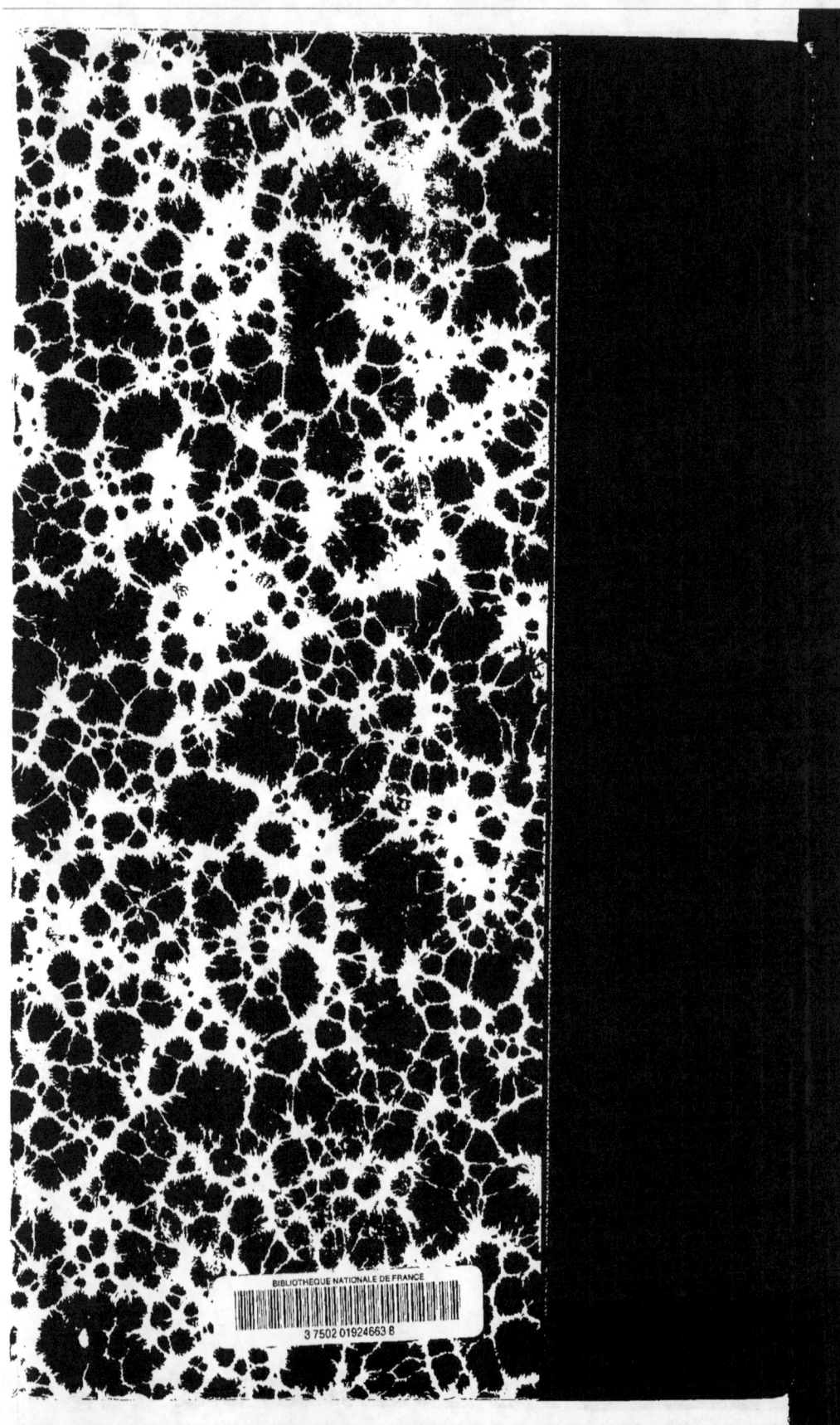

www.ingramcontent.com/pod-product-compliance
Lightning Source LLC
Chambersburg PA
CBHW060519230426
43665CB00013B/1572